创新系列·管理学

人力资源管理

Human Resource Management

◆何 颖 主编
◆马 丽 张瑜婕 陈 静 柏文静 副主编

電子工業出版社
Publishing House of Electronics Industry
北京·BEIJING

内 容 简 介

本书主要介绍人力资源管理的原理和方法，内容包括：人力资源管理导论、工作分析与工作设计、人力资源规划、员工甄选与面试、员工培训与开发、绩效管理、薪酬管理、劳动关系管理、国际人力资源管理。全书穿插大量企业人力资源管理实例，相关职业能力、职业习惯及职业道德知识点，可以加强学生应用能力的培养。

本书可作为普通高等学校管理类专业的本、专科学生教材，也可供企事业单位的管理者、人力资源管理人员和其他理论工作者学习和使用。

图书在版编目 (CIP) 数据

人力资源管理 / 何颖主编. —北京：电子工业出版社，2014.8
（华信经管创新系列 · 管理学）

ISBN 978-7-121-23702-7

I. ①人… II. ①何… III. ①人力资源管理—高等学校—教材 IV. ①F241

中国版本图书馆 CIP 数据核字（2014）第 144186 号

策划编辑：王赫男
责任编辑：王二华
印　　刷：北京京师印务有限公司
装　　订：北京京师印务有限公司
出版发行：电子工业出版社
　　　　　北京市海淀区万寿路 173 信箱　　邮编：100036
开　　本：787×1092　1/16　印张：19.25　字数：480 千字
版　　次：2014 年 8 月第 1 版
印　　次：2014 年 8 月第 1 次印刷
定　　价：38.00 元

凡所购买电子工业出版社图书有缺损问题，请向购买书店调换。若书店售缺，请与本社发行部联系，联系及邮购电话：(010)88254888。

质量投诉请发邮件至 zlts@phei.com.cn，盗版侵权举报请发邮件至 dbqq@phei.com.cn。

服务热线：(010)88258888。

前　言

“以人为本”已成为社会与企业管理的主题，而由传统的人事管理到人力资源管理的转变却只有短短三十年的时间。传统的人事管理思想是建立在将人视做劳动工具的基础上，将人当成生产力的一部分，按照脑力和体力来划分，以为企业做贡献的程度决定人的价值大小，终极目标是追求企业利润最大化。正因为如此，员工在管理者眼中只是一部能活动的机器，人事管理强调以较为严格的监控方式来进行员工管理，重点是控制。而现代人力资源管理是建立在“以人为本”的基础上，奉行“人性善”的理论，将人视为企业生存和发展的重要资源，因此会注重人的潜力的开发，通过各种激励方式最大限度发挥人的能动性。纵观传统人事管理与现代人力资源管理理论，最大的区别在于以柔性管理方式替代了原来的刚性管理，人已不再是简单的劳动力，而成为企业生存与发展的重要资本——人力资本。

人力资源管理是管理学的一个分支学科。21世纪，人类社会进入知识经济时代，作为拥有知识和技能的重要载体，人力资源已成为企业生存与发展的最重要资源，而人力资源管理的多学科性和交叉性，注定其具有较强的实践性与实用性，成为管理学科中最令人关注的课题之一。随着经济全球化的发展，知识和技术的不断更新，组织内外结构和环境都在发生着翻天覆地的变化，而人力资源管理在企业中的作用也日益突显，同时也面临着诸多挑战。在市场竞争不断加剧的今天，企业如何进行人力资源规划，劳动者如何求职，企业如何选聘优秀人才，如何进行人才培训与开发，如何进行劳动关系管理及国际人力资源管理，等等。这些发展趋势已不仅仅是人力资源从业者关心的话题，而成为我们每个人息息相关的事。因此，本书在内容编写过程中，力求在专业的基础上做到大众化，针对所有对人力资源管理感兴趣的读者，而不仅仅是人力资源专业工作者。

目前，我国许多高校管理类学科均开设有人力资源管理专业，但仍存在以下问题：目标定位不明确，教学内容缺乏针对性，教学内容及方式陈旧，与现实脱节严重，培养的学生理论知识丰富，但实践应用能力弱，难以适应未来社会的发展。

针对以上问题，我们在编写过程中将教材定位为应用型教材，以区别于传统的以理论为主的研究型教材，编写目的明确，即加强对学生实践应用能力的培养，使学生成为理论与实践能力兼备的应用型人才。教材编写有以下宗旨：力求反映时代特征，将最新的人力资源管理理论和资讯通过文字传播给学生，体现出人力资源管理的发展趋势；将理论与实践紧密结合，突出培养学生学习与应用能力；教材内容尽可能通俗易懂，让学生实现无障碍自主学习；最后在教材内容相关知识点的选取上，以中国国情为主线，体现本国特色和文化。

具体来说，本教材的编写具有以下几个特点。

第一，理论体系完整。本教材涵盖了人力资源管理活动中的六大模块，以及开展活动所必需的理论知识和技能。从六大模块的基础理论到实践操作方面都有明确说明，知识体系结构完整。除此之外，为了让学生更好地理解并掌握理论基础知识点，并将其运用于实践中，教材编写中还插入了大量的相关职业能力、职业习惯、职业道德方面的阅读材料及课堂小案例，指导学生进行理论联系实际的学习。另外，每章开头均列出本章学习重点和难点，让学生做到有的放矢，而每章结束后均有“本章小结”，便于学生复习所学主要内容，与之前的学习要求相呼应。

第二，概念阐述清晰准确。本教材对所涉及的每个名词概念都有准确的解释，有利于学生把握好基本定义，从而为后续的理论知识学习打下坚实的基础。每章练习题后均有专业词汇汇总，易于学生掌握重点概念。

第三，通俗易懂。本教材在编写中避免了晦涩难懂的专业术语和理论，内容简洁明了，通俗易懂。对于初学人力资源管理的学生来讲，能调动学生学习积极性，在短时间内掌握这门管理技术。

第四，学练兼顾。本教材每章结束均有相关的习题来测试学生学习情况，了解对本章学习内容的掌握；并为学生提供推荐阅读网站及阅读材料，拓展学生知识面。最后会有综合案例分析来提高学生实际运用知识的能力。本教材部分章节还配有“角色扮演”栏目，根据教学要求，运用设定场景，进行角色扮演，对复杂多变的管理活动做出思考与决策，从而锻炼和培养学生综合运用所学知识解决实际问题的能力。

本教材具体分工如下：第 1 章、第 4 章、第 9 章由何颖编写，第 2 章、第 3 章、第 8 章由马丽编写，第 5 章、第 7 章由陈静编写，第 6 章由张瑜婕编写。全书最后由何颖总纂修改、定稿。

本教材在编写过程中，参考了大量国内外有关专著、教材、论文及其他相关资料，借鉴并引用了国内外学者大量的研究成果，在此，向这些文献资料的作者表示衷心的感谢。

限于编者水平和经验，在教材编写过程中，难免会有错误与疏漏之处。恳请各位专家、学者和人力资源管理工作者及广大师生读者批评指正。

编　者

目　　录

第 1 章
人力资源管理导论

能力目标

- 掌握人力资源的特征
- 掌握人力资源管理的概念
- 掌握人力资源管理的发展阶段
- 掌握传统人事管理与人力资源管理的区别
- 了解人力资本与人力资源的概念
- 了解人力资本的特征
- 了解人力资本与人力资源的区别

本章重点：人力资源特征，人力资源管理概念，传统人事管理与人力资源管理的区别，人力资源管理的发展阶段

本章难点：人力资源与人力资本的区别，人力资源管理的发展阶段

引入

弥勒与韦陀

去过寺庙的人都知道，一进庙门，首先是弥勒佛，笑脸迎客，而在他的北面，则是黑口黑脸的韦陀。相传在很久以前，他们并不在同一个庙里，而是分别掌管不同的庙。

弥勒佛热情快乐，所以来的人非常多，但他什么都不在乎，丢三落四，没有好好地管理账务，所以入不敷出。而韦陀虽然管账是一把好手，但成天阴着个脸，太过严肃，搞得人越来越少，最后香火断绝。

佛祖在查香火的时候发现了这个问题，就将他们俩放在同一个庙里，由弥勒佛负责公关，笑迎八方客，于是香火大旺。而韦陀铁面无私，锱珠必较，则让他负责财务，严格把关。在两人的分工合作中，庙里一派欣欣向荣景象。

探究：其实在优秀 HR的眼里，没有废人，正如武功高手，不需名贵宝剑，摘花飞叶即可伤人，关键是对人力资源的运用得当。那究竟什么是人力资源，什么又是人力资源管理呢？

（资料来源：人大经济论坛）

第一节　人力资本管理的相关概念

一、人力资本概述

1. 人力资本的产生及概念

人力资本是指人的体力、智力、知识、创造力、技能作为一种资本表现出的总和。人力资本的内涵指的是经过一定教育培训后形成的劳动者的知识和能力，通过各种投资集聚在劳动者身上，表现为能带来利润收益并使资本得到保值和增值的价值能量。

最早的人力资本思想可以追溯到古希腊著名思想家柏拉图（Plato），在其名著《理想国》中论述了教育和培训产生的经济价值。亚里士多德（Aristotle）也意识到了教育的经济作用，以及一个国家通过教育来保证社会向前发展的重要性。但那个时代的他们并没有将教育与经济发展直接联系起来。

真正意义上将人力视为资本的是“经济学之父”亚当·斯密（Adam Smith）。亚当·斯密在肯定劳动创造价值这一基础上，明确提出了劳动技巧的熟练程度必然会制约人的劳动能力与水平，而劳动技巧的熟练水平又必须通过教育培训才能提高，教育培训当然是需要花费时间和付出学费的。这一观点被认为是人力资本投资的萌芽思想。他认为财富增长的来源取决于两个条件：一是专业分工促使劳动生产率的提高，因为分工越细，人们就越能专注于一项工作，熟练程度提高的同时，劳动效率也随之提高；二是劳动者数量的增加和质量的提高，这一点必须要依赖于人力资本投资。

19 世纪末英国著名经济学家马歇尔（Marshall）也提出知识和组织是资本的重要组成部分，是最有力的生产力。他在进一步的研究中认为教育投资对社会经济增长起到了举足轻重的作用。

在学术理论界，我们通常将 1979 年度诺贝尔经济学奖获得者西奥多 • W • 舒尔茨（Theodore W . Schultz）看作是人力资本理论的创立者。舒尔茨在 1960 年美国经济学年会上的演说中第一次系统阐述了人力资本理论,并突破重重阻力使其成为经济学的一门分支学科。他还进一步研究了人力资本的形成方式与途径，并对教育投资的收益率以及教育对经济增长的贡献做了定量研究，因而被学术界尊称为“人力资本之父”。

1992 年的诺贝尔经济学奖获得者加里 • 贝克尔（Garys Becker）弥补了舒尔茨只分析教育对经济增长的宏观作用的缺陷，还进一步研究了人力资本与个人收入分配的关系，并把表面上看起来毫无关联的现象与经济学联系起来。

人力资本理论突破了传统理论中“资本只是物质资本的束缚”的观点，将资本重新划分为人力资本和物质资本。根据这种观点，人类在经济活动中，一方面扮演着生产者的角色，不断地把大量资源投入生产，制造各种适合市场需求的商品；另一方面又通过各种方式来发展和提高人的智力、体力与道德水准等，以形成更高的生产力。这一观点把人的生产能力的形成机制与物质资本等同，提倡将人力视为一种内含于人自身的资本——各种生产知识与技能的存量总和。

归纳起来，人力资本是指人的体力，智力，知识，创造力，技能作为一种资本表现出的总和。人力资本的内涵指的是经过一定教育培训后形成的劳动者的知识和能力，这些知识和能力通过各种投资集聚在劳动者身上，表现为能带来利润收益并使资本得到保值和增值的价值能量。

2. 人力资本的内容及特征

（1）人力资本的内容

人力资本的内容有以下几点。

① 人力资源是所有资源中最重要的资源，人力资本理论是经济学的核心问题。

② 在社会经济增长中，人力资本的作用大于物质资本的。人力资本投资比物质资源增长速度快。

③ 人力资本的核心是提高人口质量，而教育投资是人力资本投资的主要组成部分。不应当把人力资本的再生产仅仅视为一种消费，而应视为一种投资，这种投资的经济效益远大于物质投资的经济效益。因为教育是提高人力资本最基本的手段，所以也可以把人力资本投资视为教育投资。有较高知识技能的人力带来的产出明显高于技术程度低的人力。

④ 教育投资应以市场供求关系为依据。

（2）人力资本的特征

人力资本的特征有以下几点。

① 依赖于人的体力和脑力。人力资本虽存在于人体之中，但它是无形的，必须通过人的体力和脑力劳动力才能体现出来。一个人力资本所有者在未进行生产劳动时，其所具有的人力资本是无法体现的。也就是说，一个人即使文化程度再高，接受过再好的教育培训，如果从未从事任何生产劳动，未产出任何成果，也只能将他作为具有潜力的人力资源，而不能称作人力资本。

② 需要投资才能形成。任何人力资本的形成都是需要投资来形成的。通过教育增加人身上的技能和知识存量，从而影响未来的物质收入和生活状态。

③ 不断学习可以使资本增值。这是由人力资本的价值量不断变化决定的。理论上来说，如果努力学习，积极实践，其价值量就会不断增值；反之，就会贬值。事实上，除了学习使资本增值以外，人力资本的价值量也随着社会的需求而发生变化。当简单的重复劳动被高新

技术的机器取代，初级人力资本价值自然会降低。尤为严重的情况是，如果遇到社会商品通胀，甚至是滞胀的时候，则在货币贬值和就业率降低两个方面都表现为人力资本贬值。

④ 谁投资谁受益。物质资本和货币资本，可以属于个人、家庭、团体或国家。但人力资本却具有排他性，只能属于个人。罗森（Rosen）说过，人力资本的“所有权限于体现它的人”，就连主张一切物质资本（包括土地）都归全社会公有的马克思，在对待人力资本的问题上，也承认其私有性。认为要“默认不同等的个人天赋……默认不同等的工作能力是天然特权”，还必须保留按照劳动者实际提供的劳动数量和质量来分配消费资料的“资产阶级法权”。这个分配到的“消费资料”就是个人人力资本价值的实现。

案例 1-1　职业能力

欧莱雅的人力资本战略

作为全球最大的化妆品集团，与许多跨国公司一样，欧莱雅将人才招聘的主力放在了校园。欧莱雅公司通常是通过一些商业策略竞赛来创造接触和招聘人才的机会，如工业设计大赛，它已成为检测参赛学生战略性思考能力的一项重要而有效的工具，招聘经理也因此有机会近距离地观察参赛选手的表现。当来自全球各个国家和地区的学生报名参加比赛时，就会有很多优秀人才进入到欧莱雅的视野，他们充满智慧，思想开放，富有想象力和企业家精神，具有各种各样的学业和文化背景。欧莱雅此举的目的是让在校大学生在大二、大三就了解欧莱雅的企业文化、价值观、市场策略、产品及管理方式，提前进行了人才储备和人力资源的开发。

另外，欧莱雅还不断进行校园活动的推广，即“欧莱雅校园企划大赛-MarketingAward”与“欧莱雅全球在线商业策略竞赛-LOreale-StratChallenge”。这两项赛事是欧莱雅在全球范围内选拔优秀人才的重要手段，每年吸引着全球成千上万的大学生、MBA 学员参加，通过这些赛事为欧莱雅提供一个与全球优秀学生接触、交流的绝佳机会。

另外，欧莱雅的培训体系也非常有特色。它并不是一成不变的，而是灵活机动的。员工绩效评估时，只要员工认为其工作与任务需要培训，就可以主动向上级提出培训的要求。为了提高员工技能与管理能力，适应工作挑战，公司会及时安排员工去参加培训。根据培训的实际需要，在国内或国外开展。这就是欧莱雅的“按需培训”，根据员工的需要灵活、及时地安排培训。

案例分析：欧莱雅的全球人才储备战略和培训体系中代表了很多外企通过备用人才库储备人才的做法，并通过培训教育达到人力资本增值的目的，也说明了教育是人力资本投资的核心这一观点。

（资料来源：中国人力资源开发）

二、人力资源概述

1. 人力资源的概念及特征

（1）人力资源的概念

人力资源是指能够推动国民经济和社会发展的、具有智力劳动和体力劳动能力的人们的总和，包括数量和质量两个方面。

马克思在《资本论》中说："劳动和土地，是财富两个原始的形成要素。"恩格斯的定义是："其实，劳动和自然界在一起它才是一切财富的源泉，自然界为劳动提供材料，劳动把材料转变为财富。"（《马克思恩格斯选集》第四卷，第373页，1995年6月第2版。）马克思、恩格斯的定义，既指出了自然资源的客观存在，又把人（包括劳动力和技术）的因素视为财富的另一不可或缺的来源。可见，资源的组成不仅包括自然资源，而且还包括人类劳动的社会、经济、技术等因素，还包括人力、人才、智力（信息、知识）等资源。根据以上两个观点，可以得出这样的定义：资源，是指一国或一个地区内拥有的物力、财力、人力等各种物质要素的总称。通常来讲，资源分为两大类，一类是自然资源，如阳光，空气，水，森林，矿藏，土地，动物等；一类是社会资源，包括人力资源、信息资源及劳动所创造的各种物质财富。"管理学之父"彼德·德鲁克（Peter F. Drucker）认为，人力资源是有别于其他物质资源的，它是一种特殊而重要的资源，可以通过有效的激励机制使其为企业创造经济效益。

对于人力资源概念的理解中有两种主要的倾向，一是倾向于能力或素质，认为人力资源是存在于人体中的生产能力或素质；另一种理解倾向于人口论，认为无论对于国家、社会或企业，人力资源是推动其发展的具有体力和智力劳动能力的人口的总称。但无论是哪种倾向的解释，人与人力资源都不能被简单地等同起来，某个人不能等同于人力资源，某部分人也不能与人力资源画等号，就犹如某滴水或某池水不能说成是水力资源一样。本书中的人力资源是指第一种倾向，第二种理解更多见于人口学学科中。

目前，有关人力资源概念的表述主要有以下几种。

① 是指劳动力资源，即一个国家或地区有劳动能力的人口总和。

② 是指具有智力劳动或体力劳动能力的人们的总和。

③ 是指包含在人体内的一种生产能力，它是表现在劳动者身上的、以劳动者的数量和质量表示的资源，它对经济起着生产性的作用，使国民收入持续增长。

④ 是指能够推动整个经济和社会发展的劳动者的能力，即处在适龄劳动年龄的已直接投入社会生产劳动或尚未投入社会生产劳动的人口的总能力。

⑤ 是指具有为社会创造物质财富和精神财富、为社会提供劳务和服务。

综上所述，人力资源概念是指能够推动国民经济和社会发展的、具有智力劳动和体力劳动能力的人们的总和，包括数量和质量两个方面。人力资源有宏观和微观之分，宏观人力资源是指能够推动特定社会系统发展进步并达成其目标的该系统的人们的能力的总和，这个概念常用在研究人口学及社会学的学科中，而微观人力资源是指特定社会组织所拥有的能推动其持续发展，达成其组织目标的成员能力的总和，主要指企事业单位的人力资源，也是本书研究的重点。

从内容上来看，人力资源又包括数量和质量两个方面。数量可从微观和宏观两个角度来定义。微观的数量是指企业现有员工（包括雇佣的适龄员工和年老员工，但不包括即将离开的员工）以及潜在员工（欲从企业外部招聘的员工）两部分组成。宏观的数量是指一个国家或地区现实的人力资源数量和潜在的人力资源数量，前者包括适龄就业人口、未成年就业人口、老年就业人口，后者包括失业人口、暂时不能参加社会劳动的人口和其他人口。影响人力资源数量的因素有以下几个：第一，人口总量及其再生产状况；第二，人口的年龄构成；第三，人口迁移和社会经济发展。

在知识经济时代，相比人力资源数量而言，人力资源的质量显得更为重要。它是指人力资源所具有的体力、智力、知识和技能水平以及劳动者的劳动态度。它受先天遗传、营养、环境教育和训练等因素的影响，通常可以用健康卫生指标、教育和培训情况、劳动者的技能等级指标和劳动态度指标来衡量。人力资源的质量是由劳动者的素质决定的，劳动者的素质包括体能素质和智能素质。而教育因素是决定人力资源质量的核心因素。

（2）人力资源的特征

1）能动性

劳动者总是有目的、有计划地运用自己的劳动能力。有目的地开展活动，是人类劳动与其他动物本能活动的根本区别。人力资源能够自主思维，自由活动，并不断创造新的财富。劳动者按照已确定好的目标，积极、主动、创造性地进行活动。

① 自我强化。人具有主动意识，知道某种行为想达到的目的是什么，因此可以有效地对自身活动做出选择，调整自身与外界环境的关系。比如通过努力学习使自己能力和综合素质增强，找到满意的工作，满足自己的物质与精神需求。

② 选择职业。体现在人力资源根据自身特点主动选择职业，显现自身才华。选择职业也是人力资源主动与物质资源结合的过程。

③ 积极劳动。人力资源在活动过程中是可以被激励的，即通过提高人的工作技能和工作动机，从而提高工作效率。换句话说，只要管理者激励得当，所有员工都是愿意努力工作的。

2）双重性

人力资源的双重性是指其既有生产性，又具消费性。人力资源的生产性是指，人力资源是物质财富的创造者，而且人力资源的运用也需要一定条件，必须与其他资源相结合，才能科学合理运用。人力资源的消费性是指，人力资源的保持与维持需要消耗一定的物质财富。生产性和消费性是相辅相成的，生产性能够创造物质财富，为人类或组织的生存和发展提供条件；消费性则能够保障人力资源的维持和发展。同时消费性也是人力资源本身的生产和再生产的条件。消费性能够维持人力资源的生计，满足人力资源的需要，并且提供教育与培训。

3）时效性

人力资源的形成，开发和利用都有时间限制，个体人力资源都具有生命周期。人力资源如果长期未投入生产活动，年龄，知识，技能都会发生退化。而人的知识技能如果得不到及时使用和发挥，就像食品会过期一样，只能作废，而人力资源的积极性也会随之消退。只有当人力资源处于生命周期并投入社会生产活动中，才能对其开发利用，发挥人力资源的作用，当人未成年或老年时，或其他原因退出劳动领域时，就不能称其为人力资源了。

4）持续性

持续性是人力资源有别于其他物质资源的独特之处。物质资源在被开发后，总会有枯竭的一天，而人力资源却在其开发使用后可以继续开发和使用。尤其是信息时代的到来，也要求人力资源不断学习来提高自身的能力。作为人力资源管理者，也应该运用这一特点，对人力资源加以有效利用和开发，促进企业和社会的发展。

5）社会性

从宏观角度来看，人力资源是与一定的社会环境密不可分的，特定的社会环境和文化背景都会形成人力资源独特的价值观和思维方式。从本质上来讲，人力资源具有流动性，可以为企业带经济效益，为社会带来社会效益。对人力资源管理者来说，尤其要注意不同社会环境对人力资源的影响，采取不同的管理方式。

案例 1-2 职业习惯

小黑羊救命

农夫家里养了三只小白羊和一只小黑羊。三只小白羊常常为自己雪白的皮毛骄傲，而对小黑羊不屑一顾："你看看你身上像什么，黑黑的，就像锅底。""像穷人穿了几代的旧被褥，脏死了！"就连农夫也瞧不起小黑羊，常给它吃最差的草料，还时不时抽它几鞭。小黑羊过着寄人篱下的日子，经常伤心落泪。初春的一天，小白羊与小黑羊一起外出吃草，走出很远。不料突然下起了鹅毛大雪，它们只得躲在灌木丛中相互依偎。不一会儿，灌木丛周围全铺满了雪，因为雪太厚，小羊们只好等待农夫来救它们。 农夫上山寻找，起初因为四处雪白，根本看不清羊羔在哪里。突然，农夫看见远处有一个小黑点，跑过去一看，果然是他那濒临死亡的四只羊羔。农夫抱起小黑羊，感慨地说："多亏这只小黑羊呀，不然，大家都要冻死在雪地里了！"

案例分析：俗语说，十个指头有长短，荷花出水有高低。组织内部，各种类型的员工都会有。作为 HR 管理者，不能一叶障目，厚此薄彼，而应因人而异，最大限度地激发他们的潜能。比如，让富有开拓创新精神者从事市场开发工作；把墨守成规、坚持原则者安排在质量监督岗位等。从这个意义上说，没有无能的员工，只有无能的 HR 管理者。

（资料来源：HR369 人力资源论坛）

2. 人力资源相关概念

（1）人口资源

人口资源是指一个国家或地区的人口总和，是指一定空间范围内具有一定数量、质量与结构的人口总体。人口资源是进行社会生产不可缺少的基本物质条件，是其主体劳动力资源的自然基础。与自然资源相同，人口资源也面临着合理和科学地开发利用的问题。不同的是，自然资源的数量与质量是天然形成的，且相对比较稳定，而人口资源的数量、质量、结构及动态特征不仅受自然因素的影响，还会受人类社会所特有的政治、经济、文化等诸多因素的影响。

（2）劳动力资源

劳动力资源是指一个国家或地区具有劳动能力并在"劳动年龄"范围之内的人口总和，是人口资源中拥有劳动能力且进入法定劳动年龄的那一部分劳动人口。

（3）人力资源

人力资源是指在一个国家或地区中，处于劳动年龄、未到劳动年龄和超过劳动年龄但具有劳动能力的人口之和。或者可以理解为：一个国家或地区的总人口中减去丧失劳动能力的人口之后的人口。人力资源也指一定时期内组织中的人所拥有的能够被企业所用，且对企业价值贡献作用的教育、能力、技能、经验、体力等的总称。

（4）人才资源

人才资源是指一个国家或地区具有较高综合能力的人的总和，它是人力资源中最重要、最核心的一部分，两者是包含与被包含的关系。

通俗地说，有一技之长的人都可以叫做人才，其核心含义是：比他人或前人具有更优秀的整体素质和更高的创造能力，能够更好地利用各种可能利用的资源进行创造性劳动，为企业、社会、人类创造更多的财富和更高的价值的人。

人才具有七个方面的特征：①在企业中属于少数，一般可用“二八定律”划定；②具有较高创造力和工作能力；③善于运用各种资源和能力、高质量地完成组织分配的工作任务；④为组织和人力资源管理者所期望、寻求的人；⑤可以激励他人工作热情、创造力的人，可以为公司带来长期效益；⑥有突出贡献、组织和管理者不愿意失去的人；⑦对组织目标实现负有最重要责任的人。

人口资源、劳动力资源、人力资源、人才资源四个概念的关系如图 1-1 所示。

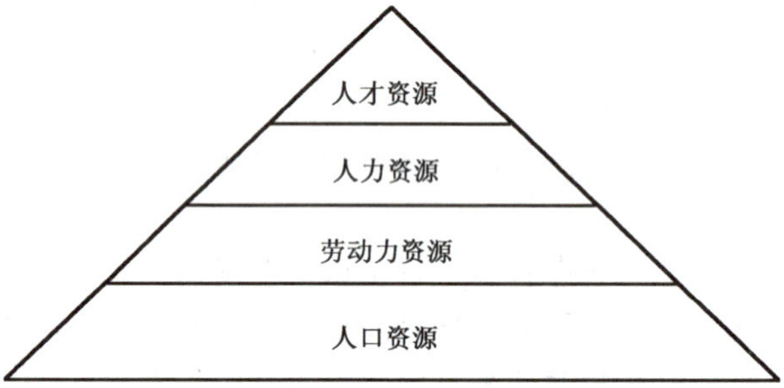

图 1-1　人口资源、劳动力资源、人力资源、人才资源之间的关系

3. 人力资本与人力资源的区别与联系

要了解二者的关系，首先应该知道资源与资本的关系。资源，从经济学角度上说是指能够给人们带来新的使用价值和价值的客观存在物，泛指社会财富的源泉。而资本的概念，在经济学意义上，是指用于生产的基本要素，即资金、厂房、设备、材料等物质资源。对于“资源”，人们多考虑寻求与拥有，越多越好；而提到“资本”，人们会更多地考虑如何使其增值生利。

其次，资源和资本在使用上考虑的角度完全不同；资源是未经开发的资本，资本是开发利用了的资源。资本与资源不同，资本是一种社会状态，是一种无形物；资本可以积累、但也需要经营，会随社会环境和历史条件而改变或丧失，也会当条件恢复时再次重建；资本可以带来剩余价值，能够计算，不可与所有者分离而且无法共享，但是可以发生转移或转让。

人力资源是将人力作为财富的源泉，是从人的潜能与财富关系来研究人的问题；人力资本是将人力作为投资对象，作为财富的一部分，是从投资与回报的关系来研究人的问题。人力资本的核心是教育投资，具体包括以下几方面的内容：①正规教育投入；②在职培训投入；③岗前培训投入；④专项训练投入。另外，用于劳动力区域流动和移民入境及智力引进的费用，用于提高企业综合竞争力的费用，用于员工健身与保健方面的费用等都应视做人力资本的构成部分。

“人力资本”包含着人的价值，而这些价值都将被纳入企业核算范围内。只有这样，人才不再是纯粹的被管理对象，而真正意义上成为企业的一部分。如果没有教育，人力资源就得不到合理的开发，人力资源只有在合理开发和有效配置后，才能转化为人力资本。人力资本的形成和积累主要依靠教育来完成，而人力资源是待开发的对象，人力资源的质量优劣也主要是由教育来决定的，教育可以提高人的综合素质，改善未来的工作和生活环境。由此可见，虽然人力资本被解释为“是凝聚在劳动者身上的知识、技能及其所表现出来的能力”，但是在实际应用中人力资本常常用货币来计量。换句话说，人力资本的外在表现形式是人的价值，可以通过货币来计量。因此，我们可以说某某人的资本（身价）是多少货币量，通过货币来体现自身价值。

也就是说，企业的发展，很大程度上取决于人力资源的开发即人力资本的累积。人力资本可以看做所投入的物质资本在人身上所凝结的人力资源，人力资本存在于人力资源之中。没有教育，就不能形成强大的人力资本。对于每位企业管理者来说，重视教育就是在开发人力资源和积累人力资本，推动企业和社会发展。

人力资本理论是人力资源理论的基础和重点，人力资源经济活动及其收益的核算基于人力资本理论。

三、人力资源管理概述

1. 人力资源管理的概念

人力资源管理，是指对人力这一特殊资源进行有效开发、合理利用和科学管理。

从“管理学之父”彼德·德鲁克（Peter F. Drucker）于 1954 年在其《管理实践》一书中首次提出“人力资源”概念，到巴克（E. Wight Bakke）对“人力资源功能”（The Human Resources Function）的经典性阐释，以及舒尔茨和贝克尔提出“人力资本理论”，再到 60 年代中期曾有管理学者发表相关研究论著，不同学者对“人力资源管理”的概念都有过不同的解释。20 世纪 80 年代以来，人力资源管理理论不断发展成熟，并在实践中得到进一步拓展，为企业所广泛接受，并逐渐取代原有的人事管理。进入 20 世纪 90 年代，人力资源管理理论不断发展，也不断成熟。管理者们更多探讨人力资源管理如何为企业进行战略服务，人力资源部门的角色如何由原来的非经济效益部门向企业管理的战略合作伙伴关系转变。战略人力资源管理理论的提出和发展，标志着现代人力资源管理的新阶段。

归纳起来，所谓人力资源管理，是指对人力这一特殊资源进行有效开发、合理利用和科学管理。人力资源管理是指根据企业发展战略的要求，有计划地对人力资源进行合理配置，通过对企业中员工的招聘、培训、使用、考核、激励、调整等一系列过程，调动员工的积极性，发挥员工的潜能，为企业创造价值，给企业带来效益。这些活动主要包，括企业人力资源战略的制定、员工的招募与选拔、培训与开发、绩效管理、薪酬管理、员工流动管理、员工关系管理、员工安全与健康管理等。即企业运用现代管理方法，对人力资源的获取（选人）、开发（育人）、保持（留人）和利用（用人）等方面所进行的计划、组织、指挥、控制和协调等一系列活动，最终达到实现企业发展目标的一种管理行为。

2. 人力资源管理的目标与内容

人力资源管理目标是指企业人力资源管理需要完成的职责和需要达到的绩效。人力资源管理既要考虑组织目标的实现，又要考虑员工个人的发展，强调企业与员工的双赢。

无论是专门的人力资源管理部门还是其他非人力资源管理部门，对于人力资源管理的目标与任务，人力资源专家钟克峰先生认为主要包括以下三个方面。

① 保证组织对人力资源的需求得到最大限度的满足。

② 最大限度地开发与管理组织内外的人力资源，促进组织的持续发展。

③ 维持与激励组织内部人力资源，使其潜能得到最大限度的发挥，使其人力资本得到应有的提升。

归纳起来，人力资源管理的目标就是充分发挥人力资源的潜力，合理配置人力资源，获取和保持企业的竞争优势，调动员工的积极性。简言之，则是取得人最大的使用价值，发挥人最大的主观能动性，培养全面发展的人。

人力资源管理的主要内容有以下方面。

① 职务分析与设计：人力资源管理的基础性工作。在这个过程中，要对每职务的任务、职责、环境及任职资格做出描述，编写出岗位说明书。根据不同工作的工作任务及内容，规定任职者所应承担的工作职责，对任职者的资格要求，可作为绩效考核、招聘、培训及薪酬发放的依据。

② 人力资源规划：根据组织战略发展目标，制定长期，中期及短期规划，预测人力资源需求与供给状况，保证企业供需平衡，为人力资源管理其他模块提供基础支持。需求源于组织工作的现状与对未来发展的预测，供给则涉及内部与外部的有效人力资源。

③ 员工招聘与录用：通过各种测试方法及考核，为企业寻求最适合的人才，如利用报纸广告、网上招聘、职业介绍所、校园招聘等。

④ 绩效考核：通过制定科学合理的考评制度，对员工的工作过程及工作结果进行定期评价，可作为企业人力资源培训与薪酬制定的参考依据，并与人力资源管理其他模块相结合，促进企业发展。

⑤ 薪酬管理：薪酬是激励员工，推动企业发展的重要措施之一。通过薪酬管理的物质激励，针对不同员工的表现，对工资、津贴、奖金、福利进行合理设计与分配，提高生产效率。

⑥ 员工培训与职业生涯规划：通过各种形式的教育培训活动提高员工技能及综合素质，并根据员工的实际情况进行职业生涯规划，以达到组织与个人的最大化发展。

⑦ 劳动关系管理与社会保障：遵守国家相关法律法规，保障劳动者合法权益，正确处理劳动纠纷，做好各项社会保障。

3. 传统人事管理与人力资源管理的区别

在我国多数企业中，20 世纪末纷纷把人事部门改名为人力资源管理部门，但其管理职能的实质并未发生太大变化。事实上，传统的人事管理与现代人力资源管理有着本质的区别。中国人民大学董克用教授等认为两者有九个方面的区别，如表 1-1 所示。

（1）更具有战略性与全局性

传统人事管理涉及行政事务性的工作较多，而很少涉及全局性的、战略性的问题，因而经常会被当做不需要特定的专业技术特长、纯粹的服务性的工作。而现代人力资源管理需要根据组织的战略目标制定人力资源的规划与战略，围绕人力资源展开一系列包括规划、开发、激励和考评等流程化的管理过程，目的是提高组织的竞争力，已成为组织战略与策略管理中具有决定意义的内容。人力资源部门的主管开始出现在组织的高层领导中，直接参与组织战略决策，与其他部门地位平等，工资越来越高，人力资源课程也日益受到重视。而现代人力资源管理更具有战略性、系统性和未来性，从原有的行政事务性工作转变为以组织战略为导向的具有战略意义的企业合作伙伴。

表 1-1　人力资源管理与传统人事管理的区别

比 较 项 目	人力资源管理	传统人事管理
管理视角	视员工为第一资源、资产	视员工为负担、成本
管理目的	组织和员工利益的共同实现	组织短期目标的实现
管理活动	重视培训开发	重使用、轻开发
管理内容	非常丰富	简单的事务管理
管理地位	战略层	执行层
部门性质	生产效益部门	单纯的成本中心
管理模式	以人为中心	以事为中心
管理方式	强调民主、参与	命令式、控制式
管理性质	战略性、整体性	战术性、分散性

（资料来源：董克用，叶向峰. 人力资源管理概论. 北京：中国人民大学出版社，2003.）

（2）管理观念与方式不同

传统人事管理将人视为被动地适应生产的一种因素、一种工具，关注于如何降低人力成本和提高人员的使用效率。而现代人力资源管理把人看做“人力资本”，这种资本通过投资后能够为组织带来长期利益，即人力资本是能够增值的资本。现代人力资源管理将人力视为组织的第一资源，更注重对其的开发，因为只有合理开发的人力资源才能会组织创造更大的效益。

（3）人力资源部门成为组织的生产效益部门

传统人事管理只做单纯服务性质的工作，与其他职能部门的关系不大，但现代人力资源管理却不同，已逐渐成为决策部门的重要战略合作伙伴，从而提高了人力资源部门在决策中的地位。人力资源管理涉及企业的每个部门利益，人力资源部门的根本任务就是用最少的人力投入来实现组织上的目标。

（4）人力资源管理对员工实行人本化管理

传统人事管理的特点是以“事”为中心，强调静态的控制和管理活动，表现形式单一，其管理的形式和目的是“控制人”；而现代人力资源管理以“人”为核心，强调一种动态的管理模式，全面而系统，管理的根本出发点是“着眼于人”，其管理归结于人与事的系统优化，使企业和员工达到双赢的效果。

案例 1-3　职业习惯

摩托罗拉的人本管理理念

摩托罗拉作为一家跨国的通信、电子业公司，在管理中特别强调人本管理理念。他们认为人才是公司最宝贵的财富和动力之源。为最大程度的开发人力资本的效能，该公司提倡人人参与管理，重视集体协作，鼓励员工创新。并通过为员工提供培训、教育、专业发展机会、后勤保障、内部沟通等方式，来实现对个人尊严的肯定。

一、重视人才培训，为员工创造发展机会

为了改善和提高员工的整体素质，公司制定了详尽的人才培训计划，尤其重视中高层管理人才的培养，他们每年都选派600多名中国员工到其美国工厂参加技术会议、工程师设计会议，以及各种技术培训班，同时加速人才本土化进程，以尽快实现由中国人来管理公司。摩托罗拉强调“一切融入中国文化”，人才方面因此也强调本土化。除了加强教育和培训外，摩托罗拉还支持和组织员工参加全国经济统计专业职称技术资格考试、职称外语考试、质量认证培训等，努力打造一支高素质的员工队伍。

二、尊重每个员工，创建公司的和谐气氛

在众多竞争激烈的通信企业中，摩托罗拉吸引人才的地方就是企业文化——“尊重每个人”。公司不断改善员工的工作环境，在待人、沟通上都做得比较好。比如，高级管理人员都要与员工对话。这种文化促使摩托罗拉挑选一批适应这种文化的人，既能适应创新的挑战，又能把工作做好，符合职业道德标准。他们不断告诉员工，要有长远打算。在摩托罗拉内部，如果谁有创意，完全可以把想法直接提到高层来，甚至提给总裁。摩托罗拉的工厂和销售部门，都通过小组的形式把员工组织起来做项目，每年还有国内和国外的比赛和交流。这样的工作环境，有利于员工自发地解决问题和群体合作。通过多种沟通方式营造公司的和谐气氛。

三、运用内部激励，调动员工的积极性

1. 提供福利待遇。公司在每年的薪资福利调整前，都会对市场价格因素及相关的、有代表性企业的薪资福利状况进行比较调查，以便使公司在制定薪酬福利时，与其他企业相比能保持优势和具有竞争力。2. 建立公正评估。摩托罗拉制定薪资报酬时遵循“论功行赏”原则，员工有机会通过不断提高业绩水平及对公司的贡献而获得加薪。摩托罗拉业绩报告表参照美国国家质量标准制定。员工根据报告表制定自己的目标。根据业绩报告表的情况，公司年底决定员工的薪水涨幅及晋升情况。3. 尊重个人人格。在摩托罗拉，人的尊严被定义为：实质性的工作；了解成功的条件；有充分的培训并能胜任工作；在公司有明确的个人前途；及时中肯的反馈；无偏见的工作环境。每个季度员工的直接主管会与其进行单独面谈，就以上六个方面或更广阔的范围进行探讨，谈话中发现的问题将通过正式渠道加以解决。4. 实现开放沟通。员工可以通过参加总经理座谈会、业绩报告会、《大家庭》报、公司互联网页、“畅所欲言”或“我的建议”等形式反映个人问题，进行投诉或提出合理化建议，进行直接沟通。5. 提供发展机会。摩托罗拉公司的经理级别为处级经理、部门经理、区域经理（总监）、副总裁（兼总监或总经理）、资深副总裁。中国公司的经理中72%是中国员工，女经理人数已占经理总数的23%。

摩托罗拉，技术人员可以搞管理，管理人员也有做技术的，做技术的和做管理的在工资上具有可比性。许多公司看重职业经理人的位置，因为报酬高。在摩托罗拉，做技术和做管理完全可以拿同样多的工资。

案例分析：摩托罗拉做到了现代化的人力资源管理，将员工看做企业的资源，进行合理的开发与配置，将资源转化为资本，为企业所用。同时，摩托罗拉实行了人本化管理，尊重员工，也吸引了更多人来到摩托罗拉。

（资料来源：人才开发，2010-03）

4. 人力资源管理者的角色

人力资源管理职责是指人力资源管理者需要承担的责任和任务。随着企业规模的扩大，人力资源管理者在企业中扮演的角色日益明显与重要。加里·德斯勒（Gary Dessler）在他所著《人力资源管理》一书中例举一家大公司人力资源管理者在有效的人力资源管理方面所负的责任描述为以下十大方面。

① 把合适的人配置到适当的工作岗位上。

② 引导新雇员进入组织（熟悉环境）。

③ 培训新雇员适应新的工作岗位。

④ 提高每位新雇员的工作绩效。

⑤ 争取实现创造性的合作，建立和谐的工作关系。

⑥ 解释公司政策和工作程序。

⑦ 控制劳动力成本。

⑧ 开发每位雇员的工作技能。

⑨ 创造并维持部门内雇员的士气。

⑩ 保护雇员的健康以及改善工作的物质环境。

首先，人力资源管理者是企业的战略专家。他们运用自身的专业技能参与企业的战略规划，建立并实施包括人力资源规划、人员选拔、培训与职业生涯开发、绩效管理、薪酬管理及员工关系管理等的制度和方法，提高组织人力资源开发与管理的专业性和科学性。

其次，人力资源管理者是企业的战略伙伴。因为，人力资源管理者参与组织战略的分析、决策与制定，并擅长从战略角度进行各类人才的开发与建设，实现组织与员工的双赢。

另外，人力资源管理者是企业服务部门。他们维护员工的各项合法权益；帮助员工进行职业生涯规划，提供有益的职业发展指导；关注员工的身心健康，提高员工满意度，提高员工对企业的忠诚度。

最后，人力资源管理者还是企业变革的推动者。因为，人力资源管理者参与和推动组织变革，进行有效的变革沟通，并妥善处理组织变革过程中的各种人力资源问题，强化和提高员工对组织变革的认同感与适应能力。

在加里·德斯勒的《人力资源管理》一书中，还提到人力资源管理者的三种功能。

① 直线功能。首先，人力资源管理者在人事部门以及在服务场所中，以直接指挥别人活动的形式执行直线管理职能。他们所行使的是直线职权。

② 协调功能。人力资源管理者经常还履行人事活动协调者的功能。在这种时候，人力资源管理者就像是“高层管理者的左膀右臂，负责确保既定的人事目标、人事政策以及人事程序确实被直线管理人员认真、连续地加以执行”。

③ 服务功能。为直线管理人员提供服务和帮助是人事管理者工作中最基本的内容。例如，在雇用、培训、评价、建议、晋升和解雇等方面提供人事帮助。

职业能力培养：相关链接

人力资源管理者应该具备的素质

1. 人力资源技术：掌握人力资源管理六大模块的基本操作方法，选对合适的人，留住关键的人，开发人的潜质，发挥人的优势，激励人的积极性，等等。要想取得不错的绩效，人力资源工作者应具备专业的知识、技能和实施能力，能够设计架构、招聘、薪酬、绩效、培训等方案或制度，并组织落实到位。并适应知识信息时代E人力资源管理的各种技术与方法。

2. 沟通说服技巧：事实上绝大多数企业的员工不是不能接受对自己不利的一些政策，而是不能接受没有任何事前通知和缓冲的方式。良好的沟通说服技巧虽然不一定能扭转局面，但至少可以起到缓和作用，而人力资源部门正是公司劳资双方的桥梁，应该起到解决员工问题，缓解劳资双方矛盾的一个部门。

3. 战略性贡献：人力资源已成为企业和各类组织的战略性资源，因此人力资源工作者的绩效必然具有战略性贡献。这对人力资源工作者提出了很高的要求：解决阻碍战略执行的管理难题，推动流程再造和组织变革，建设或变革企业文化，选拔和培养战略性人才，等等，也就是人力资源工作者要有机会参与制定企业战略。

简言之，人力资源管理者不能只成为老板的传声筒，当然也不能只成为员工利益的代言人。

（资料来源：HR沙龙）

5. 影响人力资源管理的因素

（1）外部因素

1）政治与法律因素

企业制定和实施任何人力资源战略，都必须符合国家和地方政府主管部门发布的各种劳动法律、法令和法规。目前，已经实施的《中华人民共和国劳动法》（简称《劳动法》）等法律对人力资源管理实践有着重要的影响。

2）经济制度

经济制度是影响人力资源管理的主要外部环境因素。经济发展强劲必然推动各行业的发展，使劳动力需求增加，劳动力价格必然上升，企业人力资源成本也相应提高。相反，如果经济发展缓慢，则劳动力需求降低，劳动力价格下降，企业劳动力成本也会大大降低。

3）劳动力市场

企业制定人力资源战略，必须掌握一定时期内劳动力需求的种类和数量，必须了解社会劳动力的供给、构成及对特定人力资源的市场需求，才能掌握主动权。

4）科技发展

技术进步有两种效应：一方面它使生产率提高；另一方面也将进一步使就业机会从某些职业转移到另外一些职业。为了使新技术得到应用，就要求员工掌握相应的新技能，因为企业不断出现的新岗位要求更多掌握着新知识、新技术、新技能的员工来胜任。因此，企业要密切关注科技发展最新动向，预测本企业业务及岗位对工作技能需求的变化，才能根据此制定和实施有效的人力资源开发计划。

（2）内部因素

1）企业战略目标

企业战略目标就是企业的核心，企业所有的经营活动都是围绕它展开的。企业战略方向调整，人力资源计划也必须随之调整，如吸引并留住更多核心人才，设计有足够吸引力的报酬等。

2）员工素质

随着经济与社会发展和受教育水平的提高，员工素质有重大变化。员工的工作态度、责任感、合作程度和价值观均在人力资源管理中起着重要的作用。

3）组织结构

传统金字塔形组织，层次多，人际关系复杂，效率低下。而扁平化组织结构则可以减少中间层次，减少信息与资源损耗，完善员工关系，增进企业的效率，而这些都需要通过人力资源计划来完善组织结构，促进企业制度向现代化方向转化。科技发展带来的工作性质变化，也要求组织结构的重新设计，工作说明书的重新编写，培训计划的重新拟定等。

4）企业文化

如果企业有较强的凝聚力，人力资源管理就会相对容易，反之则会生产效率低下，每天疲于应付各种劳动纠纷与冲突。而企业文化的凝聚，也要靠人力资源管理者和全体员工的配合。

职业道德培养：相关链接

你适合做人力资源管理吗

规则一：低调做人，高调做事。

它是职场一种平和的为人、处事的态度，同时也是职场“根基稳健”的第一步。对于经常在老板与员工间进行沟通的HR来说尤为重要。

规则二：水至清则无鱼，人至察则无朋。

应时顺势，考虑大局。

规则三：内外有别——基层员工外部聘，管理人员内部提。企业中各管理职位人员的选拔，外部“空降”的较少，求职者切忌在各公司之间频繁跳槽以期待更高职位，应尽量在同一公司从基层做起，通过自己的能力与努力争取晋升的机会。

规则四：外来的和尚难念经——企业招工本地人为主。一半以上的企业能够放眼全国，甚至在全球范围内招聘企业高层管理者，但中层管理者及普通员工跨地区招聘数量都不足50%。

规则五：录用由谁定？公司最高层领导对企业高层管理者的录用与否起决定作用，主管人力资源的高层领导对企业的中层管理者是否录用影响较大，一般员工录用与否主要由用人部门和人力资源部共同决定。

（资料来源：中华英才网）

第二节　人力资源管理的理论基础

人力资源管理运用在企业中主要针对企业员工的管理，因此人力资源管理的理论基础之一就是企业管理的人性假设理论。人性假设理论是对人的本性所持有的基本看法，这些基本看法将直接决定着人力资源管理的具体方法，由此人性假设也就构成了人力资源管理的一个理论基础。

人具有多变性，在许多事物的看法和处理上存在着可变性，在漫长的成长过程中，人所具有的知识和经历在不断地变化，影响着人的看法及工作的能力。但人的工作能力在短期内是很难发生较大的变化的，因此员工的工作绩效在很大程度上取决于他的工作态度。因而如何在短期内激发员工的工作热情、调动他们的工作积极性和主动性就成为人力资源管理要解决的首要问题，从这个角度理解，激励理论也就构成了人力资源管理的另一个理论基础。

一、人性假设理论

在人类的管理活动中，由于人的特殊性，对人管理的重要性日趋明显。特别是发展到今天，经济文化的发展使得人们越来越关注自身的价值和自身存在的意义，人的成长和发展对于社会物质财富和精神财富的增长所起的作用与日俱增。自古以来，就有对人性的探讨和理解，而严格意义上的人性假设理论是属于管理学和经济学范畴的。但，对于人性的探究远远超出这个范畴，它们就形成了广义上的人性假设理论。

随着社会的发展，人们周围的世界也在不断的发生变化，这些变化影响着人的思想和行为。同时，人们对自身的认识也在深化，从而有源源不断的学者对于人性假设提出不同的观点。

1. 西方人性假设理论的历程

西方的人性假设理论最早产于中世纪奴隶社会的管理实践中，简称为“工具人”假设。随着资本主义的萌芽和发展，18世纪，英国的经济学家亚当·斯密（Adam Smith）提出“经济人”假设。他认为人是有理性的，他们需要努力的追求自身利益最大化。亚当·斯密提出，在管理中我们要充分利用人的理性，通过物质和经济上的利益来刺激工人努力工作。“经济人”思想是社会发展到一定历史阶段的产物，是资本主义生产关系的反映，它的提出标志着社会的巨大进步。

20世纪30年代，美国的管理学家乔治·埃尔顿·梅奥（George Elton Mayo）等人进行了著名的霍桑实验，提出了“社会人”假设。指出人际关系也是影响员工工作态度的重要因素。因此，管理者应当建立和谐的人际关系来促进工作效率和效益的提高。这也促使了“行为科学”学派的出现。随后美国心理学家亚伯拉罕·马斯洛（Abraham Maslow）提出了需求层次理论。他认为人的需求层次不一，人们有着最大限度地利用和开发自己的才能的需要，希望能够有机会获得自身发展与成熟，而“自我实现”是工作的最大动力。组织给予任务的挑战性越大，员工的工作热情越高。

20世纪60年代，美国学者艾德佳·沙因（Edgar H. Schein）在综合“经济人”假设、“社会人”假设和“自我实现人”假设这三种西方人性假设的基础上，提出了“复杂人”的观点。他认为人的需要具有多样性，而且人的需求模式受诸多因素的影响，并不是一成不变的，人在成长，社会在变化，人们随着年龄的增长，自身的认知及在社会中所扮演的角色、所处的境遇和人际关系都在不断地发生着变化，导致人们对于自身的需求也在发生着变化。确切地说，沙因的观点更全面，弥补了前几种人性假设的缺失。

随着人们对人性假设的研究的深入，在20世纪80年代，美国加州大学的日裔美籍学者威廉·大内在他的《Z理论——美国怎样迎接日本的挑战》一书中提出“文化人”假设。他通过分析日本和美国企业文化的不同，强调要重视人的问题，他认为文化、价值观决定人的行为。

除了上述的几种西方的人性假设理论之外，在西方管理学史上还有很多这方面的观点，如“理性人”假设、“情感人”假设、“决策人”假设等，这些在西方的人性假设理论史上都具有重要的地位。

2. 人性假设理论的内容

随着经济的发展，人性假设越来越多的运用在企业的管理中，但是，由于社会生产力发展的水平及社会环境的影响，学者在研究人性假设的出发点及其他方面的因素不同，在西方企业的不同发展阶段，西方企业在管理中随着时间的推移形成了四种比较具有代表性的人性观："经济人"假设、"社会人"假设、"自我实现人"假设、"复杂人"假设。

（1）"经济人"假设——X 理论

"经济人"假设认为人们的一切行为都是为了最大限度地满足自身的最大利益，他们工作的动机也只是为了得到劳动报酬，满足自己的私利。我们简称这种假设为 X 理论。这种假设起源于享乐主义的哲学观点和亚当·斯密关于劳动交换的经济理论。主要盛行在 20 世纪初到 20 世纪 30 年代。著名的泰勒制就是"经济人"假设X 理论的具体体现。

X 理论的内容包括以下方面。

① 人们对于工作的态度消极、被动、不自觉。

大多数人的本性中都存在着惰性，他们不想工作，他们没有伟大的目标以及雄心壮志和负责精神，他们懒得动脑去思考问题或解决问题，他们宁可期望别人来领导和指挥，他们对于组织、队友以及工作不关心，他们只是关心自己的经济利益，关心自己的目标，对于组织的目标不关心，其个人目标与组织目标相矛盾；他们缺乏理性，不能自律，容易受他人影响；他们工作的目的在于满足基本的生理需要与安全需要。

② 工作本身对于员工而言是件苦差事。

对于人们来说，工作是一件辛苦的事情，他们需要每天忙碌的在组织中工作，没有太多的时间给自己。他们从早到晚的忙碌，他们追求效益，不断地提升自己，只是因为，如果不努力工作，不断提高就会被淘汰，他们的忙碌只是为了自己能在工作中有一席之地。工作存在竞争，他们讨厌竞争，讨厌随时随地的思考，但是为了工作，他们不得不竞争。所以对于大多数人来说工作是件不得不做的苦差事。

③ 员工的主要工作动机是寻求经济利益。

只有少数人是勤奋、有抱负、富有献身精神，大多数的人的本性是不喜欢工作的，只要有可能，人就会逃避工作。但是生存需要通过工作来获取金钱和物质，大多数的人都是在这种需求下被迫的去工作，所以一般人都是为了满足自己的生理、安全需要不得不参加工作，只有金钱和物质利益才能激励他们努力工作。

X 理论的主要管理的方法是：严密的制度、严格的监控、严厉的奖惩。

以经济人假设的观点来看，管理主要是对于少数人而言的，一般的员工只是听从指挥，努力生产。通过管理的规范化来提高生产效率，完成生产任务，不必考虑人的感情。人存在惰性，他们工作只是为了获取经济以及物质等生存的要件。所以要管理好员工，提高生产的效率，需要对员工进行有效的奖惩，刺激和激发员工的工作积极性。而奖惩需要有依有据，所以在严厉的奖罚之上，我们需要建立严密的企业制度、严格的监控，做到对员工有制度的管理。弗雷德里克·泰勒是"经济人"观点的典型代表。

（2）"社会人"的假设

这种假设是源于著名的霍桑实验，是由美国管理学家，行为科学创始人乔治·埃尔顿·梅奥（George Elton Mayo）教授提出的。霍桑实验的结论是：工人不是机械的被动的机器，而是活生生的人；不是孤立的个体，而是复杂的社会系统的成员。因此把重视社会需要与自我尊重需要而轻视物质需要与经济利益的人称为“社会人”。其核心思想就是：人们工作的最大的动力是社会、心理需要，而不是经济需要，人们追求的是保持良好的人际关系。在“社会人”的假设基础上，梅奥提出了“人际关系学说”。霍桑实验表明，工人生产积极性的发挥和工作效率的提高，不仅受物质因素的影响，更重要的是受社会和心理因素的影响。于是，管理理论开始从过去的“以人适应物”转向“以人为中心”，在管理中一反过去层层控制式的管理，转而注重调动工人参与决策的积极性。

这种假设的内容主要有两点：一是认为人的本性是善良的，人之所会变得贪婪、可恶，是由于受到社会环境及他人的影响而造成的；二是社会关系比物质刺激更大。社会人又称“社交人”。人们生活是在整个大环境内，人们在工作中获得的物质利益固然可以激发人们的工作热情，但是我们不能忽略人们所生活的这个大环境，人们在社会中与周围其他人的人际关系对人的工作积极性也有很大影响。这是一种人性理论。它要求管理人员在管理的过程中不要只注意到奖惩能有效提高工作效率，更应该关注员工的心理上的需要，关心员工，与员工之间多进行沟通，注重员工的人际关系，培养和形成员工的归属感和整体感。同时可以让员工参与管理，实行“参与式”管理，吸引员工在不同程度上参与企业决策的研讨。

（3）“自我实现人”的假设——Y 理论

“自我实现人”又称“自动人”，是指的人都需要发挥自己的潜力，表现自己的才能，只有人的潜力充分发挥出来，人的才能才充分表现出来，人才会感到最大的满意，是由美国著名行为科学家道格拉斯•麦格雷戈（Douglas M. Mc Gregor）提出来的。

Y 理论的观点是建立在人是勤奋、有才能、有潜力基础上的，提出了与“经济人”、“社会人”假设完全不同的主张。Y 理论的基本理论：人生来就是勤奋的。员工的主要工作动机是寻求自我实现。人们从事工作就如同玩要与休息一样自然。金钱与物质的奖罚并不是促使让人们努力实现目标的唯一办法。人们在工作中是能够自我约束、自我控制的；对于人们来说，工作是件好事，人们会在工作中实现自己的目标及愿望，在正常情况下，人们不仅会接受责任，而且会主动寻求责任。因为这会使人们感受到自身的价值；在通常情况下，人们会积极地去寻求工作及自觉地完成它。如果可以的话，员工一般会自愿地把他们的个人目标和组织目标连接起来，他们会主动地寻找方法，自觉地完成本职地工作，来实现自我以及组织的目标。许多员工都具有解决组织问题的想象力、独创性和勤奋精神。在现代工业生活的条件下，一般员工的智慧潜能只被用了很少。

Y 理论的管理方法如下。

① 改变奖励方式，以内在激励为主，外在激励为辅。改变传统的以经济物质等来奖励员工。我们主要通过对内部的激励来调动员工的积极性。

② 改变管理职能，管理者不再单单是管理组织生产的指挥和控制者，也不仅仅是员工关系的调节者，而主要是工作环境与条件的设计者与组织者。

③ 改变管理的制度，为员工提供更多的机会，参与生产的管理中，实行民主的管理，下放管理权限，建立基础参与制度，采取工作扩大化、工作丰富化的管理措施，为职工创造自我实现的条件和机会。

（4）“复杂人”假设——超 Y 理论

“复杂人”即权变人，它假设人们会根据生活条件以及经济发展的变化，对于所需求的东西也发生各种各样的变化，不同的需求会相互结合，形成了动机和行为的多样性，它把人的善和恶混合在一起，形成了一种人性的理论，根据“复杂人”的假设提出了一种新的管理理论，即：应变理论，也有人把他称为超 Y 理论。

综上所述，X 理论强调管制，在机构上突出监工，在制度上强调重赏重罚，主张集权和控制；Y 理论强调协调，重视教育和培训，制度上突出参与，提倡给人创造机会；超 Y 理论主张二者结合，通达权变，因地制宜，灵活应变。

职业能力培养：相关链接

关于超 Y 理论

超 Y 理论是 1970 年由美国管理心理学家约翰·莫尔斯（J.J.Morse）和杰伊·洛希（J.W.Lorscn）根据“复杂人”的假定，提出的一种新的管理理论。它主要见于 1970 年《哈佛商业评论》杂志上发表的《超 Y 理论》一文和 1974 年出版的《组织及其他成员：权变法》一书中。

莫尔斯和洛施在亚克龙工厂和卡默研究所同时进行 X 理论实验，他们用严格监督和控制的办法对工人进行管理，施加精神的、心理的和物质上的压力，期望激发职工的工作热情。结果工厂生产效率提高了，而研究所的效率则下降了。他们又在史脱克领研究所和哈特福工厂同时进行了 Y 理论实验，为职工创造一切条件，为他们排除一切前进障碍，满足他们各种需求，以此来激励职工的积极性。实验结果正好与 X 理论的实验结果相反，研究所工作效率提高了，而工厂的效率降低了。根据以上两个实验的结果，莫尔斯和洛施提出了超 Y 理论。

该理论认为，没有什么一成不变的、普遍适用的最佳的管理方式，必须根据组织内外环境自变量和管理思想及管理技术等因变量之间的函数关系，灵活地采取相应的管理措施，管理方式要适合于工作性质、成员素质等。超 Y 理论在对 X 理论和 Y 理论进行实验分析比较后，提出一种既结合 X 理论和 Y 理论，又不同于是 X 理论和 Y 理论，是一种主张权宜应变的经营管理理论。实质上是要求将工作、组织、个人、环境等因素作最佳的配合。

（资料来源：管理者论坛）

案例 1-4　职业能力

从“当耐利”看人性假设

你是否听说过“当耐利”（Donnelly）公司？可能没有。但你可能见过它的产品。如：汽车后视镜无疑是当耐利的产品，因为他们控制着 90%以上的市场，该公司是汽车制造商玻璃品的主要供应商。关于当耐利公司，有趣的是它曾经被描述为可能是美国“最民主的公司”。很难找到这样一个组织：一般员工能够对公司政策产生直接的影响。

公司具有完善的三个系统来解决存在的差异及制定所有的员工政策和指导方针。第一个层次是工作团队。当耐利的每一个员工，不论在工厂还是在办公室，都属于一个工作团队。这些团队选举代表进入第二个层次的公平委员会。这些委员会同样每月召开一次会议解决争议和解释人事政策，这些委员会也同样选举代表进入第三层次委员会，也是最高委员会。在它的 15 名委员中，包括公司高级管理团队的一名代表。委员会对公司政策作最后决策，甚至就年薪和福利待遇事宜向公司董事会提出建议。当耐利在实行真正的工作场所民主。委员会不只制定主要的规则，对所有决策都还必须达成一致意见，以免导致群体分裂。所有员工都参与决策是费时的。公司致力于工作场所的民主，坚信收益远远超过成本。

当耐利的员工参与活动不仅仅停留在参与决策上，员工还参与公司的奖金系统。一旦公司的投资回报率达到5.2%，所有员工都能得到季度奖金。在过去的7年间，这些奖金最低为1%，最好为7%。当耐利致力于创造一个这样的组织：尊重和听取员工的意见，提供全面参与，所有人都是公平的，允许每个人分享公司的成功。尽管工作场所的民主不利于管理者以更传统和专制的方式经营公司，但对当耐利却是有效的。尽管它的主要客户——汽车制造厂——最近几年解雇了数以千计的员工，但当耐利却在不断发展壮大。

案例分析：通过对"当耐利"公司在激烈竞争环境下还能不断发展壮大的情况分析，可以看到公司在管理上的合理性，其充分运用了人性假设中的Y理论，让员工参与公司的管理，激发了员工的工作热情。

（资料来源：人力资源学习网）

二、激励理论

1. 激励理论的定义

激励是指组织通过设计适当的外部奖酬形式和工作环境，以一定的行为规范和惩罚性措施，借助信息沟通来激发、引导、保持和规范组织成员的行为，以有效地实现组织及其成员个人目标的系统性活动，被认为是"最伟大的管理原理"。

激励理论是指通过特定的方法与管理体系，将员工对组织及工作的承诺最大化的过程，EMBA、MBA等主流商业管理教育均对常见的激励理论及激励机制建立方法有所介绍。

2. 激励理论的简述

激励理论是属于管理学心理学的范畴，最早的激励理论是对"需要"的研究，包括马斯洛的需求层次理论、赫茨伯格的双因素理论，和麦克利兰的成就需要理论等。其中最具代表性的马斯洛需求层次论。他对人类的基本需要层次进行了分类，需要按其重要性依次排列为：生理需要（Physiological）、安全需要（Safely）、社交需要（Social）、尊重需要（Esteem）和自我实现需要。从而揭示了人类需求心理发展的一种普遍特征。激励理论的一些学者认为，管理者可以通过制定目标影响人们的需要，以激发人的行为。其中包括弗洛姆的期望理论、洛克和休斯的目标设置理论、波特和劳勒的综合激励模式、亚当斯的公平理论、斯金纳的强化理论等。

3. 具有代表性的几种激励理论及其应用

（1）马斯洛的需求层次理论

1943年，亚伯拉罕•哈罗德•马斯洛（Abraham Harold Maslow）提出了"需求层次"理论，他把需求分为了五个层次：生理的需要、安全的需要、社交的需要、尊重的需要和自我实现，如图1-2所示。1954年，马斯洛在《激励与个性》一书中又把人的需要层次发展为七个，由低到高的七个层次：生理的需要，安全的需要，友爱与归属的需要，尊重的需要，求知的需要，求美的需要和自我实现的需要。

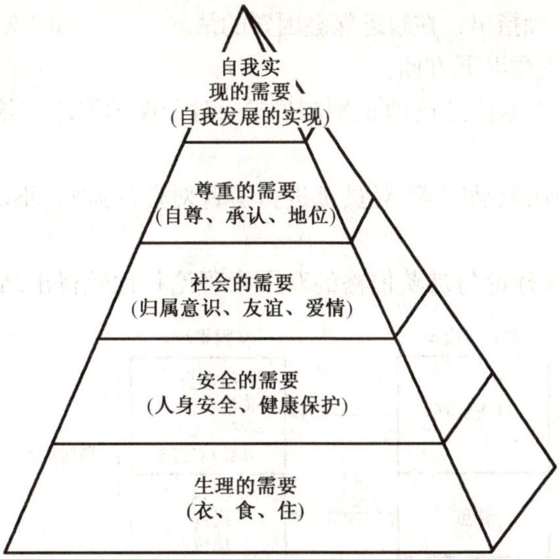

图 1-2　马斯洛需要层次理论图

（资料来源：关培兰. 组织行为学. 北京：中国人民大学出版社，2005.）

马斯洛认为，人的需求是从低到高的，先满足低层次的需求之后，人们才会出现高层次的需求，但是这种现象并不是一定的，在社会上的大多数人的需求层次会同时出现几个或全部，而且他们的每种需求都只会得到部分的满足。

马斯洛把五种基本需要进行了划分，生理需要、安全需要、社交需要属于低级的需要；尊重需要、自我实现的需要是高级的需要。高层次的需要比低层次需要更有价值，人的需要结构是动态的、发展变化的。因此，通过满足员工的高级需要来调动其生产积极性，具有更稳定，更持久的力量。

对于管理的实践要注意以下方面。

① 能够使管理者正确的认识被管理者的需求，从而更好地满足他们的需要，正确地激励被管理者的积极性和对于工作的热情。

② 要努力将本组织的管理手段、管理条件同被管理者的各层次需要联系起来。在科学分析的基础上，找出受时代、环境及个人条件差异影响的需要，然后，有针对性地进行激励。

（2）赫茨伯格的双因素理论

美国的心理学家弗雷德里克·赫茨伯格（Fredrick Herzberg）于 20 世纪 50 年代首次提出双因素论。他与他的助手就“在工作中，哪些事项是让他们感到满意的，并估计这种积极情绪持续多长时间；又有哪些事项是让他们感到不满意的，并估计这种消极情绪持续多长时间”这两个问题对美国匹兹堡地区对 200 名工程师、会计师进行了调查访问。调查的结果显示，使员工感到满意的都是属于工作本身或工作内容方面的；使员工感到不满的，都是属于工作环境或工作关系方面的。他把前者叫做激励因素，后者叫做保健因素。后来，他还发现这里的因素也有重叠的地方，如赏识属于激励因素，基本上起积极作用；但当没有受到赏识时，又可能起消极作用，这时又表现为保健因素。工资是保健因素，但有时也能产生使员工满意的结果。

双因素理论强调：不是所有的需要得到满足都能激励起人的积极性。只有那些被称为激励因素的需要得到满足时，人的积极性才能最大程度地发挥出来。如果缺乏激励因素，并不会引起很大的不满。而保健因素的缺乏，将引起很大的不满，然而具备了保健因素时并不一定会激发强烈的动机。赫茨伯格还明确指出；在缺乏保健因素的情况下，激励因素的作用也不大。

对于管理的实践要注意以下方面。

① 对于两种不同的因素要正确地识别和挑选。对于保健因素要给予基本的满足，以消除下级的不满。

② 要善于抓住并利用激励因素，对员工进行有针对性的激励，不能盲目的利用激励因素，有可能会适得其反。

将马斯洛的需求层次理论与赫茨伯格的双因素理论相比较得出结论，如图 1-3 所示。

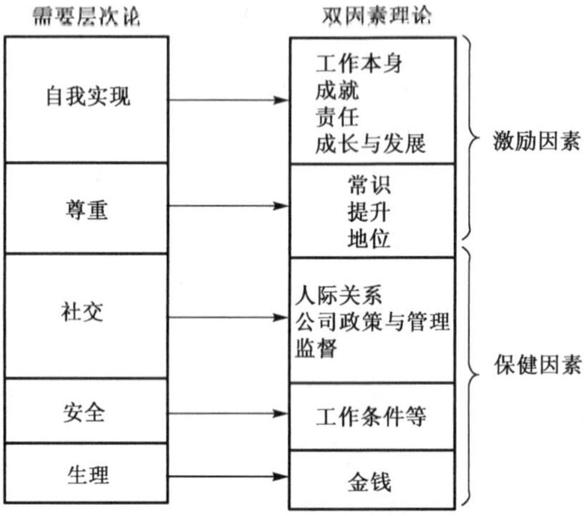

图 1-3　需要层次与双因素理论的关系图

（资料来源：关培兰. 组织行为学. 北京：中国人民大学出版社，2005.）

（3）弗鲁姆期望理论

美国心理学家维克托 • 弗鲁姆（Victor H. Vroom）于 1964 年提出来的期望理论。该理论认为，人们采取行为激励时，他们的激励水平取决于人们在多大程度上可以达到预期的结果。他认为一种激励因素的作用大小取决于两个方面：一是人对激励因素所能实现的可能性大小的期望；二是激励因素对其本人效价的大小。即激励水平取决于期望值与效价的乘积，其公式是：激发力量 = 效价×期望值。M=V • E。

对于管理的实践应注意以下方面。

① 在管理的过程中，选择激励方法时，一定要依照员工的喜好来定，选择员工感兴趣的，评价高的。如果管理者凭自己的感觉来选的话，只能满足自己的期望，而忽略了员工的期望，不仅不会达到激励的效果，可能还会达到反效果。

② 确定目标的标准不宜过高。最重要的是要从实际出发，如果不从实际出发，只从管理者的意志或兴趣出发，是不可能收到激励作用的。

案例 1-5　职业习惯

立达公司的激励制度

立达公司地处中关村地区，是高强博士在 2008 年创建的。面对外界激烈的竞争环境，高强在充分发挥自己管理天赋的基础上创造了一套有效而独特的激励方法，人们一直认为该公司的管理是极为成功的。他为职工创造了极为良好的工作环境。公司总部设有网球场、游泳池，还有供职工休息的花园和宁静的散步小道。他规定每周五下午免费为职工提供咖啡，公司还定期举办酒会、宴会及各种体育比赛活动。除此之外，他还允许员工自由选择机动灵活的工作时间。他注意用经济手段来激励员工。例如，他每年都会拿出—部分公司股份用于奖励优秀员工，目前，部分员工已拥有公司股份的30%了，这极大地激发了员工为公司努力工作的热情。

高强还特别注重强化员工的参与管理意识。他要求每个员工都要为公司长远发展提出自己的设想，以加强对公司的了解进而提高他们对公司强烈的责任心和感情，自觉地关心公司的利益。高强本人又是一个极为随和、喜欢以非正式身份进行工作的有才能的管理者。由于他在公司内对管理人员、技术人员和员工都能平等地采取上述一系列措施，公司的绝大多数人员极为赞同他的做法。公司员工都把自己的成长与公司的发展联系起来，并为此感到满意和自豪。当然，高强深知，要长期维持住这样一批忠实工作的群体确实不是件容易的事。随着公司的快速发展，它的增长速度自然会放慢，也会出现一个更为正式而庞大的管理机构。在这种情况下，该如何更有效的激励员工呢?这自然是人们所关心的问题。

案例分析：进入21世纪后，员工已经非常关注自己个人发展所需求的企业资源，一旦发现公司不能为其发展提供相关的发展资源，就会产生离职的情绪，这样的负面情绪波动会给公司的组织结构到来很大的冲击，这也是新世纪企业人力资源管理面临的新的挑战。

（资料来源：人力资源学习网）

第三节　人力资源管理的发展阶段及历史演进

人力资源管理是一门新兴的学科，于20世纪90年代传入我国。但人力资源从时间上看于18世纪工业革命开始就出现了。我们可以将人力资源的发展阶段分为两个阶段：18世纪到20世纪70年代末为传统的人事管理阶段；20世纪70年代末到现在为人力资源管理阶段。

一、人事管理阶段

以人事事务处理为主要核心功能的阶段，人力资源无法为企业创造看得见的效益，无法形成显著的核心竞争力，是成本中心。在这个阶段，“人”被看做档案来管理；人事部门仅仅是一个“办手续”的部门，是个琐碎、次要的部门；工作内容包括日常考勤、工资发放、办理离职、退休、离休等手续。

人事管理阶段又可以细分为以下几个阶段。

1. 科学管理阶段

科学管理阶段又可以称为管理理性阶段，最早的人事管理活动出现在18世纪80年代的工业革命时期。工业革命的开展推动社会经济的发展，促使了人们对于管理的探究。空想社会主义者罗伯特•欧文（Robert Owen）于1799年在苏格兰的新拉纳克以合伙形式创建了一家棉纺厂。他认为员工的工作积极性会受到待遇的影响，人们可以充分挖掘员工的潜力，消除影响员工潜力充分发挥的障碍，就能得到最大的经济效益。罗伯特•欧文还创建了最早的工作绩效评价系统。他把一个木板的四面涂成不同的颜色，安在机器上，不同的颜色代表不同的工作表现，每天将员工前一天的工作表现反映给员工，及时向员工反馈工作业绩的信息，取得了很好的效果。由于欧文在改善对工作中的人进行管理方面所做的努力，他被誉为“人事管理之父”。

20 世纪初，泰勒等开创了科学管理理论学派，提出了科学管理理论。因而被西方管理学界称为“科学管理之父”,他主张去分析工作并对其进行科学的监督管理。他进行了最早的“时间-动作”分析实验，有效地提高了工作效率，在实验研究的基础上，他提出了著名的科学管理四项原则。

第一，建立真正科学的劳动过程。通过科学的调研和探究，找出一个普通的员工在一大内在最合适的条件下能完成的最大工作量，以此制定合理的日工作额。

第二，工人必须经过科学的选拔，在选拔工人时要注意他们所具备的工作能力以及体力是否适合此项工作。选拔之后，应对新入的工人进行系统的培训。

第三，将经过科学挑选和训练的工人与科学的劳动过程相结合。培养工人和管理者之间的合作精神，以保证工人按科学的方法完成任务，找到“一种最佳的工作方法，从而提高劳动生产率”。

第四，管理者和工人之间亲密的经久合作。对于管理者与被管理者应该分工明确，合理的分工，有效的配合，使计划与执行分离，各司其职。

在人事管理中，科学管理理论首次运用了科学的工作分析方法并提出了以金钱为主要激励要求的激励理论。

2. 工业心理学阶段

以德国心理学家雨果•芒斯特伯格（Hugo Munsterberg）为代表的心里学家的研究成果，推动了人事管理工作的科学化进程。闵斯特伯格是工业心理学的创始人，1913 年雨果•芒斯特伯格出版的《心理学与工业效率》一书，该书主要描写的是录用汽车司机、舰艇人员和电话接线生的经历，主要有以下两个方面的内容。第一，不同的工作适合不同的人，工作岗位需要最适合的人。第二，人们需要找到自己最适合的工作，试图确定在什么样的心理条件下才能够从一个人那里获得最大的、最令人满意的效益，标志着工业心理学的诞生。工业心理学主要是研究劳动合理化等问题。同时，美国心理学家马斯洛在这一时期提出了需求层次理论。

3. 人际关系管理阶段

1923 年在芝加哥西方电气公司进行的霍桑实验提供了有史以来最著名的员工行为研究结果，也是人力资源管理发展中具有里程碑意义的事件。

霍桑工厂是芝加哥城外一家大型的电气化设备生产企业，福利待遇一直不错。但长期以来员工生产劳动的积极性却不高，旷工、罢工、破坏劳动工具的情况时有发生。为此企业聘请了哈佛大学的研究小组进行诊断、分析。研究小组最初以科学管理时期的人性观为基础，提出假设：物质环境的改善将导致员工生产绩效的提高。研究结果却发现，无论是提高、不变还是减低生产车间的照明度，参加实验的所有员工都大幅度地提高了生产效率。研究小组对这种现象百思不得其解；准备放弃研究，无功而返。这时，哈佛大学的心理学家乔治•埃尔顿•梅奥教授接手实验。梅奥教授从员工心理变量的角度考虑问题。他主持的霍桑实验由工作环境实验、福利措施实验和分配制度实验三部分构成，研究的结果发现物理环境与员工个体的工作效率关系较少，工人的情绪、动机、人际关系等是提高生产效率的主要心理因素。当员工被作为实验对象时，他们感受到组织对自己的关注和重视，为此生产效率提高；过去工人之间很少交流，因为现在同为一个实验小组的成员，有了更多的交流机会与内容，心情更愉快了，所以生产效率提高。

据此，梅奥提出了他的人际关系理论，认为：第一，人是社会人，个人不是单纯对金钱收入有追求，他们还有社会、心理的需要；第二，生产效率的提高受员工的态度、积极性及企业内部的人际关系的影响；第三，除了有“正式团体”外，还有“非正式团体”，这种非正式团体有自己的感情、规范和倾向，并影响其成员的行为；第四，民主管理对提高生产效率具有重要的作用。

霍桑实验的研究结果是导致管理学界出现了“以人为导向”或“以人为中心”的管理思想与提法。

人际关系管理的方法运用改进了员工的工作环境，但是在提高员工的工作效率和增加员工的满意度上，则收不到明显的效果。

二、人力资源管理阶段

20 世纪 80 年代以来，人力资源管理理论不断成熟，并在实践中得到进一步发展，为企业所广泛接受，并逐渐取代人事管理。进入 20 世纪 90 年代，人力资源管理理论不断发展，也不断成熟。在人力资源管理阶段主要是强调以“工作”为核心，其目标更看重如何使个人能够完成工作。并且在此阶段，人力资源管理的模块也逐步开始建立。1993 年，中国人民大学劳动人事学院率先将人事管理专业改为人力资源管理专业，中国开始从人事管理转向人力资源管理，并经历了一个快速的发展、创新和变革期。

在随着经济的不断发展以及贸易的国际化，企业在对人力资源管理的运用中也不断地发现问题并加以解决，为人力资源管理带来了诸多问题。随后战略人力资源管理理论的提出，标志着现代人力资源管理发展的新阶段。另外，随着经济全球化的发展，人们提出了跨文化的人力资源的管理。

第四节　人力资源管理的技术和方式

一、人力资源管理技术的概念

人力资源管理技术是指某一可以用来吸引、雇用、保留和保持人力资源，支持人力资源管理，优化人力资源管理的技术。这样的技术可以用于不同类型的人力资源信息系统和各利益相关者，如管理人员、员工和人力资源专业人士。

据 2002 年全球咨询公司沃森-怀亚特对欧洲进行调研发现，70%受访组织机构都在使用互联网或内网进行人力资源管理活动。而在英国，英国特许人事和发展协会在 2005 年的研究表明，77%的机构已经在应用人力资源管理信息系统（HRIS）进行高效地管理活动，而管理信息系统的定型阶段以管理控制为主。

由此我们可以看出，过去十年里，人力资源管理技术已经风靡世界，并成为全球众多组织机构的选择。根据进一步详细的调查，我们也可以发现人力资源管理技术的应用可以使得收集和整理的工作更加轻松、快捷，并可以将收集到的信息迅速与员工进行沟通，使得人力资源管理工作简单化、高效化。它不仅仅是一种技术，更是一门艺术。它的应用，也使得管理日趋规范、完善，不断提升管理绩效和管理水平，减少了对人力资源部门的行政负担，能够更好地关注人力资源活动，给决策者们提供更有效的人力资源相关的决策数据。据研究表明，有效地使用人力资源技术来管理人力资源的公司将很容易会超过那些没有明显优势的公司。

然而，并不是所有的公司都拥有或者需要先进的人力资源管理技术，但是所有的公司都有人力资源相关的信息需求。一个几十人的小公司可以用一个简单的微软 Word 或 Excel 来处理员工的基础数据，但是一个有上千名员工的公司，将面临着管理一个十分庞大的数据，如果没有一个更有效的管理工具来辅助存储和检索数据，这将会是一项非常艰巨的任务！

二、人力资源管理技术的演化阶段

我们通过下述图表的形式来反映复杂的、不同阶段的人力资源技术演化方面的研究。这些方面的特点可以分为四个发展阶段：基于大型主机的系统、早期的个人电脑（PC）技术、电子数据库、基于 Web 技术，如图 1-4 所示。

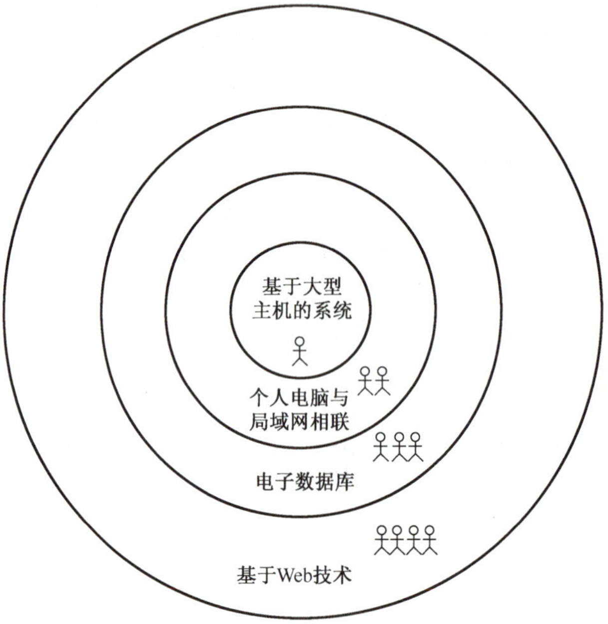

图 1-4　人力资源管理技术的演化阶段示意图

（资料来源：Julie Bulmash，Human Resources and Management and Technology，Chapter 3，2006）

1. 基于大型主机的系统

最初的人力资源管理系统是通过大型主机来操作应用的。这些系统独立运行，不与任何其他相关功能的子系统进行整合统一。其大量的数据通常存储在电脑主机上，报告是比较粗略而简陋的，最大的特点就是数据大，都是根据人力资源管理活动的需要进行实时添加，并且人力资源管理人员也成为数据的唯一操作者。这也使得该时期管理者派遣其人力资源管理人员获取管理信息成为管理者获得管理信息的唯一渠道。

2. 早期的个人电脑（PC）技术

人们将个人电脑和局域网（LAN）系统巧妙地应用进了人力资源管理活动中，由此建立人力资源数据库。这样就能够产生报告，但是这些报告只能列出“基础”数据，即员工的基本信息。随着数据库技术的发展与进步，人力资源管理技术又逐步囊括了薪酬核算和一些非常基本的员工跟踪信息反馈。

人力资源数据通常存储在客户端中，即是将数据存储在网络体系中每台计算机的客户端或服务器里面。服务器功能强大的计算机专用于管理磁盘驱动器（文件服务器）、打印机（打印服务器）、交通网络（网络服务器）。

3. 电子数据库

下一阶段是伴随着关系数据库技术的发展而应运而生。关系数据库是指一些数据可以存储在多个文件中，但是每个文件含有不同类型的数据。不同的文件可以联系，因此可以将独立文件中的信息整合起来。一个关系数据库通常允许将这个数据库在几个不同的位置与信息联系起来共同建立。这种技术提供了能够集合多个数据元素并将其组织起来，开发出更为复杂的报告，而不只有基础数据。例如，一个报告可以从不同的数据库里抽离数据进行归纳汇报，比如从姓名、地址、薪酬福利、教育培训里面寻找数据信息。

随着这种电子数据库的迅猛发展，人力资源管理系统也逐渐开始与其他商业业务系统进行整合。领先的人力资源组织机构开始购买适合企业运营的人力资源管理系统，包括人力资源管理相关的子系统。一个企业范围适用的系统通常被定义为一个不仅仅在某个部门单一应用，而是能支持企业管理范围或者能实现跨功能管理需求的系统。

随着时代的发展，互联网使用率极大地增加，管理者开始考虑如何高效地为人力资源管理提供技术支持。尽管原本的人力资源管理数据分析和考评仍是 HR 的主要工作，但人力资源已经开始演变成了企业的一个重要组成部分，那些由系统生成的报告可以为授权的管理人员提供有意义的人力资源管理相关信息，由此来辅助企业管理活动高效地展开。人力资源数据库扮演了促进人力资源管理发展的重要角色。此外，其他功能区可以共享这些数据库的信息。例如，如果公司决定招聘大量员工、引进新产品、组织结构的变化、战略目标的设定等等，都可以从人力资源系统访问数据。在这一点上，标志着人力资源管理进入全面的电子信息化时代，“电子化人力资源”（HER）这一术语开始出现。

4. 基于 Web 技术

如今，许多大型公司已经开始享受到了应用人力资源管理技术所带来的办公自动化的好处，因为它可以极大地提升管理的科学性和有效性。例如，在此期间呼叫中心和交互式语音应答系统被广泛应用。交互式语音应答系统（IVR）是一个利用数据库获取信息或者将数据输入到设定好的软件中，这样某个员工就可以打电话到进入一个特定的代码来报告出席。

随后基于 Web 的应用程序的发展促使了 Web 前端的快速发展。用户访问应用程序可以从任何一台计算机连接到互联网，但要通过一个安全、有密码保护的登录页面，以此促使后来所有数据都要加密。在这样的环境下，人力资源管理者开始意识到这些信息的商业价值，开始利用 Web 技术开展复杂多变的人力资源管理活动。

未来的技术发展需要我们迅速地获取精确的信息，并且能够通过多个系统将组织战略规划纳入这个信息系统内。这时，人力资源管理者将不再是人力资源管理信息的唯一操作者，他们将会开放信息管理权限，使得管理者和员工都可以通过 Web 系统来解决自己的问题，从而大大缩减人力资源管理管理者的工作量。但是工作量的缩减不一定意味着人力资源工作人员的减少，新系统的应用将使人力资源管理者把关注的信息转化为知识，进而为管理层提供科学决策依据。它也会将人力资源管理者有机地结合起来，使得人与系统统一的工作，进一步提高工作效率。而咨询公司哈克特集团的一项研究表明，高绩效的组织因为有效使用人力资源管理技术通常比其他同行业公司少花费 25%的管理费用。这也证明有效地人力资源管理技术可以为公司节省开销。

三、人力资源管理的方式

在人力资源管理的过程中，采取一些措施和方法来解决人力资源管理问题是非常有必要的。在宏观方面，国家和政府可以更好地进行人力资源的宏观调控和指导，在微观方面，可以进行直接的人力资源管理。主要有以下几种。

1. 强制方式

强制方式就是通过法律、法规、行政、规章制度的约束力来规范人力资源的行为。强制方式不仅约束员工，也同样对人力资源管理者本身有用。我国已制定和颁布了《中华人民共和国企业法》(简称《企业法》)、《中华人民共和国劳动法》及有关劳动力流动、劳动保护等方面的法律法规。总体来说，要实现人力资源管理的法制化，就必须用法纪手段规范开发、配置、使用和管理的全过程，使人力资源管理有法可依，有章可循。企事业单位和其他社会组织等人力资源管理主体除遵守和执行国家的有关法律外，还根据权限和需要制定纪律和各种规章制度来规范员工的劳动行为，保证组织的正常运转和组织目标的实现。如 OSZ 的《员工日常行为规范教育守则》是对每个员工行为规范的要求，制定的奖惩措施则是对员工的激励标准。人力资源管理的法纪手段也如其他领域的法纪手段一样，具有如下特点。

(1) 普遍性和规范性

行为规范制约对全体社会组织或组织成员都有约束力。它规定了各种社会组织或组织成员在一定条件下应该做什么，不应该做什么，从而具有指导的作用，又能作为评价人们行为的标准。

(2) 强制性

行为规范对全体社会组织或组织全体成员具有强制约束力。如果有谁违反了这些条款，就会受到相应的惩处和制裁，从而增强了管理的权威性和有效性。

2. 宣传方式

宣传方式是通过广泛宣传，提高员工对某项措施的认知，使员工自觉地为实现组织目标而努力的方法。它不是一种强制性手段，主要通过大多数人的认可而形成良好的企业管理氛围。宣传教育手段的优点是简单易行，缺点是需要多数员工配合，且所需时间较长。

3. 激励方式

激励方式是人力资源管理管理中常用的方式。它是指企业通过各种激励性措施，影响和引导全体员工共同努力，为实现企业目标而奋斗。

在目前企业的人力资源管理中采用较多的激励方式是物质激励。如建立良好的薪酬福利制度、奖金津贴制度等。根据马斯洛需求层次理论，满足员工低层次但却必需的物质需求来达到管理目的。当然，除了物质需求之外，员工还追求高层次的精神需求，因此，就要求企业管理者全面了解员工个人的具体需要，引导他们在实现组织目标的同时，实现个人的目标。如设计工作丰富化，让工作更具挑战性，为员工设计个人职业生涯，提供进修培训机会等。

4. 情感方式

情感方式是指通过建立合理的沟通渠道，使员工的情感能得到及时沟通，人际关系融洽，员工情感需求得到满足，从而使组织达到整体的和谐。例如，有的企业不定期开展员工交流会，向员工发放节日礼物，邀请员工家属参观企业，等等。

综上所述，不同的人力资源管理方式有不同的特点，我们应根据企业的实际情况和具体工作采取不同的管理方法，从而使自己平时的工作做得更好，为企业的发展、壮大做出更大的贡献。

案例 1-6 职业能力培养

通用电器的情感沟通

美国通用电器就是成功的一个例子：通用电气公司创建于 1878 年，公司总部设在美国康涅狄格州菲尔法尔德镇，在公司创业的 100 多年后，1991 年销售额达到 602.36 亿美元，利润额为 26.36 亿美元，雇员 284 000 人。在世界 500 家最大的工业公司中排名第 8 位。通用电气的成就，与它采用的注重员工情感的以人为本的管理方式是分不开的。通用情感管理方式之所以获得成功，是因为通用电器成功地解释、理解并实施了情感管理，揭示了情感管理的内涵—以人为本，注重员工情感。

拿通用电气公司制订的经理晋升考试制度来说，考试命题并不是来自经济学典籍，也不是来自那些难懂的经营理论，而是来自莎士比亚作品中的一部，试卷则是写一篇“读后感”而已。开始时许多人百思不得其解，甚至提出意见。后来才恍然大悟：这是对企业高级管理人员的基本心理素质要求。试问连一部世人皆知的著名文学作品中的人物心理尚不知晓的人，又怎样去理解公司内成千上万的雇员的情感、心理呢？通用电器抓住了情感管理的要素，即经理人员理解雇员心理是情感管理的先决条件。

1990 年 2 月，通用公司的机械工程师伯涅特在领工资时，发现少了 30 美元，这是他一次加班应得的加班费。为此，他找到顶头上司，而上司却无能为力，于是他便给公司总裁斯通写信，“我们总是碰到令人头痛的报酬问题。这已使一大批优秀人才感到失望了。”斯通立即责成最高管理部门妥善处理此事。

三天之后，他们补发了伯涅特的工资，事情似乎可以结束了，但他们利用这件为职工补发工资的小事大做文章。第一，向伯涅特道歉；第二，在这件事情的推动下，了解那些“优秀人才”待遇较低的问题，调整了工资政策，提高了机械工程师的加班费；第三，向著名的《华尔街日报》披露这一事件的全过程，在美国企业界引起了不小轰动。事情虽小，却能反映出通用电器公司“员工第一，以人为本”的情感管理思想。

案例分析：通过通用电器的这一成功案例我们可以得到结论是企业要做好情感管理要做到关心员工，善待员工，走进员工的内心等全方位的关怀。

（资料来源：中国科学院心理研究所应用心理学）

第五节　人力资源管理面临的新挑战

随着人力成本的升高，薪酬福利设计、人才培养机制、绩效管理亟待更新。新媒体发展日新月异，组织中的人际关系、层级关系、组织与社会的关系都发生了翻天覆地的变化；信息时代给我们带来的不仅是新的招聘渠道，新媒体的发展还在挑战着企业文化和劳动关系的建设。而企业发展的不确定性也在日益增强。这无疑使企业在如何制定人力资源发展战略、吸引并保留核心人才、改善员工关系等方面变得比以往任何时候都更复杂和多变。这些影响既给人力资源管理者带来挑战，也带来创新的机会。

一、新挑战产生的原因

1. 全球化

组织发展战略的需求使人力资源管理人员的职责也逐渐变得更加广阔，同时人力资源管理的重要性也逐渐被人们所强调。全球化把世界变成了一个地球村，这个概念促使了全球文化迅速地被传播、交流和接受。例如某一个国家的设计理念，在另一个国家进行生产，并在全球范围内进行销售。为了适应全球化经济的发展趋势，人力资源管理工作者就不得不面临新的挑战。

在政治和经济层面上，全球化是指全球意识的崛起。国与国之间在政治、经济贸易上互相依存，即将世界视为一个整体。在超越国家的市场力量运作下开展的无边界的经济活动。这意味着世界贸易和金融市场正变得越来越复杂化。经济全球化本身就意味着市场、观念、产品和思考方式正发生着根本性转变，全球化的工作环境不仅需要知识、技能，更需要从战略高度等全方位融合发展，因此，现有的企业人力资源管理需要创建新的流程和模式来响应并适应全球化的生产和协作方式。

随着企业竞争环境的复杂多变，企业战略也必须去适应这种变化。要求企业组织进行相应的变革，来为企业实现战略服务。而要求企业的人力资源管理更具有战略性，去满足组织变化的需求。企业的全球化经营是新时期企业的必然选择，跨国公司的出现是中国企业发展的必然结果。因各国的政治、经济发展水平、法律、宗教、风俗等文化因素存在着较大差异，在人力资源管理方面的要求也就有很大的不同，人力资源管理的政策和方法必须和所在地国家的环境和文化相适应。

2. 劳动力的多样性

根据美国著名社会学家托马斯于 1992 年对劳动力多样性的划分罗列出来的几大指标（但不仅限于）：年龄、种族、祖先、性别、身体能力/素质、取向、教育背景、地理位置、收入、婚姻状况、军事经验、宗教信仰、父母的地位和工作经验。

众所周知，任何组织发展成功与否取决于一个企业当中所拥有的人力资源。如果一个组织能够利用这个大熔炉的人才，那么工作场所当中所面临的劳动力多样化问题就可以转化为企业的战略资产。特别是在全球化的今天，通过让不同文化背景的人才在工作中相互融合适应，组织能够很迅速地发掘商机。正像是美国管理学者丹尼尔• 瑞恩在《管理思想的演变》一书中所提出的企业人，是看你能否聚集更多的企业人——他们具有相同或大致相近的意识，他们凝聚着企业文化的精髓，而这些企业人的文化背景、思维方式和习惯、个性特征会有很大的差异。这也就使企业传统的人力资源管理思想和企业文化受到严峻的挑战。

3. 信息技术的进步

信息技术的迅猛发展和应用、网络经济的形成改变了传统企业管理的模式。它让人力资源管理的方式突破了原有地域和时间上的限制，网上招聘、远程培训、视频会议、网络管理等成为人力资源管理的现代化手段。这些新技术的应用，一方面改变了传统人力资源管理的方式，另一方面也要求人力资源管理要不断地学习、掌握并应用这些新技术，去创造人力资源管理的新途径与新方法，为企业创造更大价值。

4. 员工个人发展所需资源

社会学家英格尔斯（Ingalls）在《人的现代化》中总结了现代人的十大特征，其中排在前面的主要是：思想广阔、头脑开放；准备和乐于接受新生活、新思想、新方式；注重视在和未来；乐于让自己和后代离开传统所尊重的行业，去从事新的行业；准备接受社会的变革等等。更多现代人关注的已经不仅仅是物质报酬，而是个人的职业生涯发展，无论是发展的空间，还是发展所需要的资源，对未来的企业人力资源管理都是一种前所未有的挑战。

5. 政府更多地介入人力资源实践

劳动力市场立法一直以来都是各国关注的重点问题，近年来，各国政府更是较多地介入劳动关系的各个领域。例如：为了推动人力资源潜能开发，保护劳动者的合法权益，政府制定出更多的保护劳动者权益的相关政策要求企业遵守和执行。而企业必须对原有人力资源管理做出相应调整。像中国这样的国家，政府更是承担了保护劳动者权益的职责。近些年我国劳动立法工作有很大进步，但同时劳动争议数量也在上升。未来企业的人力资源管理还需要在劳动争议的解决方面花大力气。有些企业会聘请精通政府劳动政策和劳动法规的专业人士来管理人力资源或充当劳动法律顾问。而为了促进某一地区的经济发展，政府常常会在企业引进人才上给予宽松的政策，比如允许把为引进人才的超额支付计入公司的生产成本等。这意味着加强人力资源成本核算可以为企业带来更多的利益。

案例 1-7　职业道德培养

员工个人发展需求的挑战

据一份属于“华盛顿州技术工人联合会”（Washington Alliance of Technology Workers）的一份出版物 *WashTech News* 公布的报告称，微软公司员工们对毫无变化的薪酬，以及不断引发争议的，员工们称之为不公平的“业绩评价体系”（performance review system）越来越不满，由此导致越来越多的高级工程师们跳槽，职级/文件员工们（rank-and-file workers）中的不满在不断增加。

微软仅在美国就雇有 3.8 万名员工，最令他们不满的是公司尚在执行的“业绩评价体系”。一些员工对该体系遭到扭曲，以办公室政治（office politics ）而非真实业绩好来考核和奖惩员工而感到怨恨。微软出现此类问题正像许多通过利润丰厚的股票期权，盛产百万富翁的著名公司所面临的问题一样。这些公司正设法寻找一条使公司能留住人才，避免他们投靠到像 Google 一类公司的方法。

专家们认为，这实际上是公司士气问题，因为在像微软这类企业内部已经形成了一个“内部世袭制度”（internal caste system），即 1997 年 8 月前加入微软的员工因持有股票期权被称为“有价值”（in the money）。而此后加入公司员工则不再享受公司发放的股票期权。目前公司局面是高层工作热情不减，而职级/文件员工们却表现平平。

（资料来源：CNN 财富连线）

二、应对新挑战的举措

人的因素是一切生产资料中的核心因素。人力资源储藏着巨大的能量和潜力。激发人的主观能动性，创造力和工作激情，使每位员工能够全身心地投入工作之中，是企业成败的关键，也是在激烈的市场竞争中取胜的法宝。而人才竞争的全球化，使人力资源开发与管理面临一系列新的挑战。研究知识经济时代对人力资源开发和管理变革的要求，并相应调整人力资源开发管理的方式方法，才能提高人力资源开发管理的效率，适应新的挑战。由此提出以下几点应对新挑战的举措。

1. 人才吸引机制

面对人力资源全球化的挑战，我国企业应该通过改变组织结构、优化工作环境、提高待遇、增进情感交流来吸引和稳定人才，尤其是针对一些优秀的复合型人才，可以构建一个企业备用人才库，一方面提高企业应变能力，另一方面可以提高企业竞争力。另外，企业还应该重视人才自身的发展要求，以人才为资本，加大人力资本投资，提升人才的使用效率，同时使人才有较高的满意度；企业还可以加强对员工的职业生涯规划，尤其对于知识性员工，除物质需求之外，注重他们的能力培养，并为他们提供发展的机会和条件；最后，企业要进一步完善薪酬制度，合理拉开薪酬差距，使薪酬系统与员工绩效切实有效结合起来，实现企业利益与个人利益的“双赢”。

2. HR 自身的培训

人力资源管理者是企业人力资源管理各项活动的具体执行者，因此，企业要通过各种形式的学习和培训提高人力资源管理者的业务技能，改变传统观念，培养具有较高综合素质的人力资源管理专家。同时，企业还应该积极创造条件，使人力资源管理者积极参与企业变革与战略决策，能指导员工如何应对变革带来的新问题。另外，企业还应培养人力资源管理者组织重构的能力，使其更能适应内外环境的变化。最后，人力资源管理者应该能掌握一定的心理学知识和娴熟的沟通技巧，具有较强的亲和力和缓解矛盾的能力，熟悉不同文化制度下的人力资源管理特点，善于激励员工共同向既定目标努力。

3. 规范人力资源管理体系

首先，企业要形成一个较为完善的人力资源管理制度，从人力资源的获取、开发培训、绩效考核、薪酬管理、工作激励、职业规划等各方面形成科学规范的操作标准。其次，在人力资源管理结构上不仅要进行全局把握，还要包括具体操作层面的管理。明确企业经营宗旨、愿景以及公司人力资源发展战略，以人力资源部门为主线，与其他部门共同努力，构建内部统一的人力资源管理体系。

4. 学习型组织的建立

一个组织如果缺失了学习能力，那企业的竞争力将无从谈起，因此，人力资源管理的重点是构建学习型组织。通过学习型组织的建立，强调学习的持续性，强调学习是一种投资而非消费，通过学习促进组织的变革。企业要积极创造一种持续学习的人文环境，加强对员工的自我管理、自我学习的教育，增强其主人翁意识和社会责任感，要让员工与企业形成紧密的利益共同体。在不断的主动学习中，用创新的思维、创新的方法、创新的技术提升企业的核心竞争力。

本章小结

1. 人力资本是指人的体力，智力、知识、创造力、技能作为一种资本表现出的总和。人力资本的内涵指的是经过一定教育培训后形成的劳动者的知识和能力，通过各种投资集聚在劳动者身上，表现为能带来利润收益并使资本得到保值和增值的价值能量。

2. 人力资本的特征：依赖于人的体力和脑力；需要投资才能形成；不断学习可以使资本增值；谁投资谁受益。

3. 人力资源概念是指能够推动国民经济和社会发展的、具有智力劳动和体力劳动能力的人们的总和，包括数量和质量两个方面。

4. 人力资源有宏观和微观之分。宏观人力资源是指能够推动特定社会系统发展进步并达成其目标的该系统的人们的能力的总和。微观人力资源是指特定社会组织所拥有的能推动其持续发展，达成其组织目标的成员能力的总和。

5. 人力资源有数量和质量两个方面的内容。

6. 人力资源的特征：能动性（自我强化、选择职业、积极劳动）、双重性（生产性与消费性）、时效性、持续性、社会性。

7. 与人力资源相关的几个概念：人口资源，劳动力资源，人力资源，人才资源。

8. 人力资源与人力资本的区别与联系：人力资本的外在表现形式是人的价值，可以通过货币来计量；人力资本的形成和积累主要依靠教育来完成，而人力资源是待开发的对象，人力资源的质量优劣也主要是由教育来决定的。如果没有教育，人力资源就得不到合理的开发，人力资源只有在合理开发和有效配置后，才能转化为人力资本；人力资本可以看做所投入的物质资本在人身上所凝结的人力资源，人力资本存在于人力资源之中；人力资本理论是人力资源理论的基础和重点，人力资源经济活动及其收益的核算基于人力资本理论。

9. 人力资源管理，是指对人力这一特殊资源进行有效开发、合理利用和科学管理。

10. 人力资源管理的目标就是充分发挥人力资源的潜力，合理配置人力资源，获取和保持企业的竞争优势，调动员工的积极性。人力资源管理的内容主要有：工作分析与设计；人力资源规划；员工招聘与录用；员工培训与职业生涯规划；绩效考核；薪酬管理；劳动关系管理与社会保障。

11. 传统人事管理与人力资源管理的区别：第一，更具有战略性与全局性；第二，管理观念与方式不同；第三，人力资源部门成为组织的生产效益部门；第四，人力资源管理对员工实行人本化管理。

12. 传统人事管理的特点是以“事”为中心，强调“事”的单一方面的静态的控制和管理，其管理的形式和目的是“控制人”；而现代人力资源管理以“人”为核心，强调一种动态的管理模式，全面而系统，管理的根本出发点是“着眼于人”，其管理归结于人与事的系统优化，使企业和员工达到双赢的效果。

13. 人力资源管理者的角色：人力资源管理者是企业的战略专家；人力资源管理者是战略伙伴；人力资源管理者是员工服务者；人力资源管理者还是企业变革的推动者。

14. 人力资源管理者的三种功能：直线功能、协调功能、服务功能。

15. 影响人力资源管理的因素：外部因素（政治与法律因素、经济制度、劳动力市场、科技发展）、内部因素（企业战略目标、员工素质、组织结构、企业文化）。

16. 人力资源管理理论基础中四种具有代表性的人性假设理论：“经济人”假设、“社会人”假设、“自我实现人”假设和“复杂人”假设。

17. 人力资源管理理论基础中具有代表性的激励理论：需求层次理论、双因素理论、期望理论。

18. 人力资源管理的发展经历了人事管理（科学管理阶段、工业心理学阶段、人际关系管理阶段）和人力资源管理阶段。

19. 人力资源管理技术的四个演化阶段：基于大型主机的系统、早期的个人电脑（PC）技术、电子数据库、基于 Web 技术。

20. 人力资源管理的手段包括：强制规范、宣传教育、激励诱导、情感沟通等。

练习题

一、单项选择题

1. 在管理学上关于人力资源管理的概念，最初是由（　　）提出来的。

A. 舒尔茨　　B. 巴克　　C. 德鲁克　　D. 贝克尔

2. 理论界通常将（　　）看做是人力资本理论的创立者。

A. 舒尔茨　　B. 亚当·斯密　　C. 德鲁克　　D. 贝克尔

3. 人力资源概念一般是指（　　）的劳动能力的总和。

A. 智力+体力　　B. 智力+能力　　C. 智力+经验　　D. 智力+价值观

4. 人力资源概念体现了（　　）指标。

A. 数量　　B. 质量　　C. 数量或质量　　D. 质量和数量

5. 人力资源开发要抓住人的年龄最有利于职业要求的阶段来实施有效的激励措施，是因为人力资源具有（　　）特征。

A. 能动性　　B. 时效性　　C. 社会性　　D. 再生性

6. 一个国家或地区所拥有的人口的总量是指（　　）。

A. 劳动力资源　　B. 人力资本　　C. 人口资源　　D. 人才资源

7. 最早的工作绩效评价系统是由（　　）创建的。

A. 德鲁克　　B. 舒尔茨　　C. 罗伯特·欧文　D. 泰勒

8. 比较马斯洛的需求层次理论和赫茨伯格的双因素理论，马斯洛提出的五种需求中，属于保健因素的是。

A. 生理和自尊的需要　　B. 生理、安全和自我实现的需要

C. 生理、安全和社交的需要　　D. 安全和自我实现的需要

9. 管理信息系统的定型阶段以（　　）为主。

A. 事务处理　B. 管理控制　C. 网络技术　D. 人工智能

10. 以下（　　）不属于企业人力资源管理常用手段。

A. 情感沟通　B. 优厚的福利　C. 强制规范　D. 人力资源规划

二、多项选择题

1. 人力资源具有（　　）特征。

A. 再生性　B. 共享性　C. 社会性　D. 可测量性

E. 双重性

2. 下列关于现代人力资源管理表述正确的是（　　）。

A. 现代人力资源管理把人作为资本和资源来进行管理

B. 现代人力资源管理是以事为中心的管理

C. 现代人力资源管理地位已提高到组织战略层面

D. 现代人力资源管理在心理层面上强调服从

E. 现代人力资源管理是某一部门单独使用的工具，与其他职能部门的关系不大

3. 人力资源的内容包括（　　）。

A. 人的体质　　B. 人的智力

C. 人的文化素质和受教育程度　　D. 人的思想觉悟和受教育水平

4. 传统人事管理与现代人力资源管理的区别，体现在（　　）。

A. 管理模式　B. 管理方法　C. 管理部门的性质

D. 管理内容　E. 管理目的

三、判断题

1. 人力资本的核心是教育投资。（　　）

2. 传统人事管理强调以“人”为中心。（　　）

3. 人力资本是指体现在人身上的技能和知识的存量，是后天投资所形成的劳动者拥有知识、技能和健康等的总和。（　　）

4. 霍桑实验是由霍桑教授组织进行的。（　　）

5. 人力资源与其他资源一样具有不可再生性。（　　）

6. “社会人”假设认为人的工作动机是为了寻求物质报酬。（　　）

四. 思考题

1. 什么是人力资源，其特征是什么？

2. 简述人力资源管理的内容。

3. 简述人力资源与人力资本的区别与联系。

4. 简述传统人事管理与人力资源管理的区别。

5. 简述人力资源管理发展的几个阶段。

推荐网站

HR369 人力资源论坛，中国人力资源网，HR 沙龙。

推荐阅读

《中国人力资源开发》，《人力资本》。

专业词汇

人力资本，资源，资本，人口资源，劳动力资源，人力资源，人才资源，人力资源管理，人事管理。

综合案例 1

诺基亚与微软的人力资源管理

人力资源管理，是公司一项非常重要的管理活动。搞好人力资源管理，对于吸引人才，留住人才，用好人才，具有十分重要的意义。

一、选拔人才方面

诺基亚偏重于本土化的人员选拔，他们认为本地人更熟悉当地的市场和需求，即便是高级职位也任命给本地员工，前提是员工是富于前瞻性的，“不谋全局者不足以谋一域，不谋万世者不足以谋一时”。另一方面诺基亚很重视员工培训，注重“人才培养，技能提升”，为员工准备了最完备的条件，以及广大的空间来帮助他们实现自己的理想。

而相比诺基亚，微软更喜欢“聪明人”。微软在吸纳人才方面的目标是，“寻找比我们（微软现有员工）更为出色的人”。具体来说，微软对这种人的两个最基本要求有以下两方面。（1）创造性。这是微软的选人首要条件，对一家信息产业公司来说，缺乏创造性，甚至哪怕是跟不上产业发展变化都是企业衰亡的先兆。（2）适应性，或叫做可塑性。这是微软根据信息社会和知识经济的要求提出来的。信息社会对人的学习和再学习能力提出了空前的高要求，对信息的搜集、整理、应用、淘汰、再搜集构成了人的发展过程中最有效的循环，这种高速的更新相应地要求人的高度适应性。在微软许多经典面试题目中都能体现创新与创造的影子。

比尔·盖茨认为：“聪明”就是能迅速地、有创见地理解并深入研究复杂的问题。也就是在用人方面，微软更倾向于甄选出优质的人才，从而减少培训成本，这就要求员工具有很强的自学能力。微软并不愿在专门的培训课程上大量投资，他们提倡以边干边学和言传身教的方式培训新雇员，而新雇员则通过观察有经验员工的工作和“试错法”来学习。

二、绩效管理与员工成长方面

诺基亚提倡，员工是主动角色，而管理者则应该扮演引导者的角色。为了达到这个目标，诺基亚启动了一个名为 IIP（InvestInPeople 人力投资）的项目：每年要和员工完成两次高质量的交谈，一方面要对员工的业务表现进行评估，另一方面还要帮助员工认识自己的潜力，告诉他们特长在哪里，应该达到怎样的水平，以及某一岗位所需要的技能和应接受的培训。通过 IIP 项目，员工可以清晰地感觉到，诺基亚希望员工获得高绩效从而拿到高薪酬，并且尽力地帮助员工达到这个目标。

而微软早期主要由软件开发人员组成，强调独立性和思想性，因此，赋予每个人最大的发展空间和机会是微软的特点。“责任到人”，这表明公司非常重视人的作用，愿意给予员工充分的空间，发挥他们的最大作用和潜能。微软的另一特色是重视一线员工管理。因为在企业生产经营活动中，一线员工往往最先了解市场的变化，如果不能调动他们的积极性，对企业是很不利的。

三、核心员工的管理方面

诺基亚非常注重核心员工管理，遵从巴雷特法则。巴雷特法则（Pareto'slaw）又称 80–20 法则，从其薪酬体系中即可明显发现这一点。例如，诺基亚的薪酬比较率明显地随级别升高而递增：在 3~5 级员工中，其薪酬比较率为 1.05；而在更高一层的 6 级员工中，其薪酬比较率为 1.11。也就是说，越是重要、越是对企业有贡献的精英员工，其薪酬比较率就越高。这样，就在一定程度上拉大了不能层级员工的收入差距，也确保了富有竞争力的薪酬体制能吸引住企业的核心员工。

除了灵活性，诺基亚的薪酬体系还表现出本土化与人性化的特征，比如其现金福利的发放，虽然数目不大，却会按照中国传统节日和“员工生日”来设计，让中国员工有被尊重与被照顾的感觉，按照马斯洛的需求层次理论，使他们“受尊重、被确定”的组织认同需求得到满足，无疑是诺基亚薪酬福利制度上的另一个亮点。

而微软的薪酬激励体现在期权和股票上。微软员工可以拥有公司的股份，并享有 15%的优惠，高级专业人员还可以享受更大幅度的优惠。因此，微软员工主要的经济来源并非薪水，而是股票的升值。有了员工拥有股票的比例比其他任何上市公司都高的优势后，微软得以把员工的薪水压得比竞争对手都要低。这种将员工的个人利益同公司的效益等因素结合起来的做法，具有明显的激励功效。

除此之外，这两家公司在留人之道上还有共同之处。首先是以其富有魅力及感召力的企业文化吸引员工。学习型文化让两大企业站到巨人的肩膀上。在企业中，每人都有学习的机会。其次他们的共识是要留住核心员工，光靠物质激励是不够的，还需要用精神层面的美好愿景以及自我实现来激励员工，从而使企业和员工共同成长，达到双赢的目的。

“以人为本”的管理理念在诺基亚与微软公司的人力资源管理体系中得到了较好体现。兼具理性与感性的用人体系，是企业文化的完美表现。它深刻地展示出：成功并非偶然。

案例问题：

1. 诺基亚与微软的人力资源管理策略有什么相似的地方？
2. 从案例中，你得到什么启示，对于现代人力资源管理有什么认识？

综合案例 2

明基集团知识管理

明基集团的知识管理就是对企业内外的知识进行统一处理和管理，通过传播、共享等方式，最大限度地储备组织企业的智力资源，为全体员工提供支持，促进企业形成持续创新的管理机制。明基集团通过自身知识管理系统中的三个阶段，让知识管理成为企业文化的一部分，从而达到留住员工大脑的知识管理目标。

第一阶段：营造在比赛中学习的企业文化。自 2000 年明基大学成立起，它所肩负的重要使命之一，就是帮助企业塑造更好的员工风格，使员工更快地融入明基的企业文化氛围。而集团一直在员工中倡导在竞赛中学习，这种氛围对一个快速发展的企业来说非常重要。“我们的企业培训会强调员工风格，因为它决定着企业的文化，决定着企业能否创造更多的价值，决定着企业是否有创新的能力。”企业大学对明基最大的贡献就是在于员工态度方面的培养，也就是企业学习氛围的建设。就拿明基逐鹿软件为例，软件行业需要专业精神，而明基逐鹿在企业培训时便给员工灌输“内在标准，尽心尽力”的专业工作态度，而这种态度是无法去管理和衡量的，只能通过企业大学来不断强化。而这种精益求精的专业氛围一旦形成，就为后面的计划就做了非常好的铺垫。

第二阶段：强大的信息系统支持知识共享。尽管集团事业部门、分公司众多，三万多员工的常规、非常规培训名目繁杂，但明基集团拥有强大的信息化系统支持和保障企业大学的培训体系。比如，在某个员工身上投入了的培训，如果这名员工辞职，那么其培训的知识也随之带走，只能通过信息化信息来保留知识。另外，对于管理企业大学的 HR 部门来说，有了系统的保障，员工就会得到更多的统计资料，以便于和各部门讨论培训的各项问题。而在平时的工作中，给老板汇报工作，文档都是通过信息系统上传到公司资料库中，然后再由系统推荐给老板，这样一来，所有的报告文档都留了下来，同时，老板还会表扬平时资料上传多的员工，对于提供信息资源的员工，公司会给予实际的奖励，以此提高员工的积极性，鼓励更多的人参与到企业内部资源共享的行列中来，从而让资源的利用实现最大化，提升公司的竞争力。每个部门在信息系统里都有自己的分支，部门前人所有的工作文档、报告、模板、客户资料都有记录，新进员工马上就能接手工作，过去在工作中遇到的问题和解决办法也会作为心得分享出来，为后来者提供参考依据。久而久之，员工都习惯去信息系统上分享自己的新思想、新知识。

第三阶段：人和知识分开管理。对于员工可以采取人和知识分开管理，即员工每创造一个价值，都要求他把知识分享出来，然后再鼓励他创造更多的价值，鼓励他继续学习。这样的管理目标实现后，可以弥补员工的流失对公司造成的无形损失，并把这种损失降到最低。再加上公司已经形成的学习氛围和分享氛围，任何新进员工将马上融入公司，创造价值。

案例问题：

1. 明基集团如何进行人力资源管理的？
2. 通过本案例，你有哪些启发？

第 2 章 工作分析与工作设计

能力目标

- 了解工作分析在人力资源管理工作中的作用和特点
- 明确工作分析所依据的基本原则和程序
- 掌握职位说明书的编写

本章重点： 工作分析的基本程序，职位说明书的编写

本章难点： 职位说明书的编写

引入

明远公司开展工作分析的原因

明远煤炭公司于1992年成立，建立之初主要从事煤炭进出口贸易的业务。自1998年以来，公司发展良好，销售收入年均增长率达到了30%以上。

2002年之后，公司面临的外部环境发生了剧烈的变化。2002年年初，国务院公布了《电力体制改革方案》，方案中要求电力行业实行厂网分开，并且竞价上网，这意味着电厂将对煤炭的价格、质量和供货的及时性提出更高的要求。此次电力体制改革对明远公司产生了巨大的影响。公司希望通过产业转型改变这一状况，但由于缺乏煤炭产业链一体化运作的经验，公司转型的过程坎坷曲折。

2002年3月，刚刚重组的南方某发电厂因检测到明远公司生产的产品硫含量超标而拒收了一整批货物，给公司造成的损失约500万元。除此之外，2002年上半年公司的销售利润大幅下滑，这使得公司更加深刻地意识到政策的变化给曾经牢固的客户关系带来了巨大的影响，公司也存在着对煤炭的生产质量、运输过程管理控制力度薄弱的问题。

从内部管理来看，2001年至2002年3月，先后有四五位业务骨干提出辞职，经调查分析，主要原因集中在公司职位职责不清、工作缺乏挑战性等方面。此外，员工的结构和素质现状也不能满足公司运营和长期战略目标实现的需要。

在这种情况下，公司认为提高煤炭供应链管理控制的关键，是提高内部管理水平和改进人力资源结构。经研究，公司决定聘请某咨询公司对明远公司进行人力资源管理情况诊断及其工作再设计。但这些只有在工作分析的基础上，才能明确职位责任，确定职位的工作描述和工作规范，从而为关键职位配备胜任的员工。因而，明远公司确定开始在全公司范围内开展工作分析的工作。

探究：在组织发展过程中，由于外部环境的变化，企业必须要做好竞争战略、经营方式、内部管理的调整甚至是变革的准备，而这些调整或变革必须与其组织结构、工作设计相匹配。明远公司的工作分析需求就是在此背景下产生的。工作分析是人力资源管理工作中其他职能活动的基础和基石。它的主要目的有两个：一是通过对组织中所有职位的调查、分析，弄清楚企业中每个职位的具体工作内容是什么；二是明确这些职位对从事该职位的员工有哪些具体而明确的要求，如受教育程度、工作经验以及生理、心理的要求等。如果一个组织连这些基本的问题都分不清楚，那么其他的人力资源管理活动只可能是“水中花、镜中月、空中楼阁”。

第一节　工作分析概述

一、工作分析的概念与意义

1. 工作分析的概念

工作分析又称为职位分析、职务分析，它是指对某一特定的工作或职位的任务、职责、权利、隶属关系、工作环境以及从事该工作的工作人员所应具备的条件等相关信息做出明确规定的过程。

工作分析是全面了解一个职位的管理过程，也是对该职位的工作内容和职位规范进行描述和研究的过程。工作分析的结果是形成职位说明书，工作分析通过职位说明书（包括职位说明和职位规范两个部分）来达到系统分析职位和工作的目的。

通过工作分析，要回答或解决以下两个主要的问题。

第一，某个职位是做什么的？这一问题与职位上的工作活动有关，包括该职位的基本信息如职位名称、所属部门、对应的职位等级、所辖人员、定员人数等，此外还包括工作的职责、工作的要求、工作的权限、工作的场所、工作时间及工作环境等一系列内容。

第二，什么样的人来做这项工作是最适合的？这一问题则与从事该职位的人的资格有关，包括任职人员的资质要求、专业知识和能力要求、必备的证书、工作经历以及心理要求等。

要回答以上问题，可以将工作分析要收集的信息归结为七个方面，即 6W+1H 的模式。

① What——这项工作的具体内容是什么？

② Why——从事这项工作的目的是什么？

③ Who——由谁来完成这项工作？

④ When——工作的时间安排是怎样的？

⑤ Where——这项工作在哪里进行？

⑥ For Whom——这项工作的服务对象是谁？

⑦ How——如何来进行这项工作？

2. 工作分析的意义

工作分析是人力资源管理活动中一项十分重要的工作，为组织职能的实现奠定了基础。

（1）工作分析促进组织的结构合理

工作分析根据企业的性质及状况主动分析组织结构层次。分析企业适合金字塔式的多层次组织结构，还是适合扁平式“中层革命”的组织结构。每一层面主管及副职的结构，即职务名称；每个层面的管理范围，即工作责任与职责等。同时，从人员结构上规划企业所需各级，各类人员的比例、数量、技能要求。

（2）工作分析有利于人力资源规划工作的进行

人力资源规划者在动态的环境中分析组织的人力需求，所以必须要获得广泛的信息。工作分析可以对组织内各个职位的工作量进行科学的分析判断，从而为职位的增减提供必要的信息。此外，工作分析对各个职位任职资格的要求也有助于企业进行人力资源的内部供给预测。

（3）工作分析有利于人员招聘录用工作的进行

在工作分析的过程中，各个职位所必需的任职资格条件都做了充分分析，在招聘过程中就有了明确的录用标准，减少了主观判断的成分，有利于提高招聘录用的质量。

（4）工作分析有利于人员培训开发的进行

对新员工进行岗前培训时，可以根据工作分析所做的职位描述和职位说明书对新员工进行详细的工作介绍和岗前技能及职业规范培训；对老员工，可以根据员工与职位任职资格要求的差距进行针对性的培训，以提高员工与职位的匹配程度。

（5）工作分析有利于合理薪酬的制定

员工的薪酬可以根据员工职位，职责，任务和职级等来确定，确保薪酬的内部公平合理。

（6）工作分析有利于绩效评估工作的进行

工作分析是事前对工作职务、工作任务、工作范围、工作职责进行客观描述，对聘用条件、工资结构、福利待遇、晋升路径、培训机会等都做出明确的要求，使每个职位从事的工作及所要达到的标准都有了明确的界定，为绩效考核提供了明确的标准，减少了评价的主观因素，提高了考核的科学性。

二、工作分析常用术语

在工作分析中经常会涉及一些专业术语，这些专业术语的含义与人们在日常生活中的理解不尽相同，为了科学有效地进行工作分析，准确地理解、澄清这些专业术语是十分必要的。

1. 职责

工作职责是员工在工作职位上需要完成的主要任务或大部分任务。它可以由一项至多项任务组成。例如，某企业的人力资源专员的职责之一是“定期进行薪酬调查”。

2. 任务

工作任务是为了达到某一工作目的而从事的具体活动。例如，上述人力资源专员的“定期进行薪酬调查”的职责由下列任务组成：设计薪酬调查表，指定被调查部门，对调查表进行解释和说明，按期收回调查表并行进整理分析，写出分析报告。

3. 职位

职位通常也称为工作职位，是某段时间内某个体所承担的一项或几项相互联系的职责集合。职位与个体是一一对应、匹配的，也就是说有多少个职位就有多少个人，二者的数量相等。例如，为了完成生产目标，必须搞好生产管理，包括生产计划、生产统计、生产调度等，为此要设置生产计划员、生产统计员、生产调度员、生产科长等职位。

4. 职务

职务是指主要职责在重要性和数量上相当的一组职位的集合或统称。根据组织规模大小和工作性质，一种职务可以有一个或多个职位。例如，某公司有三个分公司，销售经理就是职务，而一分公司销售经理、二分公司销售经理、三分公司销售经理就是职位。

5. 职业

职业是指在不同组织中从事相似活动的一系列工作的总称。这是为了更宽泛的工作分类，并不涉及到组织内部的职位关系。例如，工程师、教师、工人等都是职业。

6. 职系

职系由两个或两个以上工作组成，是职责繁简难易、轻重大小及所需资格条件不同，但工作性质充分相似的所有职位集合。例如，人事行政、社会行政和保险行政均属于不同职系。

7. 职组

职组是指工作性质大致相近的所有职系的集合。我国现有 27 个职组。

8. 职级

职级是指工作责任大小、工作复杂性与难度以及对任职者的能力水平要求近似的一组职位的总和，它常常与管理层级相联系。例如，部门副经理就是一个职级。

9. 职等

职等是指不同职系之间，职责的繁简、难易、轻重及任职条件要求充分相似的所有职位集合。

我国现有 27 个职组 43 个职系。表 2-1 通过我国部分技术人员专业技术职务说明了职系、职组、职级、职等之间的关系与区别。

表 2-1 职系、职组、职级、职等之间的关系

职组	职系 \ 职级 \ 职等	V	Ⅳ	Ⅲ	Ⅱ	Ⅰ
		员级	助级	中级	副高职	正高职
高等教育	教师	—	助教	讲师	副教授	教授
	科研人员	—	助理工程师	工程师	高级工程师	—
	实验人员	实验员	助理实验师	实验师	高级实验师	—
	图书、资料、档案	管理员	助理馆员	馆员	副研究馆员	研究馆员
科学研究	研究人员	—	研究实习员	助理研究员	副研究员	研究员
医疗卫生	医疗、保健、预防	医士	医师	主治医师	副主任医师	主任医师
	护理	护士	护师	主管护师	副主任护师	主任护师
	药剂	药士	药师	主管药师	副主任药师	主任药师
	其他	技士	技师	主管技师	副主任技师	主任技师
农业	农业技术人员	农业技术员	助理农艺师	农艺师	高级农艺师	—
企业	工程技术	技术员	助理工程师	工程师	高级工程师	教授级高工
	会计	会计员	助理会计师	会计师	高级会计师	
新闻	记者	—	助理记者	记者	主任记者	高级记者
	广播电视播音	三级播音员	二级播音员	一级播音员	主任播音指导	播音指导
出版	编辑	—	助理编辑	编辑	副编审	编审
	技术编辑	技术设计员	助理技术编辑	技术编辑	—	—
	校对	三级校对	二级校对	一级校对	—	—

（资料来源：http://www3.gdufs.edu.cn/hr/jcnr/ShowArticle.asp?ArticleID=76，广东外语外贸大学，人力资源管理网络化互动教学系统，系统主持人:陈筱芳）

三、工作分析的内容与原则

1. 工作分析的内容

工作分析的内容分为两大部分：工作描述和工作规范。

（1）工作描述

工作描述，是指以书面形式对组织中某一特定工作的工作性质、工作任务、工作职责和工作环境所进行的描述。它包括：工作识别、工作概要、工作关系、工作职责、工作权限和工作环境与工作条件。

（2）工作规范

工作规范主要阐述任职资格，主要包括胜任某一工作或职位所需具备的资格条件、工作能力、工作经验、生理和心理要求等。工作规范的内容一般包括：资历要求、工作能力、工作经验、心理要求和生理要求等。

工作描述和工作规范的详细分析将在第四节展开。

2. 工作分析的原则

（1）系统原则

在对某工作进行分析时，要注意该工作与其他工作的关系以及该工作在整个组织中所处的地位，从总体上把握该工作的特征及对人员的要求。

（2）动态原则

工作分析的结果不是一成不变的。要根据战略意图、环境的变化、业务的调整，经常性地对工作分析的结果进行调整。

（3）目的原则

① 在工作分析中，要明确工作分析的目的。

② 工作分析的目的不同，其侧重点也不同。

③ 工作分析中，要根据工作分析的目的，确定工作分析的侧重点。

（4）经济原则

工作分析本着经济性原则，根据工作分析的目的，采用合理的方法。

（5）职位原则

工作分析的出发点应从职位出发，分析职位的内容、性质、关系、环境以及人员胜任特征，即完成这个职位工作的人员需具备什么样的资格与条件而不是分析在岗的人员如何。

（6）应用原则

应用原则是指工作分析的结果，即职位描述与工作规范，要用于企业管理的相关方面。工作分析一旦形成职位说明书后，管理者就应该把它应用企业管理的各个方面。无论是人员招聘、选拔培训，还是考核、激励，都需要严格按职位说明书的要求来做。

第二节　工作分析的基本程序

工作分析是对组织内部各项工作系统进行全面分析和评价的过程，这个过程可以分为六个阶段：计划准备阶段、设计调查阶段、分析整理阶段、描述阶段、运用阶段和控制评估阶段，这六个阶段是相互联系和相互影响的。工作分析流程图如图 2-1 所示。

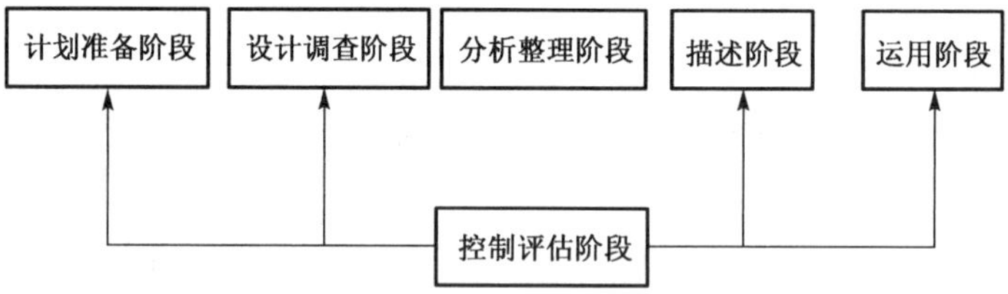

图 2-1　工作分析流程图

一、计划准备阶段

计划准备阶段是工作分析的第一阶段，主要任务是确定工作分析的目的、确定工作分析的信息收集类型和范围、建立工作分析计划、成立工作分析小组、对工作分析人员进行培训、做好其他必要的准备。具体工作如下。

1. 确定工作分析的目的

由于工作分析的目的不同，所需搜集的信息种类、范围、搜集技术和方法都不同，因此，工作分析的第一步就要明确工作分析所获得的信息将用于何种目的。一般来说，常见的工作分析目的包括：

① 建立一个新的企业或部门时，组织的设计与人员招聘需要进行工作分析；

② 由于战略的调整及业务的发展，使工作性质、工作内容发生了变化，需要进行工作分析；

③ 企业由于技术创新、劳动生产率的提高，需要重新进行定岗、定员；

④ 建立新制度的需要，比如绩效考核、晋升、培训机制的研究需要进行工作分析。

2. 确定工作分析的信息搜集类型和范围

组织中有关工作分析的信息量是非常大的，而在庞杂的信息池中搜集所需要的信息则需要耗费大量的人力和时间成本。因此，为确保搜集信息的质量，减少信息分析的工作量，必须确定特定的信息搜集类型和范围。常见的工作分析所需要信息类型如表 2-2 所示。

表 2-2　常见工作分析信息类型

1. 工作活动 （1）工作任务的描述 （2）与其他工作和设备的关系 （3）进行工作的程序 （4）承担这项工作所需要的行为 （5）动作和工作的要求
2. 工作中使用的机器、工具、设备和辅助设施 （1）使用的机器、工具、设备和辅助设施的清单 （2）应用上述各项加工处理的材料 （3）应用上述各项生产的产品 （4）应用上述各项完成的任务
3. 工作条件 （1）组织环境 （2）具体工作环境 （3）社会背景 （4）工作进度安排 （5）激励方法
4. 对员工的要求 （1）与工作有关的特征 （2）特定的技能 （3）特定的教育和训练背景 （4）与工作相关的经验 （5）身体素质 （6）态度

（资料来源：刘崇林. 人力资源管理基础（第一版）. 北京：电子工业出版社，2006.）

3. 建立工作分析计划

工作分析计划包括整个分析工作的进程、分析的职位、参与工作分析的人员、分析经费和分析过程中各个环节的责任划分等。

4. 组建工作分析小组

参加工作分析小组的人通常包括三类：一是企业的高层领导；二是工作分析人员，主要由人力资源专家和熟悉本部门情况的人员组成；三是承担工作的员工。

5. 做好协调工作

做好协调工作，比如各部门对抽调参加工作分析的人员给予工作的适当调整，以确保他们在工作分析小组的工作时间；在组织内部进行工作分析宣传，消除员工的紧张情绪。

二、设计调查阶段

在这一阶段，主要是根据确定的调查方案，对整个工作过程、工作环境、工作内容和工作人员等方面做一个全面的调查，具体包括以下内容。

① 根据调查目的、调查对象，有针对性地选择合适的信息搜集方法。信息搜集法主要有问卷法、面谈法、观察法、工作实践法、关键事件法、工作日志法等。

② 广泛收集各种信息与数据。

③ 收集任职者必需的特征信息。

三、分析整理阶段

这一阶段的主要任务是对收集到的有关工作特征和工作人员特征的调查结果，进行深入、全面地总结分析，具体包括以下内容。

① 整理资料。将搜集到的信息进行归类，看是否有遗漏的项目，如果有的话要返回上一个步骤，继续进行调查搜集。

② 审查资料。资料进行归类整理后，工作分析小组的成员要对所获信息的准确性进行审查，如有疑问，需要找相关人员进行核实，或返回上一个步骤，重新进行调查。

③ 分析资料。对信息进行整理审查后，就要对这些资料进行深入的分析，归纳总结工作分析所需的材料和要素，揭示各个职位的主要成分和关键因素。

四、描述阶段

描述阶段的任务就是根据工作分析过程中整理分析的信息编制各职位的“职位说明书”。职位说明书包括工作描述和工作规范两部分。

五、运用阶段

形成的“职位说明书”要运用于实际工作中，才能检验工作分析工作的可行性和有效性。具体包括以下内容。

① 将“职位说明书”运用于实际工作中，注意实际工作过程中的反馈信息，并不断完善“职位说明书”。

② 经过多次反馈、修订，形成最终的职位说明书。

六、控制评估阶段

1. 工作分析控制

工作分析控制贯穿于工作分析的始终，是一个不断调整的过程。随着时间的推移，职位本身、组织环境、组织目标和组织结构等都有可能发生变化。因此，应当将职位说明书和实际职位进行比较，注重反馈信息的搜集和分析，定期或不定期地对职位说明书进行修订。

2. 工作分析评估

工作分析的评估可以从工作分析效率和工作分析效果两个角度展开。工作分析效率关注工作分析投入的各种资源和实际产出的比较；而工作效果关注的是职位说明书编制和运用的质量。

案例 2-1　职业能力

新吉公司的工作分析计划书

新吉公司是一家 IT 企业，前年研发出一种新型网络信号接收卡，并投入批量生产。产品推出后，异常火爆，2002 年实现销售收入 5000 万元。2003 年销售形势与去年相比，预计大有上升之势。由于业务的发展，公司领导决定在行政部、市场部、企业发展部招聘一批员工。

为了使招聘工作更有针对性，使新员工更加符合现任岗位要求，人力资源管理部决定对上述三种岗位进行详细分析，并为此拟出一份工作分析计划书。

案例分析：

新吉公司工作分析计划书

为了提高企业人力资源管理工作的有效性和可靠性，为了有效地在下季度实施企业招聘计划，同时为了能够圆满完成今年的薪酬政策、激励政策和培训政策的调整工作，使人力资源管理职务适应企业的发展趋势，特计划在2003年3月份对企业某些部门重新进行工作分析，具体计划如下：

一、进行工作分析的职务

1. 行政部行政文员
2. 市场部销售经理
3. 企业发展部公共关系经理

二、工作分析样本

出于职务经验、职务完整性及其他相关因素的考虑，计划选取各部门以下员工为工作分析样本：

1. 行政部行政文员××
2. 市场部销售经理××
3. 企业发展部公共关系经理××

三、工作分析方法的选择

由于各样本的职务性质不同，特采用不同的工作分析方法。

1. 行政部行政文员：问卷调查法、观察法、参与法相结合。
2. 市场部销售经理：问卷调查法、面谈法相结合。
3. 企业发展部公共关系经理：问卷调查法、面谈法、职务表演法相结合。

四、工作分析的步骤及时间安排

3月10日：召集相关人员进行座谈，宣传并解释工作分析的目的、意义、作用及注意事项。
3月11日至3月12日：工作分析小组成员分别进行工作分析设计。
3月13日：小组成员对工作分析设计方案进行讨论和修改。
3月14日至3月15日：小组成员分别具体实施工作分析方案，收集职务信息。
3月16日：小组成员分别进行职位信息分析。
3月17日：小组成员分别编写职位描述和职位规范初稿。
3月18日：小组成员对信息分析和编写的文件初稿进行相互讨论。
3月19日：将职位描述和职位规范与相关部门经理进行讨论。
3月20日：召集相关人员进行座谈，对职位描述和职位规范进行最终定稿。

五、工作分析小组构成

组长：常务副总经理××
副组长：人力资源部经理××
成员：人力资源部招聘专员××
　　　人力资源部薪酬专员××

（资料来源：http://www.jingpinke.com/，国家精品课程资源网。
海南大学校级精品课程《人力资源管理》，课程主持人：郑远强。有改动。）

第三节　工作分析的方法

在进行工作分析的过程中，由于分析的目的和内容不同，因而所采用的分析方法也不可能是完全一样的。同时，工作分析收集信息的方法很多，但没有一种可以提供非常完整的信息，因此往往需要综合使用。工作分析信息收集的方法主要包括：问卷法、访谈法、观察法、工作实践法、关键事件法、工作日志法等。

一、问卷法

问卷法是一种应用非常普遍的工作分析方法。其基本过程是：根据职位特点设计调查问卷，将问卷分发给选定的人员，要求其在一定的期间内填写完成，并回收以获取有关工作职位的信息。

问卷根据不同的分类标准可以分为以下几种。

① 普遍性问卷和特定性问卷。普遍性问卷的内容具有普遍性，适合于各种工作职位；特定性问卷则是专门为某特定的工作职位设计的。

② 封闭性问卷和开放性问卷。

在此，我们主要介绍普遍性问卷和特定性问卷。普遍性、封闭性问卷如表 2-3 所示。表 2-4 所示为以推销员为例而编制的特定性、开放性问卷。

问卷法是工作分析中应用最普遍的分析方法之一，其优缺点如表 2-5 所示。

表 2-3 普遍性、封闭性问卷

1．工作名称：			
2．适合此项工作的年龄：			
A．20 岁以下	B．21 ~ 30 岁	C．31 ~ 50 岁	D．51 岁以上
3．适合此项工作的性别：			
A．男性	B．女性	C．男女不限	
4．担任此项工作所需学历：			
A．高中	B．专科	C．本科	D．研究生
5．胜任该项工作所需要的工作经验：			
A．2 年	B．3 年	C．5 年	D．无具体要求
6．担任该项工作对员工的人身安全和健康有何影响：			
A．无任何不良影响	B．影响不大	C．严重影响员工人身安全和健康	
7．担任该工作的人员一般智力应在：			
A．10 ~ 29 分	B．30 ~ 69 分	C．70 ~ 90 分	D．90 分以上

（资料来源：刘崇林.人力资源管理基础（第一版）.北京：电子工业出版社，2006.）

表 2-4 特定性、开放性问卷

姓名：________	工作名称：________
所属部门：________	直接上司：________
1．主要职责：从事推销员工作，每天要完成那些工作任务？	
2．教育：从事推销员工作，需受过何种程度的教育？	
3．经验：从事推销员工作，应具备哪些工作经验才能胜任？	
4．培训：对推销员应进行哪些方面的培训，才能更好胜任该工作？	
5．能力：作为一名推销员，应该具备哪些能力？	
6．与客户的联系：作为一名推销员，应多长时间和客户联系一次？	

表 2-5 问卷分析法的优缺点

优　点	缺　点
➢ 费用低，速度快，节省时间和人力 ➢ 可以在工作之余填写，不致于影响正常工作 ➢ 调查范围广，可用于多种目的、多样用途的职务分析 ➢ 调查样本量很大，适用于需要对很多员工进行调查的情况 ➢ 调查的信息可以数量化，由统计软件进行数据处理	➢ 设计理想的调查问卷要花费较多时间、人力和物力，费用较高 ➢ 在问卷使用前，应进行预调查，以了解员工理解问卷中问题的情况，为避免误解，还经常需要工作分析人员亲自解释和说明，降低了工作效率 ➢ 填写问卷由被调查者单独进行，缺少交流和沟通，因此，被调查者可能不积极配合，不认真填写，从而影响调查的质量

二、访谈法

访谈法是工作分析人员分别与员工本人或其上级主管进行面对面的谈话，以此来收集职位信息的一种工作分析方法。

与员工的面谈主要集中于有关工作内容和工作背景的信息；而与主管的面谈主要作用在于审查和证实员工回答的准确性，并提供有关该职位的进一步信息。

访谈的程序可以是标准化的，也可以是非标准化的。一般情况下，应用访谈时以标准化访谈格式记录，目的是便于控制访谈内容及对同一职务不同任职者的回答进行比较。

在访谈过程中，访谈内容应涵盖以下内容。

① 工作目标。组织为什么设立这一工作，根据什么确定对该工作的报酬。

② 工作内容。任职者在组织中有多大的作用，其行动对组织产生多大的后果。

③ 工作的性质和范围，这是访谈的重心。主要了解该工作在组织中的关系、其上下级职能的关系、所需的一般技术知识、管理知识、人际关系知识、需要解决问题的性质以及自主权。

④ 所负责任。主要说明该工作的最终结果以及任职者所要负担的责任，涉及组织、战略、政策、控制、执行等方面。

案例 2-2 职业习惯

一个销售经理工作分析面谈问题样本

某公司在对销售经理这个职位各项特征进行问卷调查后，觉得还有很多问题没有彻底弄清楚，决定找有关经理进行面谈。在面谈之前，公司人力资源部拟了一个面谈样本，具体内容如下所示。

销售经理职位面谈样本

1. 了解职位的目标

这项职位最终要取得怎样的结果？

这项职位具有哪些重要意义？

为这项工作投入经费会有何收益？

2. 了解工作的意义

计算用于这项职位的一年经费，比如经营预算、销售额、用于员工本身的开销。

此职位主管能否为部门或机构节省大笔开支？且能否年年如此？

职位主管能否为公司创造不菲的收益？且能否保持业绩？

3. 了解职位在机构中的位置

他直接为谁效力？

哪些职位与他同属一个部门？

他最频繁的对内对外联系有哪此？

他出差吗？去何处？因何故？

4. 了解他的助手

他主管哪些工作？

简要说明每位下属的工作范畴：规模、范围及存在原因。

他的下属是何种类型的员工：是否称职、是否经验丰富等？

他如保管理下属？

使用何种信息管理系统？

经常与哪些下属直接接触？

他是否需具备和下属同样丰富的专业或技术知识？因何如此？

5. 了解这一职位需具备何种技术、管理及人际关系的协调能力

职位的基本要求是什么？

职位主管（他）的工作环境在技术、专业，以及经济方面的状况如何？

需要哪些专业技术，按重要程序列出。按事件发生的先后顺序，请他举出工作中的实例来说明。

如何掌握技术知识，脱产培训还是在职培训？

公司是否有其他渠道提供类似的技术知识？他能否有机会接触这些知识？

他对下属工作士气的影响如何？

下属是否拥护他的管理和指导，是否需要他的配合？

他在说服级别相同或更高的人接受他对本领域或其他领域的意见时，是否要颇费口舌？

他与下属的工作程度如何？

他可向谁寻求帮助？

他的自主权限有多大？

他向哪级主管负责？

他大部分时间在做什么？

日常工作中，与技术知识相比，处理人际关系的技巧重要程度如何？

6. 了解管理工作中需解决的关键问题及所涉及的事项

他认为工作中最大的挑战是什么？

最满意和最不满意的地方是什么？

工作中最关切或最谨慎的问题是什么？

在处理这些棘手或重要问题时，以什么为依据？

其上司以何种方式进行指导？

他是否经常请求上司的帮助；或者上司是否经常检查或指导他的工作？

他对哪类问题有自主权？

哪类问题他需要提交上级处理？

解决问题时，他如何依据政策或先例？

问题是否各不相同？具体有哪些不同？

问题的结果在多大程度上是可预测的？

处理问题时有无指导或先例可参照？

以先例为依据和对先例进行分析解释，是不是解决问题的唯一途径？

他能否有机会采取全新的方法解决问题？

他是否能解决交给他的问题，或者说他是否知道该如何解决这些问题？

着手解决问题之前需对问题做的分析工作是由他本人还是他的上司来完成？

要求他举例说明问题是谁、以何种方式解决的？

7. 了解他的行为或决策受何种控制

他依据怎样的原则、规章制度、先例和人事制度办事？

他是否经常会见上司？

他与上司讨论什么问题？

他是否改变自己部门的结构？

要求他举例说明曾做出的重大决定或举措。

在以下几方面他有何种权力？

雇用和解雇员工。

动用资金。
决定近期开支。
确定价格。
改变方法。
改变职位设计、政策和薪金。
8. 了解管理工作最终要取得的重要成果
除能圆满解决问题之外，他还直接负责什么工作？
他是具体负责处理某事还是负责监督别人来处理此事？
用何种标准衡量事情的结果？
是由他来确定任务还是由他来组织完成任务？
他对事情的成败是否有决定性作用？
（资料来源：http://www.jingpinke.com/，国家精品课程资源网。海南大学校级精品课程《人力资源管理》，课程主持人：郑远强。）

在访谈前期，工作分析人员应做好准备工作，拟好访谈提纲，以便于提高访谈效率。如表2-6所示，就是一个访谈提纲的部分举例。

表2-6 访谈提纲范例（部分）

被访谈者职位	所在部门	访谈时间
1. 首先，我们想了解一些关于您所主管的部门，工作内容主要有哪些？		
2. 您工作的主要职能有哪些？（列举5个）		
3. 这些职责您是怎样完成的？其中哪个您认为是最重要，对公司最有价值的？		
4. 公司赋予您的权限主要有哪些？		
5. 为完成您的主要职责，您认为应该需要什么样的学历、专业背景、工作经验？		
6. 每天你的工作时间是多长？需要经常加班吗？繁忙程度是否均衡？		
……		
12. 总结、归纳，列出工作清单，并请被访谈者确认。		

在访谈过程中，为了使访谈顺利进行，收集全面的信息，工作分析人员应该遵循以下原则。

① 依靠上级。因为这样才能确保找到的访谈对象是对工作最为了解、最有可能对自己所承担的工作任务和职责进行客观描述的员工；

② 密切关系。营造一种良好的气氛，消除被访者的紧张情绪，使其感到轻松愉快，尊重被访谈者，态度要诚恳、热情，用词要恰当；

③ 精心准备。实现准备一份完整的访谈提纲，提问时先主后次，先重后轻，以保证访谈时间；

④ 力求客观。分析人员应带有启发性和引导性，但对重大原则问题，应避免发表个人看法和观点；

⑤ 检查核对。访谈的形式可分为个人访谈、集体访谈和管理人员访谈三种，这可能会使收集到的资料由于访谈对象不同而出现不一致。这就要求工作分析人员在访谈后，必须把双方或多方的资料合并在一起，予以比较和综合分析，保证访谈信息的准确性。

访谈法可以获取直接观察时所不易获得的一些信息，同时也可以对已经获得的资料加以证实。尽管这种方法像问卷调查法那样具有完善的结构，但也具有问卷调查不可替代的作用，比如了解任职者的工作态度与动机时，访谈法就更具有优势。因而，该方法在工作分析中被大量运用。其优缺点如表2-7所示。

表 2-7　访谈法的优缺点

优　　点	缺　　点
➢ 对被访者的工作态度与工作动机等较深层次的内容有比较详细的了解 ➢ 能够简单快速地搜集到多方面的工作分析资料 ➢ 可获得从其他途径无法获得的信息 ➢ 给被访者解释工作分析的必要性提供了机会 ➢ 有助于增进沟通	➢ 分析人员对某一工作固有的观念可能会影响对分析结果的正确判断 ➢ 被访谈者可能出于自身利益的考虑，采取不合作的态度或有意无意地夸大自己所从事工作的重要性、复杂性，导致工作信息失真 ➢ 对访谈者要求比较高，需要具有一定的访谈技巧和心理学知识 ➢ 不能单独作为信息收集的方法，只适合与其他方法一起使用

三、观察法

观察法是指工作分析人员到工作现场对员工的工作活动状况进行系统观察而获得职位信息的一种方法。通过现场观察，工作分析人员将收集到的信息予以记录、分析、归纳和总结，并整理成文字资料。

一个完整的观察法应该包括观察设计和观察实施两步。许多工作分析人员很容易省略前期的观察设计，而直接进入观察实施，从而导致观察失败或获取的信息匮乏。

前期的观察设计通常包括如下两个方面。

① 确定观察内容。要确保观察内容准确反映工作分析的目的，不同的目的会使观察的内容和侧重点不同。例如，工作分析是以绩效考核为目的还是以薪酬设计为目的？此外，要确定所要观察的内容应该是可以被观察到的。

② 设计观察记录提纲或观察记录表。观察记录提纲或表格是提高观察效率的重要工具和技术手段。观察记录表应尽可能做到简单易行，可靠有效，如表 2-8 所示。

表 2-8　某企业生产车间的工作分析观察提纲

被观察者姓名：__________	日期：__________
观察者姓名：__________	观察时间：__________
工作类型：__________	工作部门：__________
观察内容：	
1．什么时间开始正式工作	
2．上午工作多少时间	
3．上午休息多少时间	
4．第一次休息时间从________到________	
5．第二次休息时间从________到________	
6．上午完成产品多少件	
7．平均多少时间完成一件产品	
8．与同事交谈几次	
9．每次交谈约________分钟	
10．室内温度________度	
11．抽了几次烟	
12．喝了几次水	
13．什么时候开始午休	
14．出了多少次品	
15．搬了多少原材料	
16．噪声分贝是多少	

（资料来源：刘崇林．人力资源管理基础（第一版）．北京：电子工业出版社，2006.）

在运用这种方法的过程中，作为观察者应注意以下问题。

① 被观察的工作应该是相对稳定的。即在一定时间内，工作的内容、工作流程、对任职者的要求应保持相对稳定性。

② 这种方法适用于以体力活动为主的、标准化、重复操作、周期短（如流水线上的操作工）的工作；不适用于以脑力活动为主的工作（如管理人员、技术研发人员等）。

③ 要充分考虑到被观察者的心理反应。观察者在场会对任职者产生一定程度的心理因素影响，如紧张、分心、预警、扮伪等，从而影响到观察结果的真实性。

观察法的优缺点如表 2-9 所示。

表 2-9 观察法的优缺点

优　　点	缺　　点
➢ 工作分析能够比较全面和深入地了解工作要求，适用于大量标准化的、周期较短的以体力活动为主的工作 ➢ 在观察期间，被观察对象的工作内容、程序不会发生明显的变化，从而了解的信息比较稳定、客观、真实	➢ 不适用于脑力劳动以及处理紧急情况的间歇性工作，如律师、教师、急救站的护士、经理等 ➢ 对有些员工而言难以接受，他们觉得自己受到监视或威胁，从而从心里对工作分析人员产生反感，同时也可能造成操作误差 ➢ 难以确定工作行为样本的代表性，有些行为在观察过程中可能为表现出来 ➢ 不能得到有关任职资格要求的信息

正是因为观察法有很多不足之处，因此其经常与访谈法结合使用，全面收集工作职位的。

四、工作实践法

工作实践法也称参与法，是指工作分析人员直接从事某项具体的工作，由此来获取有关工作要求和工作特点的信息资料的一种方法。

工作实践法的优缺点如表 2-10 所示。

表 2-10　工作实践法的优缺点

优　　点	缺　　点
➢ 工作分析者亲自参与工作，因而可以获得最真实的信息 ➢ 可以搜集到观察法和访谈法搜集不到的信息	➢ 高度专业化的工作需要经过培训才能胜任，而工作分析人员并不具备从事各项工作的知识和技能，因而不能完全参与其中 ➢ 只能适用于某些较简单或短期内就可以掌握其方法的工作职位，而对于需要大量训练或有危险的工作，则不适用

五、关键事件法

关键事件法（Critical Incident Technique，CIT）是由美国心理学约翰 • 弗拉纳根（John Flanagan）在 1954 年发展起来的，其主要原则是认定员工与工作有关的行为，并从中选择出最重要、最关键的部分来评定其结果。

使用关键事件法进行分析时，首先从对主管领导、员工或其他熟悉工作的人员进行调查，通过他们的描述，收集一系列工作行为的事件。对关键事件的描述内容应包括以下方面。

① 导致该事件发生的原因和背景。

② 员工特别有效或多余的行为。

③ 关键行为的后果。

④ 员工自己能否支配或控制上述后果。

在大量收集这些关键行为以后，可以对它们做出分类，并总结出该工作的关键特征和行为要求。关键事件法既能获得有关职务的静态信息，也可以了解该工作的动态特点。

表 2-11 给出了一个有关核能操作工的不负责任行为的关键事件。

表 2-11　有关核能操作工的不负责任行为的关键事件

核能机构正处于困难时期。因为它的许多工人“不可靠”，也就是说，他们很可能操作失误或导致更糟的情况——严重事故发生。该组织试图通过识别那些不负责任的行为，然后采取管理行动以终止或防止它们发生。关键事件技术就被用来识别这些员工的行为： 1. 不负责任行为的定义 不负责任行为涉及不严肃认真地对待工作、拒绝遵守规程以及显然缺乏对后果的考虑而妄动 2. 例子 ※ 在不加思考的情况下采取行动 ※ 在瞬间的刺激下做出错误的判断 ※ 经常闹恶作剧 ※ 很少考虑惩戒的威胁，嘲笑错误或申诉 ※ 经常迟到或缺勤 ※ 否认错误 ※ 操作设备不仔细 ※ 经常漫不经心地工作或不能完成工作 ※ 忽视时间限制或程序 ※ 在对工作感到厌烦时制造刺激性的事物 ※ 偷窃或故意损坏财产、说谎或欺骗别人的行为 ※ 在受到询问时提供不正确或不准确的信息

关键事件法的优缺点如表 2-12 所示。

表 2-12　关键事件法的优缺点

优　　点	缺　　点
➤ 研究的焦点集中在员工的工作行为上，而行为是可观察的、可测量的 ➤ 通过这种方法可以确定员工工作行为的任何可能的利益和作用	➤ 需要工作分析人员花费大量的时间去搜集那些关键事件，并加以概括和分类 ➤ 关键事件的定义是指对工作绩效显著有效或无效的事件，这就很容易遗漏平均绩效水平，因而对中等绩效的员工，利用关键事件法就难以进行准确的工作分析

六、工作日志法

工作日志法（Job Incumbent Diary or Log）是为了解员工工作内容、责任、权利、人际关系及工作负荷等情况，而要求员工坚持记工作日记，然后经过归纳提炼，取得所需信息的一种工作资料获取方法。表 2-13 所示为工作日志填写实例。

在实际操作时，为保证记录的准确性，应对记录工作日志的员工进行培训，并提出下列记录要求。

① 及时。在一天工作开始之前，必须将工作日志放在手边，边做边记，切忌一天结束之后补记；

② 具体。越具体越好，标准是：一个对某项工作完全不了解的人，仅通过记录就能看明白任职者在做什么；

③ 真实。不能弄虚作假，日志关注的焦点是“工作”本身，不是对任职者的评价；

④ 完整。记录者若因工作原因中途外出，要在出发前记下离开的时间，且在回来后的第一时间补上。

表 2-13　工作日志填写实例

6月1日　　工作开始时间：8:30　　工作结束时间：17:30					
序　　号	工作活动名称	工作活动内容	工作活动结果	时 间 消 耗	备　　注
1	复印	协议文件	4 张	6 分	存档
2	起草公文	贸易代理委托书	800 字	1 小时 15 分	报上级审批
3	贸易洽谈	玩具出口	1 次	4 小时	承办
4	布置工作	对日出口业务	1 次	20 分	指示
5	会议	讨论东欧贸易	1 次	1 小时 30 分	参与
⋮					
16	请示	佣金数额	1 次	20 分	报批
17	计算及录入	经营数据	2 屏	1 小时	承办
18	接待	参观	3 人	35 分	承办

第四节　职位说明书的编写

一、职位说明书的概念及内容

1. 职位说明书的概念

职位说明书，也称为职务说明书，是工作分析人员根据某项职位的物质和环境特点，对工作人员必须具备的生理和心理条件进行的详细说明。它是工作分析的结果，是经工作分析形成的书面文件。

2. 职位说明书的内容

一般来说，一个内容比较完整的职位说明书包括工作描述和工作规范两部分内容。

（1）工作描述

工作描述，是指以书面形式对组织中某特定工作的工作性质、工作任务、工作职责和工作环境所进行的描述。它包括以下方面内容。

① 工作识别。工作识别是关于职位的基本信息，是一个职位区别于其他职位的基本标志，包括以下两项内容。

a. 工作名称。工作名称是指一组在重要职责上相同的职位总称。好的职位名称往往接近工作内容，并能把一项工作与其他工作区别开来。

b. 工作身份。工作身份包括所属的工作部门、直接上级职位、工作等级、所辖人数、定员人数、工作编号等。

② 工作概要。工作概要也称为工作目的。要求用简练的语言文字阐述工作的总体性质、中心任务和要达到的工作目标。

③ 工作职责。工作职责描述了该职位通过一系列什么样的工作活动来实现工作目标，并达到怎样的工作结果。

④ 工作权限。工作权限是根据该职位的工作目标与工作职责，由组织赋予该职位的职权，它界定了工作人员在工作活动内容上的权限范围，包括决策、审批、指挥和监督等权限。

⑤ 工作关系。工作关系是指任职人员与组织内外其他人员之间的工作联系以及该职位在组织结构中的位置。

⑥ 工作环境与工作条件。工作环境一般指工作所处的自然环境，包括工作场所、工作时间、工作环境的危险性、舒适程度等。工作条件则描述了工作中所需要的原材料、设备、用具等。

表 2-14 列举了人力资源专员的工作描述。

表 2-14　人力资源专员工作描述

1．基本资料			
职位名称	人力资源专员	职位序列	管理
所属部门	人力资源部	职位定编人数	1
直接上级职位	人力资源部经理	直接下级职位	—
下属人员数量	—	编制日期	2014 年 6 月
2．职位描述			
为了有效实施人力资源开发与管理，实现人力资本不断增值，在建立和完善公司人力资源体系的基础上，组织进行公司人力资源各项事物的开展			
3．工作职责			
职责一	**职责描述：组织开展公司人员招聘** 1．负责公司招聘渠道的建设工作； 2．组织进行员工工作分析，拟定公司招聘计划； 3．根据核准的招聘计划，组织实施公司员工的招聘工作； 4．负责公司招聘员工的入职培训工作		
职责二	**职责描述：实施公司人事管理工作** 1．进行员工异动管理，办理公司人员异动的相关手续； 2．协助开展公司员工试用期考核及转正面谈、评估工作； 3．拟定公司人事类、绩效考核类、培训类人事台及报表； 4．起草公司人事类各类文件和通知； 5．负责公司员工人事档案建立、劳动合同签订工作； 6．进行员工关系管理，协调与劳动监察、仲裁等部门的关系处理		
职责三	**职责描述：组织开展公司薪酬与绩效管理工作** 1．统计公司各个岗位绩效考核结果，并编制相关报表； 2．组织进行公司员工的绩效面谈； 3．组织开展薪酬调整工作，适时提出公司薪酬调整方案； 4．负责公司员工保险、福利工作的实施		
职责四	**职责描述：进行公司员工培训管理** 制定公司培训计划，并监督执行； 组织进行公司日常培训工作，负责公司管理制度的宣传和导引； 进行公司外部培训机构的评估和相关事务的协调与沟通工作		
4．工作关系			
类别	联系对象	联系内容	联系频率
内部联系	公司各部门	人员招聘、薪酬与绩效管理，员工培训等相关事宜	持续
外部联系	政府主管部门	劳动合同、地方人事政策落实等事宜	经常
	人才招聘服务机构	人员招聘	偶尔
5．工作条件			
工作时间	按正常时间上下班		
工作环境	工作地点以办公室为主		
使用工具设备	计算机等基本办公设备		

（2）工作规范

工作规范主要阐述任职资格，主要包括胜任某一工作或职位所需具备的资格条件、工作能力、工作经验、心理和生理要求等。职位说明书的内容一般包括以下内容。

① 资历条件。资历条件包括年龄、性别、学历要求、专业知识、必备的资格证书、所需的培训经历等。

② 工作能力。工作能力是指胜任该职位的人员必须具备的主观条件，包括理解能力、判断能力、组织协调能力、决策能力、沟通能力、文字书写能力等。

③ 工作经验。工作经验包括工作年限、从事低一级职位的经历以及从事相关职位的经历。

④ 心理要求。主要包括任职者的性格、气质、兴趣、工作态度、敬业精神、事业心、合作精神等。

⑤ 生理要求。生理要求是指从事该职位所必须具备的健康状况、力量、灵活性、敏感度等。

表 2-15 列举了人力资源专员的工作规范。

表 2-15　人力资源专员工作规范

1. 基本资料			
职位名称	人力资源专员	职位序列	管理
所属部门	人力资源部	职位定编人数	1
直接上级职位	人力资源部经理	直接下级职位	—
下属人员数量	—	编制日期	2014 年 6 月
2. 任职资格			
教育背景	**学历**	本科	
	专业	人力资源管理及相关专业	
经验与专业资格	**专业资格**	无	
	工作经验	3 年以上人力资源工作经验	
能力素质要求	1. 具有良好的沟通能力和较强的应变能力		
	2. 熟悉人力资源管理及劳动人事政策法规		
	3. 能够独立开展人员招聘、绩效管理及培训工作		

二、职位说明书编写要求及误区

工作说明书是工作分析的成果，是对工作描述和工作规范等信息加以整合并具有组织管理约束力的正式文件。把工作描述和工作规范有机整合在一起就成为了一份职位说明书。职位说明书一旦形成，组织中的各项人力资源管理工作就必须以此为依据。因此，职位说明书的编写要符合一定的原则和要求。

1. 职位说明书的编写要求

职位说明书不仅可以帮助任职人员了解其工作，明确其职责范围，而且还可以为管理者的人力资源决策提供参考。因此，在编写职位说明书时，必须注意以下几点。

① 职位说明书的详略与格式不尽相同，内容可以简洁明了，也可以详细具体，组织在编写时应根据实际的职位情况及需要而定。

② 职位说明书的叙述要清晰、完整，内容简单、精确，形式统一。

③ 各项工作活动，以技术或逻辑顺序排列，或以重要性、所耗费时间多少顺序排列。

④ 要列明工作最起码要做到的范围。

⑤ 职位说明书的编写应当由担任该职务的工作人员、上级主管等共同分析协商。

⑥ 对职位说明书要定期进行修订。

表 2-16 是某企业人力资源部经理的职位说明书范本。

表 2-16　人力资源部经理职位说明书

<table>
<tr><td rowspan="2">基本信息</td><td>职位名称：人力资源部经理</td><td colspan="2">职位编号：SSHY-HR-1</td></tr>
<tr><td>所属部门：人力资源部</td><td colspan="2">编制日期： 2014 年 6 月</td></tr>
<tr><td>工作关系</td><td colspan="3">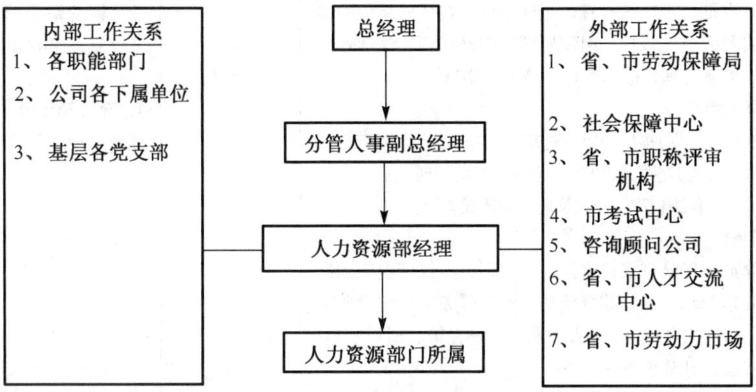
</td></tr>
<tr><td>职位目的</td><td colspan="3">提升企业的人力资源质量，制定和运行人才吸纳、激励、开发、流动的机制</td></tr>
<tr><td rowspan="2">主要职责</td><td>描述</td><td>负责程度
全权、负责
承办、报审</td><td>绩效重点</td></tr>
<tr><td>一、平台管理
制定及实施人力资源战略、规划和管理体系方案；搭建人力资源管理平台，组织、汇总、编制企业各项规章制度，调整及实施运行。
1．人力资源管理体系平台：
人力规划：制定人力资源部的年、季、月
工作计划及跟踪检查落实完成情况；拟订、审核人力资源各设项管理制度建立各级人力储备库。
人力成本：汇总、核算人力成本。
沟通协调：汇报工作，处理与地方政府、主管部门的关系，联络疏导对内、对外的各机构；控制、使用部门内各项承包费用。
2．规章制度平台：
组织设计：进行组织机构设计和工作设计，组织、落实机构设置，监督定岗、定员、定薪等情况。
规章制度：组织编制基本管理制度及具体操作办法。
监控管理：设计、运行管理流程和制度的监控管理体系。</td><td>负责</td><td>一、方案被采纳；发现和杜绝问题；与企业总体战略规划协调一致。制度完备；制度规范；制度可行；制度有效。

1．体系平台科学，实现企业人才吸纳、激励、开发、流动的合理机制。对内、对外的各相关机构关系融洽、顺畅、协作，树立人力资源部的服务形象及管理形象

2．制度平台搭建丰富规范，实现企业管理“制度化、程序化、标准化、信息化”</td></tr>
</table>

续表

	描述	负责程度 全权、负责 承办、报审	绩效重点
主要职责	一、制定政策和制度 建设和运行人力资源各项管理体系，储备人力，计算人力成本，监督、审核、指导各个人力资源主管和主办的工作。	全权	一、保障和激励员工，提高员工工作满意度；岗位价值与人力成本对等，员工流动率合理。
	1．开发管理 组织实施企业人才招聘工作，安排、调配新员工；控制、协调、组织企业内部人员竞争上岗；实施绩效管理，组织职称评定；管理劳动合同和员工档案；调配员工。包括：聘用管理、绩效管理、异动管理、档案管理、计算开发成本等。		1．管理准确、公平、标准、客观，可操作性强；与企业财务规划协调一致。
	2．培训管理 预算培训经费，组织实施员工的培训及专业技术管理工作；审批员工继续教育、送外培训；接待外单位的培训、实习人员。包括：组织培训、内部培训、培训效果管理、绩效管理、信息管理、培训成本等。		2．通过培训提高员工文化素质和工作技能，通过绩效管理修正员工工作与企业目标之间的偏差，通过知识管理收集实现企业信息共享和知识积累。
	3．薪酬管理 编制薪酬计划，提出薪酬控制方案，申报工资总额和计划；审批薪酬发放，签发薪酬报表。包括：考勤管理、薪酬计划、薪酬核定、薪酬核算、罚款管理、薪酬成本等。		3．充分调动员工的积极性，实现报酬与绩效平衡对等。
	4．福利管理 统筹员工保险方案；审批员工假别；监督管理劳动纪律，处理劳动争议，监督管理再就业服务中心和劳务市场。包括：社会统筹、企业福利、劳动保护、福利成本、员工奖惩、日常事务等。		4．福利措施丰富、人性化，可操作性强。
	5．退休管理 统筹员工退休方案，组织和管理离退休员工的文体、娱乐、保健、异地安置、暂住、工伤、疾病、死亡的探视和善后等的方面处理工作。包括：退休薪酬、退休福利、退休档案、行政后勤等。		5．管理科学、平衡、全面；行政后勤保障完备、丰富。
权限	工作权限： ➢ 人力资源规划权 ➢ 劳动合同履行权 ➢ 违纪处理的建议权 ➢ 各类假别审核、批准权 ➢ 部门内部工作考核权 ➢ 三类文件的批准权 费用权限： ➢ 培训经费使用管理权 ➢ 工资总额管理控制权 ➢ 经济责任制承包费用使用权 ➢ 部内二次分配权 人事权限： ➢ 人力资源调配使用权 ➢ 中层管理人员监督考核权 ➢ 部内人员调配权 ➢ 部内员工奖励、惩罚权 ➢ 部内人员提升建议权和聘用权 ➢ 员工内退审核、建议权 ➢ 大、中专学生招用考核、建议权		

续表

<table>
<tr><td rowspan="5">任职资格</td><td>内容</td><td colspan="2">必备条件</td><td colspan="2">期望条件</td></tr>
<tr><td>一、教育水平</td><td colspan="2">大学本科学历</td><td colspan="2">人力资源管理、心理学或相关专业硕士以上学位</td></tr>
<tr><td>二、工作经验</td><td colspan="2">年龄在 40 岁以下，具有五年以上相关工作经验，其中三年以上主管（或以上）职位工作经验</td><td colspan="2">合资型企业人力资源管理工作经验</td></tr>
<tr><td>三、技能与能力</td><td colspan="2">基本能力：准确把握劳动法规。
核心能力：沟通、协调能力强，人力资源管理能力，熟悉国家的相关法律、法规</td><td colspan="2">全面、先进的人力资源管理能力，创新能力强，对人力资源管理工作有深刻的理解</td></tr>
<tr><td>四、个性与品质</td><td colspan="2">忠于公司、为人正直、清正廉洁，思想敏捷、性格沉稳、善于沟通和决断，为人正派，办事公正，心态平和、理智</td><td colspan="2">有强烈的事业心和开拓创新意识，具备管理理念，沉着、稳健、成熟，有良好的人格魅力、能承受巨大心理压力</td></tr>
<tr><td>职务等级</td><td colspan="2">职级：　中层</td><td>薪酬标准</td><td colspan="2">基础工资：　部门经理级基础工资</td></tr>
<tr><td>工作环境</td><td colspan="5">工作地点：人力资源部办公室
工作时间：按照规定工作时间出勤</td></tr>
</table>

（资料来源：www.glzy8.com管理资源吧）

2. 职位说明书的编写误区

规范的职位说明书明确了工作的职责权限、任职资格、工作特点、工作目标等重要因素，能为企业进行工作评价、人员招聘、绩效考核、确定培训需求、薪酬管理提供依据。但是很多企业发现职位说明书编制后，对于改善本企业的绩效、提升人力资源管理工作效率并无预期的作用，职位说明书规范和制约作用也无法体现。主要原因就是在职位说明书的编制过程中存在以下误区。

（1）职责界定不明确，任务交叉没有理顺

我国企业目前普遍存在着岗位职责不清、任务指派随意性较大、能者多劳、出现问题互相推诿等管理混乱的现象，因此，职位说明书不应是简单的对目前岗位工作任务的要求和描述，而应该通过职位说明书的撰写达到明确各岗位的职责权限，规范工作流程，实现科学管理的目的。在编制职位说明书之前，必须进行认真的工作分析和调查，了解每一个岗位的工作任务、工作目标、工作条件、上下级的关系、任职资格等因素。在实际操作中，可灵活选择问卷调查法、面谈法、工作日志法、实地观察法等方法进行。

在界定岗位职责时，首先应编写部门职责。岗位的职责应为部门职责的分解，部门的各项职责应在岗位的职责中得以体现，即“人人有事做，事事有人做”。部门职责是界定岗位职责的基础，因此，界定岗位职责的第一步是界定部门的职责。界定部门职责时，可根据部门的工作任务进行分析，规范各项任务的工作流程，找出部门之间交叉的工作，明确各部门的职责权限。工作流程图可以一目了然地描述完成工作的程序，反映各岗位之间的工作衔接关系。当出现职责交叉现象时，应具体问题具体分析，而不是简单“一刀切”。

其次，将部门职责分解到部门的各个岗位，明确各岗位之间的分工关系。这一过程也可作为企业定员定编的依据。根据任务量和工作的要求，应将部门的工作任务合理分解到具体的岗位，确定部门的岗位设置和人员安排，并明确部门内各岗位的岗位职责。特别是对于多个岗位承担某一共同任务时，应用规范的语言明晰地确定各岗位在此项工作中要承担的责任。如某公司的财务部门的职责包括以下要项：会计核算、资金管理、预算管理、成本管理、财务分析。

（2）描述不规范，用语不准确

岗位职责的描述应能准确、清晰、真实的界定岗位承担的责任、所具有的权限和岗位工作必须达到的目标、规范性责利关系。可是很多企业的职位说明书没有注意到描述用语的选择，笼统地使用“负责、管理”等词语，导致岗位职责的描述流于一般化、普遍化，出现“千岗一面”现象，或者使岗位职责描述过小或者过大，根据职位说明书的描述方式和用语显得尤为重要。标准的岗位职责描述格式应是“动词+宾语+结果”，动词选择可操作的词汇，宾语表示该项任务的对象，即工作任务的内容，结果表示通过此项工作的完成要实现的目标，可用“确保、保证、争取、推动、促进”等词语连接。例如人力资源部部长负责人力资源战略工作可描述为“负责组织制定人力资源战略和人力资源规划，保证为公司的发展战略提供有效的人力资源支撑”。

（3）宣传不到位，员工不理解

职位说明书涉及对各岗位的描述与规范，目的是使员工明确了解自己的工作责任、本岗位在企业的作用以及企业的要求，因此，在编制过程中必须得到全体员工的支持和参与。可惜很多部门主管都像在应付作业一样草草完成，没有借此机会与员工进行充分的交流，甚至在做完职位说明书之后，员工也不知道职位说明书的作用，有些员工还认为职位说明书是对他们工作的限制，出现员工不理解、不利用、不执行的情况，使职位说明书变成可有可无的摆设。

此外，对任职资格的界定，会使一部分员工感到恐慌或者失望。在国有企业中若按照行业通行的标准对岗位任职资格进行界定，很多老员工的学历或者技能达不到企业要求，他们就会认为职位说明书是人力资源部门给他们设置的障碍，担心未来的职业发展。而另一种情况是企业为了培养和锻炼人才，往往会将一些重点培养对象放在基层工作一段时间，这些人才的素质和技能都会远高于岗位的要求，他们的心理就会失衡，若不及时引导，将会导致优秀人才的流失，给企业造成重大损失。因此，企业在编写职位说明书时，应由各部门的主管负责，人力资源为其提供格式和方法，并予以及时的指导和审核。而且应做好充分的准备工作，给员工宣讲制定职位说明书的意义和说明书中各项内容的含义。对现行人员配置达不到或者远超出企业要求现象，企业应向员工解释其原因，打消他们的思想疑虑，保证企业的稳定发展。

（4）定位不明晰，高层不认同

人力资源经理在编写职位说明书时，如果原有的岗位职责界定不清，那么就要对原有的岗位职责进行一次大盘点，编写的工作量将会很大。这时人力资源管理就面临着两种选择：对现状的描述和对未来的描述，即岗位职责“是什么”和“应是什么”的问题。若编写职位说明书是解决岗位职责“应是什么”，则在界定岗位职责时必须对现存的职责交叉、职权不明的现象进行调整，这将导致一部分员工的工作职责和权限的变动，可能招致员工的抵制和反对。

因此，在编写之前，HR 经理应和相关的高层领导进行讨论，认清规范岗位职责的意义，明确职位说明书的定位，并取得领导对职责变革的理解和支持。在职位说明书实施过程中高层领导应率先树立岗位责任意识，对各项工作实行归口管理。

（5）管理不及时

随着时代的进步和企业的发展，企业中部门的职责及岗位的工作内容也会不断地发生变化，尤其是网络时代的新兴行业更是如此。一般而言，职位说明书应至少每 1~2 年修改一次，根据行业的发展和职责的变化情况灵活进行选择。但是当企业发生重大组织变革和战略调整时，应及时修订职位说明书。我国很多企业都注重职位说明书的更新和发展。如联想集团甚至规定每半年对职位说明书修正一次。因此，职位说明书的格式要求简洁实用，重点突出，项目不宜过多。而且制定动态管理制度，由专人负责管理更新。

案例 2-3　职业道德

A 公司失败的职位说明书编写

A 公司是我国中部省份的一家房地产开发公司。近年来，随着当地经济的迅速增长，房产需求强劲，公司有了飞速的发展，规模持续扩大，逐步发展为一家中型房地产开发公司。随着公司的发展和壮大，员工人数大量增加，众多的组织和人力资源管理问题逐渐凸显出来。公司现有的组织机构，是基于创业时的公司规划，随着业务扩张的需要逐渐扩充而形成的，在运行的过程中，组织与业务上的矛盾已经逐渐凸显出来。部门之间、职位之间的职责与权限缺乏明确的界定，扯皮推诿的现象不断发生；有的部门抱怨事情太多，人手不够，任务不能按时、按质、按量完成；有的部门又觉得人员冗杂，人浮于事，效率低下。

公司的人员招聘方面，用人部门给出的招聘标准往往含糊，招聘主管往往无法准确地加以理解，使得招来的人大多差强人意。同时目前的许多岗位不能做到人事匹配，员工的能力不能得以充分发挥，严重挫伤了士气，并影响了工作的效果。公司员工的晋升以前由总经理直接做出。现在公司规模大了，总经理已经几乎没有时间来与基层员工和部门主管打交道，基层员工和部门主管的晋升只能根据部门经理的意见来做出。而在晋升中，上级和下属之间的私人感情成为了决定性的因素，有才干的人往往却并不能获得提升。因此，许多优秀的员工由于看不到自己未来的前途，另寻高就。在激励机制方面，公司缺乏科学的绩效考核和薪酬制度，考核中的主观性和随意性非常严重，员工的报酬不能体现其价值与能力，人力资源部经常可以听到大家对薪酬的抱怨和不满，这也是人才流失的主要原因。

面对这样严峻的形势，人力资源部开始着手进行人力资源管理的变革，变革首先从进行职位分析、确定职位价值开始。职位分析、职位评价究竟如何开展、如何抓住职位分析、职位评价过程中的关键点，为公司本次组织变革提供有效的信息支持和基础保证，是摆在 A 公司面前的重要课题。

首先，他们开始寻找进行职位分析的工具与技术。在阅读了国内目前流行的基本职位分析书籍之后，他们从其中选取了一份职位分析问卷，来作为收集职位信息的工具。然后，人力资源部将问卷发放到了各个部门经理手中，同时他们还在公司的内部网上也上发了一份关于开展问卷调查的通知，要求各部门配合人力资源部的问卷调查。

据反映，问卷在下发到各部门之后，却一直搁置在各部门经理手中，而没有发下去。很多部门直到人力部开始催收时才把问卷发放到每个人手中。同时，由于大家都很忙，很多人在拿到问卷之后，都没有时间仔细思考，草草填写完事。还有很多人在外地出差，或者任务缠身，自己无法填写，而由同事代笔。此外，据一些较为重视这次调查的员工反映，大家都不了解这次问卷调查的意图，也不理解问卷中那些陌生的管理术语，何为职责、何为工作目的，许多人对此并不理解。很多人想就疑难问题向人力资源部进行询问，可是也不知道具体该找谁。因此，在回答问卷时只能凭借自己个人的理解来进行填写，无法把握填写的规范和标准。

一个星期之后，人力资源部收回了问卷。但他们发现，问卷填写的效果不太理想，有一部分问卷填写不全，一部分问卷答非所问，还有一部分问卷根本没有收上来。辛苦调查的结果却没有发挥它应有的价值。

与此同时，人力资源部也着手选取一些职位进行访谈。但在试着谈了几个职位之后，发现访谈的效果也不好。因为，在人力资源部，能够对部门经理访谈的人只有人力资源部经理一人，主管和一般员工都无法与其他部门经理进行沟通。同时，由于经理们都很忙，能够把双方凑在一块，实在不容易。因此，两个星期时间过去之后，只访谈了两个部门经理。

人力资源部的几位主管负责对经理级以下的人员进行访谈，但在访谈中，出现的情况却出乎预料。大部分时间都是被访谈的人在发牢骚，指责公司的管理问题，抱怨自己的待遇不公等。而在谈到与职位分析相关的内容时，被访谈人往往又言辞闪烁，顾左右而言他，似乎对人力资源部这次访谈不太信任。访谈结束之后，访谈人都反映对该职位的认识还是停留在模糊的阶段。这样持续了两个星期，访谈了大概 1/3 的职位。王经理认为时间不能拖延下去了，因此决定开始进入项目的下一个阶段——撰写职位说明书。

可这时，各职位的信息收集却还不完全。怎么办呢？人力资源部在无奈之中，不得不另觅它途。于是，他们通过各种途径从其他公司中收集了许多职位说明书，试图以此作为参照，结合问卷和访谈收集到一些信息来撰写职位说明书。

在撰写阶段，人力资源部还成立了几个小组，每个小组专门负责起草某一部门的职位说明，并且还要求各组在两个星期内完成任务。在起草职位说明书的过程中，人力资源部的员工都颇感为难，一方面不了解别的部门的工作，问卷和访谈提供的信息又不准确；另一方面，大家又缺乏写职位说明书的经验，因此，写起来都感觉很费劲。规定的时间快到了，很多人为了交稿，不得不急急忙忙，东拼西凑了一些材料，再结合自己的判断，最后成稿。

最后，职位说明书终于出台了。人力资源部将成稿的职位说明书下发到了各部门，同时，还下发了一份文件，要求各部门按照新的职位说明书来界定工作范围，并按照其中规定的任职条件来进行人员的招聘、选拔和任用。但这却引起了其他部门的强烈反对，很多直线部门的管理人员甚至公开指责人力资源部，说人力资源部的职位说明书是一堆垃圾文件，完全不符合实际情况。

于是，人力资源部专门与相关部门召开了一次会议来推动职位说明书的应用。人力资源部经理本来想通过这次会议来说服各部门支持这次项目。但结果却恰恰相反，在会上，人力资源部遭到了各部门的一致批评。同时，人力资源部由于对其他部门不了解，对于其他部门所提的很多问题，也无法进行解释和反驳，因此，会议的最终结论是，让人力资源部重新编写职位说明书。后来，经过多次重写与修改，职位说明书始终无法令人满意。最后，职位分析项目不了了之。

人力资源部的员工在经历了这次失败的项目后，对职位分析彻底丧失了信心。他们开始认为，职位分析只不过是“雾里看花，水中望月”的东西，说起来挺好，实际上却没有什么大用，而且认为职位分析只能针对西方国家那些管理先进的大公司，在中国的企业，根本就行不通。原来雄心勃勃的人力资源部经理也变得灰心丧气，但他却一直对这次失败耿耿于怀，对项目失败的原因也是百思不得其解。

那么，职位分析真得是他们认为的“雾里看花，水中望月”吗？该公司的职位分析项目为什么会失败呢？

（资料来源：http://resource.jingpinke.com，国家精品课程资源网. 南京大学《人力资源管理》校级精品课程，课程主持人：赵曙明。）

本章小结

1. 工作分析又称为职位分析、职务分析，是指对某特定的工作或职位的任务、职责、权利、隶属关系、工作环境及从事该工作的工作人员所应具备的条件等相关信息做出明确规定的过程。

2. 通过工作分析，组织可以得到两方面的信息：工作描述和工作规范。

3. 工作分析是人力资源管理的基础，为组织进行组织结构设计、工作设计、人力资源规划、人员招募与甄选、绩效管理、员工培训与开发等各项工作提供依据。

4. 工作分析的流程主要有：计划准备阶段、设计调查阶段、分析整理阶段、描述阶段、运用阶段和评估控制阶段。

5. 工作的分析的方法很多，主要有问卷法、面谈法、观察法、工作实践法、关键事件法、工作日志法等。在选用时应根据工作分析的目的、组织的实际情况、职位的具体情况综合考虑，选取其中的一种或几种方法用于工作分析。

6. 工作分析的结果是形成职位说明书，一般来说，职位说明书应包括：职位基本信息、职位概要、职责、业绩标准、工作关系与权限、工作环境与条件、使用设备、任职资格等。

7. 职位说明书的编写应具备清晰、具体、格式统一、内容协调、使用方便等特点。

8. 职位说明书编写存在的误区主要有：职责界定不明确，任务交叉没有理顺；描述不规范，用语不准确；宣传不到位，员工不理解；定位不明晰，高层不认同和管理不及时等。

练习题

一、单项选择题

1. (　　) 为招聘、选拔、任用合格的员工奠定了基础。

A. 人员需求计划　　B. 人员供给计划
C. 工作岗位分析　　D. 工作岗位调查

2. 工作分析小组通常由 (　　) 组成。

A. 分析专家　　B. 人力资源部门中的人
C. 工会主席　　D. 生产工艺工程师

3. 避免员工因为工作内容定义不清楚而产生抱怨和争议的方法是 (　　)。

A. 工作岗位设计　　B. 工作岗位分析
C. 工作岗位评价　　D. 工作岗位分类

4. 工作分析主要由两部分组成，即工作描述和 (　　)。

A. 工作岗位调查　　B. 工作岗位评价
C. 工作说明书　　D. 工作规范

5. (　　) 不是工作分析的结果之一。

A. 工作描述　　B. 工作规范
C. 职务晋升图　　D. 组织机构图

6. 工作分析信息的主要收集者不包括 (　　)。

A. 岗位分析专家　　　　　　B. 工作岗位的任职者
C. 工作任职者的上级主管　　D. 工作任职者的同事

二、判断题

1. 在运用面谈法进行工作调查时，调查人应该作为主角，应尽可能多地向被调查人提出问题。（　）

2. 在岗位调查时，岗位的名称、工作地点，担任本岗位人员的职称、职务、年龄、工龄、技术等级、工资等级等都是需要调查的内容。（　）

3. 职位说明书是对企业某类岗位的工作性质、任务、责任、权限、工作内容和方法、工作环境和条件以及本岗位人员的资格条件所作的书面记录。（　）

4. 在工作分析的完成阶段，主要任务就是根据规范和信息编制“工作描述”和“工作规范书”。（　）

5. 岗位信息的收集主要是通过岗位分析实现的。（　）

6. 工作分析的结果，是工作说明书或职务说明书。（　）

推荐网站

三茅人力资源网。

推荐阅读

《工作分析的方法与技术（第三版）》

专业词汇

工作分析，工作描述，工作规范，职位说明书。

综合案例 1

HI 公司的职位说明书

赵珍很兴奋，大学刚毕业，她就能顺利进入 HI 信息服务公司。这是一家中外合资的信息服务公司，近几年发展迅速。考虑到赵珍在大学学的是国际企业管理，公司把她安排在人力资源管理部工作。

HI 在目前国内的计算机行业中算是一家高收益、有很大发展潜力的公司。它主要为企业和个人提供软件及硬件。自 1994 年创办以来，通过灵活的经营手段在激烈的竞争中保持住了领先地位。它是一个人员及技术密集型的企业，并且企业的发展主要依赖于它的人力资源。因此 HI 在人力资源管理方面的最大兴趣是制定政策和程序，提高员工的素质及其满意度。由于信息业正以难以置信的速度发展，所以对企业来说，机会很多，但同时企业间对高质量人力资源的竞争也非常激烈。HI 的管理者深知，如同容易吸引新雇员一样，它也容易失去他们。目前它的人员流动率接近其行业的平均水平。

但是在听了人力资源部佟经理的一番谈话后，赵珍原来乐观的想法改变了。佟经理告诉她，尽管从表面上看，公司有着骄人的经营业绩和良好的发展势头，但是事实上公司内部的管理制度有很多不完善的地方，这些方面将严重阻碍公司的进一步发展。佟经理举例说，作为人力资源管理基础工作之一的工作分析，在公司就没有得到很好的贯彻落实，随着公司规模的扩大，新的工作岗位不断增加，但是相应的职位说明书却没有制定，原有的一些工作描述和工作规范的内容也与实际情况完全不匹配了。佟经理交给赵珍一份旧的职位说明书（见附录）。造成这种状况的原因在于，初创时期员工较少，公司内部的局域网可以使上下级之间和同事之间非常顺畅地沟通，相对平坦的组织结构也使公司各个层次上的员工很容易接近。同部门的工作经常由员工们共同协力完成，职位在公司被定义成是员工之间关于特定技术、专业能力和兴趣的竞赛。有超常能力和成就的员工常被录用，接着很快获得晋升。正因为如此，公司并不注重为每个工作岗位制定职位说明书，因为从某种意义上说，这只是一纸空文。但是这种忽视工作分析的做法，随着公司规模的日益扩大，显示出越来越多的对人力资源管理工作的负面影响。佟经理坦率地告诉赵珍，在公司，人力资源部被认为是一个低效率的团队。比如说，本来通过绩效评估，发现员工绩效不符合标准的原因，并安排各种培训和锻炼机会以提高这部分员工的技能，增强他们的信心，这应该是人力资源部门的职责。但是由于缺乏准确的职位说明书，人力资源部门就没有确切的标准来衡量员工的工作绩效，因而也无从发现员工究竟有哪些地方需要改进和提高，更别提为员工制定适宜的培训计划了。因此，在HI，其他部门没人认为人力资源部的员工有这方面的能力和经验。另外，公司主要的奖励系统也似乎和人力资源部没有太大关系。甚至公司的年度职工表彰晚宴也被认为是来自外方总经理的奖赏而与人力资源部无关。而按惯例，员工的薪酬奖励计划应该是由人力资源部根据职位说明书，判断每个工作岗位的相对价值以后，再以此为依据制定的。另外，使新进的员工尽快适应新工作，尽快融合到企业文化中去，并通过安排各种培训和锻炼机会以提高他们的技能、增强他们的信心；这也应该是人力资源部门员工的职责。但是在HI，没有部门认为人力资源部能做这件事。因此，新进员工的职前培训很少由人力资源部负责安排和实施。正是由于缺乏细致的工作分析，HI的人力资源部在开展工作时显得力不从心。近期，公司又将大规模招聘新员工，佟经理决定先从工作分析这一环节抓起，彻底改变以往人力资源部在人们心目中的形象。他将此重任交给赵珍，要求她在6个月的时间内修正所有的职位说明书。

案例问题：

1. 如果你是赵珍，你如何看待工作分析在人力资源管理职能中的作用？

2. 为制定新的职位说明书，你将通过哪些具体步骤开展这一工作？采用哪些方法收集必要的工作分析信息？

3. 请尝试修改助理程序员的职位说明书。

（资料来源：http://www.jingpinke.com/，国家精品课程资源网。武汉工程大学校级精品课程《人力资源管理》，课程主持人：桂昭明。有改动。）

综合案例2

工作分析能否这样做？

在大家午休的时候，小西和HRD经理被叫到了公司会议室——管理顾问临时召见。这是小西来公司的第二天，一切才慢慢开始变得有点亲切，包括HRD经理——年过六旬、社会阅历颇丰、人格魅力很强的忻姨和将要给她们开会的管理顾问——刚刚留美归国的MBA。

MBA：小西，很高兴你的加盟，为了让你有机会展示自己的才能，决定由你来系统地做一下公司每个岗位的工作分析。有什么困难可以提出，我们会尽量提供帮助。

忻姨：我们公司已通过了国家ISO 9001质量认证，你可以参照一下ISO体系文件，会有所启发。

小西：（先沉默了一下，因为她感觉事情并不简单）好吧，我先试着去做，有问题随时请求你们的帮助。

……

任务就这样下来了，对于小西——去年北京某高校人力资源管理专业毕业——来说，真的有点难度，"我根本就不怎么了解公司情况啊，而且工作分析说起来简单，要做好恐怕不容易呀。唉……"

公司背景介绍：

××宽带数字技术有限公司（以下简称××公司）成立于1993年，是业内稍有名气的一家从事机顶盒研究开发的高新企业。公司员工虽然不到200人，但是组织结构安排得井井有条，从机顶盒的产品规划到研究开发再到生产最后走上数字电视的大市场，公司都配备了一套良好的人马班子。去年，在机顶盒行业并不十分景气的情况下，××公司凭着独特的经营方式，强有力的人力资源后盾创下了年销售量6万台的佳绩，在业内遥遥领先。今年为了迎接更好的机遇、更大的挑战，以管理顾问为首的公司领导班子决定进行深度改革，首先从组织架构着手，把市场部提到了新的高度，重整了原来的系统软件部、应用软件部、硬件部等，同时也引进了一批更专业的人才（小西就是基于此引进的），用总经理的话说：专业的人才，做专业的事。但是，由于组织架构的变动，有些岗位名称变了，有些部门名称变了，也有一些员工的部门隶属关系变了，部门主要职能变了。因此有些员工开始迷茫：我现在该做什么呀，什么叫做项目管理总经理呀……缘此，我们的管理顾问就提出让小西做系统的工作分析，明确每个岗位的职责。

公司原有工作分析介绍：

翻开公司的ISO体系文件，在《管理责任程序》后的附件二《部门职责说明》之后就是小西最想参考的《工作说明书》了，可是当她细看之后，发现这和现在公司的岗位安排有较大的距离，而且，这里的《工作说明书》好像并不规范，没有遵循所谓的工作分析要包括"5W1H"（who、whom、what、when、where 和 how）的说法，还有岗位定编定员等。现从中选一例供大家讨论。

例：人力资源部工作说明书。

人力资源部经理：

1. 负责公司的劳资管理，并按绩效考评情况实施奖罚；
2. 负责统计、评估公司人力资源需求情况，制订人员招聘计划并按计划招聘公司员工；
3. 按实际情况完善公司《员工工作绩效考核制度》；
4. 负责向总经理提交人员鉴定、评价的结果；
5. 负责管理人事档案；
6. 负责本部门员工工作绩效考核；
7. 负责完成总经理交待的其他任务。

培训考核岗位：

1. 负责按月收集各部门绩效考核表，并按公司《员工工作绩效考核制度》进行人员绩效考核，按时上报人力资源部经理；
2. 负责收集各部门的培训需求，制订培训计划；

3. 负责执行经审批的培训计划，并进行培训考核，撰写培训总结；

4. 完成人力资源部经理交待的其他工作。

小西看完后仔细思考了一下，虽然不知道这份工作分析是怎么做出来的（据说这是经过深思熟虑，反复推敲后成文的），但是她觉得这里面至少存在这样几个问题。

1. 格式过于简单。虽然工作说明书可以纯粹用文字的形式来表达，但大标题、小标题还是需要明确的。上面引用的工作说明书，格式过于简单，造成视觉上的不良感觉。

2. 内容不完整。虽然未必把前面所提的“5W1H”面面俱到，但是作为工作说明书，至少要在“基本资料”一栏中写清楚：岗位名称、直接上级、所属部门。“工作描述”一栏中写清“工作概要”、逐项列出“岗位职责”。“职位关系”一栏中写明受谁监督、监督谁；可晋升、转换和晋升至此的职位；工作中可能与哪些职位发生关系。“任职资格”一栏中分别列出就职该岗位所需的学历要求、工作经验要求、能力要求，还可加上性别、年龄、体能要求等。工作说明书还可以包含“工作环境”的说明：工作场所、环境的危险性、工作时间特征、均衡性、舒适性等。

上面的工作说明书,只是简单的列了几条该岗位的平时可能发生的工作内容,都属于“岗位职责”的内容。虽然“岗位职责”是工作说明书中的重要内容，但并不是唯一内容。

3. 内容描述不准确。对于“人力资源部经理”来说，我觉得他的工作起码应涉及人力资源管理的几个重要部分：人力资源规划、员工招聘、培训发展、绩效考核、薪资福利，虽然每个方面都可以安排专员负责。但是，现在××公司的情况是：在小西没来之前，人力资源部就只有经理一人（以前有过一个助理，已离职），所以她的工作说明书就应该更详细一点，因为实际工作就是这样。对于“负责管理人事档案”这一条，小西有点疑虑：××公司是民营企业，没有档案管理权，根本就不存在“管理人事档案”这一说。事实上，××公司员工的档案都是挂靠在南方人才市场的，委托南方人才市场来管理。这样来说，这一条是不是错了呢？

至于“培训考核岗位”，小西也不太弄得清，我们的培训考核流程具体是怎样的呢？小西暂时找不到答案。

新的工作分析怎样形成？

为了完成来××公司的第一项工作任务，小西不再依赖原有文件，她开始竭尽所能地收集资料。首先弄清楚新的组织架构图中出现的每一个名词的含义，搞清楚公司的人员安排，即所谓的定岗定编。然后利用因特网，查询与每个职位有关的信息，对照自己公司的情况进行取舍。当然“工作说明书”被无数次的搜索过。为此，购书中心留下了她的脚印，The Dictionary of Occupational Titles（美国《职衔大辞典》）也第一次走进了小西的脑海。虽然大学期间，“工作分析”被列入重点专业课之一，用了一个学期来学，可是当初好象根本就没学到什么，现在能记起来的更是寥寥无几，况且理论与实践的差距太大了。

经过各种途径的资料搜集，当然也包括多次向人力资源经理和管理顾问请教，小西的工作说明书有了雏形（注：由于各种原因，在准备做工作分析的过程中，小西并没有去请教各部门经理，也没有做过任何调查问卷，可以说小西的工作说明书是完全凭她自己的理解做的，所以内容的准确性值得考虑，工作分析的进行过程也是问号），现把其中“人力资源部经理”的工作说明书列出来，供大家讨论。

人力资源部经理职务说明书

岗位名称：人力资源部经理

所属部门：人力资源部

直接上级：总经理

岗位设置目的：建立健全人力资源管理系统，制定人力资源发展战略和相关制度。

岗位要求：清楚用人政策、办事途径；工作认真严谨，善于用人、管人；自身人格魅力强。

工作责任：

1. 根据公司发展目标及内外部需求，建立人力资源发展规划；
2. 建立，并根据内外形势不断修改人力资源管理系统；
3. 根据市场的发展，定期评估企业架构、部门职能和工作流程；
4. 根据公司短期和长期发展需求，及时进行人员招聘和人才储备；
5. 负责公司劳资管理，并按绩效考核情况实施奖罚；
6. 拟订并定期修改工作分析、绩效考评系统、福利制度、员工升迁规定等；
7. 负责员工档案的挂靠管理，处理员工劳动关系；
8. 完成公司交付的其他任务。

绩效考核标准：

1. 公司人力资本有效运用情况；
2. 人力资源部经理自身能力、素质。

工作难点：如何招聘好的员工，充分发挥员工能力 ，真正做到人岗匹配？

工作禁忌：自身素质欠佳，不能选拔、管理员工。

职业发展道路：人力资源总监

任职资格：

1. 学历、工作经验要求：本科毕业五年以上，研究生（以上）毕业三年以上，大型企业人力资源管理工作经验。

2. 工作业绩：系统地做过工作分析、绩效考核、酬薪设计等。

3. 职业培训：组织行为学、劳动安全与卫生、劳动法、薪酬管理、工作分析、人力资源开发与管理、社会保障学；

4. 年龄要求：28 岁以上；

5. 个人素质：沟通协调能力、组织管理能力、业务指导能力、分析判断能力、实务操作能力、个人亲和力。

案例问题：

1. 企业在什么情况下要进行系统的工作分析，明确岗位职责？工作分析对于企业的人力资源管理来说有什么具体的作用呢？怎样利用工作分析来提高企业整个人力资源管理？

2. 工作分析究竟该怎样进行，岗位调查问卷是必经途径吗？能否在不经过调查的情况下进行？

3. 工作分析到底由谁来做，是人力资源部一手操办的吗？

4. 在工作分析进行、执行的过程中，组织管理者充当什么样的角色？难道仅仅是任务的布置者？或者是旁观者？

5. 在工作分析过程中，部门经理、岗位任职者该做些什么，还是什么都不做，等着职位说明书来规范自己？

6. 职位说明书做好后，该怎样推广执行呢？仅仅靠人力资源部来发布通知，告诉员工按照职位说明书的内容工作吗？

7. 在职位说明书执行的过程中，如果员工有异议，或者说根本就不同意你对他所在岗位下的规定，那么人力资源部该怎么做？

8. 职位说明书执行后，是否需要更新维护还是就这样不再变动？如果需要更新维护的话，依靠什么、由谁来做呢？是人力资源部吗？

角色模拟练习

工作分析方法的运用（访谈法）

通过本章的学习，学生对工作分析的内容和方法有了一定的了解。在这个练习中，参与者要基于对工作分析基本理论的掌握，通过角色模拟练习，运用访谈法对某一职位的工作信息进行收集。

角色模拟训练设计：

角色 1：某高校辅导员

角色 2：某高校人力资源部工作分析者

角色说明：某高校现需要对其学校辅导员进行工作分析，由于高校辅导员的工作行为不易直接观察，而且他们的工作任务内容繁杂、周期较长。现决定运用访谈法对他们的职位信息、工作动机、态度、任职要求等信息进行收集并整理，要求最后根据收集的信息编制辅导员的职位说明书。

要求：

1. 编制辅导员访谈提纲。
2. 运用访谈提纲，模拟工作分析人员收集辅导员的职位信息，整理访谈记录、梳理职位信息。
3. 编制辅导员的职位说明书。

角色组织：

1. 角色模拟前准备：要求学生课前复习工作分析方面的知识。
2. 分组：每 4～6 人一组，自选组长一名，负责本小组的任务分配及管理。
3. 每个组中选出 2 名人员模拟工作分析人员，对辅导员进行工作分析访谈，其他人观察访谈过程并进行记录。下一轮访谈时角色互换。
4. 各组将访谈时收集到的信息进行整理、分析、反馈，并编制辅导员的职位说明书。
5. 小组结合本项目研讨：运用访谈法时，个人学到了什么东西？

第3章 人力资源规划

能力目标

- 掌握人力资源规划的含义、内容和步骤
- 掌握人力资源供给和需求预测的方法
- 明确人力资源规划在人力资源管理工作中的作用
- 了解人力资源规划的平衡

本章重点：人力资源规划的含义、内容和步骤

本章难点：人力资源供给和需求预测的方法

引入

龙湖集团CHO房晟陶：人才链比资金链更重要

龙湖集团从重庆起步，历经了12年稳健发展，目前已经进入了成都和北京市场。2005到2006年，其销售额约占重庆楼市的10%，相当于重庆楼市排行二、三名的销售之和。龙湖在成都的三千里项目首推872套房源，当天售罄，销售金额超过4亿元，创造了当时成都楼市的三项纪录。这家以员工的工作效率和人均产值闻名于业界的企业，在全国重点区域逐步实施其既定的发展战略的同时，是如何解决快速发展期公司通常遇到的人力资源方面问题呢？龙湖集团首席人力资源官房晟陶揭示了龙湖的“用人之道”。

房晟陶认为龙湖集团12年的发展成果证明，其人力资源体系是可以支持企业的高速发展和战略实施的。规划和管控发展速度对一个房地产企业尤为关键。龙湖把企业内部的很多系统看作线性体系，人才链比资金链具有更大的风险。不胜任的人员使得企业不能按既定计划实现营运现金流，直接导致资金链断裂。很多时候，人才链断裂就是资金链断裂的根本原因。人才链断裂的标志是公司的关键岗位人员配备的是不胜任的、没有竞争力的或者不适合的人员。这些现象在初期不会对企业的发展造成致命的影响，但在一两年后就会积重难返。当问题在两三年后发作的时候，轻则会导致企业发展停滞3到5年，重则一蹶不振，退出竞争舞台。房晟陶认为，一个房地产企业要根据企业发展战略做好人力资源的预测、分析、储备和开发，为公司奠定良好的人力资源基础。没有一个好的基础，任何一家房地产企业都不能长期的存活，更不要说发展壮大了。

探究：龙湖集团作为一家高速成长的房地产企业，其清晰地认识到高质量的人才链是支撑其高速发展的重要基础。因此，其根据企业发展战略提前做好人才的需求预测，并针对性地做好人员吸纳和培训计划，以减少企业高速发展过程中人才链断裂的风险。“凡事预则立，不预则废”。龙湖集团正是因为充分重视人力资源的规划工作，才使得其有稳定而高效的人才链主推其快速发展。

（资料来源：http://www.jingpinke.com/，国家精品课程资源网。西南财经大学国家级精品课程《人力资源管理学》，课程主持人：边慧敏。有改动）

第一节　人力资源规划概述

一、人力资源规划的概念与意义

1. 人力资源规划的概念

人力资源规划（Human resource planning），是指根据组织的战略目标，在分析组织人力资源现状的基础上，科学地预测组织在未来环境变化中人力资源的供给与需求状况，制定必要的人力资源获取、利用、保持和开发策略，满足组织对人力资源在数量上和质量上的需求，使组织和个人获得长远利益。

准确地理解人力资源规划的含义，必须把握以下几点。

① 制定人力资源规划的前提是组织战略。人力资源规划必须在组织发展战略和经营规划的基础上进行。人力资源管理只是组织经营管理系统的一个子系统，人力资源规划是依据组织的战略目标而制定的，是组织的战略目标在人力资源供给和需求方面的分解，也是为了确保组织的战略目标实现而制定的一种辅助性的规划。因此，组织战略对人力资源规划的制定起着导向作用。

② 人力资源规划是随着组织环境的变化而发展的。组织外部的政治环境、经济环境、技术环境和文化环境等处于不断的变化之中，组织内部的人力资源状况也在不断调整和变动，这使得组织的人力资源战略目标也必须随之变化。人力资源战略目标的变化必将引起组织内外人力资源供需状况的变化，人力资源规划就是要对人力资源供需状况进行分析预测，寻求人力资源供给和需求的动态平衡。

③ 人力资源规划对企业人力资源供给和需求的预测要从数量和质量两个方面来进行。企业对人力资源的需求，数量只是一个方面，更重要的是要保证质量，也就是说供给和需求不仅要在数量上平衡，还要在结构上匹配，而对于后者，人们往往容易忽视。

④ 人力资源规划要保证组织的人力资源政策和措施的落实。人力资源规划必须将组织的人力资源战略转化成为必要的人力资源政策和措施，以确保组织对人力资源需求的如期实现。政策要公正和透明，对涉及内部人员的调动、晋升、降职以及奖惩等要有切实可行的保证措施。

⑤ 人力资源规划要保障组织和个体得到长期利益。人力资源规划既要达到组织利益的目标，同时也要兼顾到员工的个人利益目标。组织的人力资源规划要创造良好的条件，充分激发员工的个人主观能动性和创造性，最大限度地开发和利用每位员工的潜能，为员工提供一个不断成长、最终能实现个人价值的机会和发展空间，使组织和员工的价值目标最大化，实现组织与员工的共赢。

通过人力资源规划，我们要能够回答以下几个问题。

① 企业在某一特定时期对人力资源的需求是什么？即企业需要多少人员，这些人员的构成和要求是什么？

② 企业在相应的时期内能够得到多少人力资源的供给？这些供给如何与需求的层次和类别相对应？

③ 在这段时期内，企业人力资源供给和需求比较的结果是什么？企业应当通过什么方式来达到人力资源供需的平衡？

以上三个问题形成了人力资源规划的三个基本要素，涵盖了人力资源规划的主要方面，如果能够对以上三个问题做出比较明确的回答，那么人力资源规划的主要任务也就完成了。

2. 人力资源规划的意义

（1）人力资源规划有利于组织战略目标的实现

人力资源规划的制定必须要以企业的发展战略和经营规划为前提，同时人力资源规划也是企业发展战略实现的必要保证。人力资源规划与财务计划、营销计划、采购计划等一起构成了企业的目标支持体系，是为了实现企业目标而制定的辅助性的规划之一。企业要进入新的市场，开发新的产品和服务，引进新技术和新设备，必然会在人力资源的数量、质量和结构上有新的需求。企业要实现这些战略目标，必须在人员的补充、安排、调动上提前做好预测和筹备，因此人力资源规划的制定有利于企业战略目标的实现。

（2）人力资源规划有利于满足企业在发展过程中对人力资源的需求

在知识经济时代的大背景下，企业的生产经营活动是在日趋复杂多变的内外环境中进行的。一方面，企业为了自身的生存和发展，必须随时依据环境的变化及时做出相应的调整，如改变经营计划、变革组织结构等，这些调整往往会引起人员数量和结构的变化；另一方面，企业内部的人力资源也处于不断的变化之中，如每年人员的招聘、辞职、解聘、退休等都会引起人员流入和流出的变化，从而引起人员数量和结构的变化。由于人力资源的特殊性质，这些变化造成的影响往往具有一定的滞后性，因此企业必须事先对自身的人力资源状况进行系统分析，掌握人力资源供求缺口，提前做出相应的人力资源规划，确保企业在发展过程中对人力资源的需求。

（3）人力资源规划有利于控制人力资源成本

人力资源成本受企业规模，员工数量，处于不同岗位等级的人员结构，劳动政策法规和通货膨胀等诸多因素的影响。如果没有合理的人力资源规划，就不可能有合理的人力资源成本控制，必然会使组织人力资源成本上升，效益下降。人力资源规划通过合理预测企业未来的人力资源供给和需求，将员工的数量、质量和结构控制在合理的范围内，从而有效地节省了人力资源成本。

（4）人力资源规划有利于人力资源工作的全面开展

人力资源规划是企业具体的人力资源管理工作的依据，它为企业的招聘、录用、晋升、培训、人员调整以及人工成本的控制等人力资源管理活动提供准确的信息和依据，使人力资源管理工作更加有序、科学、准确、客观。同时，人力资源规划作为企业的战略决策，是企业制定各种人事决策的依据和基础。企业通过人力资源规划可以将人员招聘计划、员工培训开发计划、薪酬福利计划、绩效考核计划、人员晋升计划等有机地联系在一起。

二、人力资源规划的类型和层次

1. 人力资源规划的类型

在实践中人力资源规划存在不同的类型，而不同类型的人力资源规划，其规划的目标和侧重点是不同的。对于这些不同类型人力资源规划的区分，有助于深入把握人力资源规划的内容。

（1）按人力资源规划涉及的时限划分

按人力资源规划涉及的时限划分，可以将人力资源规划划分为长期规划、中期规划和短期规划。

① 长期规划是指5年或5年以上的规划，由于规划涉及的时间较长，对各种因素不可能做出准确的预测，因此这类规划往往是指导性的，主要目的是确立组织的人力资源战略。

② 中期规划的期限一般是1年以上5年以下，主要是依据人力资源战略规划来制定相应的战术任务，但不如短期规划那样具体。

③ 短期规划是1年及1年以下的规划，由于时限较短，目标比较明确，制定的短期规划比较具体，也易于执行。

（2）按人力资源规划的性质划分

按人力资源规划的性质，人力资源规划可分为战略性人力资源规划、战术性人力资源规划和作业性人力资源规划三类。

① 战略性人力资源规划，是指与企业长期战略相匹配的人力资源规划，它主要研究组织的发展目标和各种内外环境因素的影响，预计组织未来对人力资源的总体需求。战略规划的重点是分析问题，而不在于具体的预测，它指出了在较长的时期内组织人力资源的愿景和发展方向。

② 战术性人力资源规划，是指根据战略规划对组织未来面临的人力供需形势做出详细的预测，包括组织未来对人力资源的需求量以及组织内外人力资源的供给状况，以确保实现战略规划中制定的整体目标。

③ 作业性人力资源规划，是根据战术规划的预测结果而制定的具体措施和步骤，包括招聘、辞退、晋升、培训与发展、人员调动、绩效考核、薪酬福利等具体事项。

一般而言，人力资源规划要与企业的生命周期及总体规模相一致。通常，经营环境不确定、不稳定，或人力素质要求低，从而随时可以从劳动力市场上补充的，人力资源规划以短期规划或作业性规划为主；相反，经营环境相对稳定，对人力素质要求较高，人员的补充就应当制定中长期规划或战略性规划。人力资源规划的三个层次与组织的战略规划层次是相互联系，相互协调的。

（3）按人力资源规划涉及的范围划分

按人力资源规划涉及的范围划分，人力资源规划可分为整体人力资源规划、项目人力资源规划和部门人力资源规划。

① 整体人力资源规划，指在整个企业范围内进行的规划，它关联到企业的所有部门，具有全局性。

② 部门人力资源规划，涉及各职能部门或业务部门的人力资源管理活动，包括各种职能计划，如培训与发展计划、人员招聘计划、薪酬管理计划、职业发展计划等。

③ 项目人力资源规划，指某项具体的任务或项目的规划，主要是为了完成人力资源管理的某项课题或某个项目而制订的计划。

4. 按人力资源规划所涉及的内容划分

按人力资源规划所涉及的内容，人力资源规划可分为人力资源数量规划、人力资源结构规划和人力资源素质规划。

① 人力资源数量规划。人力资源数量规划是指依据未来企业业务模式、业务流程和组织结构等因素，确定未来各级企业组织的人力资源编制及各职类职种的人员配比关系或比例，并在此基础上制订企业未来人力资源需求和供给计划。人力资源数量规划最终要落实到企业的编制上。

企业编制设计的要点在于首先要根据企业过去的经营数据资料，梳理企业在不同阶段的主业务流程和业务特点，确定关键职位和重点职位，并依据影响职位变动的因素，确定关键职位的编制。其次，在确定好关键职位编制的前提下，通过确定各职类职种的人员比例来确定辅助岗位的编制，编制中要注意控制总人数，控制工资总额。

② 人力资源结构规划。人力资源结构规划是依据行业特点、企业规模、未来战略重点发展的业务及业务模式，对企业人力资源进行分层分类，同时设计和定义企业的职类、职种、职层的功能、职责及权限等，从而理顺各职类、职种、职层人员在企业发展中的地位、作用和相互关系。人力资源结构规划的关键在于确定各职种在企业价值创造中的贡献系数，以贡献系数为基础，按照各职种的贡献大小合理配置人力资源。

③ 人力资源素质规划。人力资源素质规划是依据企业战略、业务模式、业务流程和组织

对员工的行为要求，设计各职类、职种、职层人员的任职资格和要求，包括素质模型、行为能力及行为标准等。人力资源素质规划包括两种表现形式：一是任职资格标准，它反映企业战略及组织运行方式对各职类、职种、职层人员的任职行为能力要求；二是素质模型，它反映出各职类、职种、职层需要何种行为特征的人才能满足任职所需的行为能力要求。

2. 人力资源规划的层次

人力资源规划可分为人力资源总体规划和人力资源业务规划两种类型，如表 3-1 所示。

表 3-1　人力资源总体规划及其各项业务规划

计划类别	目　标	政　策	步　骤	预　算
总规划	总目标：绩效、人力资源总量、素质、员工满意度	基本政策：如扩大、收缩改革、稳定	总体步骤：如完善人力资源信息系统等	总预算：×××万元
人员补充规划	类型、数量对人力资源结构及绩效的改善等	人员标准、人员来源、起点待遇等	拟定标准、广告宣传、考试、录用	招聘、选拔费用：××万元
人员使用规划	部门编制、人力资源结构优化、绩效改善、职务轮换	任职条件、职务轮换、范围及时间	略	按使用规模、类别及人员状况决定工资、福利
人员接替与晋升规划	后备人员数量保持、改善人员结构、提高绩效	选拔标准、资格、试用期、晋升比例、未晋升人员安置	略	职务变化引起的工资变化
培训开发规划	素质与绩效改善、培训类型与数量、提供新人员、转变员工劳动态度	培训时间的保证、培训效果的保证	略	教育培训总投入、脱产损失
薪酬激励规划	降低离职率、提高士气、改善绩效	激励重点：工资政策、奖励政策、反馈	略	增加工资、奖金额
劳动关系规划	减少非期望离职率、雇用关系改善、减少员工投诉与不满	参与管理、加强沟通	略	法律诉讼费
退休解聘规划	缩减编制、降低劳务成本、提高生产率	退休政策、解聘程序等	略	安置费、人员重置费

（1）人力资源总体规划

人力资源总体规划，也称为人力资源战略规划，是指组织在规划期内人力资源开发利用的总目标、总政策、实施步骤及总预算的安排。

（2）人力资源业务规划

人力资源业务规划，也称为人力资源战术规划，是总体规划的分解和具体化，主要包括以下规划。

① 人员补充规划。补充规划的目的是为了合理填补组织中、长期可能产生的职位空缺。组织规模扩大、开发新产品、进入新市场、人员的退休、离职以及晋升都可能导致新的职位产生或职位空缺，因此必须制订人员补充规划，及时满足职位需求。人员补充规划的目标涉及人员的类型、数量、对人力资源结构及绩效的改善等。人员补充规划的政策应包括人员的选拔标准、人员的来源、人员的起点待遇等。补充规划预算是组织用于人员获取的总体费用。

② 人员使用规划。人员使用是对人员的安置和调配规划。人员使用规划的目标包括部门的编制、人力资源结构的优化以及绩效的改善、岗位轮换的幅度等。人员使用规划应以绩效考核结果为依据，要拟定好任职条件、岗位轮换的范围和时间，以实现工作内容的丰富化，保持和提高员工的创新热情和动力，培养员工的综合素质。人员使用规划的预算是按职位轮换的规模、类别以及人员的任用状况来决定的薪资预算。

③ 人员接替与晋升规划。人员接替与晋升规划的目标是保持组织人才储备充足，合理地优化管理层的人才结构，提高组织绩效。人员接替规划要对组织的关键职位选择好适当的候选人，并有计划地进行培养。晋升规划是企业晋升政策的一种体现，通过有组织、有计划地提升有能力的人员，既能增强员工工作满意度，同时也满足职务对人的要求。人员接替与晋升规划的政策包括选拔的标准和任职条件，确定使用期限和晋升比例，对未晋升人员要合理安排，避免挫伤员工的工作积极性，涉及的预算主要是由于职位变化而引起的薪资变动。

④ 培训开发规划。培训开发规划要与人员接替与晋升规划、人员使用规划结合在一起制定。培训开发的目标是改善员工素质和绩效、推广组织文化，转变员工的工作态度等，培训开发涉及培训的时间、地点、内容、实施的过程以及效果的评估等，培训开发涉及的预算主要是培训费用的投入。

⑤ 薪酬激励规划。薪酬激励规划的目标是通过合理的薪酬结构设计、薪酬发放来吸引人才，提高员工的工作积极性，提高绩效。薪酬激励规划往往与绩效考核结合起来，其内容包括绩效考核的标准及衡量方法、薪酬结构、工资总额、福利项目以及绩效与薪酬的对应关系等。

⑥ 劳动关系规划。劳动关系规划的目标是降低非期望离职率、减少投诉和不满，预防和减少劳动争议，改进劳动关系。劳动关系规划通过制定民主管理的政策，鼓励员工积极参与企业的管理，加强管理沟通和交流。劳动关系规划涉及的预算主要包括鼓励员工团队活动的费用、用于开发管理沟通的费用支出、奖励基金以及法律诉讼费用。

⑦ 退休解聘规划。员工因达到退休年龄或合同期满、企业不再续聘而离开。为了应对经济不景气，人员过剩，企业往往采取提前退休、解聘等手段裁员，为此必须制定退休解聘规划，以降低劳动成本，提高生产率。退休解聘规划涉及的预算包括人员安置费、人员解聘费用等。

第二节　人力资源规划流程

人力资源规划作为人力资源管理的一项基础性活动，其核心主要包括人力资源需求预测、人力资源供给预测及供需综合平衡三项工作。人力资源规划的过程包括四个阶段：准备阶段、预测阶段、制定阶段和评估阶段。人力资源规划的过程如图 3-1 所示。

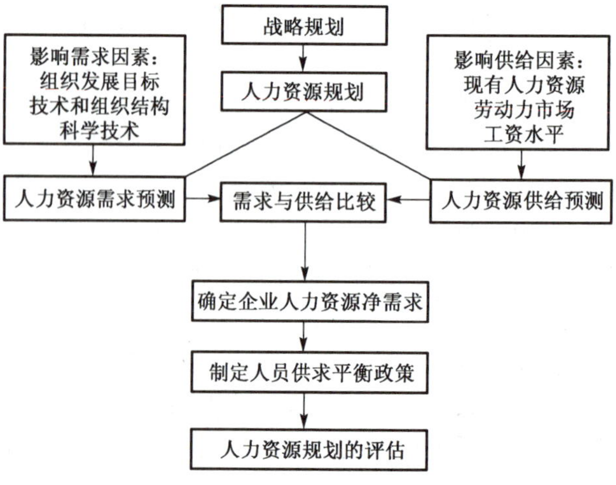

图 3-1　人力资源规划流程图

一、准备阶段

准备阶段的主要工作是调查、收集和整理涉及企业人力资源战略决策的各种信息，这些信息包括以下内容。

① 外部环境分析，如经济增长、政策法规、社会文化、法律环境等，此外还包括与人力资源供需直接相关的信息，如劳动力市场的供需状况、劳动者的择业期望、竞争对手的人力资源政策等。

② 内部环境分析，如企业的业务目标、产品结构、生产技术更新、竞争重点、利润指标等。

③ 人力资源存量分析，现有人力资源状况调查是对企业现有人员的数量、质量和结构进行的“盘点”，分析的重点包括：员工数量、人员结构（年龄结构、学历结构、职称结构、专业技术结构、管理与非管理层比例等）、员工素质、员工流动率、员工生产率和员工潜力等。

二、预测阶段

这一阶段是在充分掌握信息的基础上，采用定性和定量相结合的方法，对企业在未来某一时期的人力资源供给和需求做出预测，这是一项技术性较强的工作，其准确程度直接决定了规划的效果，也是整个人力资源规划中最重要、最关键的部分。预测完毕后，必须对预测的供需数据进行比较，得出计划期内组织内各类人力资源的余缺状况，并采取有效的平衡措施，有关人力资源预测的内容将在第三节详细讲解。

三、制定阶段

人力资源规划的制定是人力资源规划程序的实质性阶段，企业人力资源的供给和需求预测结果出来后，要通过制定人力资源规划的总体规划和业务规划，制定并实施平衡供需的措施，使企业对人力资源的需求得到满足。在制定人力资源规划时，要注意保持总体规划、业务规划与企业其他经营计划的相互协调。除了分派负责执行的具体人员外，还要保证必须有实现目标所需的权限和资源，确保通过人力资源规划的实施使人力资源战略目标得到实现。

四、评估阶段

人力资源规划不是一成不变的，它是一个动态的开放系统，应对其实施过程进行监督、评估，并重视信息的反馈，不断调整规划，使其更切合实际，更好地促进企业目标的实现。人力资源规划评估包括两层含义：一是在实施的过程中，要随时根据内外环境的变化来修正供给和需求的预测结果，并对平衡供需的措施做出调整；二是指要对预测的结果以及制定的措施进行评估，对预测的准确性和措施的有效性做出衡量，找出其中存在的问题，供今后规划参考。

第三节　人力资源供求预测

人力资源预测是组织在评估和预测的基础上，通过各种定量和定性的分析方法，对未来一定时期内人力资源状况进行预先分析和判断，以确保组织获得和保持所需的人力资源。人力资源预测包括人力资源需求预测和供给预测，以及两者的平衡。

一、人力资源需求预测

1. 人力资源需求预测的含义和步骤

人力资源需求预测是在盘点企业现有人力资源状况的基础上，对企业未来一定时期内所需人力资源的数量、质量和结构进行估计和预测的活动。

人力资源需求预测和产品或服务需求预测同等重要,错误的预测能造成巨额的成本浪费。预测的内容包括要达到企业目标所需的员工数量、层次和结构。

人力资源需求预测的具体步骤如下。

① 确定各部门未来的工作量。召集相关部门进行研究讨论,根据企业的发展战略和目标,明确各部门未来的工作量。

② 收集人力资源需求预测所需的信息。包括企业内部信息和外部信息。企业内部信息包括企业战略目标、组织结构、部门与员工职级分类和比例关系、生产定额等；企业外部信息包括产品市场需求、劳动力供给与需求的现状、国家或地区的政策等。

③ 选择合适的预测方法。人力资源需求预测的方法很多,不同的方法适合于不同的企业,不同的工作岗位也应该选用不同的预测方法。在选择预测方法的时候还需要注意是否具备所选方法需要的信息。

④ 运用预测方法进行预测。预测出企业人力资源的需求数量，并进行汇总统计。

2. 影响人力资源需求预测的因素

人力资源需求预测受到诸多因素的影响，概括起来可分为三类：外部因素、内部因素和人力资源现状。

（1）外部因素

外部因素包括经济发展水平和经济形势、国家政策和法律法规、产业结构、技术水平、顾客需求、劳动力市场的供给状况等。

① 经济形势。经济形势直接影响到企业的经营发展状况，经济繁荣时，企业的业务增长快，对人力资源的需求量增加；经济萧条时，企业的经营受到影响，人力资源的需求量减少。

② 产业结构。产业结构决定了人力资源的需求结构。一方面产业结构的快速调整和升级为经济发展培植了新兴的增长点与竞争点，带动了国民经济的快速增长；另一方面，产业结构的调整和升级也势必会对人力资源数量结构和质量结构提出新的要求，从而影响企业未来的人力资源需求变化。

③ 政府的方针政策和法律法规。政府对某一产业的发展支持，对新技术的开发和推广，对中小企业的扶持政策等，都会对人力资源的需求总量产生影响。新的法律法规的出台，也

会影响到企业的用人制度和用人策略。如2008年《中华人民共和国劳动合同法》的出台，在保护劳动者合法权益的同时，也进一步规范了企业的用工制度。

④ 技术变化。技术变革和技术创新一方面推动了企业产品的升级换代，另一方面也对企业的人力资源需求提出了更高的要求。新技术带来更高的劳动生产率，劳动生产率的提高一方面使企业的人力需求量减少，另一方面对人力资源的质量和结构提出了更高的要求。

⑤ 顾客需求。一般而言，顾客需求和消费行为偏好会直接影响到产品的销售状况，从而对企业的生产能力和生产规模产生影响。市场需求大，企业必须扩大生产规模，这使得企业的人力资源需求量增加。

⑥ 劳动力市场的供求状况。人才在劳动力市场的需求和供给状况影响到该类人才获取的难易程度以及成本高低。

（2）内部因素

内部因素主要受到企业自身战略制定、发展阶段及规模的影响，也包括企业的经营决策变化、组织结构和工作设计、财务资源等因素的影响。

① 企业发展战略。企业的发展规划和未来的生产经营任务对人力资源的数量、质量和结构提出了要求，根据生产因素可能的变动可以预测人力资源的需求。

② 组织结构和工作设计。企业组织结构的调整会引起相应的部门职位和人员配置的变化，工作设计的变化也会使员工的工作岗位、工作定额以及工作负荷等发生变化，从而引起相应的人员数量变化，员工工作岗位的变动还会对员工的任职资格和要求提出新的要求。

③ 企业的经营决策。企业扩大或收缩经营领域，增加或减小生产规模等经营决策的变化也引起相应的人力资源需求变动。

④ 财务资源。企业对人力资源的需求受到企业财务资源的约束，企业要根据未来人力资源总成本来推算未来的人力资源需求量。

（3）人力资源现状

人力资源自身现状则涉及企业现有人员的变动状况，如退休、死亡、解聘、辞职等，这种自然消耗和自然流动所引起的职位空缺也必然会带来企业人力资源需求上的变化。

3. 人力资源需求预测的方法

人力资源需求预测的方法分为定性预测方法和定量预测方法。定性预测主要有经验判断法、描述法和德尔菲法。定量预测方法包括趋势外推法、回归分析法、比率分析法、劳动定额分析法等。

（1）定性预测方法

① 经验预测法。经验预测法是利用现有的情报和资料，根据有关人员以往的经验，结合企业的特点来推测未来的人员需求。它的基本假设是：人力资源需求与某些因素的变化之间存在某种关系。它主要依赖于管理人员的个人经验和能力，不同的管理者的预测可能有所偏差，因此可以通过多人综合预测或查阅历史记录等方法，提高预测的准确度。经验预测法适合于发展比较稳定、结构相对简单的中小企业，可分为基层分析法和管理部门法两种方式。

a. 基层分析法，也称之为“自下而上”法，就是首先由直线部门向上级主管提出用人要求和建议，然后将各部门的预测层层向上汇总，最后综合而成企业人力资源的总体需求。这种方法一般用于简单的短期预测，因为基层员工很难把握企业的发展战略和经营规划，无法进行中长期的人力资源预测。

b. 管理部门法，也称之为“自上而下”法，是指预测从企业组织结构的顶层开始，由高层管理者先拟定总体用人目标和计划，然后逐级分解到各职能部门，各级部门讨论并修正后，再将有关意见反馈到高层管理者，由高层管理者据此对总预测和总计划进行修正。这种方法要求高层管理者对组织的发展方向、发展目标和运行情况有明确的认识。

在企业中最好是将“自下而上”和“自上而下”两种方法综合起来运用，以提高预测的准确度。一般可先由公司提出指导性的建议，再由各部门按公司的建议和要求，会同人力资源部门、技术部门等确定具体用人需求，最后由人力资源部汇总和协调全公司的用人需求，形成需求预测，交给公司高层经理审批。

② 描述法。描述法是指首先对本企业在未来一段时间内有关因素的变化进行描述、假设、分析和综合，据此人力资源规划人员再进行人力资源需求预测，并制订出多种人力资源需求备选方案。描述法通常用于环境变化或企业变革时的需求分析。但是，它对于长期的预测有一定的困难，因为时间跨度越长，对环境变化的各种不确定因素就更难以进行描述和假设。

例如，某电子企业生产 A 产品，对该产品今后三年的发展情况做出如下描述或假设：第一种情况是在三年内，由于其他企业没有新的技术创新，A 产品可能稳定地增长；第二种情况是同行业中出现了新的竞争对手，A 产品的市场份额受到影响；第三种情况是由于出现了新的技术创新，A 产品面临淘汰，跌入低谷。企业在做人力资源规划时应根据以上三种不同的描述和假设的情况预测制订出相应的人力资源需求备选方案。

③ 德尔菲法。德尔菲法又称专家评估法，一般采用问卷调查的方式，听取专家（尤其是人事专家）对企业未来人力资源需求量的分析评估，并通过多次重复，最终达成一致意见。德尔菲法是一种依赖于管理者主观判断的预测方法。20 世纪 40 年代美国兰德公司以“德尔菲”为代号，研究如何通过有效的控制反馈更为可靠地收集专家意见，德尔菲法因此而得名。这种方法是通过综合专家们各自的意见来预测某一领域的发展状况，适合于对人力资源需求的长期趋势预测。德尔菲法的工作预测一般分为四轮。

第一轮：在企业中广泛选择各个方面的专家，组成专家小组，提出预测目标和要求。

要注意的是，这里的专家不是学术意义上的，而是指对所研究的问题有深入了解的人员。专家可能来自组织外部，也可能来自组织内部，可以是管理人员，也可以是普通员工。主持预测的人力资源部门要向专家们说明预测的重要性，以取得他们对这种预测方法的理解和支持，并提出预测目标和要求，同时向专家们提供充分的信息，包括已经收集的历史资料和有关的统计分析结果，以便使专家能够做出比较准确的预测。

第二轮：简明扼要地列出预测问题，要求专家们以匿名填写调查表方式进行预测，然后由人力资源部门进行统计整理。

使用匿名问卷的方法可以避免专家们面对面集体讨论的缺点。因为专家组的成员之间存在身份或地位上的差别，较低层次的专家容易受到较高层次专家的影响而丧失见解的独立性，也可能存在一些专家不愿意与他人冲突而隐藏或放弃自己观点的情况。

第三轮：人力资源部门在第一次统计结果后，将专家们各自提出的意见进行归纳，并将这一综合结果反馈给他们。

第四轮：重复上述过程，让专家们有机会修改自己的预测并说明原因，直到专家们的意见统一。

实施德尔菲法需要注意以下几个问题。

① 专家人数一般不要少于 30 人，问卷的返回率不低于 60%，以保证调查的权威性和广泛性。

② 提高问卷的质量。问题应该符合预测的目的并且表达明确，要保证专家都从同一个角度去理解问题，避免造成误解和歧义。

③ 要给专家们提供充分的资料和信息，使他们能够进行判断和预测；同时结果不要求十分精确，专家们只要给出粗略的数字估计即可。

④ 要取得参与专家们的支持，确保他们能认真地进行每次预测；同时也要向高层说明预测的意义和作用，取得高层的支持。

（2）定量预测方法

① 趋势外推法。该方法亦称时间序列分析法，其基本原理是利用取得的按时间顺序排列的历史信息数据，找出人力资源数量的历史发展规律性和趋势，并假定这种趋势将延伸至未来，从而预测出未来某个时期的预测值。

例如，甲公司过去 12 年的人力数量如表 3-2 所示。可以根据这 12 年的历史人力数量数据总体递增的趋势，预测下一年甲公司的人力数量将有 10%左右的增幅。

表 3-2　甲公司过去 12 年人力数量

年度	1	2	3	4	5	6	7	8	9	10	11	12
人数	510	480	490	540	570	600	640	720	770	820	840	930

该法简便易行，只要有历史数据资料，就能进行预测。但由于雇佣水平很少只由过去的状况决定、只与时间有关，其他因素的变化也将影响到企业未来的人员需求，因此该预测方法只能作为初步预测。

② 回归分析法。回归分析法是依据事物发展变化的因果关系来预测事物未来变化的趋势，它是研究变量间相互关系的一种定量预测方法。回归预测法的基本思路就是要找出那些与人力资源需求关系密切的因素，根据过去的相关资料确定出它们之间的数量关系，建立回归方程，然后再根据这些因素的变化以及确定的回归方程来预测未来的人力资源需求量。趋势外推法可以看做是最简单的一种回归分析，以时间为影响人力资源需求量的唯一自变量，通过时间这一自变量的变化来推测因变量人力资源需求量的变动。

a. 一元线性回归分析，当只有一个自变量时，为一元线性回归。假定人力资源需求量仅取决于产量因素，则公式如下：

$$L = a + bQ \tag{3-1}$$

式中，L 为预测的人力资源需求量；Q 为产量；a 和 b 为预测系数。

可以根据以往的数据进行推算，也可以用最小二乘法进行推算，公式如下：

$$a = \overline{L} - b\overline{Q} \tag{3-2}$$

$$b = \frac{\sum_{i=1}^{n} Q_i L_i - \overline{Q}\sum_{i=1}^{n} L_i}{\sum_{i=1}^{n} Q_i^2 - \overline{Q}\sum_{i=1}^{n} Q_i^2} \tag{3-3}$$

式中，Q_i 为历年产量数；L_i 为历年员工数；$\overline{Q}$ 为产量平均值；$\overline{L}$ 为员工平均值。

将计算出的系数 a 和 b 代入式（3-1），即可预测出人力资源的需求数量。

b. 多元线性回归分析，当有多个自变量时，为多元线性回归。即对人力资源需求产生影响的因素有多个自变量时，就要借助多元线性回归的方法来预测人力资源需求量。多元线性回归由于涉及到的变量较多，所以建立的方程要复杂得多，但是它考虑的因素比较全面，因此预测准确度往往要高于一元线性回归。在预测过程中可以借助计算机及相应的统计工具来完成，如 SPSS 和 SAS 软件等。

③ 比率分析法。比率预测法是依据员工个人生产率的分析来进行的一种预测方法。在进行预测时，首先计算出人均生产率，然后再根据企业未来的业务量预测出对人力资源的需求。公式如下：

$$\text{所需的人力资源数量}=\frac{\text{未来的业务量}}{\text{人均生产率}} \tag{3-4}$$

例如，

$$\text{基层营销人员的人均生产率}=\frac{\text{销售额}}{\text{基层营销人员数量}}$$

$$\text{基层管理人员比率}=\frac{\text{基层营销人员数量}}{\text{营销管理人员数量}}$$

假设某公司去年的营业额为 5000 万元，基层营销人员数量为 100 名，这样两者的比率就是 50∶1。这一比率表明，平均每个基层营销人员能完成的营业额为 50 万元。如果该公司预期今年的营业额为 6000 万元，则其需要另外雇用 20 名基层营销人员。同时，该公司基层营销人员与营销管理人员的比例为 10∶1，那么增加 20 名基层营销人员，就需要相应增加 2 名营销管理人员。

比率预测法假定企业的劳动生产率不变，如果考虑到劳动生产率的变化对员工需求量的影响，则这种预测方法就不准确了。因此，比率预测法只适用于短期和中期的预测，而不宜在长期预测中使用。

如果要考虑到劳动生产率的变化对员工需求量的影响，则使用下列的转换比率分析方法，公式如下：

$$\text{计划期末所需员工数量}=\frac{\text{目前业务量}+\text{计划期业务量的增长量}}{\text{目前人均生产率}\times(1+\text{生产率增长率})} \tag{3-5}$$

例如，某冰箱生产公司在 2013 年的年产量为 120 万台，基层生产员工为 600 人，在 2014 年计划增产 36 万台，估计生产率的增长率为 0.2，假设该公司福利良好，基层生产人员不流失，则：

$$2014\text{年公司的基层生产人员数量}=\frac{120+36}{(120\div600)\times(1+0.2)}=650(\text{人})$$

④ 劳动定额分析法。该方法是根据企业的工作任务和劳动定额，以及工时利用率来预测人力资源需求的方法。劳动定额法主要使用于能计算员工的劳动效率和能事先预测工作任务总量的企业，特别是用来预测生产性企业的一线生产工人的需求数量。

a. 产量定额法，是根据计划期内的生产任务总量和产量定额来计算人力资源需求，公式如下：

$$L=\frac{W}{(T\times t\times E)} \tag{3-6}$$

式中，L 为人力资源需求数量；W 为一定时期计划生产任务总量；T 为产量定额；t 为计划期工作时间；E 为工时利用率。

例如，某车间 9 月份需要生产 20000 件 A 产品，每个工人每天的产量定额为 5 件，工时利用率为 95%，该车间 9 月份工作 22 天，则该车间 9 月份所需工人数为：

$$L=\frac{20000}{5\times 22\times 95\%}\approx 191(\text{人})$$

b. 工时定额法，是根据计划期内的生产任务总量和工时定额来计算人力资源需求，公式如下：

$$L=\frac{W\times Q}{t\times E} \tag{3-7}$$

式中，L 为人力资源需求数量；W 为一定时期计划生产任务总量；Q 为工时定额；t 为计划期工作时间；E 为工时利用率。

例如，某车间 2014 年度需要生产 A 产品 1000 件，B 产品 2000 件，C 产品 3000 件，其中单件产品的工时定额为 3 小时、4 小时、5 小时，预测计划期内工时利用率为 90%，2014 年工作 250 天，每天工作 8 小时。则该车间 2014 年度所需工人数为：

$$L=\frac{1000\times 3+2000\times 4+3000\times 5}{250\times 8\times 90\%}=13(\text{人})$$

c. 设备看管定额法，是根据设备需要开动的台数和开动的班次、工人看管定额，以及工时利用率来计算人力资源需求数量。公式如下：

$$L=\frac{\sum(n\times m\times s)}{k} \tag{3-8}$$

式中，L 为设备定员人数；n 为同类型设备开动台数；m 为单机定员标准；s 为该型设备平均开动班次；k 为出勤率。

以上的定量预测方法，都是以函数关系不变为前提，这在许多情况是不现实的。为了使预测更加准确，就要求管理者运用自己的判断能力对未来的需求进行预测。管理人员对人员需求的最初预测应考虑以下几个重要的因素。

① 提高服务、产品质量的决策或开辟新市场的决策。这些决策对员工的能力特征提出了新的要求，需要考察在本组织中现有员工的技能是否与组织所要求的人员特征相适应，因此仅仅只有数量分析是不够的。

② 生产技术水平的提高和管理方式的改进会减少对人员的需求，这是数量分析中难以反映出来的。

③ 企业未来能够支配的财务资源不仅制约新进员工的数量，也会制约新进员工的质量，因为财务资源也限制着员工薪资水平。

案例 3-1 职业能力

PS 公司的人力资源需求预测

PS 公司是一家通信设备生产厂，主要生产电话机、传真机和手机等通信产品。在 2013 年年终的经理会议上，销售部经理胡军说："我有一个好消息，我们的一个大客户将给我们一个额外的大订单，订单要求生产10万套型号为MP101的手机产品。但是我们必须在一年内完成，而不是两年完成。我告诉客户我们能够做到。”

此时，生产部经理张健提出一个现实的问题：“据我所知，我们现有人员根本无法在客户要求的期限内生产出符合他们要求的产品。因为我不知道新增加的生产任务需要增加多少生产人员。”人力资源部经理黄华说：“我们需要到社会上招聘一些具有这种产品生产经验的工人，还需要逐步对我们现有工人进行培训，同时为了保证生产的顺利进行，还需要补充各部门的管理人员和辅助人员。我认为我们应该对这一项目再进行一些详细人力资源情况分析。”会议中，总经理要求人力资源部经理黄华尽快收集相关资料，并对该项目进行详细的分析。

会后，人力资源部经理黄华安排助理李玲负责收集人力资源供给的相关资料，自己收集了关于人力资源需求的资料如下。

1．生产任务和产品工时定额资料

一线生产部门包括注塑部，组装部和品质部。有关资料如表1所示。

表1　2014年的生产任务与产品工时定额

产品型号	计划产量（套）	注塑部工时定额（H/套）	组装部工时定额（H/套）	品质部工时定额（H/套）	备注
PH101	120000	0.3	1.5	0.5	原有订单和销售预测
FX101	180000	0.4	1.8	0.5	
FX102	90000	0.5	2	0.6	
MP101	100000	0.2	1.6	0.6	新订单

2．工作时间和工作效率资料

PS公司每年正常工作天为250天，根据生产需要可以安排加班，平均每天上班时间为9小时。由于转产或工人休息会损失一定工时，工时效率90%。

3．人员比例的统计资料

据统计，各人员比率情况如下：

其他部门的辅助工人共占一线生产工人的8%；

基层管理人员（包括车间基层管理人员、一般技术人员和一般行政职能人员）占所有工人比例的12%;

主管级管理人员（包含工程师和各部门主管）占所有工人的4%;

经理级管理人员（包含高级工程师和各部门经理）占所有工人的1%。

任务1：预测PS公司2014年各部门生产工人的需求人数。

任务2：预测PS公司2014年各级管理人员的需求人数。

案例分析：

任务1：完成这个任务，可用工时定额法，详见公式（3-7）

$$L_{注塑部}=\frac{120000\times0.3+180000\times0.4+90000\times0.5+100000\times0.2}{250\times9\times90\%}\approx86(人)$$

$$L_{组装部}=\frac{120000\times1.5+180000\times1.8+90000\times2+100000\times1.6}{250\times9\times90\%}\approx417(人)$$

$$L_{品质部}=\frac{120000\times0.5+180000\times0.5+90000\times0.6+100000\times0.6}{250\times9\times90\%}\approx131(人)$$

任务 2：完成这个任务，可用比率分析法，详见公式（3-4）

$$L_{基层管理人员}=634\times12\%\approx77(人)$$
$$L_{主管级管理人员}=634\times4\%\approx26(人)$$
$$L_{经理级管理人员}=634\times1\%\approx7(人)$$

（资料来源：http://www.jingpinke.com/，国家精品课程资源网。中南财经政法大学校级精品课程《人力资源管理》，课程主持人：周润仙。有改动）

二、人力资源供给预测

1. 人力资源供给预测的含义和步骤

人力资源供给预测是企业根据既定目标对未来一段时间内企业内部和外部各类人力资源补充来源情况所做的分析预测。

与需求预测不同的是，需求预测只对企业组织内部人力资源需求状况进行分析，而供给预测不仅要分析组织内部的人力资源供给状况，还要研究外部的人力资源供给因素。其中，外部供给是指外部劳动力市场对组织的人力资源供给。内部供给是指组织内部未来人力资源的供给。

人力资源供给预测的步骤包括以下内容。

① 内部人力资源供给预测，包括：了解组织内员工岗位的分布状况，分析组织的职位调整政策和员工岗位调整的历史数据，统计出员工岗位调整的比例；了解各部门可能出现的人事调整情况，通过上述调查统计，得出组织内部的人力资源供给预测。

② 外部人力资源供给预测，包括：分析影响人力资源外部供给的区域性因素和全国性因素，例如某类人才在本地劳动力市场的供给状况，当年高校应届毕业生的择业期望以及专业分布状况等。

③ 预测企业人力资源的整体供给。将组织内部人力资源供给预测和外部人力资源供给预测汇总，就可以得出企业人力资源的整体供给预测。

④ 确定人力资源的净需求。根据人力资源供给预测的结果，结合人力资源需求预测的状况，测算出组织规划期内各类人力资源状况的余缺情况，从而得到“净需求”的数据。如果“净需求”是正值，则表明企业必须通过外部招聘来填补空缺职位；如果“净需求”是负值，则说明企业的人力资源出现过剩，企业必须采取措施来进行调配。

2. 影响人力资源供给预测的因素

人力资源供给预测受到诸多因素的影响，概括起来可分为两类：外部供给影响因素和内部供给影响因素。

（1）外部供给影响因素

外部因素包括地区性因素，人口现状，劳动力市场的状况等。

① 地区性因素。企业所在地的地域环境对人才的吸引程度、企业所在地的平均薪酬福利水平对人才的吸引程度、企业自身的形象对人才的吸引力等。

② 人口现状。人口的规模、人口年龄构成、素质结构、劳动力的参与率等直接影响了企业现有外部人员供给的情况。

③ 劳动力市场的状况。当外部劳动力市场紧张时，外部供给数量减少。同时，劳动力市场的发育程度也会影响到劳动力的流动和人力资源的优化配置。

（2）内部供给影响因素

内部供给影响因素包括组织战略、组织结构、企业人员流动率等。

① 组织战略。企业内部劳动力市场的可供给程度首先取决于此。

② 组织结构。组织越扁平化，管理层数越少，员工升迁机会也越少。同一级别的人员供给相对过剩，横向职位变迁将受到欢迎。

③ 企业人员流动率。在收集和分析有关内部劳动力供应数据时，企业内部流动率对劳动力供给将产生重大影响。流动率高可能是竞争者提供了更好的福利，或员工目前缺乏工作保障或管理不力。查明人员流动率变化的原因对内部供给分析非常有益。

3. 人力资源供给预测的方法

人力资源的供给，包括内部与外部供给两个方面。一般来说，首先要进行内部人力资源供给的预测，以确定对外部人力资源的要求。

（1）内部人力资源供给预测方法

人力资源内部供给预测方法可分为人员核查法、人员替换图法和马尔柯夫转移矩阵法。

① 人员核查法，也称为技能清单法，这是对组织现有人力资源数量、质量和结构进行核查的一种方法，用于掌握组织拥有的人力资源状况。通过核查，可以了解员工在工作经验、技能、绩效、发展潜力等方面的情况，从而帮助人力资源规划人员估计现有员工是否具有调换工作岗位的可能性，决定哪些人可以补充企业当前的职位空缺。这种核查，可以通过技能清单表的整理来完成。

技能清单可以用于所有的员工，也可以仅包括部分员工，当然不同员工类型的技能清单，其具体项目可以根据需求进行修改和调整，以反映员工类型的主要特征。

一般来说，技能清单应包括七大类信息，如表 3-3 所示。

a. 个人数据：年龄、性别、婚姻状况；

b. 技能：教育经历、工作经验、培训经历；

c. 特殊资格：专业团体成员、特殊成就；

d. 薪酬和工作历史：现在和过去的薪酬水平、加薪日期、承担的各种工作；

e. 公司数据：福利计划数据、退休信息、资历；

f. 个人能力：在心理或其他测试中的测试成绩、健康信息；

g. 个人特殊爱好：地理位置、工作类型。

管理人员技能清单除了上述七类主要信息外，还应包括以下三大类信息：

a. 管理者过去的绩效；

b. 管理者的性格优缺点；

c. 提升潜力评估等信息。

一份正式的技能清单需要耗费大量的时间和精力才能完成。因此，如果能够借助人力资源信息系统和人力资源管理系统来完成技能清单，则工作效率将大大提高。通过人力资源信息系统和人力资源管理系统的使用，所有资料都被量化、编码，这样就形成了一个庞大的人力资源数据库，人事资料的调取和维护都比传统纸质记录表效率高很多。

② 人员替换图法，是对各现有岗位人员进行考核评价，分析其可能流动的方向，从而对人员的流动情况实现控制和测量的一种图示分析法，如图 3-2 所示。

该公司总经理可能晋升，这样就出现了总经理候选人的选择问题，而这个选择则可以从上述人员替换图解中获得一定的信息。

表 3-3 技能清单表

姓名：	出生年月：		婚姻状况：	政治面貌：
到职日期：		工作部门：	工作地点：	工作职称：
教育背景	学历水平	学习期限	毕业学校	专业
培训经历	培训内容	培训期限	培训机构	所获证书（证书编号）
技能				
志向	你是否愿意担任其他类型的工作？	是（ ）倾向的工作是：		否（ ）
	你是否愿意到其他部门去工作？	是（ ）倾向的部门是：		否（ ）
	你是否愿意接受工作轮调以丰富经验？	是（ ）倾向的轮调岗位是：		否（ ）
	是够有进修计划？	是（ ）倾向的进修是：		否（ ）
兴趣爱好				

填表日期：

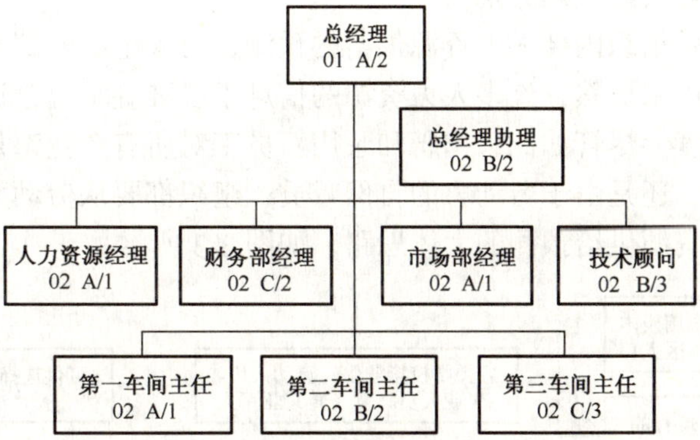

注：各□中的标注含义：01、02为人员类别代码
A—可以晋升　B—需要训练　C—不适合该职位
1—表现优异　2—表现良好　3—表现普通　4—表现欠佳

图 3-2 某公司管理人员替换图

③ 马尔柯夫（Markov）转移矩阵法，马尔柯夫矩阵最早是在荷兰军队中使用，后来扩展应用于企业中，是用来预测时间间隔点上（一般为 1 年）各类人员分布情况的一种动态预测技术。它的基本思路是通过找出过去人事变动的规律，以此来推测未来的人事变动趋势。

它的基本假设是：组织内部员工流动模式与流动比率会在未来时期内重复，即在一定时间段，从某一状态（职位）转移到另一状态（职位）的人数与以前的比例相同，这个比例称为转移率。这一转移模型可用以下例子来说明。

例如，某公共会计事务所，有四类人员：合伙人（P），经理（M），高级会计师（S），会计员（J）。其初始人数和转移矩阵如表 3-4 所示。表中表明，在任何一年里，有 80%的合伙人仍留在该所。20%的人退出；有 70%的经理仍在原职，10%的人成为合伙人，20%的人离开；有 5%的高级会计师升为经理，80%仍在原职，5%的人降为会计员，10%外流；有 15%的会计员晋升为高级会计师，20%的会计员另谋他职。用这些历史数据来代表每类人员转移流动的转移率，可以推算出人员变动情况。即起始时刻每类人员的数量与每类人员的转移率相乘，然后纵向相加，就可以得到下一年的各类人员的供给量，如表 3-5 所示。

表 3-4　某公共会计事务所初始人数及转移率

初始人数		P	M	S	J	离　职
40	P	0.8	/	/	/	0.2
80	M	0.1	0.7	/	/	0.2
120	S	/	0.05	0.8	0.05	0.1
160	J	/	/	0.15	0.65	0.2

表 3-5　某公共会计事务所人员共计预测结果

初始人数	P	M	S	J	离　职
40	32	0	0	0	8
80	8	56	0	0	16
120	0	6	96	6	12
160	0	0	24	104	32
合计	40	62	120	110	68

（资料来源：http://www.jingpinke.com/，国家精品课程资源网。海南大学校级精品课程《人力资源管理》，课程主持人：郑远强。）

（2）外部人力资源供给预测方法

以上我们讨论的是组织内部人力资源供给的预测，对于组织外部人力资源供给预测，目前，我国劳动力市场尚未成熟，许多人力资源的信息难以准确掌握，这给外部人力资源的供给预测带来很大的难度。尽管如此，招聘和录用新员工对所有企业都是必不可少的。无论是由于生产规模的扩大，还是由于劳动力的自然减员，组织都要从劳动力市场获得必要的人力资源。组织外部人力资源供给预测的大体思路，如图 3-3 所示。

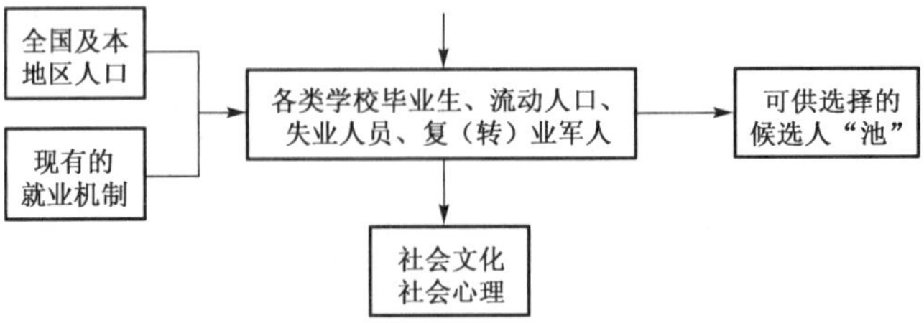

图 3-3　组织外部人力资源供给预测思路图

三、人力资源供需平衡分析

在对人力资源需求和供给进行预测分析的基础上，需要根据两个方面的预测结果，进行全面的综合平衡，人力资源规划的最终目标也是要实现人力资源的供需平衡。企业人力资源供需关系可能出现四种结果：①供给和需求能彼此平衡；②供需虽然平衡，但是结构失调，出现某些类别的人力资源不足，而某些类别的人力资源过剩；③供给超过需求，造成企业人力资源闲置，人浮于事，工作效率低下；④需求超过供给，造成企业内部生产设备闲置，固定资产利用率低，人力资源短缺。

对于第一种情况，不需要采取任何措施，维持现行的政策和制度即可。对于后 3 种情况，组织必须采取有效措施以恢复平衡状态。

1. 供需总量平衡，结构不平衡

对于结构上的不平衡可采取下列措施来调整。

（1）人员的内部重新配置。包括晋升、调动、降职等。

（2）人员的培训计划。通过人员培训使其可以胜任空缺职位的工作要求。

（3）人员置换。对于不符合企业要求的员工必要时予以淘汰，同时引进符合要求的人才。

2. 供给大于需求

人力资源过剩是企业经常面临的难题，由于市场需求的波动变化，特别是企业受到外部环境的影响，以及企业自身业务周期波动时，往往会出现人力资源过剩的状况。解决人力资源过剩的对策有以下几点。

① 永久性的裁员或辞退员工。这种方法是企业常用的解决对策，虽然比较直接，但是也会带来很多消极的影响。如，随着劳动法规的不断完善，企业的裁员成本会越来越高，同时也会带来社会的负面影响，引起劳资双方的敌对行为。

② 扩大经营规模，寻求新的业务增长点，以增加对人力资源的需求。

③ 鼓励员工提前退休。给接近退休年龄的员工以优惠政策，以减轻企业的用人负担。

④ 对于临时性或阶段性的人力资源过剩，调整休假时间，缩短员工的工作时间，降低工资水平，以此减少人力资源供给。

⑤ 由多个员工分担以前只需要一个或少数几个人就可以完成的工作任务。

⑥ 加强培训，帮助员工掌握多种技能，提高再就业的竞争力，同时也为组织储备人才。

3. 供给小于需求

当预测人力资源供给小于需求时，企业要采取措施防止人力资源短缺现象的发生。

① 从外部雇用人员，这是最直接的方法。招聘可以雇用全职的，也可以根据短缺情况雇用临时性的或兼职的人员。

② 提高员工的劳动生产率。一方面通过技能培训提升员工的生产效率，另一方面企业也可以引进新的生产设备或新技术提高劳动生产率。

③ 如果出现的短缺现象不严重，或者属于季节性或周期性的短缺，可以考虑采用加班加点的方法来解决临时性的人员短缺问题。

④ 对企业流出进行分析，减少离职率，减少员工的流失，同时进行内部调配，增加内部的流动来提高人力资源的供给。

⑤ 人力资源外包。将某些非核心业务外包出去，降低人力资源需求和外部招聘的风险。

综上所述，在制定人力资源供需平衡措施时，要注意具体问题具体分析。企业的人力资源供需失衡往往可能是比较复杂的，涉及多部门，多层次，因此在制定人力资源规划时，必须要注重协调不同部门的用人计划，使各部门人力资源在数量、质量、结构、层次方面达到均衡。供需平衡的方法以及给员工带来的伤害程度如表 3-6 所示。

表 3-6 人力资源供需平衡的方法比较

	方法	速度	员工受伤害的程度
供给大于需求	裁员	快	高
	降薪	快	高
	将级	快	高
	工作分享或工作轮换	快	中等
	退休	慢	低
	自然减员	慢	低
	再培训	慢	低
供给小于需求	加班	快	高
	临时雇佣	快	高
	外包	快	高
	培训后轮岗	慢	高
	减少流动数量	慢	中等
	外部雇佣新人	慢	低
	技术培训	慢	低

（资料来源：[美]雷蒙德 · A · 诺伊等人力资源管理[M]. 北京：中国人民大学出版社，2001：186）

案例 3-2 职业能力

PS 公司的人力资源供给预测

PS 公司因为在 2013 年年终的时候获得了大客户的额外订单，订单要求在一年之内完成 10 万套型号为 MP101 的手机产品。人力资源部助理李玲受命负责收集人力资源供给的相关资料。李玲收集到的资料主要如表 1、表 2 和表 3 所示。

表 1 2013 年末各部门的工人数（单位：人）

部 门	注 塑 部	组 装 部	品 质 部	其 他 部 门
工人数	60	310	90	40

表 2 各级管理人员的数量

级 别	基层管理人员	主管级管理人员	经理级管理人员
人数	60	20	5

表 3　各级人员的变动概率

原职位	变动后职位和概率				
	经理级	主管级	基层管理人员	工人	离职
经理级	0.8				0.2
主管级	0.05	0.75	0.1		0.1
基层管理人员		0.05	0.8	0.05	0.1
工人			0.05	0.75	0.2

另外，李玲还了解到关于目前劳动力市场的一些情况，大多数企业对 2014 年经济形势并不很乐观，估计不会大幅度招聘普通员工，但是目前 PS 公司的工资在众多企业中处于中等偏低的水平。据权威部门预测，2014 年度普通工人将会出现供过于求的现象，但是基层管理人员以上的人员仍然会像以前那样紧缺。

任务 1：预测各级人员的供给数，并对比预测的需求数，预测净需求。

任务 2：根据预测的结果，讨论 PS 公司应该采用哪些人力资源政策？

案例分析：

任务 1：完成预测各级人员供给数的任务，可用马尔柯夫转移矩阵法。预测结果见表 4 所示。

表 4　PS 公司 2014 年各级人员供给数量预测表

初始人数	经理级	主管级	基层管理人员	工人	离职
5	4	0	0	0	1
20	1	15	2	0	2
60	0	3	48	3	6
500	0	0	25	375	100
合计	5	18	75	378	109

结合案例 3-1 的 PS 公司人力资源需求预测结果，可求出预测净需求。预测结果如表 5 所示。

表 5　PS 公司 2014 年各级人员净需求预测表

级别	经理级	主管级	基层管理人员	工人
需求量	7	26	77	634
供给量	5	18	75	378
净需求	2	8	2	256

任务 2：根据表 5 可以看出，PS 公司各级人力资源的净需求都为正，结合当地劳动力市场状况和 2014 年经济发展预测，公司可以采取的人力资源政策可以有：

1. 提高员工效率，例如训练、团队合作、合理分工等，以改变企业人力资源利用率；
2. 结合企业的长期目标和经济发展环境，考虑向社会招聘正式员工或临时工；
3. 在法律许可范围内，适当安排员工加班；
4. 制定有效的激励计划，提高员工士气和劳动积极性；
5. 减少工作任务或将部分工作任务转包给其他企业。

（资料来源：http://www.jingpinke.com/，国家精品课程资源网。中南财经政法大学校级精品课程《人力资源管理》，课程主持人：周润仙。有改动）

第四节 人力资源规划的编制与执行

一、人力资源规划的编制

人力资源规划是一个连续的规划过程，主要包括两个部分：人力资源总体规划和人力资源业务规划。人力资源总体规划是人力资源业务规划的基础，总体规划和业务子计划、各项业务子计划之间都应相互衔接和协调，达到平衡。

1. 人力资源总体规划的编制

总体人力资源规划一般应包括以下几个方面。

① 与组织的总体规划有关的人力资源规划目标、任务的说明。

② 有关人力资源管理的各项政策策略及其有关说明。

③ 内部人力资源的供给与需求预测，外部人力资源情况与预测。

④ 人力资源净需求。人力资源净需求的编制形式有两类：第一类是按部门编制的净需求；第二类是按人力资源类别编制的净需求。前者表明组织未来人力资源规划的大致情况，后者可为后续的业务计划使用，如表 3-7 和 3-8 所示。

表 3-7 人力资源净需求评估表

		第一年	第二年	第三年	第四年	第五年
需求	年初人力资源需求量	120		140		120
	预测年内需求之增加	20	140	–20	120	–
	年末总需求	140	–140	120	–120	120
内部供给	年初拥有人数	120	140	140	120	120
	招聘人数	5	5	–	–	–
	人员损耗	20	27	28	19	17
	其中：退休	3	6	4	1	3
	调出或升迁	15	17	18	15	14
	辞职	2	4	6	3	–
	辞退或其他	–	–	–	–	–
	年底拥有人数	105	118	112	101	103
净需求	不足或有余	–35	–22	–8	–19	–17
	新进人员损耗总计	3	6	2	4	3
	该年人力资源净需求	38	28	10	23	20

表 3-8 按类别的人力资源净需求

主要工作类别（按职务分类）	现有人员	计划人员	余缺	预期人员的损失							本期人力资源净需求
				调职	升迁	辞职	退休	辞退	其他	合计	
高层主管											
部门经理											
部门管理人员											
……											
合计											

2. 人力资源业务规划的编制

（1）编制职位计划

根据组织发展规划和组织工作方案，结合工作分析的内容，编制职位计划。职位计划阐述了组织结构、职位设置、职位描述、职位资格等内容，制订职位计划的目的是描述组织未来发展的职能规模和模式。

（2）编制人员配置计划

人员配置计划要根据组织的未来发展规划，结合人力资源盘点报告来制定。人员配置计划阐述了组织每个职位的人员数量、人员职位的变动、职位空缺数量及补充办法。编制人员配置计划的目的是描述组织未来的人员数量和质量构成。

（3）编制人员需求计划

根据职位编制计划和人员配置计划，采用预测方法，进行人员需求预测。在预测人员需求时，应阐明需求的职位名称、人员数量、希望的到岗时间、人员的任职要求等。同时，还要形成一个标明员工数量、招聘成本、技能要求、工作类别及完成组织目标所需管理人员数量和层次的分列表。

（4）制定人员供给计划

人员供给计划的编制，是在对本单位人力资源进行盘存的情况下，结合员工变动的规律，平衡人力资源需求和供给，选择人员供给的方式，如外部招聘、内部晋升等。人员供给计划包括招聘计划、人员晋升计划和人员内部调整计划。

（5）编制人员培训计划

人员培训计划包括新员工培训、在职培训以及专业培训等。企业要根据未来业务发展的需要、绩效评估结果、员工能力评估结果以及职业发展计划制订相应的培训计划。培训计划的内容包括培训政策、培训需求、培训内容、培训形式、培训评估等。

（6）人力资源政策调整计划

人力资源政策调整计划，是对组织发展和人力资源管理之间关系的主动协调，目的是确保人力资源管理工作主动地适应形势发展的需要。计划中应明确计划期内的人力资源政策的调整原因、调整步骤和调整范围等。其中包括招聘政策、绩效考核政策、薪酬与福利政策、激励政策、职业生涯规划政策、员工管理政策等。

（7）编制费用预算计划

为了控制人力资源的成本，提高投入产出比例，必须要对人员的费用进行预算管理。因此，编制人员费用预算计划是人力资源规划的一项重要内容。在实际工作中，除了员工薪酬福利外，常见的应列入预算范围的人员费用有：招聘费用、培训费用、调配费用、奖励费用、人力资源开发费用等。

二、人力资源规划的执行

1. 人力资源规划的执行者

由于现代人力资源管理的职能逐步由原来的业务层、执行层向战略层转变，人力资源部门的角色和职责也逐渐发生转变，由原来的行政管理职能部门向企业管理的战略合作伙伴转变。人力资源管理工作不仅仅是人力资源管理部门的责任，也是各层管理者的责任，反映到人力资源规划上，也是如此。企业人力资源规划的基础是职位晋升计划、招聘计划、素质提升计划、退休解聘计划等，这些计划都是在各部门的负责人制订本部门的人员调配补充、素质提升、退休解聘等计划的基础上层层汇总到人力资源部门，再由人力资源管理者依据人力资源战略分析制订出来的，而并非仅仅由人力资源部门的管理者单独制订。

因此，人力资源规划应由健全的专职部门来推动，包括以下几种形式。

① 由人力资源部门负责办理，其他部门与之配合。

② 由某个具有部分人事职能的部门与人力资源部门协同负责。

③ 由各部门选出代表组成跨职能团队负责。

2. 人力资源规划执行的层次

人力资源规划的执行涉及三个层次：企业层次、跨部门层次和部门层次。

① 企业层次：在企业层次上的人力资源战略规划需要“一把手”的亲自参与，尤其是企业经营战略对人力资源规划的影响，人力资源规划对人力资源管理各个体系的影响及其指导方针、政策，必须由企业高层决策。

② 跨部门层次：跨部门层次上的人力资源战略规划需要由企业高层管理者执行，对各个部门人力资源规划的执行情况进行协调和监督，并对人力资源规划的实施效果进行评估。

③ 部门层次：部门层次上的人力资源战略分为人力资源部门和其他部门两种情况。人力资源部门不但要完成本部门的人力资源规划工作，还要推动、检查、监督其他部门的人力资源规划工作的开展；其他部门的人力资源规划工作应当成为部门经理的重要职责组成部分，他们必须在制订、协调人力资源战略规划上与人力资源部门相配合，根据本部门的业务目标，制订和推动本部门的人力资源规划工作，并将人力资源规划的完成情况作为部门经理绩效考核的内容之一。

三、人力资源规划的控制与评估

要想真正实现人力资源规划的目标，真正服务于企业的战略目标，人力资源规划的控制与评估将起到重要的保障作用。企业必须根据自身的经营理念、人性假设、内外部环境的特点、人力资源规划欲实现的目标等综合因素，选择并构建符合本组织人力资源规划的控制与评价体系。实施控制和评估的目的在于为总体规划和具体规划的修订或调整提供可靠信息。在人力资源规划的预测中，由于不可控因素很多，常会发生令人意想不到的变化或问题，如若不对规划进行动态的控制和调整，人力资源规划就很可能成为一纸空文，失去了指导意义。因此，实施监控是保证人力资源规划可持续性发展的重要手段。

1. 人力资源规划的控制与评估的要求

（1）可行性

可行性是指人力资源规划的控制是否能有效监督企业战略和人力资源规划的执行和实施，做到在技术、方法、环境适应性以及经济上可行。对大多数企业而言，应该采用容易使用的控制技术，有些复杂性的、先进的控制工具和技术可能并不实用。此外，如果所采用的控制方法和技术不适应企业的文化环境，或者控制费用过高，耗费时间太长等，也会造成控制的无效。

（2）客观性

客观性要求人力资源规划的控制过程中必须做到公正、公平、不带有感情色彩，要用实际得到的数据和绩效结果来证明人力资源规划的制定和实施情况，尽量减少主观的、受个人因素的干扰。

（3）一致性

一致性强调在实施人力资源规划时，应保障目标和政策的统一性。当企业在实施人力资源规划的过程中出现各种形式的冲突和争执时，往往需要人力资源规划的控制系统的干预，以保证预期的目标能够得以实现。

（4）协调性

协调性是指在控制人力资源规划时既要分析和考察人力资源局部的发展趋势，如未来企业内部人力资源的流失情况，还必须分析和考察整个人力资源规划以及人力资源管理政策的综合发展趋势。人力资源规划必须对外部环境、经营战略、人力资源现状等关键性变化做出适应性反应。控制系统必须在各种变化趋势共同作用时保证人力资源规划的协调实施。

（5）及时性

人力资源规划控制的关键在于及时发现人力资源规划在制定和实施中出现的问题和困难，并有针对性地解决问题，这样才能保证人力资源规划的有效执行。

2. 人力资源规划的控制与评估的内容

一般而言，人力资源规划的控制与评估内容包括三个层面：人力资源规划的制定层面、人力资源规划的实施层面及人力资源规划的技术层面。

（1）人力资源规划制定层面的控制与评估

在对人力资源规划进行控制和评估时，首先需要考虑人力资源规划目标制定的合理性，控制与评价人力资源规划的制定，应包括以下几个问题。

① 对组织内外部环境的评价与预测是否充分、彻底和客观；

② 组织是否具备人力、物力、财力等资源保证；

③ 组织的管理能力、实施能力是否有保障；

④ 人力资源规划与组织总体战略目标的关联度，人力资源战略规划是否能有效地支撑企业的战略目标；

⑤ 人力资源规划制定者熟悉人事问题的程度以及对其重视程度。计划制订者对人力资源问题的熟悉程度越高、重视程度越高，那么制定的人力资源规划就越可能合理。

⑥ 人力资源规划制定者与其他部门就规划内容的信息交流程度如何，以及企业各部门管理层能否真正理解、重视和支持人力资源规划。管理层与人力资源规划制定者的信息交流越充分，对人力资源规划越重视，越能够获得较好的人力规划结果。

⑦ 管理人员对人力资源规划中提出的预测结果、行动方案和建议的重视和利用程度。这种重视和利用程度越高，越可能得到较好的人力资源规划。

⑧ 组织文化与人力资源规划是否冲突。

（2）人力资源规划实施层面的控制与评估

在人力资源规划的实施过程中，还需将人力资源规划的行动结果与人力资源规划的最初要求进行比较，发现规划与现实之间的差距，从而对规划工作进行调整和优化，并为今后的人力资源规划活动提供参考资料。在实施过程中控制与评估的内容包括以下方面。

① 管理层是否按人力资源规划的要求将目标进行分解，并下达到各部门和员工。

② 部门的目标是否清晰明确，岗位的职责描述及要求是否清楚。

③ 实际的人员招聘数量与预测的人员需求量是否相符。

④ 实际的流动率与预测的流动率数据是否吻合。

⑤ 员工的劳动生产率的实际水平与预测水平是否相符。

⑥ 人力资源规划的关键任务在支持上是否得力。

⑦ 实施人力资源规划的信息是否齐全，有无畅通的信息交流渠道。

⑧ 实施计划的行动方案的实际结果与预测结果相比，差距怎样。

⑨ 行动方案的成本与收益比较。

⑩ 实际人力资源规划的成本费用预算与预测的费用预算比较，控制是否良好；

（3）人力资源规划技术层面的控制与评估

人力资源规划在实施过程中，必须要对人力资源管理的实施过程进行有效的控制。人力资源规划的评价与控制手段多种多样，各种评价与控制手段的有机组合，可以保证人力资源规划的成功实施。组织应针对自己的实际情况，对众多传统和新兴的评估与控制手段合理的选择，既不能盲目选择一些过于复杂、成本较高的评估与控制技术，也要尽量避免因技术手段选择不当而导致评价不准、控制不力的情况发生。人力资源控制与评估的方法包括人力资源信息系统、人力资源会计评价与控制法、人力资源关键指标评价与控制法、人力资源指数评价与控制法、投入产出分析评价与控制法、人力资源声誉评价与控制法等。

应用人力资源规划评估与控制方法时需要注意的事项包括以下方面。

① 人力资源规划评估与控制技术是否能针对本组织的实际情况。

② 人力资源规划的控制力度和频度的合理范围。

③ 人力资源信息系统的实用性和有效性。

本章小结

1. 人力资源规划（Human resource planning），是指根据组织的战略目标，在分析组织人力资源现状的基础上，科学地预测组织在未来环境变化中人力资源的供给与需求状况，制定必要的人力资源获取、利用、保持和开发策略，满足组织对人力资源在数量上和质量上的需求，使组织和个人获得长远利益的动态过程。人力资源规划的必要性体现在：第一，人力资源规划有利于组织战略目标的实现；第二，人力资源规划有利于满足企业在发展过程中对人力资源的需求的不确定性；第三，人力资源规划有利于控制人力资源成本；第四，人力资源规划有利于人力资源工作的全面开展。

2. 人力资源规划可分为人力资源总体规划和人力资源业务规划两种类型。

3. 人力资源规划的程序包括四个阶段：准备阶段、预测阶段、制定阶段和评估阶段。

4. 人力资源需求预测是在盘点企业现有人力资源状况的基础上，对企业未来一定时期内所需人力资源的数量、质量和结构进行估计和预测的活动。

5. 人力资源需求预测的方法有定性方法和定量方法。定性方法中常用的有经验预测法、描述法和德尔菲法等。定量预测方法包括趋势外推法、回归分析法、比率分析法和劳动定额分析法等。

6. 人力资源供给预测是企业根据既定目标对未来一段时间内企业内部和外部各类人力资源补充来源情况所做的分析预测。包括内部供给预测和外部供给预测。人力资源供给预测的方法包括人员核查法、人员替换图法、马尔柯夫（Markov）转移矩阵法和技能清单法等。

7. 在人力资源需求和供给预测的基础上，要进行全面的综合平衡，人力资源规划的最终目标是要实现人力资源的供需求平衡。

8. 人力资源规划的编制包括人力资源总体规划的编制和人力资源业务规划的编制。

9. 人力资源规划的实施必须由各部门通力合作，而不是仅靠负责规划的部门推动，其执行层次包括企业层次、跨部门层次和部门层次，各层次所承担的职责和任务是有区别的。

10. 力资源规划的控制与评估层面包括三个层面：人力资源规划的制定层面、人力资源规划的实施层面以及人力资源规划的技术层面。

练习题

一、单项选择题

1. 人力资源规划的首要任务是（　　）。

A. 人力资源需求预测　　B. 人力资源供给预测
C. 核查现有人力资源　　D. 确定企业发展目标

2. 企业人力资源规划的外部环境不包括（　　）。

A. 人口环境　　B. 经济形势
C. 科技环境　　D. 文化法律等社会因素
E. 行业特性

3. 广义人力资源规划是企业所有人力资源计划的总称，是（　　）的统一。

A. 战略规划与战术规划　　B. 战略规划与组织规划
C. 人员计划与组织规划　　D. 费用计划与人员计划

4.（　　）是对企业人力资源开发和利用的大政方针、政策和策略的规定。

A. 人力资源培训规划　　B. 人力资源费用计划
C. 人力资源战略规划　　D. 人力资源制度规划

5. 下面关于转换比率法的说法，不正确的是（　　）。

A. 首先要估计组织所需要的业务员数量
B. 其目的是将企业的业务量转换为对人力资源的需求
C. 它是一种适合于中长期需求预测的方法
D. 它需要对计划期内的业务增长、目前人均任务量和生产率的增长进行精确的估计
E. 它只考虑需求的总量没有说明不同员工需求的差异

二、多项选择题

1. 以下说法符合人力资源规划目标的是（　　）。

A. 实现企业利润最大化
B. 最大限度地开发和利用人力资源的潜力
C. 有效的激励员工，保持智力资本竞争的优势
D. 实现人力资源的最佳配置
E. 岗位规范
E. 企业在适当时机，获得适当人员

2. 人力资源需求预测技术较多，常用的有（　　）。

A. 德尔菲法　　B. 抽样调查法
C. 定员定额法　　D. 转换比率法
E. 经济计量法

3. 企业内部人力资源供给一般来说是企业人力资源供给的主要部分，内部人力资源供给量必须考虑（　）。

A. 内部人员的退休、死亡的人数
B. 员工内部流动的数量
C. 人才市场的人力资源供给数量
D. 员工辞职、解聘的人数
E. 国家用人政策

4.（　）是企业内部人力资源供给预测的方法。

A. 计算机模拟法　　B. 马尔柯夫模型
C. 技能清单法　　D. 管理能力清单法
E. 管理人员接替图表法

5. 影响企业外部劳动力供给的因素主要有（　）。

A. 严格的户籍制度　　B. 人口政策及人口现状
C. 劳动力市场发育程序　　D. 社会就业意识和择业心里偏好
E. 组织的福利工资待遇情况

6. 以下关于人力资源供给预测的说法正确的是（　）。

A. 大中专院校应届毕业生的供给较为确定，预测较为容易
B. 复员转业军人，由国家指令性计划安置就业，也较容易预测
C. 企业进行外部人力资源供给预测的时候可以考虑用技能清单法
D. 失业人员和流动人员一般较难预测
E. 技能清单法可通过集中收集管理者岗位方面的信息，为人事决策提供可靠信息

7. 以下关于企业人力资源需求预测的说法错误的是（　）。

A. 德尔菲预测方法适合对人力资源短期趋势预测
B. 趋势外推分析是人力资源未来发展趋向和可能达到某种水平的方法
C. 趋势外推和回归法都是经济计量分析模型
D. 人员比率法是根据企业中管理人员的数量来预测其他人员数量的方法
E. 计算机模拟法是专业人力资源需求预测中较为简单但最精确的一种方法

8. 可以用来预测人员需求的方法有（　）。

A. 经验预测法　　B. 管理人员接替图表法
C. 人力资源信息库法　　D. 回归分析法
E. 定员定额法

9. 在企业出现人力资源供不应求时，（　）说法是正确的。

A. 企业可以通过雇用一些非全日制员工的做法来缓解矛盾
B. 企业可以把相对富裕的人员调配到空缺岗位
C. 企业可以进行科学研发以提高劳动生产率
D. 企业可以从外部进行招聘
E. 可以短时间内让员工加班以作为短期的应急措施

10. 对企业的人力资源供过于求的情况，应采用的主要措施为（　　）。

A. 提高工人的劳动生产率　　B. 鼓励员工提前退休

C. 适当减少员工的工作时间，降低员工的工资水平

D. 鼓励员工自谋职业

E. 改进工艺设计，调动员工的工作积极性

三、判断题

1. 企业在进行人力资源需求预测时，使用的最简单的回归分析是趋势分析，它是根据整个企业中各个部门在过去员工数量时的变化趋势来对未来的人力资源需求做出预测。（　　）

2. 人力资源规划又称人力资源计划，它是各项具体人力资源管理活动的起点和依据，直接影响着企业整体人力资源管理的效率。（　　）

3. 人力资源供给包括内部供给和外部供给。（　　）

四、问答题

1. 什么是人力资源管理战略规划？制定人力资源计划有什么作用？
2. 人力资源管理战略规划的内容是什么？
3. 人力资源规划的预测方法有哪些？
4. 进行人力资源需求预测方法有哪些？
5. 进行人力资源供给预测应考虑哪些因素？应收集企业人力资源哪些存量知识？
6. 如何进行人力资源供需综合平衡？

五、计算题

1. 某学院在2013年有研究生1500人，教师100人，在2013年招生计划中，计划增加招生150人，目前每个教师平均承担量增加10%，那么在2014年该学院需要教师多少人？

2. 一个企业目前有总经理级人员5名，部门经理级14名，其他员工120名。一年后，总经理级人员退休1名，辞职1名；部门经理级人员退休2名，辞职3名；其他员工退休10名，辞职5名。如果该企业规模不变，你将如何来编制人力资源计划？

六、纠错题

以下是关于企业人力资源规划的一段描述，其中存在5处错误，请指出并予以改正。

企业的人力资源规划是指企业在未来的发展过程中所需要的人员数量的需求预测，人力资源规划要与企业的发展战略有效吻合，是企业规划中起决定性作用的规划。企业长期的人力资源规划一般要3年以上。人力资源规划中的马尔科夫模型是需求预测的一种非常有效的方法。集体预测方法又称德尔菲预测技术，是专家面对面进行讨论的方法。在所有的需求预测方法中转换比率法是最复杂同时也是最精确的一种方法。

推荐网站

中国人力资源开发网。

推荐阅读

《人力资源战略与规划（第三版）》。

专业词汇

人力资源规划，人力资源预测，人员核查法，马尔柯夫转移矩阵，技能清单法，德尔菲预测法，趋势外推法，劳动定额分析法，人力资源供需平衡。

综合案例 1

星星酒店集团人力资源规划

背景：星星酒店集团原是一家普通的国有宾馆，由于地处著名的旅游景点附近，发展迅速，很快发展成一家五星级酒店。酒店先后收购了 2 家三星级酒店，对于新收购的酒店，集团只是派去了总经理和财务部管理人员，其他人员采取本地招聘。因为集团认为服务员容易招到，而且简单培训就可以上岗，所以只是进行了简单的面试，只要长相端正就可以，同时，为了降低成本，服务员的工资也比较低。

问题：王明是其中一家酒店新委派的总经理，刚上任就遇到酒店西餐厅经理带着几名熟手跳槽的事情，他急忙叫来人事部经理商谈此事，人事经理满口答应立即解决。第二天，王明去西餐厅视察，发现有的西餐厅服务员摆台时把刀叉经常摆错，有的不知道如何开启酒瓶，领班除了长的顺眼和会一味傻笑外，根本不知道如何处理顾客投诉。接着仓库管理员报告说丢失了银质的餐具，怀疑是服务员小张偷的，但小张已经找不见了。王明一查仓库的账本，发现很多东西都写着丢失。王明很生气，要求人事部经理解释此事。人事部经理辩解说因为员工流动率太大，多数员工都是来不到 10 天的新手，所以做事不熟练，丢东西比较多。

王明问：难道客户不投诉吗？人事部经理回答说投诉当然有，但没关系，因为这是旅游旺季，不影响生意。王明对人事部经理的回答很不满意，又询问了一些员工后，发现人事部经理经常随意指使员工，如接送他的儿子上下学等，如果员工不服从，就开除。王明思虑再三，决定给酒店换血——重新招聘一批骨干人员。于是给集团总部写了一份人力资源规划的报告，申请高薪从外地招聘一批骨干人员，并增加培训投入。同时人事部经理也给集团总部写了一份报告，说赵某预算超支，还危言耸听造成人心惶惶，使管理更加困难，而且违背了本地化政策。

案例问题：

1. 王明的想法是否正确？酒店是否必须从外地雇用一批新的骨干人员？
2. 王明应当采取哪些措施以解决酒店目前面临的问题？
3. 酒店的人力资源规划的重点是什么？服务员是否需要进行规划？
4. 王明应当与什么人一起完成酒店的人力资源规划？在进行人力资源规划的过程中，会遇到什么问题？

（资料来源：http://www.jingpinke.com/，国家精品课程资源网。中南财经政法大学校级精品课程，课程主持人：周润仙。）

综合案例 2

绿色化工公司的人力资源规划

绿色化工公司白士镝三天前才调到人力资源部当助理，虽然他进入这家专门从事垃圾再生的企业已经有三年了。

白士镝面对桌上那一大堆文件、报表，有点昏头转向：我哪知道要我干的是这种事。原来副总经理李勤直接委派他在 10 天内拟出一份本公司五年人力资源计划。

其实白士镝已经把这任务仔细看过好几遍了。他觉得要编制好这计划，必须考虑下列各项关键因素。

首先是本公司现状。公司共有生产与维修工人 825 人，行政和文秘性白领职员 143 人，基层与中层管理干部 79 人，工程技术人员 38 人，销售员 23 人。

其次，据统计，近五年来员工的平均离职率为 4%，没理同上预计会有什么改变。不过，不同类的员工的离职率并不一样，生产工人离职率高达 8%，而技术和管理干部则只有 3%。

再则，按照既定的扩产计划，白领职员和销售员要新增 10%到 15%，工程技术人员要增 5%～6%，中、基层干部不增也不减，而生产与维修的蓝领工人要增加 5%。

有一点特殊情况要考虑：最近本地政府颁发一项政策，要求当地企业招收新员工时，要优先照顾妇女和下岗员工。本公司一直未曾有意地排斥妇女或下岗员工，只要他们来申请，就会按同一种标准进行选拔，并无歧视，但也未予特殊照顾。如今的事实却是，几乎全部销售员都是男的，只有一位女销售员，中、基层管理干部除两人是妇女外，其余也都是男的；工程师里只有三个是妇女；蓝领工人中约有 11%是妇女或下岗员工，而且都集中在最低层的劳动岗位上。白助理还有七天就得交出计划，其中得包括各类干部和员工的人数，要从外界招收的各类人员的人数以及如何贯彻市政府关于照顾妇女与下岗人员政策的计划。

此外，绿色化工公司刚开发出几种有吸引力的新产品，所以预计公司销售额五年内会翻一番，他还得提出一项应变计划以备应付这种快速增长。

案例问题：

1. 老白在编制这计划时要考虑哪些情况和因素？
2. 他该制订一项什么样的招工方案？
3. 在预测公司人力资源需求时，他能采用哪些计算技术？

（资料来源：余凯成. 人力资源开发与管理. 北京：企业管理出版社，1997.）

角色模拟练习

海通公司的人力资源规划问题

通过本章的学习，学生应该对人力资源规划的基本内涵和内容有了清晰的认识。在这个练习中，参与者要根据对人力资源规划相关理论知识的了解，通过角色模拟练习，尝试分析所涉及企业的人力资源规划问题。

海通公司是一家以化工产品为主的企业，主营各类高科技化工产品的进出口贸易和国内代理业务，现有员工 400 多人，平均年龄 38 岁，其中本科以上学历占公司人数的 80%以上。企业对高素质的人才非常重视，聘有硕、博士 40 多人，大多数员工是理工科背景，总经理李瑞本人就是某重点大学化工专业毕业的高才生。公司几乎没有市场营销专业毕业的员工，因为企业高层领导认为，营销必须要靠实战经验，学过市场营销专业不一定就会营销。公司前几年发展很快，但这两年来的境况不太好。由于化工产品市场竞争激烈，去年的营业额勉强达到前年营业额的一半，且大部分销售额集中在少数几个懂销售知识和销售理念的员工身上，业绩突出的员工并不都是那些硕、博士。而让许多员工不满的是那些硕、博士虽然业绩不佳，但是由于公司给予这些高学历人才较高的津贴，使得这些硕、博士的工资相比其他员工要高出许多。而硕、博士员工也感到委屈，觉得自己的才干没有得到公司的认可，当初进公司的时候就是看中公司宣传有研发基地，但实际上企业的研发项目非常少。由于人心不稳，员工流失率明显增加。眼看着马上要做第二年的人力资源规划了，企业到底需要什么样的人才，以及为了获取这些人才企业下一步该如何做？人力资源部经理刘莉认为有必要请公司的高层领导和部门经理一起开会讨论。

角色模拟训练设计：

参与者分组进行练习，一组 4 人，分别扮演以下 4 个角色：

李瑞——公司总经理；

王刚——国内贸易部经理；

赵丹——进出口贸易部经理；

刘莉——公司人力资源部经理。

小组成员根据自己所扮演的角色，就海通公司的人力资源管理现状进行讨论，分析企业到底需要什么样的人才？进行人力资源规划时应注意什么问题？将小组讨论结果列出来。

（案例资料来源：夏兆敢. 人力资源管理习题集. 上海：上海财经大学出版社，2007.）

第4章 员工甄选与面试

能力目标

- 掌握甄选的概念
- 掌握招聘选拔的渠道及方法
- 掌握招聘流程
- 掌握评价中心法
- 了解继任管理的概念

本章重点：招聘信息发布渠道、招聘流程、评价中心法

本章难点：测评工具及方法、胜任力模型

引入

洲际酒店的人才招聘

洲际酒店集团（IGH）如今在中国的发展速度被认为是前所未有的，而人才，则是企业快速、可持续发展的关键。洲际酒店集团 2012—2014 年大中华区人员发展计划中，将设立 270 个总经理岗位、3000 个管理岗位、11 万人的工作机会。作为酒店行业的一员，洲际酒店集团在快速发展的同时，同样也面临着酒店业人才短缺等问题。这就意味着 IGH 集团必须通过招聘来解决组织的人力资源问题。

无论怎样强调有效招聘的重要性都不为过。以 IGH 集团招聘为例，如果只有 2 个空缺岗位，而恰巧又只有 2 个人应聘，没有选择的余地，就只能选他们了。但是，如果 2 个岗位有几十位应聘者，就要在审查求职者的简历之后，通过各种招聘手段筛选最佳求职者。

探究：为什么如此强调有效招聘甄选的重要性？

第一节　员工甄选概述

一、员工甄选的意义

为何员工甄选作为人力资源具体实施时的第一步骤那么重要呢？主要是出于以下三个原因：绩效、成本及法律责任。绩效：组织领导的绩效总是取决于下属人员的工作绩效。适合的岗位人才能更好地为上级和组织工作，为组织创造更好的绩效。因此，适合岗位要求的求职者，也是保证组织绩效的重要前提。成本：员工甄选之所以重要，是因为雇用员工的成本非常高。不仅要考虑员工的薪酬成本，还要考虑员工的培训成本及主管人员的时间成本等。法律责任：组织如果雇用不当，则会引起不公平就业机会的法律问题，公平就业要求企业必须不歧视的招聘甄选程序。

可见，招聘的目的和意义主要在于以下几点。

① 在合理的成本控制下扩大可选择的求职群体规模。

② 根据公司劳动力队伍的构成满足社会和法律要求。

③ 通过筛选不符合岗位要求的求职者比例来提高招聘的成功率。

二、员工甄选的含义

招聘意味着组织根据人力资源规划和工作分析的要求，通过合法途径从组织内部或外部寻找和吸引人力资源的过程。人力资源甄选实质由两个比较相对独立的概念构成，一是招募，二是选拔聘用。一方面招聘是聘用的基础和前提，聘用是招聘的目的。选拔招聘的前提是识别，识别的前提是有完整的工作分析和评价，分析主要包括岗位工作内容和任职条件两部分。评价的是岗位价值和候选者。具体而言，就是应聘者的知识、技能、能力以及素质到底能为组织绩效带来多大的收益。知识，是指对某一职业领域有用信息的组织和利用。技能，是指将事情做好的能力以及候选者是否与应聘标准相符合：标准取决于招聘岗位任职要求，整个过程不光只有人力资源部门工作人员的参与，更需要招聘部门同仁的参与，特别是主管，最终甄选的效果如何，跟招聘部门是否配合及其满意度有很大关系，不管是从短期角度考虑，还是长期。

另一方面招募和选拔不单单局限于在外部劳动力市场，也包括内部人员的筛选。最终目标是人、岗位、组织三者的最佳匹配，以达到因事任人、人尽其才、才尽其用、互赢共生。也就是说，组织要寻找聘用的是合适的人选，而不是优秀人选。招聘选拔通常产生于一组织产生或变化时，具体指新设立时、组织扩张、调整不合理人员结构、出现需员工离岗或调职出现的职位空缺的状况或是其他时候。若严格划分“招聘”、“选拔”这两个概念，“招聘”倾向于人才填补，“选拔”倾向于人才储备。

甄选与招聘的关系要比它与其他人力资源管理活动的关系密切得多，因为二者都涉及通过一定的程序将个人安排在工作岗位上的问题，而其他的人力资源管理活动则都是在个人已经被安排好了以后才采取的。就在不久以前，招聘和甄选还常常是独立进行的。招聘是吸引一群人到组织中来的过程，甄选则是在招聘完成以后所做的工作，它是减少求职者的人数：直到与空缺岗位数相符的过程。专业研究员萨拉·赖尼斯（Sara Rynes）在对招聘进行了多方面的考察后指出，将招聘和甄选区分开来的观点是不切实际的。至少，对求职者甄选的标准要影响到招聘渠道的选择和招聘广告中包含的与工作有关的信息。可见，不单单是招聘者决定求职者的选择，求职者群体也可能成为甄选的一个制约因素。

三、员工甄选的原则

1. 因岗择人

这是甄选第一原则，并且贯穿于整个招聘选拔的过程中。从工作分析、招聘计划到最后的招聘的参考原则都是该位获选人是否符合这个岗位，适合的程度有多少，在这个岗位有多少发展的空间。

2. 公开、公正、公平

整个招聘过程的公开、公正、公平，既能最大范围的吸引潜在的申请者，又可以塑造组织良好的公众形象。

3. 人事相宜

这里的人事相宜是指在具体设计工作内容时要注意有针对性。

4. 效率优先

任何组织行为都有成本的产生，成本不仅涵盖财务账目上一目了然的人工及相应的管理费用，也包括隐形的时间、精力成本。所以能在保证基本的质量标准的前提下，效率的提高十分重要。

5. 内部优先

内部优先原则提出的假设员工能从这样的选拔态度里获得激励。如果所有的管理或是其他重要岗位永远都是从外部选拔或空降，自然在组织内的员工会觉得没有通道改变或提升，忠诚度自会打折扣。

四、甄选过程中常见问题

1. 缺乏整体规划性

不少组织没有自己定期的招聘计划和招聘预算，总是在出现空缺岗位时才匆忙行动，这样即时的调整某种程度上比较节约显性成本，也比较有针对性，但实质从长远来看，缺乏整体规划的招聘往往效果不是太好。

2. 针对性不够

一些组织的招聘要求更多的要求多聚焦于一些基本条件方向，例如身高、性别或毕业院校（事实上，严格来说这是有歧视嫌疑的条款）而不是跟应聘岗位相关的知识、能力和技能要求的方向。

3. 招聘人员缺乏专业性

缺乏专业性的招聘者很难克服主观带来的偏差，技术的不熟练或不会操作易造成过程的随意性。更别提细节不准确容易损坏公司形象等潜在损失了。

4. 标准的随意性

一些组织的甄选决策往往最后依照的是偏好的候选人来设定而不是胜任这个岗位所需要的知识、技能、能力和素质。总体来说，企业在面试中应该尽量保证招聘标准的统一性（招聘标准应基于素质、明确统一）。

第二节　甄选流程设计

一、PDCA 品质管理循环过程

通常状况下，不管是什么样的工作任务，流程都可以简单用 PDCA 进行概括。PDCA 是指从 P（Plan：计划）→D（Do：执行）→C（Check：过程检查）→A（Action：行动）的品质管理循环过程，由美国学者爱德华兹·戴明提出。在这个概念中比较容易让人产生混淆的是 Do 和 Action。执行（Do）是指依照计划，收集必要的信息数据。而行动（Action）环节才是再修订后的正式施行。如果说计划是以组织自己为主，那么行动则是经过考察市场，经过修订更具有操作性的版本。它常常也被另一个循环 Plan—Do—Study—Act 替换，人们有时候觉得同样是首字母为“A”的“Adjust”（更正）放在这个公式里更为准确。另外，包含五个环节的“计划→分析→执行→结果评估→修正后运用”也能概括流程的大体方向。

具体的招聘选拔过程也需要遵守这个基本规律。计划是依照供需市场的调研和组织空缺岗位的实际状况进行的。供需市场决定了空缺岗位招聘的难易程度和成本，空缺岗位状况则直接决定了具体计划的制订，不过值得注意的是一切的计划都是符合组织战略规划的前提下进行的。如何进行供需市场的调研呢？组织既可以通过外部渠道向专业公司进行咨询，也可以通过自身的资料收集进行。一般来说，向专业公司咨询的好处在于数据的准确度或许更高，一是因为外部公司他们拥有更丰富的数据，二是因为他们研究数据的工具更为专业。空缺岗位的出现一般有以下几种情况：组织发生变化时（变革或调整，调整又包括扩张或紧缩，紧缩时有可能会有新的岗位产生）和由于人员发生变动出现的。

分析环节不仅要分析空缺岗位的状况，还要分析招聘活动如何高效保质保量地完成。这就要求人力资源部门和跟招聘岗位相关的其他人员设计一个可行性高成本低的方案。通常情况下，人力资源部门此时主要分析市场和预算较宏观的一面，招聘岗位所在部门的主管是岗位工作内容和任职资格相关资料的提供方。招聘的顺利完成离开任何一方都不行。

具体执行也需要上面提到的双方共同进行。人力资源部门的工作是偏服务的（类似于招聘咨询顾问的角色），包括招聘工具方法的提供（有可能对不擅长招聘的主管最好先行进行简短的培训）、初期的简历筛选、知识素质测评、面试的参与、结果记录等。而招聘部门主要是参与面试与最后的决策，通常他们对最后结果的影响要略大于人力资源部门，这也决定了他们的权重要略高于人力资源部门的同事。

最后是“修正后执行”的环节。在这个环节中人力资源部门就如何更理智（尽可能地剔除自身的偏向）地做出招聘选拔决策提供专业化的意见，而招聘部门主要就最终的工作内容以及候选人如何更好地使用提出自己的想法和建议。

另外，在正式开始新一轮循环前，对前一次招聘结果的评估也是十分重要的环节。需要注意的是不同功能的岗位（大概可以分为“市场营销类”、“核心产品技术类”、“职能服务类”和“中高层级管理岗位”），在设计和执行阶段有稍许的不同。例如，“市场营销类”主要看数据指标，“核心产品技术类”主要看专业知识和技能，而“职能服务类”和“中高层级管理岗位”主要看中素质。而具体影响其绩效的关键指标不同，自然对应的选拔方法和测量工具就不同。而空缺岗位的层级（高层、中层、基层）则决定了参与招聘选拔的岗位及其权限。另外需要强调的是，招聘选拔的初期，岗位的重要性大于人，而逐渐推后，人各自的优缺点对决策的影响越发的大。零星的招聘在规划、分析阶段可以更简短一点，毕竟一般来说这样的工作任务时间相对来说更为紧迫。反映招聘效果的指标有录用比、应聘比、录用成功比、聘用合格比和基础比。除了这几个指标，跟成本有关的也需要关注：招聘成本控制情况和实质费用。

实质的招聘甄选完整的过程包括以下几个步骤（如图 4-1—图 4-5 所示）：招聘岗位确定→招聘信息发布→建立筛选→知识、能力和技能的测评→面试（具体几次面试、是一对一面试还是群体面试则视具体岗位而定）→体检→人员通知。要注意的是通常通知的人员数量最好略多于实质要招聘的人员，因为在初期实习或培训的过程中才发现有不合适的人员也有可能。

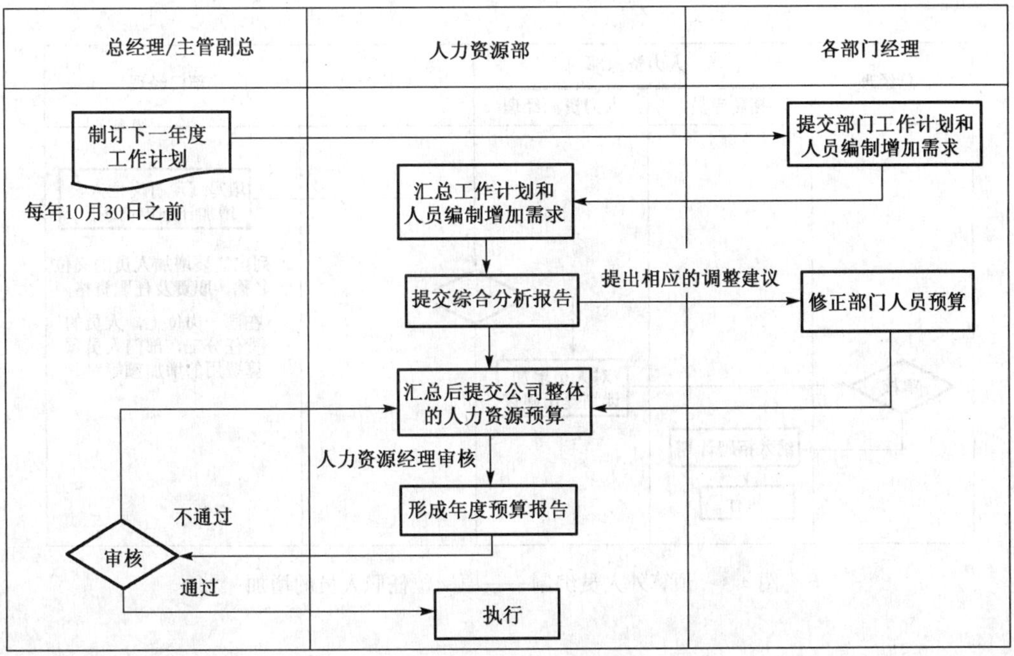

图 4-1　年度人员预算流程

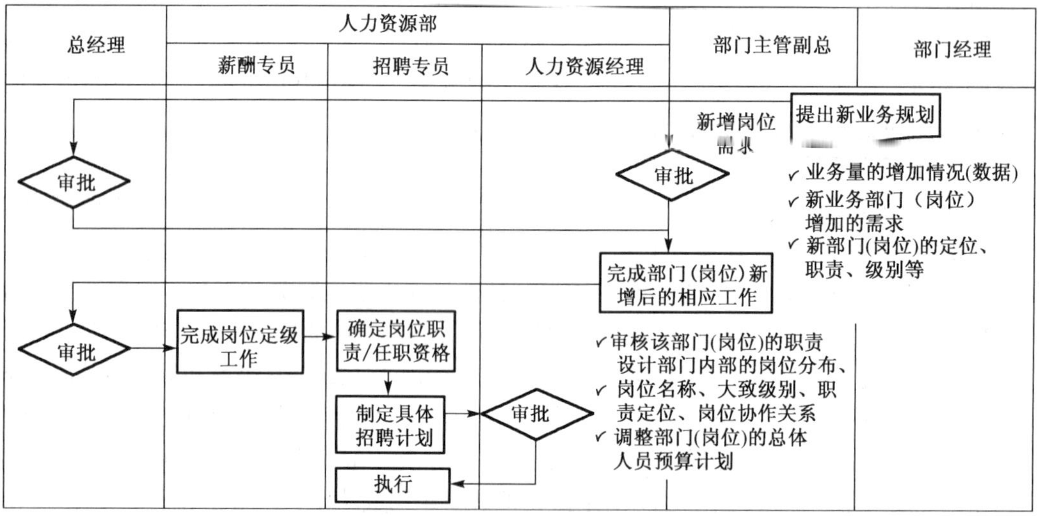

图 4-2　预算外人员编制——新部门（岗位）的增加

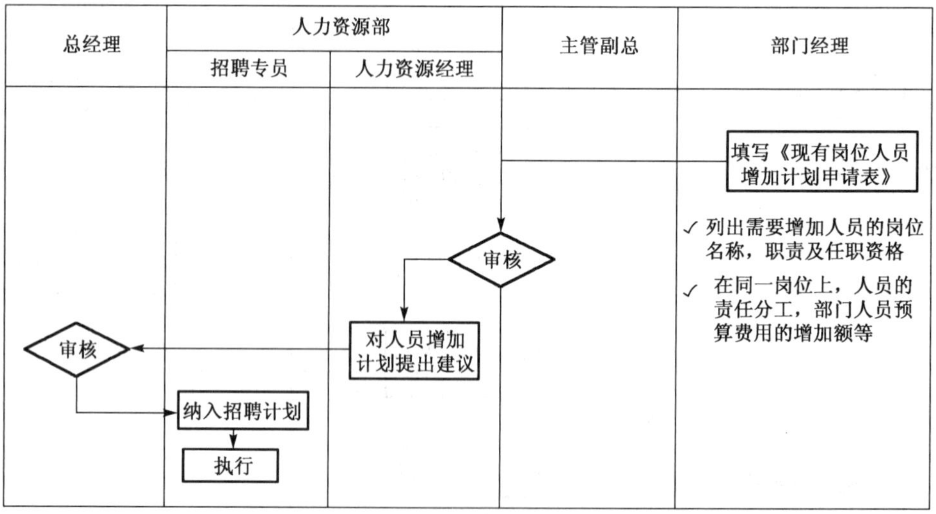

图 4-3　预算外人员编制——原岗位任职人员的增加

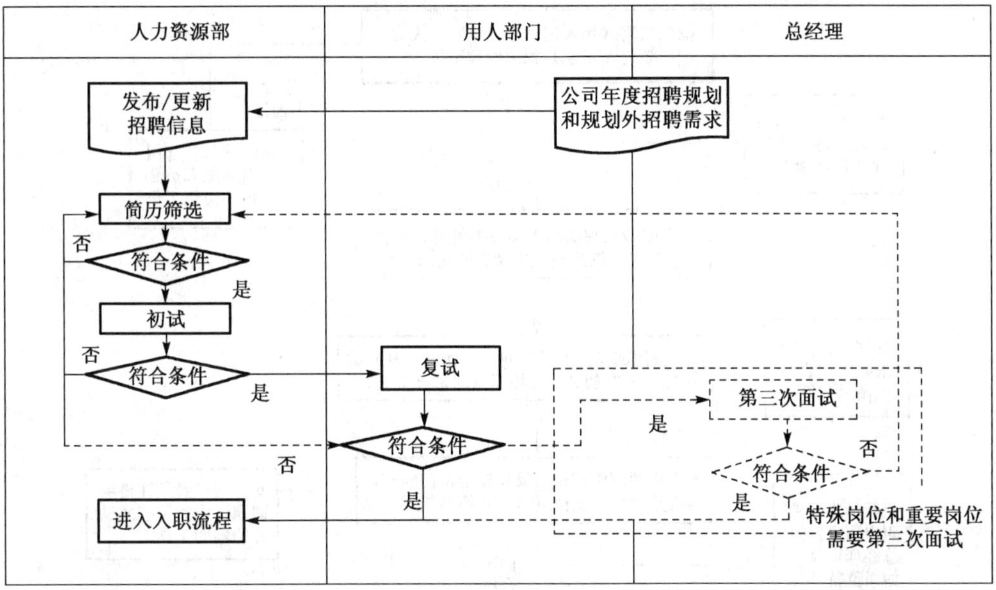

图 4-4　招聘流程

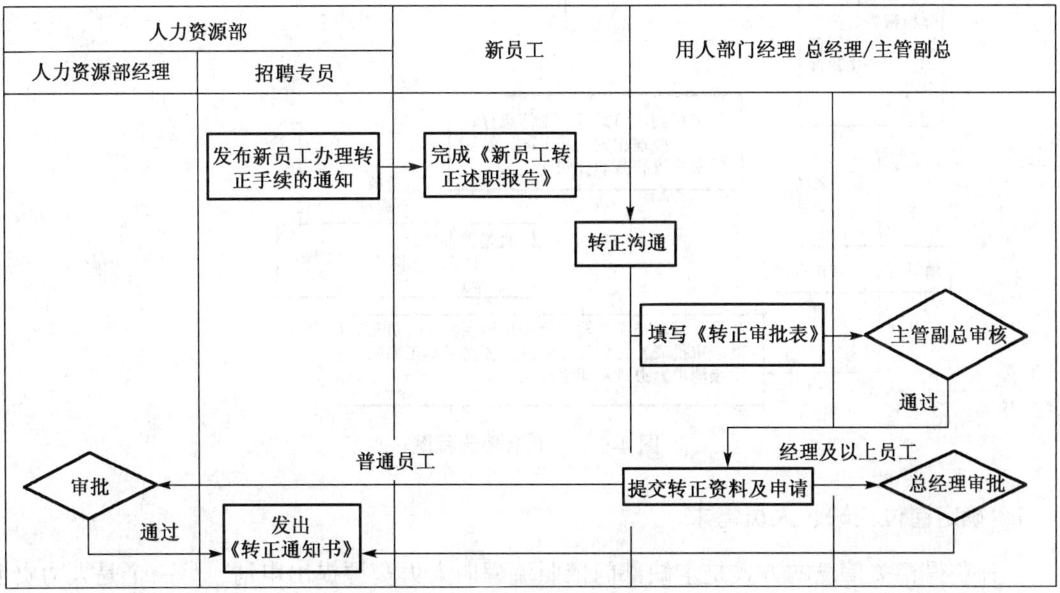

图 4-5　新员工转正流程

（图 4-1—图 4-5 资料来源：贺炳红，招聘流程的六个重要节点，中国知网 2008）

二、招聘流程详解

员工招聘流程如图 4-6 所示。

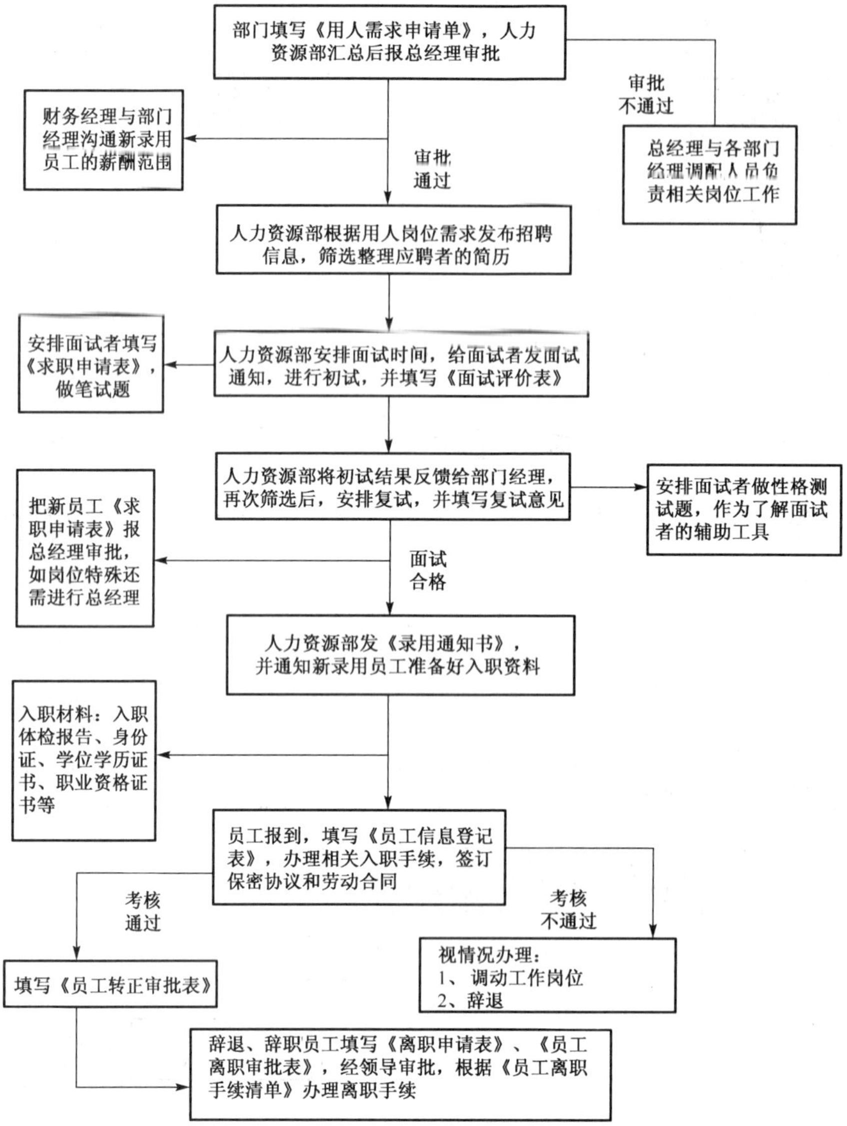

图 4-6　员工招聘流程图

1. 确定岗位空缺、人员需求

一种获得相关信息的方式是空缺部门依照流程向人力资源提出申请，另一个是人力资源部门根据组织规划统筹安排来进行，这种状况一般一年一次，至多一年两次。

2. 工作分析与评价

（1）工作分析的内容（如表 4-1 所示）

工作分析是详解关于工作的诸多细节。值得注意的是每个人对工作的态度是不同的，有的人认为工作是其价值的最好体现。有的人只看重那份收入是高质量生活的保障。不同的岗位也有相应需求。工作描述是工作分析的书面确认，它包括一系列的工作任务、相对应对岗位的责任和权利。具体来说，工作分析要解决的是岗位要求员工执行的具体任务有哪些，需要完成的时间点和段是，以及他们如何完成，相对应他们可以从组织获得的资源又有些什么。

表 4-1　那些跟工作、岗位有关的重要术语

任务：指工作中为了某种目的而进行的一系列活动
职责：任职者为实现一定的组织职能或完成工作使命而进行的一个或一系列工作。
职位：担负一项或多项责任的一个任职者所对应的位置
职级：指工作责任大小，工作复杂性与难度，以及对任职者的能力水平要求近似的一组职位的总和
职等：指工作性质不同或主要职务不同，但其困难程度、职等大小等条件充分相同的职级的归类

（2）工作分析的流程（如图 4-7 所示）

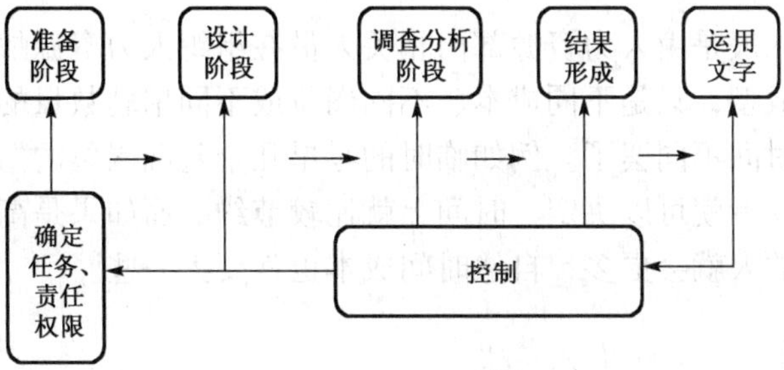

图 4-7　工作分析流程

（资料来源：唐佳智，试论人力资源招聘须注意的几个问题，商业文化（上半月） 2012）

（3）工作分析的主要方法（如表 4-2 所示）

表 4-2　工作分析的主要方法

方　法	定义或特质	优	缺
观察	分析人在现场通过实地观察、交流和操作等方法收集的过程	更深刻了解工作要求； 信息较客观准确	被观察者压力大； 不易观察到突发事件； 不适用周期长或脑力工作为主
面谈	谈话：个别；集体； 管理人员面谈	态度和动机深层次了解；易操作；信息量大，易发现潜在问题；有助于组织内沟通	真实性受主观影响； 信息可能被扭曲
问卷调查	结构 / 非结构/半结构	速度快、调查面广、费用低	问卷设计要求高；成本大（人、财、物、时间）；主观理解偏差
文献分析	分析历史相关资料	成本低；效率高；充分利用原有资料	不够及时有效；真伪难辨；先入为主（时间差）
工作日志	规定时间，详细记录活动和任务（责权、工作关系、强度等）	费用低	适用范围窄（状态稳、循环周期短）；需归纳大量繁琐信息

（4）工作评价的主要方法（如表 4-3 所示）

工作评价是对岗位依照程序和标准的价值量化和排序过程。

表 4-3　工作评价的主要方法

方　法	定义或特质	优 缺 点	具 体 流 程
排序	考虑要素：职责、权限、任职资格、工作环境（硬/软） 具体两种：交替排序；配对比较	优：操作简单；成本低 缺：缺乏定量 主观强 没衡量价值差距	交替排序：选评价者→确定岗位→确定依据→确定要素→评价排序→统计结果 配对：只有评价排序与上面不同

续表

方　法	定义或特质	优　缺　点	具体流程
分类	先建立标准，依照标准比较和归类	优：简单、易操作 缺：主观强，不能精确岗位价值，适合小	定岗位规范→定等级数量→描述等级→建评估小组（5～10 人）→对比岗位→统计结果
因素比较	在确定标杆岗位和考核（付酬）因素的基础上，运用比较 尺度表量化的一种量化比较法	优：系统完善、可靠性高、可被组织灵活运用 缺：主观性强、对评价者要求高；成本高	定因素→选标杆→编制尺度表

（资料来源：百度文库整理）

3. 制订招聘计划

招聘计划的拟定一般是由人力资源部门相关人员在组织人力资源战略指导下草拟，再通过一系列的流程最终成型，只是不同成本、不同岗位或不同招聘数量的招聘计划由于需要审批的层级不同花费的时间不同罢了。例如临时的零星几个基础岗位的招聘，一般情况下，人力资源招聘方向的管理者就可以决定，时间上就比较节约。而如果是高层岗位或是招聘岗位量比较大，参与决策的人就会更多，自然时间成本也就要大一些。

4. 人员甄选实施

（1）招聘准备

如前面所说，不同类型、层级的岗位需要不同的工具，因此在准备阶段也略有所不同。工作说明书（工作分析和评价）：至少包括工作内容和基本任职要求两部分，相对来说更为科学（科学：应时应景，经得起检验，是跟这个岗位紧密相连的）的做法是依照岗位目前最看重的工作内容进行微调后再发布。

除工作说明书外，招聘岗位的胜任力模型，尤其对于那些看重潜在成长素质的组织来说是至关重要的。胜任力模型由美国哈佛大学的著名心理学家麦克米兰张通过对岗位优秀人员所具备的个体特征进行实践分析和总结，作为该岗位人员筛选或评价的标准。只是随着时代的发展，岗位优秀人员的标准可能是变化的，特别是在互联网时代，许多公司都通过打破固有模式去取得市场的青睐，这就给人力资源提出了一个挑战是顺应时代变化，一段时间就变更一下胜任力模型，还是固守一个岗位最重要的哪几个指标，不管时代变迁，以岗位为核心来设定胜任力模型？

传统的人员甄选招聘一般是基于企业短期需求的岗位开展的，仅仅以工作分析和应聘者过去的工作经历作为考察对方是否具备岗位所需要的知识、经验与技能，这种招聘方式缺乏对应聘者未来绩效的预测与判断，是应急式，解决短期问题的方式。虽然解决问题是第一位，但是有时只重一时之需，可能会产生极大的后坐力，越是重要的岗位，此类后坐力越大。例如疾风骤雨般的高层招聘，若其水土不服（得不到别的同事的认可、其自身的文化特质跟组织文化不相符或是其他效果不太好的状况），则可能给公司的业务带来极大的影响。而基于胜任力模型的人员甄选招聘除了对应聘者做传统意义上的考察和评价以外，还要依据应聘者所具备的能力素质对其未来绩效的指引作用来对应聘者进行综合地评判。这种基于能力素质的人员招聘在遵循有效的招聘甄选决策程序的同时，不仅要为企业找到能满足目前需要的人才，而且还要为企业找到适合企业未来长远发展所需的人才。企业借助胜任力模型对应聘者关键行为表现进行评估，可以一定程度上确保企业所招聘到的员工具备企业期望的技能和知识。

确定胜任特征的要求的方式就是建立该岗位要求的胜任特征模型（competency model），具体包括如下五个步骤。

第一步，确定绩效标准。理想的绩效标准是“硬”指标，如，销售额或利润、获得的专利和发表的文章、客户满意度等。如果没有合适的“硬”指标，可以采取让上级、同事、下属和客户者提名的方法。

第二步，选择效标样本，即根据已确定的绩效标准，选择优秀组和普通组，也就是达到绩效标准的组和没有达到绩效标准的组。

第三步，获取效标样本有关的胜任特征的数据资料。收集数据的主要方法有 BEI 行为事件访谈（Behavioral Event Interview，BEI）、专家小组、360 评定、问卷调查、胜任特征模型数据库专家系统和直接观察。目前，采用的最主要的方法是行为事件访谈法。

第四步，分析数据资料并建立胜任特征模型。通过对从各种途径和方法中所得到的数据进行分析，鉴别出能区分优秀者和普通者的胜任特征。这一步具体包括假设产生、主题分析或概念形成等环节。

第五步，验证胜任特征模型。一般可采用以下三种方法来验证胜任特征模型：①选取第二个效标样本，再次用行为事件访谈法来收集数据，分析建立的胜任特征模型是否能够区分第二个效标样本（分析员事先不知道谁是优秀组或普通组），即考察“交叉效度”；②针对胜任特征编制评价工具来评价第二个样本在上述胜任特征模型中的关键胜任特征，其评价结果是否与效标一致，即考察“构念效度”；③使用行为事件访谈法或其他测验进行选拔，或运用胜任特征模型进行培训，然后，跟踪这些人，考察他们在以后工作中是否表现更出色，即考察“预测效度”。大家都知道胜任力模型里面的要素实质为素质，为何随着管理实践的发展，素质越来越受到关注呢？主要是因为素质是一个人能否在职业道路上走得更高更远的关键要素，素质是一种更内在，更持久的动力。

上述胜任特征常用水中漂浮的一座冰山（如图 4-8 所示）来描述。知识、技能属于表层的胜任特征，漂浮在水上，不难发现，这个称为基准胜任力。经过学校或职业性培训便可获得且较容易得到提高，一般以文凭或证书的方式来证明；社会角色、自我概念、人格特质和动机/需要，属于深层的胜任特征，隐藏在水平面下，且越往水下，越难发现，这个称为鉴别性胜任力。较难运用训练加以改变，但是通过教育训练、心理咨询及经验发展等方式仍是可以逐渐改变的。基于胜任力的培训常常重视鉴别性胜任力的培训。

McBer 公司同美国管理协会自 1970 年历时五年研究认为一个出色的管理者具备以下几个重要能力：在职成熟程度、企业家成熟程度、心智成熟程度、人际关系成熟程度及专业知识。海斯（Hayes）认为社会情绪、智商、知识、人际及企业家精神这五个能力是最影响一个管理者的效率，除此以外，各类层出不穷。

冰山模型的主要内容有以下几项。

① 知识，是指对某一职业领域有用信息的组织和利用。

② 技能，是指将事情做好的能力。

③ 社会角色，是指一个人在他人面前想表现出的形象。

④ 自我概念，是指对自己身份的认识或知觉。

⑤ 人格特质，是指一个人的身体特征及典型的行为方式。

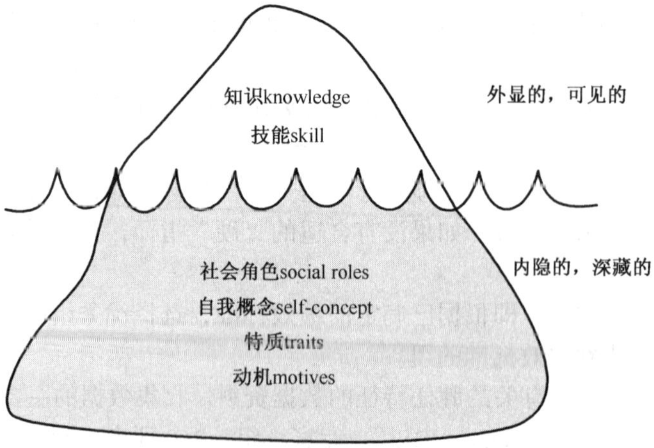

图 4-8　冰山模型理论示例

⑥ 动机/需要，是指决定一个人外显行为的自然而稳定的思想。

（2）劳动力市场供求状况分析

合适的候选者更多，自然用人单位就是强势方，有更大的可能性选择到合适的候选者。是否是强势方也决定了招聘方进行招聘的准备程度。

人-职匹配理论：人的个性特征与职业特质一职的理论。最早由美国波士顿大学教授帕森斯提出，其后由著名职业咨询专家威廉逊（E. G. Williamson）完善。

价值等于功能/成本。具体到人力资源：人力资源价值（V）=人力资源的功能（F）/人力资源成本（C）。价值是任何一个组织都渴求的目标，是一种以提高价值为目标的管理技术，它主要考虑价值、功能和成本三个要素。以功能和成本的比值来确定这项资源的价值大小，也就是价值=功能/成本。实质上，不管采用何种人力资源手段，都是为了价值：找到更有价值的人，让在这个岗位的人产生更大的价值，不同的人组合成团队，是为了为组织创造更大的价值。

进行价值分析的目的是以最少的成本支出获取足够大的功能，也就是最大程度地提高价值。而提高价值的方法有以下几种：①在人力资源成本不变的前提下增大人力资源的功能；②在人力资源功能不变的前提下降低人力资源的成本；③在人力资源功能提高的同时降低人力资源成本；④人力资源的功能和成本均提高的状态下，使功能提高的程度大于成本提高的幅度；⑤人力资源的功能和成本均降低的状态下，使功能降低的程度小于成本降低的幅度。根据人力资源的具体情况，可以利用以上方法来提高人力资源的价值。对影响人力资源价值的两个因素——人力资源功能和人力资源成本进行具体分析，来发现提高其价值的空间。

（3）招聘渠道的选择

依照选拔对象的不同，可以把招聘渠道分为高管的招聘渠道、中管招聘渠道、专业人才的招聘和辅助服务类招聘渠道四类，这几类岗位较其他的更需要专业招聘人员的辅助。不管是招聘何类岗位，倾向于选择何种手段，招聘渠道的选择的核心目的都是最有效的搜寻到最适合空缺岗位的人选。这里的最适合表明招聘者在做决定时需要受到招聘成本、招聘时限、可选择的招聘渠道，甚至招聘者自身的专业素质和技能等条件的限定。通常招聘渠道的选择需要遵循以下三个原则：时效性原则、针对性原则和经济性原则。时效性是指不管选择何种方式，一定要保证招聘任务的完成。针对性原则是本文一直强调选择的招聘工具和具体的选拔点一定要采用最能反映这些岗位价值指标。经济性原则则是指成本的控制。

招聘渠道主要分内部渠道和外部渠道两条。内部渠道的表现形式有内部公开招聘、内部推荐、竞争上岗等等。外部渠道有传统的招聘广告（主要指纸媒）、招聘会（校园/大型/专项）、以猎头为代表的外包等和新兴的专业招聘网站和社交网络。

1）内部渠道

内部公开招聘是指公司在内部公开空缺岗位任职要求，鼓励员工自主参与竞争的一种选拔手段。通常此类岗位属于比较热门，具有吸引力的，例如一个管理岗位或是到一个比较诱人的工作地点的岗位。此类招聘方式最大的协同效应（实现组织的其他管理目标）就是能够很好激励内部员工不断完善自身技能和知识，从而实现更好的职业发展。

内部调岗主要包括轮岗、换岗（换地方或换具体岗位）、晋升、降职等几种状况。不少组织有一个误区是只有晋升才应该公开透明的进行，而实质上调岗的公开化可以帮助组织识别员工身上不曾发现或以往岗位不太需要的特质，以发现他们可以提高绩效的可能性，对组织大有裨益。

组织通过内部员工或其他利益相关者获取候选人信息的方式称作内部推荐。内部推荐即可能为组织主动邀约的，也可能是被动获取推荐消息的：国内很多企业不时都会接收到各类关系户推荐，不管其是否有空缺岗位。更别提还存在于某些国企内的职工子弟优先考虑的具有计划经济时代特色的政策了。内部推荐的优缺点都很明显，最大的优点是由于是熟识人员推荐，可能对候选者的各方面情况都更为清楚，缺点及其形成裙带关系，在中国人情社会里，这很容易影响某些工作的执行。若组织是主动寻求内部推荐的，通常通过口头或内部公告的形式进行发布，如图 4-9 所示。

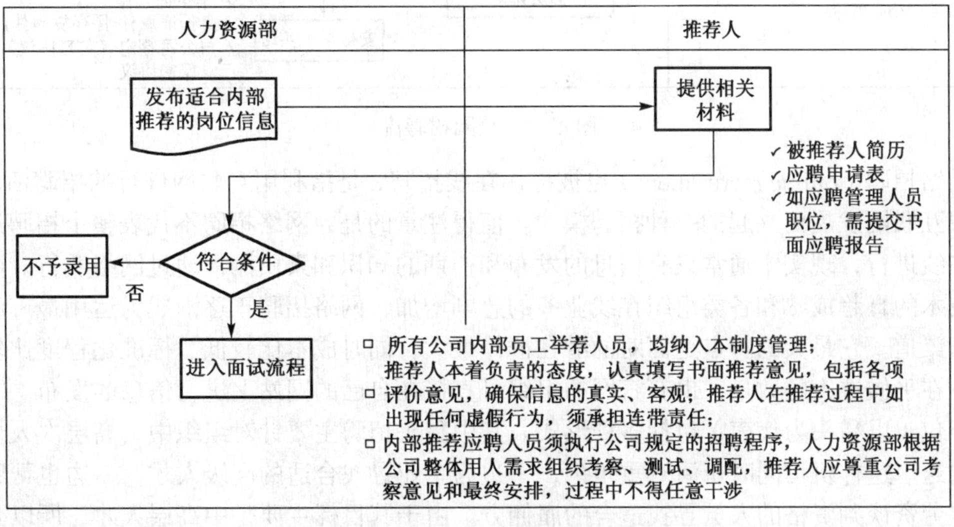

图 4-9　内部推荐流程

2）外部渠道

曾几何时，在报纸、杂志或其他传统媒体上刊登招聘广告曾是最常用的一种方式，甚至不少日报上有特定的一版全部用于刊登招聘信息。现在更多招聘报纸免费出现在现场招聘会，作为资料派发。

现场招聘会是一种比较传统的招聘模式，多由政府或其他社会团体牵头举办，在校园或会展等有宽阔空地的地方举行。现在不少人力资源管理公司也会为其客户举办这样联合或专场（同行业或同类岗位）招聘会。一些大型组织也会通过这样的形式招募人才，顺道进行企业宣传。也由于这样的招聘会能在短时间内聚集大量的注意力，不少企业即使没有空缺岗位，在成本可控的情况下，也会借此机会宣传企业，扩大知名度。

校园招聘通常指组织挑选具有潜力的大专院校应届毕业生的选拔行为。它即可采用为校园招聘会（现场招聘），也可采用外包模式，如委托人力资源公司或招聘网站。我国的大中型国营企业常采用此类模式，主要原因有二：一是他们是具有绝对吸引力的需求方；二是他们大多认为应届毕业生更易培养成具备其强势企业文化特质的群体，如图 4-10 所示。

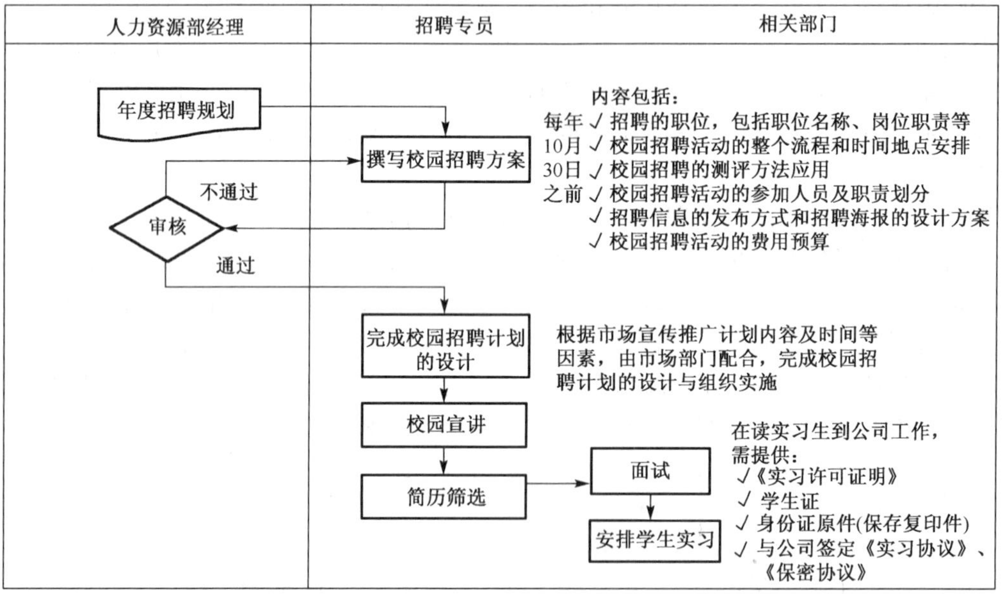

图 4-10　校园招聘流程

网络招聘（online recruitment）也被称作在线招聘，是指利用互联网进行的招聘活动，是伴随着互联网发展而兴起的一种招聘模式。值得注意的是，网络招聘不代表整个招聘过程都需要在线进行，现实中通常只有信息的发布和初期的知识和素质测评通过网络实行。由于互联网技术的日趋成熟和各类组织在线业务的急剧增加，网络招聘正逐渐成为运用最广泛的一种招聘渠道。它最大的特点是面对的潜在群体最大，同时成本比较低、标准化程度比较高。如果不在乎候选人的数量，也有官网的组织可直接在自己的网站上进行信息的发布。

外包（以猎头为代表）包括多种形式。其中猎头招聘主要针对组织中、高层次人才的选拔和输送。这样机构同时扮演双重角色，一边为企业寻找合适的高级人才，一边也帮助也具备一定劳资谈判资格的人员寻找适合的雇佣方。由于其目标主要是中高层人才，所以其收取的佣金高于一般人力资源招聘公司。国际上最为知名的五大猎头公司是光辉国际（Korn Ferry International）、海德思哲（Heidrick & Struggles）、史宾莎（Spencer Stuart）、亿康先（Egon Zehnder）和罗盛（Russell Reynolds Associates）。猎头公司不对个人进行收费一般是根据成功的候选人的工资来的，比例的话各家都不一样，不过一般至少年薪的 20%以上。一般分为两种付款方式，一为预付定金，不管成与不成，定金不退，二为成功后才付。基本每家猎头都有最低收费的，价格从几万人民币到几万美金不等。国内知名度和传播度比较广的招聘网站有智联招聘、51job、中华英才网等。

其他：在社交网络盛行的当下，寻求工作的人可以不再只是坐以待毙，通过网络这一媒介，主动塑造自己形象，吸引对口的雇用方。

职业习惯：相关链接

LinkedIn 和新浪“微招聘”

刚拿到牌照，进入中国市场的 LinkedIn（领英）是美国知名投资家和创业者 Reid Hoffman 在自家客厅与同伴共同创建的一个招聘类社交服务网站，2003 年 5 月 5 日正式全面上线。领英致力于向全球职场人士提供沟通平台，并为其技能的提高提供各类协助。领英强调“高效”、“安全”并且有“商务服务价值”，它更加适合白领使用，其客户大多是 4 万英镑以上的专业人士，因为其很重视工作经验和教育背景。领英的主要服务是管理公开客户的公开信息、查找并自荐给潜在客户、还可以合作创建进行项目合作以及进行背景调查。在设计讲求简洁，前期的推广速度比较慢，主要通过三种渠道获得收入：付费服务、广告以及招聘机构提供定制软件解决方案。

面谈和在线面试的比较如下。

面谈优点：具有直接性和灵活性的特点，能够直接接触被访者，收集到第一手资料，根据被访谈者的具体情况进行深入的询问，从而取胜得良好的沟通结果；同时，面谈还可以使访谈人员具体观察被访谈者，便于判断被访谈者回答问题的实事求是的态度，以及时正确的程度；

面谈不足的地方：是访谈费用高，调查时间长，且访谈需要访谈人员有熟练的谈话技巧，善于启发引导谈话对象，善于归纳记录谈话内容，如果不具备这些条件，面谈调查效果会受到一定影响。

在线沟通优点：节省时间，费用低。缺点：信息了解的不够全面，还需要其他调查方法的补充。

（资料来源：中华英才网）

5. 正式实施

（1）简历筛选

对于没有经验的应届毕业生或只有少量（少于一年）工作经验的候选者，主要关注其素质是否符合其应聘岗位的需求，是否具备胜任该岗位的潜力（潜力一般通过测评又或是依照招聘者的经验判断）；而对于已有一定工作经历的候选者，一是要关注其先前的工作经历能给该应聘岗位带来多少裨益，不是说原来与现在工作内容重叠部分越多越有裨益，更多还是指共同需求的能力和素质的重合度。二是要关注专业能力和素质，这即包括通识方向的基本职业道德素质，例如不轻易透露商业机密等，又指招聘岗位所特别要求的专业知识、能力和技能素质。

在接受咨询的过程中，经常有找工作的人咨询到简历如何设计设置是最好的状况。在笔者看来，最重要的是把自己能胜任应聘岗位的知识、能力、技能、素质及相应的证明通过简历充分地展示出来。至于多少页、需不需要页面的特别设计或是用手写还是打印这都是更为次要的问题，当然在最主要的功能做好的情况下，细节做得漂亮当然是加分项。简历最好简单版和复杂版都各准备一个：简单版最好能够精简到一页内，复杂版的中心内容与简单版一致，只是把相关的正面文件作为附件放在后面。另外封面的设计我建议先行了解一些应聘组织的网页设置风格后定夺，在我看来，一个组织页面风格是一个组织的美学观念的最好展示。简历模板如表 4-4 所示。

表 4-4　简历模板

<table>
<tr><td>姓　名</td><td></td><td>性　别</td><td></td><td rowspan="5"></td></tr>
<tr><td>目前住地</td><td></td><td>民　族</td><td></td></tr>
<tr><td>户籍地</td><td></td><td>出生年月</td><td></td></tr>
<tr><td>毕业学校</td><td></td><td>学　历</td><td></td></tr>
<tr><td>毕业时间</td><td></td><td>所学专业</td><td></td></tr>
<tr><td>联系方式</td><td>手机号码：</td><td colspan="3">电子邮箱：</td></tr>
<tr><td>专业能力</td><td colspan="4"></td></tr>
<tr><td rowspan="3">教育经历</td><td>起止时间</td><td colspan="2">所在学校</td><td>专业</td></tr>
<tr><td></td><td colspan="2"></td><td></td></tr>
<tr><td></td><td colspan="2"></td><td></td></tr>
<tr><td>工作经历社会实践</td><td colspan="4"></td></tr>
<tr><td>自我评价</td><td colspan="4"></td></tr>
</table>

（2）人力资源素质测评

人员素质测评是指测评主体采用科学的方法，收集被测评者的在主要活动领域中的表征信息，针对某项素质测评体系做出量值或价值的判断过程。选拔性素质测评、配置性素质测评是相对开发型、诊断性和考核性的素质测评而言存在的，这是从“目的”这一角度进行考量的。素质测评存在的原理之一是人与人之间是有差别的：一是基本特征的差异，如年龄、性别等；二是知识、能力、技能等通过后天培养可以改善的东西的差异，而这两类差异都决定了一个人的工作质量和潜力。另一原理是工作与工作之间也是有差异的，这也是俗话说的“隔行如隔山”、“管理者需要是专业人员”的原因。大多数的时候选拔性和配置性的素质测评放在流程的前端，有时素质测评放到最后，原因一是成本，二是具体的测评内容，硬性指标更多的，例如知识测评大多放在前端，软性指标多的，如“品性”方向即可在前也可在后。

常用的素质测评包括心理测验（主要是认知能力和品性，品性主要包括“态度”、“兴趣”、“性格”和“道德”四类）、新型面试中的评价中心技术等，除此以外还包括常作为辅助工具的知识、品德和能力方向的测评。

知识测验如果包括的是常识、职业道德又或是逻辑推理方向的题，那么主要针对的是基层管理方向的岗位。另外一种用到知识测验比较多的岗位比较多的是对专业知识和能力有比较突出要求的。能力是一种介于智力与知识之间的心理特征，是一种未来的发展潜能。这也是为什么说一个取得大成功需要先天的天分和后天努力并重的原因。能力测评分为一般与特殊两大类。一般主要是指各类智力量表。特殊主要是针对特定的能力设定的，另外还包括比较通用的管理能力的测评，例如创造力和学习能力等。在情商日益受到重视，社会压力增大和人员流动增速的现实状况下，越来越多的组织开始重视员工压力承受、忠诚度等方面的心理测试，另外就是了解员工潜在的能力的各类测评也十分受到欢迎和重视。

在招聘选拔的过程中，最常用的还是心理测评方向的，大众传播中比较广的还是各类心理测评。主要是由于此类测评能够帮助组织结构更好的判断员工的增值空间和岗位匹配度。具体的使用频率比较高（表明信度效度比较高）的心理测评有以下几项。

① 人格测试：包括需要、动机、兴趣、爱好、感情、态度、性格、气质、价值观等（如字数有缺分别阐述一下这些是如何影响一个人的行为，进而影响绩效的）。

② 自陈量表：明尼苏达多重人格测验，卡氏 16 种人格测验，“大五”人格测验等。（比较早时期提到的七宗罪普遍被认定为人性共有特质的总结，某种情况下此类工具也能帮助人力资源工作者对其进行判断。一些关于国民性格的书也有益于人力资源工作者了解人性。）

③ 迈尔斯布里格斯类型指标（MBTI）几乎可以称为世界上最流行的职业人格工具，是美国一对母女（伊莎贝尔·迈尔斯和凯瑟琳·布里格斯）建立在荣格的研究的基础上一套理论模型，该模型归纳提炼出四个关键要素——动力、信息收集、决策方式和生活方式，从而把不同个性的人区别开来。

④ 卡特尔 16 种人格因素问卷是美国伊利诺州立大学人格及能力测验研究所卡特尔教授编制的用于人格检测的一种问卷，简称 16PF。它是伴随着卡特尔的人格特质理论而发展的，二者可谓“相辅相成”。这 16 种人格特质是乐群性、聪慧性、情绪稳定性、恃强性、兴奋性、有恒性、敢为性、敏感性、怀疑性、幻想性、世故性、忧虑性、激进性、独立性、自律性、紧张性。另外还有八级次级因素：乐群性、聪慧性、稳定性、恃强性、兴奋性、有恒性、敢为性、敏感性、怀疑性、幻想性、世故性、忧虑性、实验性、独立性、自律性、紧张性。在具体设计时，卡特尔对低分和高分特征都进行了详细的阐释。值得注意的是这十六种人格特质不是特定研究商业组织得出的，但经过了几十年科学的测量和设计，它被广泛用于人员选拔和评定。

⑤ 大五人格最初的模型是雷蒙德于 1961 年提出的，20 世纪 90 年代得到相关研究者的完善。“大五人格”的五大维度：外向性，情绪稳定性（神经质），宜人性，责任感和经验开放性；神经质是指倾向于表现出较差的情绪调节能力，易感受到负面效应；外向性倾向于友善，积极，易感受到正面效应；经验开放性倾向于想象力、不传统、有自制力；宜人性倾向于信任他人；服从性：文化责任感包括相互关联的两个方面，即成就感和可靠性。每个维度又包括一些子维度。例如神经质就包括焦虑、愤怒和故意、抑郁、自我意识和冲动性。相对应的大五人格量表是美国心理学家科斯塔（Costa）和麦克雷（McCrae）于 1987 年编制的。

⑥ 九型人格也是近年来特别流行的一种人力资源测试工具。它包括活跃程度、规律性、主动性、适应性、感兴趣的范围、反应的强度、心理素质、分心程度、专注力范围及持久性九个维度的指标，发现九种不同气质，分别是“完美型”、“助人型”、“成就型”、“感觉型”、“思考型”、“忠诚型”、“活跃型”、“领袖型”和“和平型”。是美国亚历山大·汤马斯博士（Dr. Alexander Thomas）和史黛拉·翟斯博士（Dr. Stella Chess）在他们1977 年出版的《气质和发展》（*Temperament and Development*）一书里面提出的。

⑦ 明尼苏达多重人格测试（Minnesota Multiphasic Personality Inventory，MMPI）是明尼苏达大学教授哈瑟韦（S. R. Hathaway）和麦金利（J. C. Mckinley）于 20 世纪 40 年代制定的、

包含 10 个临床量表和 4 个效度量表的自我报告式的个性量表，主要用于鉴别精神疾病，比较少用于人力资源。

其他比较少用的测评工具还有笔墨测 DISC 个性测试、管理人员人格测验等。比较遗憾的是，当前结合一些民族个性的测试工具得到广泛认同的还不是很多，或许这在某种程度上会影响测试的有效性。

那么人格测试是否影响绩效？事实上，人格特质的确与工作绩效具有相关性，研究表明：外向性，责任感和经验开放性是领导力的有效预测指标，另一项研究表明，神经质与动机负相关，而责任感与动机正相关。投射法，由主试呈现一组未经组织的刺激材料，内容模糊的图片或绘画等，让应聘者在不受限制的条件下，尽量发挥想象力，描述自己从图片中看到的内容，使其不知不觉地将自己的感情、欲望、思想投射在其中，从而了解应聘者的人格。罗夏墨迹测验、主题统觉测验是两种常用的投射测验的方法。这类测试务必请专业人士进行解读。

在测试过程中，需要注意有以下几点。①不管是通过心理测试，还是别的素质测评，人力资源工作者都要注意在招聘的过程中这些测试测评的结果只是供最终决策的一个参考工具，绝不应单凭一个测试结果就断定他（她）是怎么样的一个人。②在选择工具的过程中，除了尽量在成本可控的前提下（现实中这些测量工具的价格非常高）选择效度信度比较高的测量工具外，还要注意针对不同的岗位需要选择不同的工具。③相关人员一定要准确记录结果，并且最好能让该结果存档保留一段时间，以备不时之需，例如最终被录取的某人需要调整岗位时。④非常重要的聘用专业的心理学人士辅助指导。术业有专攻，虽然测评工具后面大多有解读，但是专业人士的辅助指导会让一份报告的价值得到最大化利用。⑤作为一个专业的人力工作者，不管最终有没有录取某个人，都应该对其测试的结果保持缄默。

6. 面试

（1）面试准备：根据招聘岗位的要求

面试准备应该包括事前准备和当日准备两个步骤。事前准备包括搭建面试团队、确定考评方法、地点、候选人通知等。面试团队的组建通常是由人力资源部门和招聘部门搭档，对比较专业度要求高或是人数特别多的面试偶尔也会邀请外部专家参与。管理层的参与则是根据具体的招聘岗位而定的。通常是“直线上级招聘下属”。值得人力资源工作人员重视的还有“候选人通知”这样的细节工作，它某种程度上决定了高素质申请人愿意参加面试的比例。通常比较有竞争力的高素质的申请人看重通知者的素质,某种程度上他/她反映了整个组织的状况。通知内容至少需要包括面试的时间、地点和需要个人准备的东西。当日准备包括召集面试官、布置面试场地等。

职业习惯：相关链接

大型国企招聘的当日现场状况

这几年由于就业压力大，一些收入稳定、社会评价度比较好的体面岗位的竞争真是盛况空前，筛选完简历的面试一般在一千人以上，光考场可能就有 20 个上下，光维持秩序的工作人员就有几十人，招聘者需要从早到晚进行面试。

（资料来源：百度文库整理）

（2）面试问题设计

依照问题设计完整度的情况，可以把面试分为非结构化面试、半结构化面试和结构化面试三类，如表 4-5 所示。

表 4-5　面试分类比较

方　法	优　势	缺　陷	适用范围
无结构面试	随意度高 沟通内容范围广	不够规范 对主考官要求高	中高层 偏重综合素质的
半结构面试	信息丰富； 跟岗位的关联度更密切	不够规范	基层管理岗位
结构化面试	有效性高，成本低 可靠性高	灵活性不够	有详尽岗位分析的岗位

（资料来源：关勇，结构化面试与评价中心技术在 SAC 公司新员工招聘中的应用，吉林大学 2010）

非结构化面试：这类面试大部分都以漫谈的方式进行，对主考官的要求相当高，因为漫谈只是表面状况，实质所有的漫谈话题都是围绕着应聘岗位。某些问题看似是闲聊，可是申请人的回答会让主考官看到你思考逻辑以及大概的价值观，这也是为什么通常非结构化的面试需要工作经验丰富的人来担任，他们的经历有助于他们判断。由于在中高管的甄选过程中更为看重软性条件，比较适合用此类方式。通识型基础岗位之间有很多共同知识、技能和能力的要求，无结构面试就没有特别帮助。

半结构面试：顾名思义，面试问题设计的并不完整，准确来说只有关键问题进行具体设计，其他问题可能是在面试沟通过程中依照具体情况灵活加入，也可能是伴随着核心问题设计的细节题。另外，半结构还体现的提问方式的灵活性上，各面试官或有问题方向的具体分工，但是哪个问题由哪个提并不会事前确定。

结构化面试：结构性的面试常常是根据特定岗位的要求，面试官事前做好周翔的设计和准备，遵循固定的程序，采用专门的题库、评价标准和评价方法，通过与应聘者面对面的言语交流方式，对应聘者进行评价的过程与方法。核心是面试问题需工作的要求紧密相连。

（3）面试技术

近年来比较流行的有行为事件面试法：它遵循 STAR 模式，即问题可以围绕 Situation（情境）、Task（任务）、Action（行动）、Result（结果）进行。不管是哪一类，都要注意一定要与岗位工作内容和任职要求相连。具体而言，Situation：了解该应聘者取得的工作业绩是在一个什么样的背景之下。Task：了解该应聘者都有哪些工作任务，每项任务的具体内容是什么样的。Action：了解该应聘者为了完成这些任务所采取的行动，所采取的行动是如何帮助他完成工作的。Result：每项任务在采取了行动之后的结果是什么，是好还是不好，并分析其原因。

评价中心（Assessment Center or Development Center），主要通过情景式的无领导小组讨论、公文筐、角色扮演等方式，再结合着传统的知识、能力、个性、动机等进行测量候选人的方法，一般运用于群体面试中。在此过程中，面试官会依照选拔标准进行观察记录和打分。必要时，用人组织还会进行视频和音频记录。最早由德国心理学家于 1929 年建立，用于挑选军官，并在第二次世界大战期间由于美国战略情报局使用成功而得到推广。企业中最先使用该技术的是美国电话电报公司，结果显示，有 78%被提升到中级管理岗位的员工跟评价中心的结果一致，未被提拔的有 95%与评价中心的结果吻合。此后，诸如通用电气、福特汽车、柯达等都开始使用该方法甄选员工。它包括以下形式。

① 无领导小组讨论：一群体（大多为 5 ~ 7 人，具体视情况而定）围绕一个案例共同讨论协商，最终给出一个集体决策的意见。

② 公文筐测试：候选人面对一堆公文，为做出决策对信息和数据进行分析、归类、处理和预测。有些时候还需要同时应对“下属”、“上级”或“客户”。协调和沟通能力也会受到很大的考验。

③ 角色扮演：这是一种测评应聘者人际关系处理能力的情景模拟活动。应聘者按要求扮演某一角色，或自行选择一个角色（通过自行选择可以看出应聘者的倾向），并进入提前设置好的 情景里解决一系列尖锐的人力矛盾和人际冲突。主考官考核应聘者对角色的把握，对其表现出来的行为，语言，思维，情绪，应变能力进行记录和评分。注意主考官的记录要既有分工又有交叉，记录的内容为客观的语言和动作，并非个人的印象与感觉。

④ 管理游戏：通常发生于群面的过程之中，几个候选人针对一个或几个经营问题一起讨论商量解决方案，这些问题可能涉及经营过程中的方方面面。考察申请者的不是他们解决方案的好坏，而是通过观察在这个过程中他们顺其自然采用的沟通模式，在团队的位置等来判断候选者的做事风格和能力素质。

⑤ 其他：如演讲（需要演讲技能的岗位用的比较多）和其他岗位模拟活动。

各类评价中心方法比较如表 4-6 所示。

表 4-6　各类评价中心方法比较

方　法	优　　势	缺　　陷	应 用 效 果
无领导小组讨论	1. 仿真模拟性高 2. 评价结果更加全面、客观 3. 节省时间、应用范围广	1. 对测试题目要求高 2. 对考官的要求较高 3. 应试者表现受同组其他成员影响较大 4. 应试者有存在做戏，表演或者伪装的可能性	准确率高：诸如通用电气、福特汽车、柯达等都开始使用该方法甄选员工
公文筐测试	1. 考查内容范围广 2. 考察效率高，能迅速判断面试者是否具有该职位需要的素质	1. 机构、氛围、管理观念等不同的组织，具有不同的评价标准，评分较为困难 2. 投入的经历和费用较大，不够经济	适用范围广，能被大多数人理解接受
角色扮演	是一项参与性的活动。 2. 具有高度的灵活性 3. 是在模拟状态下进行的，因此受试者或受训者在做出决策行为时可以尽可能的按照自己的意愿出完成，它是一种可反馈的，反复行为 4. 过程中需要角色之间的配合、交流与沟通，培养人们的沟通，自我表达，相互认知等社会交往能力 5. 角色扮演培训为受训者提供了广泛地获取多种工作生活经验，锻炼力的机会	如果没有精湛的设计能力，在设计上可能会出现简单化，表面化和虚假人工化等现象。有时受训者由于自身的特点不乐意接受角色扮演的培训形式，在培训中不能够充分地表现出他们自己 对某些人来说，在接受角色培训时，表现出刻板的模仿行为和模式化行为，而不是反映他们自身的特征 4. 由于角色扮演时，大多数情况有第三者存在，自然的交互影响会产生于受训者和参观者之间 5. 有些角色扮演活动是以团队合作为宗旨的，一旦某个人表现太富于个性化，这就影响团队整体合作性	角色扮演既具有测评功能又具有培训功能。 是帮助员工发展和提高行为技能最有效的一种培训方法
管理游戏	集中考察被测评者的多种能力 模拟内容更接近与实际工作情况，真实感强 形式活泼，趣味性强，消除了被测评者的紧张感。 测评效度高。由于被评价者处于一种更为放松的状态，其行为表现会更加真实，可以减少掩饰的机会，提高测评的效度	管理游戏对环境、道具的要求较高，且需要花费大量的时间去组织与实施 操作不便，难于观察，对测评者要求较高完成游戏所需时间较长，大部分测试游戏需要一个小时才能完成	测评真实性，效度高

续表

方法	优势	缺陷	应用效果
其他	1. 内容确定、形式固定，考官面谈操作方便：只要有科学和规范的面试题，均能使招聘面试顺利进行 2. 形式规范，紧凑、高效，能更加简洁地实现目标 3. 能让面试考官就同一问题去对比应聘者们的答案，从而能以较统一的标准去评价不同的应聘者 4. 能使所有应聘者感到公平 5. 较少出现意外情况	1. 不能充分发挥面试考官的智慧、知识和能力 2. 不能给应聘者展示才华的空间 3. 缺少面试考官与应聘者之间充分的双向沟通，难以对不同的应聘者做出较准确的评价 4. 不能根据应聘者的特点提出不同的问题	虽然准确性不是特别高，但是因为使用方法较简单且高效，所以使用的频率依旧较高

（资料来源：王丽娟.员工招聘与配置（第二版）.上海：复旦大学出版社，2012）

还有一种较少组织使用，综合性比较强的招聘方法是社会化招聘。当已经有一定工作经历的候选人应聘通用性较强的岗位，用人组织重点考察、识别和评价他们是否具有与目标岗位相匹配的能力素质与工作经验的选拔过程称之为社会化招聘。它一般没有固定的周期限制，常用于临时、零散的招聘需求中。

7. 面试过程的误差和偏差

（1）第一印象（首因效应）

第一印象又称作首因印象，指人常常凭借第一眼印象对一个的能力进行判断，可能在问问题前面试官直接凭直觉做出了做出判断，问题的回答已无任何影响，候选者有时错误，面试官也会推测是跟实力无关的紧张之类的原因造成的。而面试官客观对于整个面试过程的重要性是不言而喻的：面试官的表情、问问题的语气以及身体语言等都会影响面试效果。专业面试官的客观性要如何来实现呢？面试官的客观性要基于以下几点。①已有的素质模型和说明各种素质的行为说明。②关注应聘人的真实性：在行为面谈中，由于要求应聘人讲述具体的时间以及自己在其中的表现，而非想象其会怎么做，应聘人很难杜撰。③面试问题的针对性：通过应聘人在以前工作中的表现，来分析其成功与失败背后的道理，从而来系统地预测其未来工作成功概率。面试官要特意地营造面试环境和氛围的，具体行为要求有：面试前的握手和微笑，可以帮助应聘者放轻松，让其在面试中充分发挥；对应聘职位的介绍和对招聘目的的重申，可以在你选择应聘者的同时，帮助应聘者判断你的企业是否适合他的发展；面试房间的布置方面，要尽可能地营造一种平等、融合的氛围。

（2）对比效应

做决定阶段，常常听到一主考官最终决定某人是因为他（她）比其他人更为优秀，这是对比效应带来的常见偏差之一。因为整个过程中更需要关注的是当下那个应聘者所展现的素质、专业知识和技能与其所应聘的岗位是否匹配的问题，而不是在面试人群中选择最优秀的。

（3）外貌效应

不少中外研究的数据表明，外貌姣好、身材出众，不管性别，被雇用的概率普遍更高。如果应聘者还礼貌有加，概率又会提高。“爱美之心人皆有之”，只是在甄选的过程中更为重要的是人-岗-组织的和谐统一。

（4）个人取向

不管一个考官受过多少专业的培训或是多理性，作为一个人，必定有七情六欲和自己偏向。若长期做招聘的工作人员不刻意的管理自己的招聘行为，极有可能出现不管是什么样的岗位，一段时间后，他（她）招聘的人都是同一种风格。这样的潜在风险主要有俩，一是可能团队过于趋同，不能最大范围的反映客户需要；二是如果该招聘者本身的取向不是那么准确的话，岗位匹配度的失误率会急速增加。

身体语言对管理的功能：1. 通过对方身体语言察觉推测对方心理；2. 通过身体语言传递信息，有时胜过讲话和文字；3. 如双方身体语言一致会增加亲切感。

（5）雇佣压力

如果招聘临时决定或是空缺岗位急需填补，招聘者易迫于压力迅速决定，容易出现俗话说的“矮子中挑高子”的状况。

（6）群体效应

几个考试官时，易选择第一提出候选人名单或是多数人倾向的；在国内还易出现下面的现象：结果是考官中职务等级最高的那个人决定成为大家的决定。这背后的原理是常用于描述从众心理的羊群效应等。

羊群效应理论（The Effect of Sheep Flock），也称羊群行为（Herd Behavior）、从众心理. 经济学里经常用“羊群效应”来描述经济个体的从众跟风心理。羊群是一种很散乱的组织，平时在一起也是盲目地左冲右撞，但一旦有一只头羊动起来，其他的羊也会不假思索地一哄而上，全然不顾前面可能有狼或者不远处有更好的草。因此，“羊群效应”就是比喻人都有一种从众心理，从众心理很容易导致盲从，而盲从往往会陷入骗局或遭到失败。

马太效应（Matthew Effect），是指好的愈好，坏的愈坏，多的愈多，少的愈少的一种现象。来自于圣经《新约・马太福音》中的一则寓言。1968 年，美国科学史研究者罗伯特・莫顿（Robert K. Merton）提出这个术语用以概括一种社会心理现象：“相对于那些不知名的研究者，声名显赫的科学家通常得到更多的声望即使他们的成就是相似的，同样地，在同一个项目上，声誉通常给予那些已经出名的研究者，例如，一个奖项几乎总是授予最资深的研究者，即使所有工作都是一个研究生完成的。”此术语后为经济学界所借用，反映贫者愈贫，富者愈富，赢家通吃的经济学中收入分配不公的现象。

从众效应也称乐队花车效应，是指当个体受到群体的影响（引导或施加的压力），会怀疑并改变自己的观点、判断和行为，朝着与群体大多数人一致的方向变化。也就是指：个体受到群体的影响而怀疑、改变自己的观点、判断和行为等，以和他人保持一致。 也就是通常人们所说的“随大流”。

（7）晕轮误差（halo error）

晕轮误差又叫光环作用。由于先了解到应聘者的一些闪光点，面试官可能会就此辐射到其后认识的所有方向。在晕轮效应中，感情具有重大的作用。这主要是考试官个人取向的影响结果。

（8）近因误差（recency error）

按常理，人们对近期发生的事情印象比较深刻，而对远期的发生的比较淡薄。例如在面试过程最后几个问题的回答留给考官的印象是最深刻的。

（9）暗示误差（hint error）

暗示是人们通过言语、行为或某种事物来提示别人，使其不自觉接受或照办而引起的迅速的心理反应。在面试中的暗示有两种可能，一种是测试主体对被试的暗示，一种是测试主试在暗示的情况下，很容易接受他们的看法，而改变自己的决定。

（10）偏见误差（prejudice error）

测试主体由于个人偏好问题影响了测评结果的成为偏见误差。面试过程中常见的有年龄性别偏向等，例如对技术要求比较高的岗位，组织总是倾向于招收男应聘者。

走出招聘误区的对策：统一指导思想和规划；构建科学的招聘流程规范；有效地组合招聘策略；有效地组合招聘策略；招聘绩效管理

8．面试结果运用（公布与通知）

面试结果决定后由人力资源部统一通知，要注意的是面试过程记录最好整理后归档处理，相应的数据可作日后岗位调整或是培训选拔的依据。

职业习惯培养：相关链接

HR 招聘面试时谈薪酬时的十一点：1．不要开始就谈薪资；2．不要直接询问应聘者对薪酬的希望；3．只告诉应聘者薪酬范围的下限及中间值；4．考虑好具体岗位薪资的上下限；5．知己知彼掌握薪酬信息；6．薪资标准要讨论明确；不要忽略其他报酬；7．善用心理战降低应聘者实际心理期望；8．谈薪的态度应该诚恳；9．宣传自己的企业，用事业吸引人；10．欲擒故纵，故意降低法；11．试用期和转正工资，一次搞定。

面试技巧：如何消除紧张

面试前可翻阅一本轻松活泼、有趣的杂志书籍。这时阅读书刊可以转移注意力，调整情绪，克服面试时的怯场心理。面试过程中注意控制谈话节奏。进入试场致礼落座后，若感到紧张先不要急于讲话，而应集中精力听完提问，再从容应答。回答问题时，目光可以对准提问者的额头。把目光集中在对方的额头上，既可以给对方以诚恳、自信的印象，也可以鼓起自己的勇气，消除自己的紧张感。

（资料来源：中国人力资源开发网）

9．体检

由雇用方人力资源部组织所有拟录用者进行集体体检，通常费用由雇用方支付。

第三节 甄选评估

招聘效果评估包括数量、质量、成本、时间、招聘方法的信度和效度几个维度。时间一是指任务是否在规定的时间范围内完成，另还有一指是及时性，这反映了工作者的态度。但时间对比结果显然重要性要低一些，在保证质量的前提下加快速度是招聘工作人员需要遵循的原则。

一、甄选效率评估

工作效率是指投入与产出之比。 投入包括人、财、物。既有可以用货币直接衡量的，也有一些是潜在成本，间接的通过其他指标体现。从组织的角度出发，显然希望出现成本越来越低，效果越来越好的完美状况。考核人力资源工作者的招聘结果很多是软性指标，但是随着量化技术的发展，很多工作效果和效益都可以用公式所代替。数量方面，招聘效果指标包括招聘完成比、招聘完成时间、应聘比、聘用比（也称“录用比”）、聘用合格比、基础比和聘用合格比和基础比之差。招聘完成比等于“聘用人数 ÷ 计划招聘人数 × 100%”，当招聘完成比等于 1，则表明工作人员刚好完成了任务，若大于 1，则是超额完成任务。招聘完成时间的意思是职位开始空缺到填补一共花费的时间是多少，在记录时最好连带招聘完成的那个时刻。一般来说，时间越短，招聘效果越好。“应聘比=应聘人数 ÷ 计划招聘人数 × 100%”：值越大说明发布招聘信息的效果越好，同时说明聘用人员的素质可能越高。录用比=录用人数 ÷ 应聘人数 × 100%：值越小，聘用者的素质可能越高。招聘完成比=录用人数 ÷ 计划招聘人数 × 100%：反映当前招聘有效性的绝对指标，大小反映了聘用的正确程度。基础比=原有人员胜任工作人数/原有总人数 × 100%，反映以前招聘有效性的绝对指标。聘用合格比和基础比之差=聘用合格比–基础比，反映当前招聘有效性的是否高于以前招聘的有效性的平均水平，即可以反映招聘的有效性是否在逐步提高。这里的录用人员胜任工作人数，指“顺利通过岗位适应性培训、试用期考核最终转正的员工。应聘比越大，录用比越小，则说明招聘质量越高。从经验来看，一个员工熟悉一组织的基本状况需要 6 个月左右。基础合格比=以往年度平均录用合格比。

1. 招聘成本

招募成本主要包括招聘人员的直接劳务费用、直接业务费用、其他相关费用等。选拔成本指对应聘人员进行鉴别选择，以做出决定录用或不录用哪些人员所支付的费用构成。录用成本指经过招聘选拔后，把合适的人员录用到企业所发生的费用，包括录取手续费、调动补偿费、搬迁费和旅途补助费等由录用而引起的。另外，从与财务的联系来看，又可把成本分为直接成本和间接成本。直接成本：可以直接计算和记账的成本，包括招募费用、选拔费用、录用员工的安置费用和工作安置费用、其他费用（如招聘人员差旅费、应聘人员招待费等）（后几种一般只有中高级人才的招募才会使用）间接成本：通常以时间、精力等形式表现的成本，包括企业内部招聘专员工资、福利、其他参与招聘工作的有关人员的时间、精力及其他管理费用。合理的招聘标准时间的确定应该以岗位的分类为基础，参考当地同行标准，结合本企业实际情况和过去不同岗位的实际招聘时间，来确定一个合适的职位平均空缺时间，将其作为考察招聘及时性或招聘时间效率的标准。该指标反映各职位平均空缺时间多长才能补缺到位。显然，该指标越小，说明招聘效率越高。

值得注意的是，不同类别和层级的岗位空缺，招聘单位成本很不一样。工作地点和工作类型也是影响成本的重要因素。总体来说招聘单位成本很难归纳出一个统一的单位招聘成本计算公式。

招聘单位成本 ＝ 招聘总成本÷实际录用人数

2. 成本效用评估

成本效用主要是通过以下数据反映的：

总成本效用=录用人数÷招聘总成本

招聘成本效用=应聘人数÷招聘期间的费用（招募成本）

选拔成本效用=被选中人数÷选拔期间的费用（选拔成本）

人员录用效用=正式录用的人数÷录用期间的费用（录用成本）

3. 招聘收益成本比

收益成本比越高，说明招聘工作越有效。收益成本比=所有新员工为组织创造的总价值（实际操作中很难）÷招聘总成本。

相关的人力资源工作人员的工作有招聘预算和招聘核算。预算是指全年人工总成本预算的一部分，主要包括：招聘广告预算、招聘测试预算、体检和其他预算，招聘广告预算应该是占比最大的一部分。

二、招聘质量评估

招聘质量是指招聘的结果是否让组织满意。具体可以通过聘用人员能否很好地胜任工作这一数据进行评估的。这个主意是通过试用期的表现进行初步判断。质量评估既有利于改进招聘方法，又为员工培训、绩效评估提供了必要的信息。至于未来一段时间（具体多长很难确认）的表现要不要作为参考依据这在业界还有很多争论。其中，录用合格比=录用人员胜任工作人数÷实际录用人数×100%。

三、其他评估内容

其他应该评估的工作细节还有：招聘规划是否科学、合理和全面；招聘广告效果如何；通过应聘者数量和质量反映；招聘人员招聘期间的言行表现；招聘渠道选择的有效性；招聘程序是否严格按照招聘规程和规范执行；招聘策略的选择；录用决策速度和对待被拒候选人的态度，以及新员工对组织的满意程度。

例如：招聘实施中的注意事项，具体书写招聘启事时应注意以下要点。①用词准确：不能模棱两可、含混不清。②内容详尽：录用条件可分为刚性条件和柔性条件。③内容合法、不含有歧视性内容。④已明确告知：用人单位制度的录用条件必须告知才能发生法律效应。对应聘人员需要审查的事项：身份、学历、资格、工作经历等信息是否真实。

要想做好招聘规划，人力资源部门必须参与制定企业的战略规划，并通过分析企业的招聘需求、招聘趋势来规划下一年的招聘。对于人力资源部门来讲，最重要的事是确保所有的招聘规划与企业的战略相一致。

如果对于一在劳动力市场里比较强势的组织（这里主要指对大量候选者具有巨大吸引力的组织，例如待遇良好的大型企业）而言，应聘者可能就是一颗很小的螺丝钉，多你不多，少你也不会怎么着。对于一相对弱势的组织，或许你更容易找到自身存在的价值，可是也会面对很多困局，如制度不规范、员工普遍不尊重基本商业规律和做事不够专业等状况。

第四节 继任管理

之前有提到，对比招聘，“甄选”的概念更专注于“比较选拔”，另外现在的甄选还强调一个事前准备，特别是高管及领导者的继任管理。前不久，一部韩剧《继承者》红遍中国大江南北，除了由于该剧由很多韩国偶像联合出演、俊男美女实在是很引人注目意外，又可以一窥继承者这个话题在商界是如何的引人注目，特别是改革开放三十年后，很多中国民营企业都走到了需要第二代走到前线的时候。任正非、宗庆后以及刘永好等一批大佬的二代也在这几年慢慢进入大众的视野。由于经济腾飞时间更早的原因，台湾、香港在这方面有更多比较成功的例子可供大家一窥究竟：王永庆的女儿王雪红（虽然 HTC 更多的是其自己的成果）以及李嘉诚的大儿子。当然由于各方面的原因，继承不顺利的家族也比比皆是，最近的一个案例是债务缠身的海鑫钢铁的李兆会。视野推向国外，巴菲特 2013 年成功将其管理的伯克希尔·哈撒韦公司交给新的投资管理者托德·康布斯和泰德·威施勒是媒体津津乐道的话题。乔布斯死后苹果的表现不如预期则是经常被讨论的反面例子。

继任管理特指识别和培养组织内部的高潜人才，以填补关键领导岗位或专业岗位的一系列流程。继任管理是"替代计划"的升级版，它不单单强调"后继有人"，而在于建立组织持续发展的梯队人才库，实现组织不会因为任意一人的离开而影响运营，这里的任意一人甚至包括创建人。通常继任管理是组织相关的组织战略委员会操刀进行的，从选任计划的设计到实施到修正是一个长期的过程，甚至有些神秘色彩，毕竟继任者话题在哪个组织都是敏感性话题。

一、国营企业的继任管理

我国由于经济体制的特殊性，国营企业大多采用的仍然是上级行政任命的方式，特别是大型掌握经济命脉的国营企业，都由专门的政府部门进行任命。最新的案例是由于原华润董事长宋林因涉嫌严重违法违纪接受组织调查，招商局集团原董事长傅育宁调任华润（集团）有限公司董事长。

国企中比较具有特色的是党委决策制（基本上一把手均为党员）以及返聘、内退和退居二线的人力资源管理制度。返聘是指离退休人员的再次聘用。"内退"指"内部退休"，是体制改革大潮的产物，极具中国特色。主要是为了短时间的减少体制内的正式员工数量，主要是对一些无法安排合适岗位但又未达到退休年龄的老员工的过渡性办法，发展到近几年，部分体制内的员工由于各方面原因自动选择内退。例如，不想继续工作，但双轨制的养老金仍然能保证其基本生活。退居二线是指原本在领导岗位（一般科级以上），由于年龄原因，上级组织安排年轻人员接替其岗位，这是国内干部新城代谢的需要而产生的一种一刀切的干部管理制度。

实质上随着生活水平的改善，人们的健康状况得到了进一步提高，很多内退、退居二线的工作人员不管是体力、精力和意愿上都仍由可挖掘的潜底，人为的一刀切以及仍然沿用行政任命制的解决方式并不是最佳方案。

二、民营企业的继任管理

市场经济已经在祖国大陆深根发芽了 30 年，第一代创业者也不知不觉地走到了交接的十字路口。由于国内商业生态环境还不是那么规范，不少继任者都发生了水土不服的状况。例如部分富二代并不擅长于跟政府打交道，在国外学习的先进管理技术在国内并没有很好的用武之地。基本上内地进入媒体的眼帘的第二代，也大多还在一代的庇护下熟悉情况，一代并没有完全退出第一线。二代的登场也大多比较低调。笔者认为这方面，特别是江浙一代的企业，由于其从事的行业和家族特点都跟意大利有颇多相似之处，可以多学习借鉴。大众媒体报道比较多的孟晓舟（华为老总任正非的女儿），1993年加入华为，2011年4月起担任华为常务董事兼CFO。不过任正非日前表示他不会考虑家人继任企业，事实上现在华为的董事长确实是家族外的孙亚芳。新希望原董事长刘永好在2012年将企业交给女儿刘畅打理，她持有希望集团36.93%的股份。在今年6月，她接受访问的时候谈到“保证激情的存在才能做一个比较好的传承者”，同时提到其实他们是一个团队在进行工作，而不是简单的由她接任刘永好先生的工作。另一位被公认为家族事业接班人的女子是杭州娃哈哈集团公司董事长兼总经理宗庆后的女儿宗馥莉，自2005年开始担任杭州娃哈哈萧山二号基地管委会主任助理以来，近10年来，据说其风格雷厉风行，正带领企业走向国际化道路。当然这些是比较大型的企业，比较引人注目的例子，现实中还有很多小的、零星的样本值得研究者去研究。

三、股份制公司的继任管理

股份制公司的继任管理在国内具有特点的是万科和阿里巴巴。出生于1965年的郁亮是王石的接班者，由于王石个人知名度及万科在房地产行业的老大地位，他的接任被视为一个比较具有代表性的案例。更别说万科A的十大股东中既有华润股份、中国民生银行、建设银行、工商银行这样的国营企业，也有刘元生这样的个体以及万科众多的项目管理团队了。郁亮1990年就加入了万科企业股份有限公司，1999年升任常务副总经理兼财务负责人，2001年任总经理。他的继任是内部选拔的代表案例。王石认为郁亮细腻、踏实，其稳健的风格适合处于发展期的万科，他可以把万科调理的有条不紊。至少从现在的财务数据和万科各方面的表现来看，这次的交接是成功的。

另一个近两年比较引人注目的是阿里巴巴马云卸任CEO，全力以赴做好阿里巴巴董事局主席全职工作的事件（虽然在外界看来马云仍然是阿里巴巴唯一最具话语权的人）。最终2013年5月通过邮件的方式告知，原来掌管数据平台事业部、信息平台事业部和云OS事业部的陆兆禧因为“对新事物的欣赏和学习能力，对关键问题的判断和决断力，以及强大的执行力令人印象深刻”而被委任为阿里巴巴集团CEO一职。可一年过去，公众最熟悉的仍然是马云先生，很难从实际状况中看到权力的转化和继任者的能力。

本章小结

1. 本章重点介绍了招聘选拔和甄选的流程和办法。值得注意的是虽然广泛概念而言，招聘选拔与甄选没有太多的区别，但是如果更细致的区分的话，你会发现招聘选拔目的主要在于找到合适的人调补空缺岗位，而甄选更偏重过程，在于如何甄别选拔出适合的求职者。

2. 招聘选拔主要有四个关键环节：计划、设计、施行和运用后修正。关键在于针对不同类型的岗位，不同层级的岗位，有针对性在保证成本可控的状况下设计方法和选择工具。另外，从战略角度考虑，组织的招聘选拔甄选要注意从长远考虑，建立晋升通道，人才聚集圈，争取能建立其人才梯队。

3. 招聘流程一般包括：确定岗位空缺；工作分析与评价；制订招聘计划；人员甄选实施；正式实施；面试；公布与通知；体检。

4. 招聘渠道主要分内部和外部渠道。内部渠道主要有内部公开招聘、内部推荐、竞争上岗等。外部渠道主要有招聘广告、招聘会、外包、专业招聘网站等。

5. 面试一般分为非结构化、半结构化和结构化面试。

6. 评价中心法常用方式有：无领导小组讨论，公文筐测试、角色扮演、管理游戏等。

7. 本章特色在于扩展关注了“继任管理”等更具有现实意义的热点话题，它是更广泛意义上的一种选拔机制。

练习题

一、单选题

1. 员工招聘时应以实际工作的需要和岗位的空缺情况为出发点，根据岗位对任职者的资格要求选用人员，这是遵循了（　　）原则。

A. 因人择事　　B. 因事择人

C. 竞争择优　　D. 效率优先

2. 以下属于内部招聘的是（　　）。

A. 内部提升　　B. 返聘

C. 工作轮换　　D. 以上都是

3. （　　）指根据预先确定的内容、程序、分值结构进行的面谈形式。

A. 结构性面试　　B. 非结构化面试

C. 个别面试　　D. 压力面试

4. 内部招聘的主要优点有（　　）。

A. 可以避免“近亲繁殖”

B. 来源广泛，选择空间大

C. 容易在组织内部形成错综复杂的关系网

D. 了解全面，更容易做到用其所长

5. 外部招聘渠道有（　　）。

A. 人才交流中心　　B. 招聘洽谈会

C. 传统媒体　　D. 以上都是

二、多选题

1. 招聘成本主要包括（　　）。

A. 招聘人员的工资　　B. 招聘广告费

C. 招聘测试费　　D. 间接相关人员的工资

E. 企业全体人员的工资

2. 媒体广告招牌的优点有（　　）。

A. 信息传播范围广　　B. 应聘人员数量大

C. 组织的选择余地大　　D. 招聘的时间较长

E. 广告费用较高

3. 内源招聘的缺陷表现为（　　）。

A. 容易造成“近亲繁殖”　　B. 内部备选对象范围较窄

C. 来源广泛选择空间大　　D. 难以准确判断他们的实际工作能力

E. 容易造成对内部员工的打击

4. 招聘队伍的组建原则（　　）。

A. 知识互补　　B. 能力互补

C. 气质互补　　D. 性别互补

E. 年龄互补

5. 招聘质量评估对象有哪些（　　）。

A. 新员工的离职率　　B. 新员工的业绩评价

C. 招聘成本　　D. 招聘渠道

三、判断题

1. 猎头公司是专门为雇主“猎取”普通员工的职业中介结构。（　　）
2. 非结构化面试一般事先不拟定谈话内容，以漫谈形式让应聘者自由发挥。（　　）

四、讨论题：SONY 公司的内部招聘

一天晚上，索尼董事长盛田昭夫按照惯例走进职工餐厅与职工一起就餐、聊天。他多年来一直保持着这个习惯，以培养员工的合作意识和他们的良好关系。这天，盛田昭夫忽然发现一位年轻的职工郁郁寡欢，满腹心事，闷头吃饭，谁也不理。于是，盛田昭夫主动坐在这名员工的对面与他攀谈。

几杯酒下肚之后，这个员工终于开口了；“我毕业于东京大学，有一份待遇十分优厚的工作。进入索尼之前，对索尼公司崇拜得发狂。当时，我认为我进入索尼是我一生最佳的选择。但是，现在才发现，我不是在为索尼工作，而是在为科长工作。坦率地说，我这位科长是个无能之辈，更可悲的是，我所有的行动和建议都得科长批准，我自己的一个小发明与改进，科长不仅不支持，不解释，还挖苦我癞蛤蟆想吃天鹅肉，有野心。对我来说，这名科长就是索尼。我十分泄气，心灰意冷。这就是索尼？这就是我的索尼？我居然放弃那份优厚的工作来到这种地方！”这番话令盛田昭夫十分震惊，他想，类似的问题在公司内部员工中恐怕不少，管理者应该关心他们的苦恼，了解他们的处境，不能堵塞他们的上进之路，于是产生了人事管理制度的想法。

之后，索尼公司每周出版一次内部小报，刊登公司各部门的“求人广告”，员工可以自由而秘密地前去应聘，他们的上司无权阻止。

另外，索尼原则上每隔两年让员工调换一次工作，特别是对于那些精力旺盛，干劲十足的人才，不是让他们被动地等待工作，而是主动地给他们施展才能的机会。

讨论问题：

你怎样看待索尼公司的内部招聘？

这种制度能否在中国企业行得通？

五、应用题

大学生吴某到某公司应聘，公司以她是女性为由拒绝录用，并说只要吴某能带来一名男生到该公司工作，就可以一并录用她。

请问该公司的做法违反了招聘工作的什么原则？

作为招聘人员，在工作中应该注意什么问题？

推荐网站

前程无忧，智联招聘，中华英才网。

推荐阅读

《员工招聘与配置》、《员工招募、面试、甄选和岗前引导》。

专业词汇

工作任务（Task），
职责（Duty），
职位（Position），
职级（class），
职等（grade），
业务知识测试（job knowledge tests），
求职面试（employment interview），
结构化面试（structured interview），
职业兴趣测试（vocational interest tests）。

综合案例 1

丰田的全面招聘体系

丰田公司著名的“看板生产系统”和“全面质量管理”体系名扬天下，但是其行之有效的“全面招聘体系”鲜为人知，正如许多日本公司一样，丰田公司花费大量的人力物力寻求企业需要的人才，用精挑细选来形容一点也不过分。

一、“全面招聘体系”内容

丰田公司全面招聘体系的目的就是招聘最优秀的有责任感的员工，为此公司做出了极大的努力。丰田公司全面招聘体系大体上可以分成 6 大阶段，前 5 个阶段招聘要持续 5～6 天。

第一阶段丰田公司通常会委托专业的职业招聘机构，进行初步的甑选。应聘人员一般会观看丰田公司的工作环境和工作内容的录像资料，同时了解丰田公司的全面招聘体系，随后填写工作申请表。1 个小时的录像可以使应聘人员对丰田公司的具体工作情况有个概括性了解，初步感受工作岗位的要求，同时也是应聘人员自我评估和选择的过程，许多应聘人员知难而退。专业招聘机构也会根据应聘人员的工作申请表和具体的能力和经验做初步筛选。

第二阶段是评估员工的技术知识和工作潜能。通常会要求员工进行基本能力和职业态度心理测试，评估员工解决问题的能力、学习能力和潜能以及职业兴趣爱好。如果是技术岗位工作的应聘人员，更加需要进行 6 个小时的现场实际机器和工具操作测试。通过 1～2 阶段的应聘者的有关资料转入丰田公司。

第三阶段丰田公司接手有关的招聘工作。本阶段主要是评价员工的人际关系能力和决策能力。应聘人员在公司的评估中心参加一个 4 小时的小组讨论，讨论的过程由丰田公司的招聘专家即时观察评估，比较典型的小组讨论可能是应聘人员组成一个小组，讨论未来几年汽车的主要特征是什么。实地问题的解决可以考察应聘者的洞察力、灵活性和创造力。同样在第三阶段应聘者需要参加 5 个小时的实际汽车生产线的模拟操作。在模拟过程中，应聘人员需要组成项目小组，负担起计划和管理的职能，比如如何生产一种零配件，人员分工、材料采购、资金运用、计划管理、生产过程等一系列生产考虑因素的有效运用。

第四阶段应聘人员需要参加一个 1 小时的集体面试，分别向丰田的招聘专家谈论自己取得过的成就，这样可以使丰田的招聘专家更加全面地了解应聘人员的兴趣和爱好，他们以什么为荣，什么样的事业才能使应聘员工兴奋，更好地做出工作岗位安排和职业生涯计划。在此阶段也可以进一步了解员工的小组互动能力。

通过以上四个阶段，员工基本上被丰田公司录用，但是员工需要参加第五阶段一个 25 小时的全面身体检查。了解员工的身体一般状况，和特别的情况，如酗酒、药物滥用的问题。

最后在第六阶段，新员工需要接受 6 个月的工作表现和发展潜能评估，新员工会接受监控、观察、督导等方面严密的关注和培训。

丰田的全面招聘体系使我们理解了如何把招聘工作与未来员工的工作表现紧密结合起来。从全面招聘体系中我们可以看出，首先，丰田公司招聘的是具有良好人际关系的员工，因为公司非常注重团队精神。其次，丰田公司生产体系的中心点就是品质，因此需要员工对于高品质的工作进行承诺。再次，公司强调工作的持续改善，这也是为什么丰田公司需要招收聪明和有过良好教育的员工，基本能力和职业态度心理测试以及解决问题能力模拟测试都有助于良好的员工队伍形成。正如丰田公司的高层经理所说：受过良好教育的员工，必然在模拟考核中取得优异成绩。

案例问题：

1．分析该案例的招聘流程，并结合案例，谈谈你的看法？

2．员工招聘计划包括哪些内容？

综合案例 2

从“民工慌”到“民工荒”

2010 年 2 月 21 日，农历新年的大年初八，中国各大小报纸登载的头条新闻均是——我国出现大面积“用工荒”。

根据相关部门的调查数据显示，受 2008 年全球金融危机影响，东部沿海地区经济发展减速，大量农民工失岗返乡。但是 2010 年春节后珠三角、长三角、北部湾等沿海地区的情况发生了令人意想不到的变化。由于经济迅速回暖，沿海地区和内地同时出现严重的缺工现象。据广州媒体报道，广州加工制造业、现代服务业、传统服务业等三大行业，缺工最为严重，缺工量达 15 万。深圳早在 2010 年 4 月份就从年初的岗位缺口转为用工缺口，当时用工缺口 2.3 万人，到 6 月份用工缺口超过 6 万人，特别是电子电器、玩具、制鞋、五金等劳动密集型行业，用工缺口很大。而浙江省人力资源市场 2010 年 7 月的劳动力供求报告显示，企业总需求人数 60.3 万人，求职总人数 35.4 万人，用工缺口达 25 万人。为招到工人，有些企业变相地、悄悄地增加工资，普工们每月加班后的薪水可达 1700~1800 元，如果加班量再大些，薪水可以达到 2000 元。据某些企业人力资源部门负责人介绍说，普工的招工标准也放宽了许多，以前都要招 25 岁以下，初中以上文化的女性。现在，制造业基本上对学历没有要求，性别没有了限制，年龄放宽到了 45 岁以内。由于缺工严重，更多的企业意识到，留住老员工与招聘新员工同等重要。春节前一些企业为留住老员工，频出“奇招”，比如上涨底薪，给带来新人的老员工 50~100 元奖励，给新员工报销路费，夫妻双职工给出优惠的福利待遇等。

中国的企业尤其是制造、服务等行业已经由过去“民工慌”转变到“民工荒”，摆在人力资源工作者头上的紧箍咒——“招工难”也越来越紧。

（资料来源：明朓生，蔡早勤，周海滨. 珠三角，缺工超过 200 万名[N]. 武汉晚报，2010-02-21）

从上述报道可知，受到国家产业升级，中国人才供求结构性失衡问题等多种因素的影响，一直备受“轻视”科学化员工招聘工作，让众多企业的人力资源从业者越来越“焦头烂额”。

案例问题：

1. “民工荒”现象是如何产生的。
2. 从人力资源管理的角度如何看待这一问题？

拓展链接 1

3月进入“招聘季”大型国企受欢迎度超公务员

据《新闻晨报》报道，今年的应届毕业生进入“招聘季”，大量的应届生、各种各样的需求岗位以及综合和专业类的招聘会都将在3月至5月集中出现在人才市场。记者从前天“招聘季”开局的上海市航运、物流行业高校毕业生招聘会上获悉，今年大型国企受欢迎程度首超公务员，成为很多应届生求职首选。

今年物流人才需求或增3万~5万人

虽然是一场专业招聘会，但作为“招聘季”开局，前天的招聘活动人气很旺，约有数千名应届生参加当天的招聘活动。

“此次招聘的岗位中有2/3属于物流岗位。”上海国际航运物流人才服务中心主任王平介绍说，上海目前有3000多家物流企业，中国（上海）自由贸易试验区批准设立之后，给物流业带来商机，很多物流公司在自贸区设立办事机构，人才需求增长势在必行，预计该行业人才需求将比去年增加10%~20%。

上海远洋运输公司工作人员表示：“物流人才肯定会扩大招聘”。上海东昌西泰克现代物流管理有限公司今年考虑招聘60~70名员工，而去年只招聘20多名，而招聘的员工中，有相当数量是物流人才。一位物流行业老法师估计，以10%~20%增幅估算，今年物流人才需求预计较去年增加3万~5万人。

大型国企更受应聘者追捧

这场招聘活动中最受追捧的是大型国企。记者在招聘会现场进行了一次小型调查，被调查的22名应届生中，有9人首选大型国企工作，有6人首选公务员岗位，有5人优先考虑进外资企业，只有2人选择“随便，都可以考虑”。

开始招聘仅半个小时，中外运上海长航国际海运有限公司就收到了50多份报名简历，排队等候应聘的学生超过外资企业。很多学生称：“外资企业收入高低落差大，工作稳定性不比国企，而且工作量大，干活吃力。”上海锦江航运（集团）有限公司工作人员告诉记者，与外企相比，大型国企升职空间更大，“外企升职到部门或总监一级后，就难以再高升，但国企既可升职至副总甚至正职总经理，还可考虑技术岗位升职”。

对于公务员岗位逊色于大型国企，一位业内人士分析，这与去年以来中央政府加大了公务员管理力度，公务员灰色收入减少不无关系。

应届生月薪普增三五百元

春节过后，应届生薪酬行情看涨。东昌西泰克公司今年应届生薪酬较去年增长300~500元/月，应届本科生收入为3500~4000元/月。泽世供应链管理有限公司应届生中大专的月薪在3000元左右，本科生在4000元左右，也较去年增加300~500元/月。

在分析涨薪的原因时，一些招聘企业告诉记者，主要是从生活成本增加、物价上涨考虑。应届生要成家立业、结婚、生子，不增加薪酬，招不到优秀大学生，更留不住人才。

（资料来源：东方网，2014-3-4）

拓展链接 2

情景模拟面试实战

面试的时间，安排在上班的 9：00 钟，办公室的同事们基本上都在 8：50 分左右到的，根据设计，办公室的四个人，一个人整理近期报纸，一个人在打扫自己个人卫生，王女士在看近期文件，另一个人，待在隔壁的办公室，9：00 的时候，打电话给王女士，说老总要求尽快把报告整理出来，9：10 分必须给总经理。

首先是赴约时间：三个面试者，通知的时间，都是 9：00 钟面试，到达时间分别在 8：55、9：02、9：10 到达办公室，且记着 A 君、B 君、C 君。

A 君到达后，大家都忙着，进门后说自己是应聘人员，办公室小王让他坐在沙发上等，就忙于整理报纸了。并告诉他，他可以自己去倒杯水、看会报纸。A 君说谢谢后，就规规矩矩的待在那里。B 君来了，进来后首先抱歉自己迟到，并解释说走错楼梯了，小王一边整理报纸，同时解释，因为王女士有急事，需要他等等，面试 9：20 开始。同样，告诉他可以自己倒杯水、看会儿报纸。B 君说谢谢后，倒了两杯水，一杯给了 A 君，另一杯留给了自己。看到小王把报纸搞得乱糟糟的，他说，我来帮你一块整理吧。小王说不必不必。B 君说，你负责日期，我帮你按版面进行整理，这样会快些。然后就干开了。A 君有些不自在，就拿了报夹上的报纸翻起来。

C 君 9：10 到达，C 君是某关系介绍过来的，进来后，冲着办公室里面的人点点头，自己就找位置坐下来，带了一瓶矿泉水。沙发边上有些杂志，乱糟糟的，他胡乱地翻了一下，抽出其中一本，跷着脚，看起来。9：12 分左右，隔壁打电话的小李，过来招呼打扫自己卫生的小张，要把办公室的一张桌子搬出去。A 君站起来，看到桌子必须从沙发边搬出去，知道碍事，把报纸放在边上；B 君又一幅我是男的，我可以帮忙的架势；C 君仍然驾着自己的腿。

要知道，这是第二轮面试。最后，你猜，他们选择了谁？三个人都选了，A 君是因为公司需要一个库房管理；B 君被办公室录用了；C 君被领导安排在销售部门。

你知道三个人后来的发展吗？情景模拟面试的一年后，这几个人不出他们所料，收获了不同的命运：A 君规规矩矩，B 君得到了晋升，C 君离职了。

第 5 章 员工培训与开发

能力目标

- 了解员工培训与开发的基本概念、原则、方法
- 掌握培训与开发的常用方法
- 掌握组织员工培训流程
- 了解员工职业生涯开发与管理内涵、方式、流程

本章重点：培训常用方法，员工培训流程

本章难点：员工培训流程及其方法；员工职业生涯开发与管理的方式及流程

引入

组织为什么留不住新员工

王凡是上海一家医疗器械公司的人力资源部经理，公司最近招了一名销售员李勇，在经过面谈后，王凡认为李勇在销售方面具有很大的潜力，具备公司要找的销售人员条件。可是，两星期后销售部经理却告诉她，李勇提出离开公司。王凡把李勇叫到办公室，就他提出辞职一事进行面谈。

王凡：李勇，我想和你谈谈。希望能改变你的主意。

李勇：我不这样认为。

王凡：那么请你告诉我，你为什么想走，是别的组织给你的薪水更高吗？

李勇：不是。实际上我还没有其他工作。

王凡：你没有新工作就提出辞职？

李勇：是的，我不想在这里待了，我觉得这里不适合我。

王凡：能够告诉我为什么吗？

李勇：在我上班的第一天，别人告诉我，正式的产品培训要一个月后才进行，他们给我一本销售手册，让我在这段时间里阅读学习。第二天，有人告诉我在徐汇区有一个展览，要我去公关部帮忙一周。第三周，又让我整理公司的图书。在产品培训课程开课的前一天，有人通知我说，由于某些原因课程推迟半个月，安慰我不要着急，说先安排公司的销售骨干先给我做一些在职培训，并让我陪一起访问客户。所以我觉得这里不适合我。

王凡：李勇，在我们这种行业里，每个新员工前几个月都是这样的，其他地方也一样。

探究：你认为这家公司新员工培训存在哪些问题？请就此提出你的建议。

（资料来源：百度文库）

第一节　员工培训与开发概述

如何让组织在变化的社会环境中取得生存和发展，员工培训与开发是组织增强应变能力，适应市场变化的必要手段。长期以来，员工培训与开发都是现代组织人力资源管理的重要职能之一，能够提升员工整体素质，使其组织拥有高素质的人才队伍，增强组织的人才竞争优势；通过员工的培训与开发，能够提高组织的生产效率，提升组织效能和产品质量，增强组织和产品竞争力。同时也能发展组织人力资源潜能，帮助员工实现自身价值，提高工作满意度，增强员工对其组织的责任感和归属感。因此，组织在任何时候都会把对员工的培训与开发放在至关重要的地位。

一、员工培训与开发的涵义

1. 员工培训与开发的概念

员工培训与开发是指组织根据自身发展目标，通过学习、训练等方法，有计划地为员工灌输组织文化、道德、技术、信息、理念、组织发展历程、工作流程和技巧等，帮助他们提高自身素质和能力，提高工作效率，发挥内在潜能的过程。

随着近代社会工业化经济的进程，员工培训开始作为一种规则性的活动出现。进入新经济时代，组织生存的环境变得更加纷繁复杂、快速多变，组织经历着前所未有的全球经济一体化、知识与创新、网络信息时代等多种力量的挑战和冲击，这些挑战和冲击都对组织的员工培训与开发提出了新的要求，培训与开发的内涵、需求、作用、方式也与以往有了较大的不同。

员工的培训与开发，从广义的角度来讲，包括组织基层员工的教育与培训（岗前和在职）、管理人员的培训与开发、员工职业生涯开发与管理等内容；狭义的角度来讲，指普通员工的教育培训和管理人员的发展。组织为了使员工获得或改进与工作有关的知识、技能、动机、态度和行为，以利于提高员工的绩效以及员工对组织目标的贡献，组织所作的有计划的、有系统的各种努力。

综上所述，我们对培训与开发做如下定义：员工培训与开发是指组织根据自身发展目标，通过学习、训练等方法，有计划地为员工灌输组织文化、道德、技术、信息、理念、组织发展历程、工作流程和技巧等，帮助他们提高自身素质和能力，提高工作效率，发挥内在潜能的过程。

从以上定义中，我们可以看出员工的培训与开发所具备的基本内涵，介绍如下。

① 培训与开发的主要目的是提高组织绩效和实现组织的目标。

实现组织目标是培训与开发的根本目的，也是在进行员工培训与开发时必须首先明确的。培训直接与当前组织的岗位要求相关，其结果是员工能够胜任岗位工作；发展的内容有时与当前组织的岗位并不直接相关，但是发展的最终目的仍然是使员工为组织未来发展做好准备。

② 培训与开发的任务是有助于提升员工的人力资本。

人力资本表现为员工所具备和掌握的科学文化知识、专门的职业技术知识和专业技术技能、体力状况及心理素质等。人力资本作为一种生产要素，它的获得必须通过相应的投资活动，即人力资本投资。而培训与开发就是培养和训练员工的知识和技能，以提高员工的职业适应性和工作绩效。因此，从人力资本理论角度来看，培训与开发是一种人力资本投资。

③ 培训主要包括有计划的、有系统的各种努力。

培训与开发的目的是通过知识、技能、能力、态度的学习改变员工的工作行为，最终提升组织绩效。从这个意义上来说，培训与开发本身就是一种管理手段，期望通过影响员工在特定的工作情境下的行为帮助实现组织目标，它本身就是组织有计划、有系统的活动，在活动中组织通过各种努力来实现其培训的目的。

④ 培训的内容主要包括：组织文化、道德、专业技术、信息、组织经营理念、组织发展历程、工作流程和技巧等。

现代人力资源管理理论认为，员工作为组织的一员，要为实现组织的目标而努力。同时，组织也要帮助员工完成各自的职业发展计划，提高员工的职业能力，使员工的人力资本价值增值。简而言之，培训与开发带来的是组织与个人的共同发展。

2. 员工培训与开发的区别

培训（Training）与开发（Development）两个术语有时可以混用。实际上二者之间还是有差异的。

员工培训是指组织有计划地实施有助于员工学习与工作相关能力的活动，这些能力包括知识、技能和对工作绩效起关键作用的行为。从管理的角度来看，培训主要是使其员工掌握如何干好当前所承担工作的相关信息和技能，使其员工在自己现在或未来工作岗位上的工作表现达到组织的要求而进行的培养及训练。

员工开发是指为员工未来发展而开展的正规教育、在职实践、人际互动以及个性和能力的测评等活动。发展活动以未来为导向，要求员工学习与当前从事的工作不直接相关的内容。通过教育培训使其员工掌握目前和未来所能承担的工作所需的技能、知识、工作思路，充分发挥自身的潜能，能不断地适应新情况、新环境的需要，卓有成效地完成组织的目标和任务。

培训的内容主要包括员工的技能培训（完成本职工作所需技能）、高级技能培训（怎样运用自身信息与他人共享信息）、对所承担工作的系统了解自我潜能发展、创造性，以及与组织经营战略性目标相联系的高层次培训等内容。

员工开发主要是促进员工个人职业发展而开展的正规教育、在职体验、人际互动、以及职业选择与发展的人格与能力的测评等各种活动。

在传统意义上，培训侧重于近期目标，重心放在提高员工当前工作的绩效从而发展员工的技术性技巧，以使他们掌握基本的工作知识、方法、步骤和过程；开发则侧重于培养提高管理人员的有关素质（如创造性、综合性、抽象推理、个人发展等），帮助员工为组织的其他职位作准备，提高其面向未来职业的能力，同时帮助员工更好地适应由新技术、工作设计、顾客或产品市场带来的变化。培训通常侧重于提高员工当前工作绩效，故员工培训具有一定的强制性；而发展活动只是对认定具有管理潜能的员工才要求其参加，其他员工要有参与发展的积极性。传统观念认为培训的对象就是员工与技术人员，而发展的对象主要是对管理人员。

二者之间的具体比较区别如表 5-1 所示。

表 5-1　员工的培训与开发比较

项　目	内　涵	侧　重　点	时　间	阶 段 性	参　与	工 作 经 验	对　　象	目 标 行 为
培训	较小	当前工作	较短	清晰	强制	运用度较低	中高层管理者	短期性
发展	较大	未来发展	较长	模糊	自愿	运用度较高	基层及专业技术人员	长期性

（资料来源：该图表主要参见http：//wenku.baidu.com/）

然而，随着培训的战略地位的凸现，员工培训将越来越重要，培训与开发的界限已日益模糊。现在，两者都注重员工与组织当前和未来发展的需要，而且员工、经营者都必须接受培训与开发。对于组织而言，培训与开发都是重视员工个人与组织当前和未来发展相匹配的人力资源发展工作，二者都是组织为了使员工获得与工作有关的知识和技能，或改善员工工作动机、行为、态度，提高员工绩效，实现组织更加宏远的目标。因此，员工的培训与开发在组织人力资源管理中具有同等重要的位置，有时加以区分，有时可以不作严格的区分。

二、员工培训与开发的意义与特点

据专家预测，在未来的世纪，员工要胜任当前和未来的工作均应具备综合运用知识的能力。这要求员工必须学会分享知识，创造性地运用知识来改造产品或向顾客提供服务，并能更好地理解服务或产品发展系统。因此，目前大多数组织都建立了把员工培训与开发和组织经营的战略目标和宗旨联系在一起的高层次培训与开发的观念。在组织中营造鼓励持续学习的工作环境，构建学习型组织，使组织的员工总是不断地学习新的知识、新技能，并直接运用到产品或者服务质量的改善方面。

1. 员工培训与开发的意义

组织在面临全球化、高质量、高效率的工作系统挑战中，培训与开发显得更为重要。培训与开发使员工的知识、技能、观念、态度和动机明显提高与改善，由此提高组织效益，获得竞争优势。当组织在知识储备和提升上存在隐患时，培训与开发与发展的作用会突现出来。具体体现在以下方面。

① 有助于员工的职业技能和工作满意度的提升。员工培训与开发的直接目的就是要发展员工的职业能力，使其更好地胜任现在的日常工作及未来的工作任务，增强对组织的责任感和归属感，提升工作满意度。首先，在能力培训与开发方面，传统上的培训与开发重点一般放在基本技能与高级技能两个层次上，但是未来的工作需要员工更广博的知识，培训与开发员工学会知识共享，创造性地运用知识来调整产品或服务的能力。其次，在职业晋升方面，培训与开发使员工的工作能力提高，为其取得好的工作绩效提供了可能，也为员工提供更多晋升和较高收入的机会；再次，在工作满意度方面，以提高员工本身的能力，有助于其在现在或将来的工作中有进一步的提升，满足员工的成就感。所以组织应不断地进行职工培训与开发，向职工灌输组织的价值观，培训与开发良好的行为规范，使职工能够自觉地按惯例工作，从而形成良好、融洽的工作氛围。

② 有助于组织获得竞争优势。构筑自己的竞争优势是任何组织在现在及将来的激烈竞争中谋求生存、发展和壮大的关键。通过培训与开发与发展，一方面可以使员工及时掌握新的知识和技术，确保组织在现在及将来都能拥有高素质的人才队伍；另一方面可以营造出鼓励知识学习和技能创新的良好氛围，更有助于提高组织的学习能力，增进组织的竞争优势。

③ 有助于提升管理者的管理水平。培训与开发能改进员工的工作表现，降低成本；培训与开发可增加员工的安全操作知识；提高员工的劳动技能水平；增强员工的岗位意识，增加员工的责任感，规范生产安全规程；增强安全管理意识，提高管理者的管理水平。因此，组织应加强对员工敬业精神、安全意识和知识的培训与开发。

④ 有利于构建高效的组织工作绩效系统。组织整体绩效提升的实现是以员工个人绩效的实现为前提和基础的，有效的培训与开发与发展能够帮助员工提高本身的知识技能，改变他们对工作的态度，增进对组织员工对组织战略、经营目标、规章制度、工作标准等的理解和接受，不断提高他们的工作积极性，从而改善他们的工作业绩，进而促进组织整体绩效的提高。

⑤ 有助于员工自我实现的需要。在现代组织中，员工的工作目的更重要的是为了“高级”需求——自我价值实现。培训与开发不断教给员工新的知识与技能，使其能适应或能接受具有挑战性的工作与任务，实现自我成长和自我价值，这不仅使员工在物质上得到满足，而且使员工得到精神上的成就感。

⑥ 有助于培育卓越的组织文化。良好的组织文化对员工具有强大的凝聚、规范、导向和激励作用，在组织文化的构建过程中使员工拥有共同的价值观念和道德准则，培训与开发与发展中的教育和宣传是一种非常有效的手段。

⑦ 有助于学习型组织的构建。学习型组织与一般的组织最大的区别就是，永不满足地提高产品和服务的质量，通过不断学习和创新来提高效率。学习型组织是现代组织管理理论与实践的创新，是组织员工培训与开发发展理论与实践的创新。组织要想尽快建立学习型组织，

除了有效开展各类培训与开发外，更主要的是贯穿“以人为本”提高员工素质的培训与开发思路，建立一个能够充分激发员工活力的人才培训与开发机制。

2. 员工培训与开发的特性

员工培训与开发的对象是在职人员，其性质属于继续教育的范畴。它具有鲜明的特征。

① 普及性。即指员工培训与开发的网络涉及的面广，不仅决策层管理者需要培训与开发，而且一般员工也需要受训；员工培训与开发的内容涉及组织经营活动或将来需要的知识、技能以及其他问题，而且员工培训与开发的方式与方法也具有更大的普及性。

② 层次性。即指员工培训与开发网络的深度。也是培训与开发网络现实性的具体表现。不仅组织战略不同，培训与开发的内容及重点不同，而且不同知识水平和不同需要的员工，所承担的工作任务不同，知识和技能需要也各异。

③ 协调性。即指员工培训与开发网络是一个系统工程。它要求培训与开发的各环节、培训与开发项目应协调，使培训与开发网络运转正常。首先，要从组织经营战略出发，确定培训与开发的模式、培训与开发内容、培训与开发对象。其次，应适时地根据组织发展的规模、速度和方向，合理确定受训者的总量与结构。最后，还要准确地根据员工的培训与开发人数，合理地设计培训与开发方案、培训与开发的时间、地点等。

④ 实用性。适用性是指培训与开发成果转移或转化成生产力，并能迅速促进组织竞争优势的发挥与保持。首先，组织应设计好的培训与开发项目，使员工所掌握的技术、技能、更新的知识结构能适应新的工作。其次，应让受训者获得实践机会，为受训者提供或其主动抓住机会来应用培训与开发中所学的知识、技能和行为方式。最后，为培训与开发成果转化创造有利的工作环境，构建学习型组织。

⑤ 长期性和速成性。即指随着科学技术的日益发展，人们必须不断接受新的知识，不断学习，任何组织对其员工的培训与开发将是长期的，也是永恒的。员工学习的主要目的是为组织工作，所以，培训与开发一般针对性较强，周期短，具有速成的特点。

⑥ 实践性。即指培训与开发应根据员工的生理、心理以及一定工作经验等特点，在教学方法上应注重的实践教学方法。应针对工作实际多采用启发式、讨论式、研究式以及案例式的教学，使员工培训与开发有效果。

⑦ 目的性。培训与开发的目的性非常明确，就是通过培训与开发提高员工的工作绩效，进而提高组织的整体绩效。因此培训与开发工作都是围绕这个目的展开，达到这个目的与否也成为衡量培训与开发工作成效的标准。

⑧ 系统性。培训与开发不是仅仅开设一种或几种课程，而应具有一定的系统性与持续性。组织要根据战略发展的需要详细规划、设计和实施培训计划。

⑨ 激励性。为了更好调动员工的积极性和学习热情，使他们能够主动、自觉地参与到培训与开发活动中，在培训与开发的过程中应该坚持激励的原则。首先，在培训与开发活动实施前应充分动员和鼓励员工主动参与，尽量把培训与开发需求变成员工的内在需要。其次，要及时反馈培训的效果，密切关注员工的培训进程。反馈的信息越及时、准确，培训的效果就越好。最后，培训与开发的结果应与员工奖惩制度相联系，使其学习的内容在培训结束、回到工作岗位后能不断得到强化。

⑩ 共赢性。员工通过培训与开发，能有效提高个人的管理水平和工作效率，有利于个人职业的发展。作为组织人力资源管理活动的重要组成部分，员工培训与开发也是组织调动员

工积极性、改变员工观念、提高员工凝聚力的一条重要途径。因此，有效的员工培训与开发，会使员工和组织共同受益，促进员工与组织的共同发展。

三、员工培训与开发的原则

培训与开发作为人力资源发展的一项重要手段，可以为组织创造价值，但这种价值的实现，还要求组织在实施培训与开发的过程中，要遵循以下几个基本的原则。遵循这些原则也是培训与开发任务完成和培训与开发目标实现的重要保证。

1. 服务于组织战略管理的原则

在组织活动中，培训与开发与发展的实施应当从组织战略的高度出发，服务于组织的战略和规划，要求培训与开发与发展工作不仅要关注眼前问题，更要立足于组织的长远发展。从未来发展的角度出发进行培训与开发，这样才能保证培训与开发工作的积极性、主动性。

2. 树立清晰的目标的原则

目标对人们的行为具有明确的导向作用，在培训与开发之前为参加培训与开发的人员设置明确的目标,使受训人员在参加培训与开发的活动中具有明确的方向并且具有一定的压力，不仅有助于在培训与开发结束之后进行效果衡量，而且有助于提高培训与开发活动的效果。

3. 讲究实效的原则

培训与开发的目的在于通过员工个人绩效的提高来提升组织整体绩效，因此，培训与开发的内容应该结合员工的年龄、知识、能力、思想等实际情况进行具有明确目标的培训与开发，注重培训与开发迁移，学以致用，将培训与开发和工作需求有机结合起来，确保培训与开发受到预想的效果。

4. 效益性原则

培训与开发是一种投资行为，与其他投资一样，也有投入产出的问题。培训与开发的投资属于智力投资，它的投资收益应高于实物投资收益，但对培训与开发的投入产出的衡量具有一定的特殊性，这表现在：培训与开发的投资成本不仅包括可以明确计算出来的费用成本、人力成本，还包括机会成本等。

四、员工培训与开发的内容和形式

1. 培训与开发的内容

员工培训与开发的内容和形式必须与组织的战略目标、员工的职位特点相适应，同时考虑适应内外部经营环境变化。一般地，任何培训与开发都是为了提供员工在知识、技能和态度、综合素质四个方面的学习与进步。

（1）知识的学习

员工应通过培训与开发掌握完成本职工作所需要的基本技能和知识，组织应根据经营发展战略要求和技术变化的预测，以及将来对人力资源的数量、质量、结构的要求与需要，有计划、有组织地培训与开发员工，使员工了解组织的发展战略、经营方针、经营状况、规章制度、文化基础、市场及竞争等。

（2）技能的提高

培训与开发首先对不同层次的员工进行岗位所需的技术性能力培训与开发，即员工对本职工作的认知能力和关键性技术能力的运用能力等。员工的认知能力与关键性技术能力同其工作的成功有相关关系，随着工作变得越来越复杂，认知能力对完成工作显得越来越重要。此外，组织应更多培养员工的人际交往能力。尤其是管理者，更应注重判断与决策能力、改革创新能力、灵活应变能力、人际交往能力等的培训与开发。

（3）态度的转变

员工的态度同培训与开发效果和员工的工作表现是直接相关的。通过培训与开发可以改变员工的工作态度，关键的是管理者工作本身，管理者要在员工中树立并保持积极的态度，同时善于利用员工态度好的时间来达到所要求的工作标准。管理者根据不同的特点找到适合每个人的最有效的影响与控制方式，规范员工的行为，促进员工态度的转变。

（4）综合素质的提升

现代培训与开发越来越注重员工素质的提高和心理能力的开发。特别是学习型组织，要求员工打破固有的思维模式，挑战极限，突破组织屏障，整体提升组织的人力资源水平。

2. 培训与开发的形式

为适应不同的培训与开发目的、不同的培训与开发内容、不同的受训者等，员工培训与开发的组织形式也多种多样。

① 从培训与开发职能部门的组建看，培训与开发有学校模式、顾客模式、网状模式、组织办学模式和虚拟培训与开发组织模式等五种模式。

学校模式，即组织组建培训与开发部门，看起来非常像一所大学结构。培训与开发部门由主管人会同一组对特定课题或特定的技术领域具有专业知识的专家共同领导。专家负责发展、管理和修改培训与开发项目。

顾客模式，即组织组建培训与开发部分负责满足公司内某个职能部门的培训与开发需求，使培训与开发项目与经营部门的特定需要而不是与培训与开发者的专业技能相一致。但培训与开发者必须了解经营需要并不断更新培训与开发课程和内容以适应这种需求。

网状模型，即组织组建培训与开发部门能适应培训与开发者既向部门经理又要向特定职能部门的经理汇报工作的模式。培训与开发者具有培训与开发专家和职能专家两个方面的职责。它有助于将培训与开发与经营需求联系起来；培训与开发者可以通过某一特定的经营职能而获得专门的知识。

组织办学模式，利用组织办学组建职能部门趋向于提供范围更广的培训与开发项目与课程。该模式的客户群不仅包括员工和经理，还包括公司外部的相关利益者；组织一些重要的文化和价值观将在组织大学的培训与开发课程中得到重视；它保证组织某部门内部开展的有价值的培训与开发活动能在整个组织进行传播。

虚拟培训与开发组织模式（Virtual Training Organization，VTO），与传统培训与开发部门的最大区别体现在结构上，传统的培训与开发组织趋向于由固定的从事某一特定职能如指导设计的培训与开发者和管理者来运营。VTO 的运作遵循三个原则：员工对学习负主要责任；在工作中进行最有效的学习，而不是在课堂上；经理与员工的关系对将培训与开发成果转换成工作绩效的提高起着重要的作用。

② 从培训与开发的对象看，培训与开发有中高层员工培训与开发、专业技术人员培训与开发、基层员工培训与开发及新员工培训与开发。

中高层员工培训与开发主要让他们掌握必要的管理技能，以及新的管理知识与理论、先进的管理方法。

专业技术人员培训与开发是让他们提高专业领域的能力，旨在提高其新产品研制能力；同时培训与开发财务、营销知识、时间管理、信息管理、沟通技巧、团队建设、人际能力、指导员工、外语等方面的知识与能力。

基层员工培训与开发让员工操作技能提高，培训与开发是针对不同岗位所要求的知识与技能而言。

新员工培训与开发，即为新进入组织的员工指引方向，使之对新的工作环境、条件、工作关系、工作职责、工作内容、规章制度、组织期望等有所了解，使其尽快顺利地融入组织并投身到工作之中。

③ 从员工培训与开发的时间看，培训与开发有全脱产培训与开发、半脱产培训与开发与业余培训与开发等。

全脱产培训与开发是受训者在一段时期内完全脱离工作岗位，接受专门培训与开发后，再继续工作。

半脱产培训与开发是受训者每天或每周抽出一部分时间参加学习的培训与开发形式。

业余培训与开发是受训者完全利用个人业余时间参加培训与开发，不影响正常生产或工作的培训与开发形式。

④ 从岗位形式来看，分为岗前培训和在职培训。岗前培训又分为一般性培训和专业性培训。一般性培训内容包括：组织发展史、组织战略目标、传统与基本方针、组织理念、价值观、本行业的现状与公司的地位、组织的制度与组织结构、产品知识、制造与销售、公务礼仪、行为规范等。专业性培训内容包括：就业规则；薪酬与晋升制度；劳动合同；安全、卫生、福利与社会保险；技术、业务、会计等各种管理方法训练。在职培训分为管理人员培训和专业培训。管理人员培训内容包括：观察、知觉力；分析判断力；反思、记忆力；推理、创新力；口头文字表达能力；管理基础知识；管理实物；案例分析、情商、人际交往、团队精神等。专业性培训内容包括：行政人事培训、财务会计、生产技术、生产管理、采购、质量管理、安全卫生、电脑等。

第二节　员工培训与开发系统模式

组织的培训与开发是一项相对独立的系统工程，这种独特性不仅表现为需要树立特定的目标，而且需要投入专项经费，进行专项管理，通常将一项培训活动称为培训项目。有效的培训与开发系统是员工培训与开发的重要保障。精心设计员工培训与开发系统是非常重要的。员工的培训与开发系统包括四个阶段：培训与开发的准备阶段；培训与开发的实施阶段；培训与开发的评价和反馈阶段。具体包括培训与开发需求的确定、培训与开发目标的设置、培训与开发方案设计、培训与开发的实施、培训与开发评价和反馈等几个环节，如图 5-1 所示。

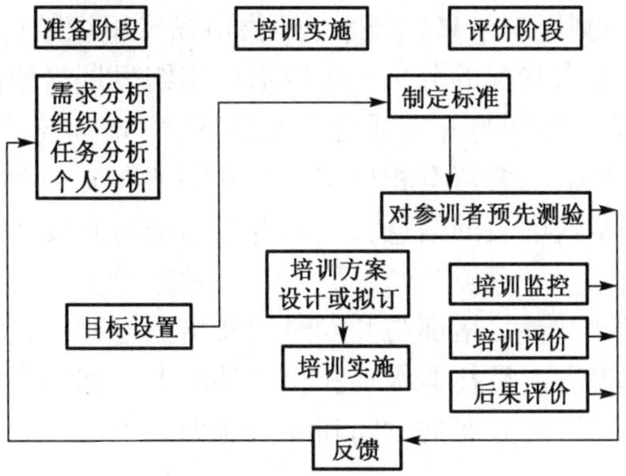

图 5-1　员工培训系统模型

（资料来源：该图表主要参见http：//wenku.baidu.com/）

一、培训与开发准备阶段

在员工培训与开发的准备阶段，必须做好两方面的工作：一是培训与开发需求分析；二是培训与开发目标的确定。

1. 培训与开发需求分析

培训需求分析是培训成功的最为关键的第一步，是一个复杂的系统，涉及组织、工作、人员及组织所处的环境等多个方面的因素。其中，组织、工作和人员三个层面的培训需求分析，是培训需求分析系统的主体内容。培训与开发需求分析对是否需要进行培训与开发来说是非常重要的。它包括组织分析、任务分析与个人分析三项内容。其模式如图 5-2 所示。

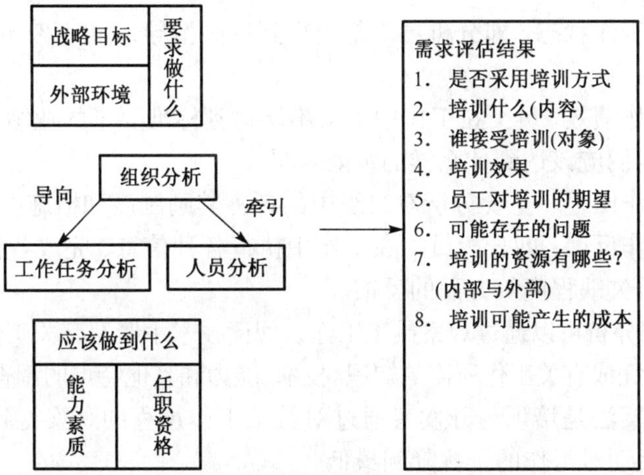

图 5-2　员工培训需求分析模式

（资料来源：该图表主要参见http：//wenku.baidu.com/）

（1）组织层面的需求分析

组织层面的培训需求分析主要围绕组织战略管理、组织目标发展、组织内外资源、组织自身的特性以及组织所处的外部宏观环境等因素展开，这里需要分析以下三个问题。

① 从战略发展高度预测组织未来在技术、销售市场及组织结构上可能发生什么变化，对人力资源的数量和质量的需求状况的分析，确定适应组织发展需要的员工能力。

② 分析管理者和员工对培训与开发活动的支持态度。培训与开发成功关键因素在于：受训者的上级、同事对其受训活动要持有积极态度、并同意向受训者提供关于任何将培训与开发所学的知识运用于工作实践中去的信息，受训者将培训与开发所学习的知识运用于实际工作之中的概率较高等。

③ 对组织的培训与开发费用、培训与开发时间及培训与开发相关的专业知识等培训与开发资源的分析。组织可在现有人员技能水平和预算基础上，利用内部咨询人员对相关的员工进行培训与开发。如果组织缺乏必要的时间和专业能力，也可以从咨询公司购买培训与开发服务。

（2）工作任务层面的分析

工作任务层面的培训需求分析的主要对象是组织内的各个职位，通过工作层面分析要确定各个职位的工作任务，各项工作任务的详细内容和标准，以及完成工作所应具备的知识、技能和能力要求。工作层面分析主要包括工作的复杂程度、饱和程度、工作内容和形式的变化等几方面进行任务分析。任务分析主要是帮助员工准确、按时地完成任务，包括员工执行任务和完成任务所需的知识、技术和能力的描述。

（3）组织人员层面的分析

人员层面分析是从培训对象的角度分析培训需求，通过人员分析确定哪些人需要培训以及所需培训的具体内容。人员层面分析的内容包括员工的年龄、知识背景、学历结构、工作技能与能力、工作态度、个性特征以及工作表现等。组织人员层面的培训与开发需求分析主要从以下几个方面进行。

① 分析员工的个体特征，即分析员工是否具有完成工作作所应具备的知识、技术、能力和态度。

② 分析员工的工作状态。即分析员工是否得到一些指导，如应该干些什么，怎样干和什么时候干等。

③ 分析员工工作绩效。员工在工作中如果不能达到标准要求的业绩表现，其重要的原因之一是员工不知道他们应该达到什么样的绩效水平。

④ 分析员工工作回报。主要分析对组织中的各种奖励制度和措施的反应程度。

⑤ 分析员工工作反馈，即分析员工在工作中执行各种信息、完成各种任务所需技能、绩效水平和各种知识的欠缺程度等方面的反馈。

培训与开发需求分析可以通过观察员工工作、阅读技术手册及有关工作记录、访问专门的项目专家以及让员工完成有关工作所需的知识、技术、能力和其他特点的调查问卷等方法来完成。

① 观察法。观察法是培训与开发者通过对员工工作过程的观察得到有关工作环境的资料，并将需求分析活动对工作的干扰降到最低。

② 调查问卷法。调查问卷法是将有关问题编制成问卷，通过让员工填写问卷来获取培训需求信息的方法，也是目前收集培训需求信息时使用频率最高的方法。其费用低廉，培训与开发者可从大量人员那里收集到数据，易于对数据进行归纳总结。

③ 阅读技术手册和记录方法。该方法有利于收集有关工作程序信息，而且目的性强，尤其是有关新职业和在生产过程中新产生任务信息的收集。

④ 访谈法。访谈法是通过与被访谈人进行面对面的交谈来获取培训需求信息的方法。访

谈前要先确定需要获取的信息，制定访谈提纲。通常以结构化和非结构化相结合的半结构化访谈为好。

⑤ 关键事件法。关键事件法是指通过考察生产过程和经营活动中的关键事件发生的频率、时间、地点、原因、导致的结果等方面的问题来发现潜在的培训需求。确定关键事件的原则是工作过程中发生的、对组织经营有重大影响的特定事件，如系统故障、获取重要客户、重要客户流失、有效投诉等。管理人员要将这些关键事件发生的原因、背景、员工有效或失败的行为、关键行为的后果，以及员工自已能否支配或控制行为后果等信息记录下来。

⑥ 绩效分析法。通过员工在工作的绩效水平来反映员工在工作过程中存在的各种问题，培训与开发的最终目的就是解决这些问题，以提高员工的工作绩效水平。

2. 培训与开发目标的确定

培训与开发的目标是指对员工的一系列培训活动的目的和预期成果。培训与开发的目标一般包括三方面的内容：① 说明员工应该做什么；② 阐明可被接受的绩效水平；③ 受训者完成指定学习成果的条件。

有了培训与开发目标，员工学习才会更加有效。所以，确定培训与开发目标是员工培训与开发必不可少的环节。培训与开发目标是指培训与开发活动的目的和预期成果。目标可以针对每一培训与开发阶段设置，也可以面向整个培训与开发计划来设定。培训与开发目确定的作用表现在：它能结合受训者、管理者、组织各方面的需要，满足受训者方面的需要；帮助受训者理解其为什么需要培训与开发；协调培训与开发的目标与组织目标的一致，使培训与开发目标服从组织目标。

二、培训与开发实施阶段

组织在开展员工培训与开发的实施阶段，应该完成两项工作：设计培训与开发的方案、培训与开发活动的实施。从培训与开发工作的系统来看，培训与开发的成功与员工培训与开发项目设计有很大关系。

1. 设计培训与开发的方案

设计培训与开发方案是指让培训与开发目标的具体操作流程。主要包括以下一些内容：选择设计适当的培训与开发项目；确定培训与开发对象；培训与开发项目的负责人；培训与开发的方式与方法；培训与开发地点的选择；根据既定目标，具体确定培训与开发形式、学制、课程设置方案、课程大纲、教科书与参考教材、培训与开发教师、教学方法、考核方法、辅助器材设施等。以下是主要内容论述。

（1）明确培训目标

培训目标是指组织期望员工在一定的培训时间内达到的预期的培训效果，也是培训者检查培训活动是否达到培训要求的依据。培训目标应切合实际，界定要具体、清楚、明确，例如常见的“了解”、“熟悉”、“掌握”等认知指标。

（2）培训与开发对象

对象是整个培训与开发活动的主体，是培训与开发活动的接受者。准确选择培训对象，有利于强化培训的目的性，控制好培训成本。

（3）培训与开发的内容

培训与开发内容指具体进行哪些方面的培训，如专业知识培训、工作技能培训、职业道德培训、新员工的入职培训等。设置课程时既要考虑到课程体系里前后课程之间的逻辑性，也要考虑到培训内容在广度上的适宜性。课程之间的逻辑性保证受训者学习过程的循序渐进，使受训者不断取得学习上的进步。

（4）培训与开发的形式

培训与开发形式主要是指培训活动的安排和培训方法的选择。培训的主要形式包括岗前培训、在职培训和脱产培训，根据这些形式可以选择适当的培训方法，如教练法、角色扮演法、讲授法等，具体的培训方法将在下一节中详述。

（5）培训与开发讲师

培训与开发讲师的选择非常重要，他是整个培训计划的执行者，讲师的来源既可以是外部聘请，也可以是内部选拔。培训计划中要包括选择培训讲师的来源、培训讲师选拔的具体标准等，组织要通过外聘或内部选拔等方式选择有足够经验和能力的培训讲师来承担培训课程的讲授，保证培训的效果。

（6）培训与开发活动的组织

在培训计划中还要体现具体课程的设置，以及开展培训活动的时间、地点、场地、设备，明确培训活动的组织人和负责人，为培训活动的开展提前做好相关的准备。

（7）培训与开发的评估

为了保证培训效果，每次培训过后都应该进行培训效果的评估。在培训计划中应该根据设定的培训目标，制定培训效果的评价标准和评价方法。

（8）培训与开发的预算

培训与开发计划中还应该编制培训预算。培训预算通常指由于培训而直接发生的费用，包括培训讲师的授课费、培训场地的租金、培训材料或教材的印刷费，以及培训过程中发生的差旅费、通信费等。

2. 培训与开发活动的实施

培训与开发实施是员工培训与开发系统关键的环节。在实施员工培训与开发时，培训与开发者要完成许多具体的工作任务。要保证培训与开发的效果与质量，必须把握以下几个方面：

（1）培训与开发场所的选择

选择什么样的培训与开发场地是确保培训与开发成功的关键。根据培训计划的经费，确认培训活动开展的具体地点，准备好培训所需的设备。首先，培训与开发场地应具备交通便利、舒适、安静、独立而不受干扰的培训场地。其次，培训与开发场地的布置应注意一些细节：如场地的基本设施是否到齐、场地的内外干扰性控制、场地的采光性等。最后，场地座位的安排，一般根据培训内容的需要尽量满足教师和学生之间便于交流。

（2）课程设置

课程设置是主要包括培训与开发课程名称、学员对象的基本情况、课程目标、地点、时间、培训与开发的方法、预先准备的培训与开发设备、培训与开发教师名单以及教材等。它是从培训与开发需求分析中得到的。

（3）课程学时计划

课程计划包括课程名称、学习目的、报告的专题、目标听众，培训与开发时间、培训与开发教师的活动、学员活动和其他必要的活动。

（4）培训与开发教师的选择

教师已不仅仅是传授知识、态度和技能，而且是受训者职业探索的帮助者，所以在培训老师的选择过程中尽量选择那些有教学愿望、表达能力强、有广博的理论知识、丰富的实践经验、扎实的培训与开发技能、热情且受人尊敬的人为培训与开发教师。

（5）培训与开发教材的确定

培训教材有公开出版的、组织内部的、培训与开发公司的以及教师自编的四种。培训与开发的教材应该是对教学内容的概括与总结，包括教学目标、练习、图表、数据以及参考书等。

（6）培训与开发时间的明确

适应员工培训与开发的特点，应确定合适的培训与开发时间，何时开始、何时结束、每个培训与开发的周期培训与开发的时间，等等。

三、培训与开发评价阶段

培训与开发评价是员工培训与开发系统中的重要环节。一般包括五个方面的工作：明确评价标准，评价方案设计，培训与开发的控制，对培训与开发的评价，对培训与开发结果的评价。

1. 明确评价标准

为评价培训与开发项目，必须明确根据什么来判断项目是否有效，即确立培训与开发的结果或标准。只有目标确定后才能确定评价标准，标准是目标的具体化又称为目标服务。

（1）明确培训与开发结果

培训与开发结果可以划分为五种类型：认知结果、技能结果、情感结果、效果及投资净收益。

① 认知结果。它可用来判断受训者对培训与开发中强调的原则、事实、技术、程序等的熟悉程度，也是衡量受训者从培训与开发中掌握了哪些知识的指标。通常可用书面测验的方法来评价。

② 技能结果。它是用来评价受训者的技术及行为的一种指标。技能结果包括技能的获得或学习和技能的在职应用（技能转化）两方面，两者都可以通过观察来评价。

③ 情感结果。它包括受训者的态度和动机两个方面的内容。情感结果的一种类型是受训者对培训与开发项目的反应。反应性结果是指受训者对培训与开发设施、培训与开发者以及培训与开发内容的感知。对反应性结果的评价可通过受训者填写问卷获得，这种信息对于确定哪些因素有利于学习，哪些因素阻碍学习是很有用的。

④ 效果。它用来判断项目给组织所带来的回报，效果性结果表现在组织成本节约、产量增加以及产品或顾客服务质量的改善等。

⑤ 投资净收益。它是对培训与开发所产生的货币收益与培训与开发的成本进行的比较组织从培训与开发中所获得的价值。

（2）明确评价标准

评价标准通常由评价内容、具体指标等构成。制定标准的具体措施步骤分为：①对评价目标进行分解；②拟订出具体标准；③组织有关人员讨论、审议，征求意见，加以确定；④试行与修订。在确定标准时必须把握一定的原则：评价标准的各部分应构成一个完整的整体；各标准之间要相互衔接、协调；各标准之间应有一定的统一性与关联性。

2. 评价方案设计

组织可以采用不同的评价设计来对培训与开发项目进行评价，主要有以下几种。

（1）培训前与培训后的比较

培训前与培训后的比较，即将一组受训者与非受训者进行比较。对培训与开发结果的信息要在培训与开发之前和之后有针对性地进行收集。如果受训者组的绩效改进大于对比小组，则培训与开发有效。

（2）参训者的预先测验

它是让受训者在接受培训与开发之前先进行一次相关的测试，即实验性测试。一方面使受训人员在接受培训与开发之前受到一次培训与开发，以更好地引导培训与开发的侧重点，同时也可对培训与开发效果进行评价。

（3）培训与开发后测试

它只需收集培训与开发的结果信息。如果评价设计中找到对比小组，操作则更方便。

（4）时间序列分析

时间序列分析，即利用时间序列的方法收集培训与开发前、后的信息，以此来判断培训与开发的结果。它经验被用于对评价会随着时间发生变化的一些可观察的结果（如事故率、生产率及缺勤率等）。

3. 培训与开发的控制

培训与开发控制贯穿于整个培训与开发实施过程之中，即根据培训与开发的目标、员工的特点等调整培训与开发系统中的培训与开发方法、进程等。它要求培训与开发者具有观察力，并经常与培训与开发教师、受训者沟通，以便及时掌握培训与开发过程中所发生的意外情况。

4. 培训与开发的评价

进行培训与开发评价时应对培训与开发目标、方案设计、场地设施、教材选择、教学的管理以及培训与开发者的整个素质等各个方面进行评价。因此，评价内容包括：评价培训与开发者、评价受训者、评价培训与开发项目本身等三方面。评价的过程一般包括：首先是收集数据，如进行培训与开发前和培训与开发后的测试、问卷调查、访谈、观察、了解受训者观念或态度的转变等等；其次是分析数据，即对收集的数据进行科学地处理、比较和分析、解释数据并得出结论；最后是把结论与培训与开发目标加以比较，提出改进意见。

5. 对培训与开发结果的评价

结果的评价是对培训与开发效果转移的评价，即指对员工接受培训与开发后在工作实践中的具体运用或工作情况的评价。对培训与开发效果的评价要考虑评价的时效性。有些培训与开发的效果是即时性的，如对操作人员进行一种新设备操作技能的培训与开发，其培训与开发效果在培训与开发中或在培训与开发结束后就会表现出来，则即时性评价能说明培训与开发的效果；而有些培训与开发的效果要通过一段时间才能表现出来，如对管理人员进行的综合管理能力的培训与开发，在这种情况下，对受训者长期的或跟踪性的评价则是必需的。

6. 柯氏培训与开发项目评估模型

该模型是培训有效性评估模型，最具代表性、应用最广泛的是美国人力资源管理专家柯克·帕特里克（Kirk Patrick）1959 年在博士论文中提出的培训效果评价模型，通常简称为柯氏评估模型，如表 5-2 所示。

表 5-2　柯氏评估模型

评估层次	结果标准	评估重点
1	反应层	学员满意度
2	学习层	学到的知识、技能、态度
3	行为层	工作行为的改进
4	结果层	工作中导致的结果

（资料来源：该图表主要参见http：//wenku.baidu.com/）

柯氏评估模型主要从以下四个层面来对培训与开发项目进行评估。

① 反应层，即受训人员对培训与开发项目的评价。如培训目的是否明确、培训材料是否适用、培训方法是否适用、培训讲师是否令人满意、以及对培训地点、设备等培训项目各个方面的感受和评价。

② 学习层，即通过培训与开发项目学习的的收获。评价受训人员对原理、事实、技术和技能等培训内容的理解和掌握程度。

③ 行为层，即受训者通过培训后其工作行为的改变。评价在培训项目中所学习的知识、技能转化成工作行为的程度和对实际工作的影响。

④ 结果层，即培训后组织绩效的改善。评价由于培训给组织或受训者带来的绩效的改善，可以通过一些指标来进行衡量，如事故率、劳动生产率、人员流动率、客户满意度等。

四、培训与开发反馈阶段

员工培训与开发的反馈阶段是员工培训与开发系统中的最后环节。通过对培训与开发效果的具体测定与量比，可以了解员工培训与开发所产生的收益，把握组织的投资回报率；也可以对组织的培训与开发决策及培训与开发工作的改善提供依据，更好地进行员工培训与开发与发展。

第三节　员工培训与开发的方法

要使员工培训与开发活动更为有效，培训与开发方法选择是至关重要和必要的。培训与开发方法大致可分为三类：演示法、专家传授法和团队建设法。下面介绍各种培训与开发方法及其优缺点和适应范围，为培训与开发者提供设计和选择培训与开发方法的建议。

一、演示法

演示法（Presentation Methods）是培训者将培训信息，包括事实、过程、问题的存在、解决问题的方法等演示出来，受训者被动接受这些信息和方法的一种培训技术。主要包括传统的讲座法、远程学习法及视听技术学习。

1. 讲座法

讲座法（Lecture）是讲授法是一直以来较为传统的培训方法，也是使用得最广泛的方法，讲座的形式有多种多样，不同形式的讲座方法如表 5-3 所示。它常常用来提供有关组织的各项规章制度、组织发展战略、组织文化、组织经营战略、市场条件变化、新产品和新技术等方面的信息，不管何种形式的讲座，它是一种单向沟通的方式——从培训与开发者到听众。讲座法的成本最低、最节省时间，有利于系统地讲解和接受知识，易于掌握和控制培训与开发进度；有利于更深入地理解难度大的内容；而且可同时对许多人进行教育培训与开发，如表 5-3 所示。

讲授法的优点是易于操作，成本较低，可以同时向大量的受训者传送丰富的信息。不足之处在于单向沟通使得受训者的参与性不高，培训内容易与工作实际脱节，无法照顾到受训者的个体情况，无法因材施教等。

表 5-3　不同形式的讲座方法

讲座的形式	采 用 方 法
普通讲座	面对面的通过语言进行知识传授
团体讲座	两个或两个以上的培训与开发者讲不同的专题或对同一专题的不同看法
客座讲座	客座发言人按事先约定的时间出席并介绍、讲解主要内容
小组座谈	两个或两个以上的发言人进行信息交流并提问
讨论发言	各受训者小组在班上轮流讨论发言

（资料来源：该图表主要参见http：//wenku.baidu.com/）

2. 远程学习法

远程学习法是指一些在地域上较为分散的组织，采用电话会议、电视会议、电脑视频会议、电子文件会议等方法向员工传授有关新产品、组织政策或程序、技能培训与开发以及专家讲座等方面的信息。培训与开发课程的教材和讲解可通过因特网或者一张可读光盘分发给受训者。受训者与培训与开发者可利用电子邮件、电子留言板或电子会议系统进行交互联系。

3. 视听法

视听法是指利用视频技术、幻灯片、电影、照相、录像、录音等设备来传递培训信息的一种方法。但视听法极少单独使用，一般与其他方法结合起来以达到更好的培训效果。录像是最常用的培训与开发方法之一。被广泛运用在提高员工沟通技能、面谈技能、客户服务技能等方面。

二、专家传授法

专家传授法是一种通过专家现场讲授或临场模拟的方法，要求受训者积极参与学习的培训与开发的方法。这种方法有利于发展受训者的特定技能，理解技能和行为如何能应用于工作当中，可使受训者亲身经历一次工作任务完成的全过程。它包括在职培训与开发、情景模拟法、商业游戏法、个案研究法、角色扮演法、行为塑造法、交互式视频及互联网培训与开发等。下面分别介绍几种主要的方法。

1. 在职培训与开发

在职培训与开发（On the Job Training，OJT）是指通过有经验或专业技能高的员工或管理人员现场讲授或临场模拟，让新员工或没有经验的员工通过观察并效仿其执行工作时的行为而进行学习。与其他方法相比，该方法在材料、培训与开发人员工资或指导上投入的时间或资金相对较少，因此是一种很受欢迎的方法。不足之处在于：管理者与同事完成一项任务的过程并不一定相同，在传授有用技能的同时也许传授了不良习惯。在职培训与开发的方法多种多样，主要有学徒制与自我指导培训与开发计划。

（1）导师制

导师制又称学徒制，主要是指新员工或者没有经验的员工通过观察或模仿有经验的老员工在实际工作中的操作，并由有经验的老员工进行相应指导的培训过程，是最传统和古老的培训方式之一，适用于生产规模相对较小的组织或技术独特的技能性训练，既有在职培训与开发又有课堂培训与开发，且兼顾工作与学习的培训与开发方法。

（2）自我学习法

自我学习法指受训者不需要指导者，而是需按自己的进度学习预定的培训与开发内容，即员工自己全权负责的学习。培训与开发者不控制或指导学习过程，只负责评价受训者的学习情况及解答其所提出的问题。

有效的自我学习计划的制订一般包括以下内容：

① 进行工作分析以确认工作任务；

② 列出与完成任务直接相关的学习目标；

③ 制订以完成学习目的为核心的详细计划；

④ 列出完成学习计划的具体学习内容；

⑤ 制订评价受训者及自我指导学习内容详细计划。

自我指导学习使员工可以较为灵活地安排接受培训与开发的时间，鼓励员工积极参与学习，是一个十分有效的方法。它只需少量的培训与开发工作人员，减少了与交通、培训与开发教室安排有关的成本，其培训与开发的内容与知识来自于专家的知识，培训与开发员工能轮流接触到培训与开发材料与培训与开发内容。

2. 情景模拟法

情景模拟法是指让受训者扮演一定情境中的角色，借助扮演者的演练来增强其对角色的感受，同时培养和训练问题解决能力的一种培训方法。情景模拟是一种代表现实中真实生活情况的培训与开发方法，受训者的决策结果可反映如果其在被“模拟”的工作岗位上工作会发生的真实情况。该方法常被用来传授生产和加工技能及管理和人际关系技能。最近出现的模拟现实技术运用于情景模拟领域，即虚拟现实。它是为受训者提供三维学习方式的计算机技术，即通过使用专业设备和观看计算机屏幕上的虚拟模型，让受训者感受模拟环境并同虚拟的要素进行沟通，且利用技术来刺激受训者的多重知觉。在虚拟现实中，受训者获得的知觉信息的数量、对环境传感器的控制力以及受训者对环境的调试能力都会影响到“身临其境”的感觉。虚拟现实适用于工作任务较为复杂或需要广泛运用视觉提示的员工培训与开发。

3. 商业游戏法

商业游戏法是指依照商业竞争的规则，采用游戏的方式，收集内外信息进行分析，进而做出决策的过程，它是开发受训者管理技能的一种培训方法。参与者在游戏中所作的决策的类型涉及各个方面的管理活动，包括组织文化、劳动关系（如集体谈判合同的达成）、市场营销（如新产品的定价）、财务预算（如购买新技术所需的资金筹集）、组织战略等。游戏通常采用团队方式，有利于营造有凝聚力的团队。

4. 个案研究法

个案研究法是将实际发生过或正在发生的客观存在的真实情景，用一定视听媒介，如文字，录音、录像等所描述出来，让受训者进行分析思考，学会诊断和解决问题以及决策。它特别适应于发展高级智力技能，如分析、综合及评价能力。为使个案研究教学法更有效，学习环境必须能为受训者提供案例准备及讨论案例分析结果的机会；安排受训者面对面地讨论或通过电子通信设施进行沟通，并提高受训者个案分析的参与度。

5. 角色扮演法

角色扮演法是指让受训者扮演所给定的情境中的角色，借助扮演者的演练来增强其对角色的感受，同时培养和训练问题解决能力的一种培训方法。角色扮演法能够给受训者提供一个几近真实的场景，由受训者参与扮演，能调动受训者的学习积极性和主动性，借助角色的演练来理解角色的内容，从而提高积极地面对现实和解决问题的能力。

6. 行为塑造法

行为塑造法是指向受训者展示一个关键行为的模型，然后给他们提供实践这些关键行为的机会并提供其实践情况的反馈，促使培训成果在实践中转化的一种培训技术和方法。该方法基于社会学习理论，适应于学习某一种技能或行为，不太适合于事实信息的学习。

有效的行为塑造培训与开发包括以下四个重要的步骤。

（1）关键行为确认

关键行为就是指完成一项任务所必需的一组行为。通过确认完成某项任务所需的技能和行为方式，以及有效完成该项任务的员工所使用的技能或行为来确定关键行为。

（2）行为示范

行为示范，即为受训者提供了一组关键行为。录像是示范演示一种主要的方法。有效的示范演示应具有几个特点：演示能清楚地显示关键行为；示范者对受训者来说是可信的；提供关键行为的解释与说明；向受训者说明示范者采用的行为与关键行为之间的关系；提供正确使用与错误使用关键行为的模式比较。

（3）机会提供

机会提供，即让受训者演练并思考关键行为，将受训者置于必须使用关键行为的情景中，并向其提供反馈意见。

（4）实践应用

实践应用，即让员工作好准备，在工作当中应用关键行为，以促进培训与开发成果的转化。如可以让受训者制定一份“合约”，承诺在工作中应用关键行为，培训与开发者应跟随观察受训者是否履行了合约。

7. 交互式视频

交互式视频是以计算机为基础，综合文本、图表、动画及录像等视听手段培训与开发员工的方法。它通过与计算机主键盘相连的监控器，让受训者以一对一的方式接受指导，进行互动性学习。受训者可以用键盘或触摸监视器屏幕的方式与培训与开发程序进行互动。培训与开发项目的内容可以存储在影碟或可读式光碟（CD-ROM）上，交互式视频培训与开发法可以用来指导技术程序和人际交往技能。

8. 互联网培训与开发

互联网培训与开发主要是指通过公共的（因特网）或私有的（内部局域网）计算机网络来传递，并通过浏览器来展示培训与开发内容的一种培训与开发方式。互联网上的培训与开发可以为虚拟现实技术、动感画面、人际互动、员工间的沟通以及实时视听提供支持。互联网上的培训与开发复杂程度各不相同，分为六个层次。从最简单的层级到最高的层级排序是：培训与开发者和受训者之间沟通；在线学习；测试评价；计算机辅助培训与开发；声音自动控制以及图像等多媒体培训与开发；受训者与互联网上的其他资源相结合进行培训与开发传递，知识共享。

三、团队建设法

团队建设法是通过对团队的培训与开发或者团队建设等方法提高团队或成员的知识技能和团队有效性的方法与技术。这种培训与开发包括对团队功能的感受、知觉、信念的检验与讨论，并制定计划以将培训与开发中所学的内容应用于工作当中的团队绩效上。团队建设法包括团队户外培训与学习、团队协作培训与开发和行为塑造法。

1. 团队户外培训与学习

团队户外培训与学习是利用结构性的室外活动来发展受训者的团队协作和领导技能的一种培训与开发方法。该方法最适应于发展与团队效率有关的技能，如自我意识能力、问题解决能力、冲突管理能力和风险承担能力等。

2. 团队协作培训与开发

团队协作培训与开发是通过协调在一起工作的不同个人的绩效从而实现共同目标的方法。团队协作培训与开发方法多种多样，可以利用讲座或录像向受训者传授沟通技能，也可通过角色扮演或仿真模拟给受训者提供讲座中强调的沟通性技能的实践机会。团队培训与开发的主要内容是知识、态度和行为。团队协作行为是指团队成员必须采取可以让他们进行沟通、协调、适应且能完成任务以实现目标的行动。

3. 团队行动塑造法

团队行动塑造法即给团队或工作群体一个实际工作中所面临的问题，让团队队员合作解决并制定出行动计划，再由他们负责实施该计划的培训与开发方式。一般地，行动塑造法包括 6～30 个员工，其中包括顾客和经销商。团队构成可以不断变化。第一种构成是将一位需要解决问题的顾客吸引到团队中；第二种构成是群体中包括牵涉同一个问题的各个部门的代表；第三种构成是群体中的成员来自多个职能部门又都有各自的问题，并且每个人都希望解决各自问题。

以上介绍的各种方法其适应范围、培训与开发效果等均有所不同。作为管理者或培训与开发者，在实际工作中如何选择正确的、有效的培训与开发方法是至关重要的。各种方法的培训与开发成果转化的有利程度、发展和使用方法的成本及方法的有效性问题进行比较，管理者可以根据需要进行选择。

第四节　员工职业生涯开发与管理

一、员工职业生涯开发与管理概述

随着社会经济的转型与发展，人才已经成为最为宝贵的资源。首先，由于科学技术的发展与市场竞争日益激烈，组织对员工及其主动性与创造性越来越依赖；其次，科技发展又促使员工素质提高与自我发展意识增强。因此，管理者应掌握员工职业生涯开发与管理的理论与技能，员工的职业发展工作将是 21 世纪组织人力资源管理的重要组成部分。

1. 员工职业生涯开发与管理的内涵界定

职业生涯开发与管理是现代组织人力资源管理的重要内容之一，是指组织和员工个人共同对员工职业生涯进行设计、规划、执行、评估和反馈的综合性过程。职业生涯开发与管理应看作是竭力满足管理者、员工、组织三者需要的一个动态过程。在现代组织中，个人最终要对自己的职业发展计划负责，这就需要每个人都清楚地了解自己所掌握的知识、技能、能力、兴趣、价值观等，同时还必须对职业选择有较深了解，以便制定目标、完善职业计划。管理者则必须鼓励员工对自己的职业生涯负责，在进行个人工作反馈时提供帮助，并提供员工感兴趣的有关组织工作、职业发展机会等信息。组织则必须提供自身的发展目标、政策、计划等，还必须帮助员工作好自我评价、培训、发展等。

职业生涯开发与管理主要包括两种：一是组织职业生涯开发与管理（organizational career management），指由组织与员工个体共同实施的、旨在开发员工的潜力、留住员工、使员工能自我实现的一系列管理方法；二是自我职业生涯开发与管理（individual career management），是指社会行动者在职业生命周期（从进入劳动力市场到退出劳动力市场）的全程中，由职业发展计划、职业策略、职业进入、职业变动和职业位置的一系列变量构成。

从以上内涵界定可以看出职业生涯规划包括两个方面内容：

① 员工职业生涯的自我管理，自我管理是职业生涯规划成功的关键；

② 组织开展职业生涯规划并协助员工规划其生涯，为员工提供必要的教育、培训、轮岗等发展机会，以促进组织和员工生涯目标的实现。

2. 员工职业生涯开发与管理的意义

为保持组织各级员工可持续发展的职业生涯途径，开发人才、留住人才，促进员工与组织共同发展。组织需要建立一种能够确认以及满足员工发展需要的管理系统。员工职业生涯开发与管理对组织具有重要的意义。

（1）对员工需求有更好的了解

员工职业生涯开发与管理的主要任务就是组织对员工职业的需要、技能的了解，同时结合组织的经营目标与发展，从组织、员工双方需要出发，帮助员工克服困难，实现自我的目标，从而实现组织的目标。

（2）有利于提升和发展组织人力资源

组织进行员工职业生涯开发与管理必须分析组织中的不同职业及其职业道路、不同职业之间的相互作用，根据组织的各种人才的需要、能力及目标进行了解、评价，解决员工职业现实与需要间的矛盾；并采用激励措施，发展员工潜在职业需要，设计合理的组织结构、组织目标等，配置好人力资源，从而有效提升和发展组织人力资源。

（3）能更好地培养员工的适应能力

员工职业生涯开发与管理立足于员工，也是组织发展的主体因素；组织依靠员工，员工依靠组织是员工职业发展的基本点，员工要根据组织的需要与个人情况不断调整自己的计划；员工必须对自身优势与劣势有所了解，培养自己对工作环境的分析能力；同时员工要合理计划、有效分配精力与时间来完成工作任务，有目标地提高自己的技能，不断地增强自身的环境适应力与把握能力。

（4）有利于员工的全面发展

员工职业生涯开发与管理将组织中的人视作全面的人，即员工不仅是工作的生产要素，还是生活、消费、休闲、娱乐、学习，要发展与提高自己的人，是充当各种角色的全面的人。组织必须考虑与自我发展、职业发展和员工家庭发展相关的各种活动，分析其在人的整个一生中是如何相互作用的。要关心员工的发展，在奖酬、激励机制等人事政策上为员工发展提供各种有利条件。

（5）能充分调动员工的内在积极性，从而更好地完成组织目标

职业生涯开发与管理的目的就是帮助员工提高在各个需要层次的满足度，使人的需要满足度从金字塔形向梯形过渡最终接近矩形，即使员工的低层次物质需要逐步提高，又使他们的自我实现等精神方面的高级需要的满足度逐步提高。因此，职业生涯开发与管理不仅符合人生发展的需要，而且也立足人的高级需要，即立足于友爱、尊重、自我实现的需要，真正了解员工在个人发展上想要什么，协调其制定规划，帮助其实现职业生涯目标。这样就必然会激起员工强烈的组织服务的精神力量，进而形成组织发展的巨大推动力，更好地实现组织组织目标。

3. 职业生涯开发与管理的原则

不论是组织进行职业生涯开发与管理，还是员工个人制定职业生涯规划，都应遵循以下四大基本原则。

（1）多方利益结合原则

所谓多方利益结合的原则就是指员工个人发展、组织发展和社会发展相结合的原则。从人的全面发展的宗旨来看，利益结合是方法，主要用来更好地处理个人与组织、社会间的关系，寻找个人发展与组织发展的结合点。

（2）公平原则

首先，对组织而言，机会平等原则是指组织在提供发展信息、提供教育培训机会、提供任职机会时皆公开其条件标准，保持高度的透明度。机会公平原则是人格价值人人平等的体现，是维护员工整体积极性的保证。其次，对个人而言，要用能力抓住机会、创造机会。

（3）共同协作原则

所谓共同协作原则就是指共同制定共同实施的原则。职业生涯规划的制定和实施应由组织该项工作的组织者和组织员工共同参与完成，职业生涯规划一定是共同制定共同实施的协作原则，组织可以提供帮助，但是绝对不能替员工做规划，更不能替员工完成规划。

（4）员工发展原则

人的自我实现就是潜能充分发挥的过程，这一过程需要不断有创造性成果予以证明。员

工发展原则就是组织对于员工的职业生涯开发与管理就是要努力挖掘员工潜能，提升员工技能，促使员工职业通道向上发展。

二、员工职业生涯开发与管理活动的内容

员工职业生涯开发与管理的主体包括个人与组织（或组织）两个方面，即员工个人的职业发展计划和组织对员工的职业生涯管理。

1. 员工个人的职业发展计划

员工个人的职业发展计划就是指员工自身确立职业目标并采取行动实现职业目标的过程。组织的员工都有从现在和未来的工作中得到成长、发展和获得满意成就的强烈愿望和要求。为了实现自己的愿望，需要有一个实现目标的途径，制订自己成长、发展和满意的职业计划。

首先，自我定位。员工个人的职业发展计划包括目标设定、目标实现和反馈与修正的能力、兴趣及职业发展的要求和目的，形成一个客观、全面的自我定位。

其次，目标设定。以自我定位、个人价值观为基础，确定长期与近期的职业目标。再次是通过各种积极的、具体的行为去争取目标的实现。职业目标实现主要依靠个人在工作中的表现及业绩，但也有超出现时工作，适应未来变化的技能、知识等瞻前性准备，以及为平稳职业目标和生活、家庭目标而做出的努力。

最后是反馈与修正。即在实现职业目标过程中不断总结经验教训，不断反馈、修正最终的职业目标。

2. 组织对员工的职业生涯管理

员工的职业生涯管理是指组织提供帮助员工成长、发展的计划与组织需求、发展相结合的行为过程。主要目的在于把员工与组织的需要统一起来，最大限度地调动员工积极性，提高员工归属感。职业管理是组织为员工设计的职业发展与援助计划，具有一定的引导性与功利性。承担职业管理工作的主要是人力资源部门及各职能部门主管。具体包括以下内容。

① 正确评价员工。对员工个人能力和潜力的正确评价，即通过对员工选聘、绩效评价资料的收集以及心理测试，对员工进行测评。

② 给予公平的机会。向员工提供职业发展的信息，给予公平竞争的机会。

③ 确定职业生涯路径。为员工制订培训与开发与发展计划，确定职业生涯路径。

④ 制订职业发展方案。组织应该通过各种手段和途径对员工进行培训与开发，为员工制订知识更新方案。

⑤ 构建员工家庭与工作平衡计划。

⑥ 帮助和指导员工实现职业发展。

⑦ 制订员工的退休计划。

3. 员工个人职业发展计划与员工职业生涯管理系统的形成

不同的组织，其员工职业生涯管理系统的复杂程度以及职业管理的各个组成部分的侧重点不同。有效的职业计划与管理系统必须是员工职业发展计划与组织职业生涯管理两者的结合，也是员工个人与组织互择的活动过程，双方应承担各自的责任。

在员工职业发展计划活动中，组织是员工职业生涯的重要场所；员工在制订个人职业计

划时，需要外界的帮助。组织通过选聘、培训与开发、考核、晋升等人力资源政策来影响员工职业计划；组织有责任帮助员工，使其个人计划与组织的整体发展相结合，并为员工提供有利条件来实现职业计划。

三、员工职业生涯开发与管理的特点

员工职业生涯开发与管理试图为员工提供适合个人与组织共同发展的道路。关于员工职业生涯的发展，已有许多职业专家或学者进行了研究，为员工个人的职业发展计划与职业生涯管理提供了理论依据，也便于掌握员工职业生涯管理的特点。

1. 员工职业生涯发展的通道

员工职业生涯发展具有不同的通道。员工职业发展根据工作性质不同分为专业技术型与行政管理型职业发展通道。

（1）专业技术型职业发展通道

专业技术型职业发展通道，即员工职业发展为工程、财会、销售、生产、人事、法律等职能性专业方向。这种职业要求任职者具有专门技术知识与能力，有较好的分析能力。从事这类职业的员工其兴趣在于专业技术内容及活动本身，并追求专业方面的成就；他们对人际关系不敏感，害怕脱离或丢弃本专业。选择这类职业发展的员工有两种可能：一是技术职称的晋升及技术成就的认可；二是对已任职于技术方向，对管理有一定兴趣的员工，他们可以扩大知识面，打好技术基础，在技术部门担任管理职务。该类员工职业生涯的成功取决于其在专业上的造诣。

（2）行政管理型职业发展通道

行政管理型职业发展通道，即员工职业发展为管理的职业目标。这类职业的员工应对地位、影响力、荣誉、待遇、十分重视，也善于与他人打交道。选择该类职业的员工兴趣在于培养胜任管理工作所需的个人素质、思维能力及人际关系技巧等。这类员工的职业方向一般是先在最基层职能部门工作，表现才能与业绩后获得提升。

2. 员工职业发展的方向

根据员工职业发展方向的不同，可分为三种发展方向：横向发展、纵向发展及职业锚发展方向。

（1）横向发展

横向发展是指跨越职能边界的调动，如员工由生产部门转到市场营销部门或后勤部门等，这种职业发展有利于员工扩大个人的专业知识与经历，对员工的职业生涯具有重要的作用。

（2）纵向发展

纵向发展是指沿着组织的等级层次跨越等级边界，获得职务的晋升，如员工从会计专业技术职务升到专业性的管理职位上，如财务部门经理。

（3）职业锚发展

职业锚发展是一种非正式的，影响颇大的发展方向。它是由美国组织行为专家埃·薛恩发现并提出的。这种职业发展方向是指职工虽然未获正式授职晋升，仍处于较下层级，但却通过某种非正式的联系，如社交或业余活动中邂逅上级领导，接触后产生友谊等，容易接近组织决策的核心从而增大影响力，它是一种跨越核心圈内、外边界的发展。在组织中员工职业发展往往是混合的，即兼有横向、纵向以及职业锚发展方向的发展。对员工来说，职业发展的每一步都有得必有失。如财务部门的会计被提升为财务部门经理，他却没有放弃自己的专业技术，损失自己在工作中的成就感与胜任感，获得了地位、影响力等。

四、员工职业生涯发展的方式

员工职业发展方式一般有四种：培训与开发教育、员工工作实践及开发性人际关系的建立等。下面分别介绍。

1. 培训与开发教育

培训与开发教育项目包括员工脱产和在职培训与开发的专项计划，由顾问或大学提供的短期课程、在职工商管理硕士（MBA）课程以及住校学习的大学课程计划。这些发展计划一般通过组织专家讲座、商业游戏、仿真模拟、冒险学习与客户会谈等培训与开发方法来实施。如摩托罗拉、IBM 和通用电气等许多跨国公司都设有自己的培训与开发与发展中心，可为其学员提供 1 ~ 2 天的研讨会以及长达 1 周的培训与开发计划。

根据不同的发展对象，组织可为基层管理者、中层管理者、高层管理者制订不同的发展计划，并为工程技术人员（如工程师）设置专门的计划。为适应全球业务拓展，领导才能、经营战略实施、组织变革管理以及对全球业务理解力则是高层经理的发展计划的重要内容。

2. 员工工作实践

在实际工作中，许多员工职业生涯发展是通过工作实践来实现的，工作实践是指员工在工作中所遇到的各种关系、问题、需要、任务以及其他一些特征。该方法的前提假设是：当员工过去的经验和技能与目前工作所需不相匹配时，就需要进行人员发展活动。为了有效开展工作，员工必须拓展自己的技能，以新的方式来应用其技能和知识，并积累新的经验。利用工作实践进行员工发展有各种方式。它包括工作内容扩大化，员工之间工作轮换，工作调动、晋升和降级与其他的临时性工作安排。

（1）工作内容扩大化

扩大现有工作内容，指对员工现有的工作提出挑战并赋予其新的责任。在员工的现有工作中增加更多的挑战性或更多的责任。即安排执行特别的项目，在一个团队内部变换角色，探索为顾客提供服务的新途径等。它包括执行某些特殊任务、在团队内角色轮换或寻找为顾客服务的新方法等。例如，一位工程师被安排到组织的员工职业生涯设计任务小组工作，通过这项工作，该工程师可以承担职业生涯设计的有关领导工作（督导公司职业生涯发展过程），而且他不仅有机会了解组织的职业发展系统，还能发挥组织和领导才能来帮助组织达到目标。

（2）员工之间工作轮换

在组织的几种不同职能领域中为员工做出一系列的工作安排，或者在某个单一的职能领域或部门中为员工提供在各种不同工作岗位之间流动的机会。工作轮换指在组织的几种不同职能领域中为员工做出一系列的工作任务安排，或者在某个职能领域或部门中为员工提供在各种不同工作岗位之间的流动的机会。该方法有助于员工综合理解或把握组织的目标，了解组织不同的职能部门，形成一个联系网络，并有助于提高员工解决问题的能力和决策能力。另外，工作轮换对员工技术掌握、加薪和晋升也有一定的影响。但是工作轮换也存在问题或不足：首先，处于轮换中的员工及同事容易出现对各种问题的短期性看法，以及采取解决问题的短期行为；其次，员工的满意度和工作积极性会受到不良影响，这是因为轮换工作的员工工作任职时间短，难以形成专业特长，也无法接受挑战性的工作；最后，无论是接收轮换员工的部门还是失去轮换员工的部门都会受到损失，接受员工轮换的部门需对其进行培训与开发，失去该员工的部门会因为资源的损失而导致生产效率下降和工作负担加重。

（3）工作调动、晋升和降级

通过员工在组织中工作层次的向上流动、水平流动和向下流动作为员工发展的手段。

① 工作调动，即让员工在组织的不同部门工作，它不涉及工作责任或报酬的增加。这更多的是一种水平流动，即流向一个责任类似的其他工作岗位。调动可能会使员工产生较大的压力。如果员工成家，由于工作角色的变化，一方面，员工不仅要解决家庭迁居及配偶的工作问题，而且要承担日常生活、人际关系和工作习惯被破坏的压力，以及远离亲朋好友的精神伤害；另一方面员工需要处理好与新同事和新上级关系，并还要学习一系列的工作规范和程序。因此，组织一般很难说服员工调动。

② 职位晋升，即指员工向一个比前一个工作岗位挑战性更高、所需承担责任更大以及享有职权更多的工作岗位流动的过程。晋升常常涉及到薪资水平的上升。

③ 职位降级，即指员工的责任和权力的削减。它包括平行流动到另一职位但责任和权力有所减少（平等降级），临时性跨部门流动，它使员工拥有了在不同工作部门工作的经验。因为晋升能带来心理的满足和收入的增加，员工乐于接受晋升，而不愿接受平级调动或降级。而且很多员工难以把调动和降级与员工发展联系起来，他们并不把降级视为有利于其未来获得成功技能的机会，而把降级看成是一种惩罚。因此，公司应逐步让员工把调动、晋升和降级都看成是一种发展机会。

（4）工作实践推行的保障措施

① 为员工提供关于新工作的工作内容、所面临的挑战、潜在收益等方面的信息，以及与新工作相关的信息。

② 为员工提供实地考察新的工作地点的机会，提供相关信息，使员工参与到工作调动的决策中来。

③ 为员工提供明确的绩效目标以及清晰的个人工作绩效反馈。

④ 帮助员工适应新的工作环境。

⑤ 提供有关如何影响员工的薪资、税收、贷款偿还以及其他费用方面的信息。

⑥ 为员工制订适应性计划；提供信息说明新的工作经历对员工本人的职业生涯产生的支持作用。

3. 开发性人际关系的建立

为了使员工通过与更富有经验的其他员工之间的互动来开发自身的技能，组织应该鼓励建立开发性人际关系。员工通过与组织中更富有经验的其他员工之间的互动来发展自身的技能，增强与组织和客户有关的知识。导师指导和教练辅导是两种建立发展性人际关系的方式。

（1）导师制

导师制是指由指导者和被指导者以一种非正式的形式形成的，具有共同的兴趣或价值观。采用导师指导形式实现，即由组织中富有经验的、生产率较高的资深员工担任导师，形成组织内部的指导关系。导师是指组织中富有经验的、生产效率高的资深员工，他们负有发展经验不足的员工（被指导者）的责任。

采用导师制应坚持以下原则。

① 指导者和被指导者都是自愿参与的。指导关系可随时中止而不必担心会受到处罚。

② 指导者的选择是以过去从事雇员开发工作的记录为依据，他们必须愿意成为导师，有证据表明他们能够积极地对被指导者提供指导，还须具有良好的沟通能力和倾听技巧。

③ 指导关系双方应明确所要完成的项目、活动或要达到的目的。

④ 明确指导者和被指导者之间的最低接触水平。

⑤ 鼓励被指导者去与指导者之外的其他人进行接触，讨论问题的同时分享各自的成功经验。

（2）教练辅导

教练就是同员工一起工作的同事或经理。教练习可鼓励员工、帮助其发展技能，并能提供激励和工作反馈。教练一般可扮演三种角色：第一种角色是员工提供一对一的训练（提供反馈）；第二种角色是帮助员工自我学习，包括帮助员工找到能协助其解决他们所关心问题的专家，以及教导员工如何从他人那里获得信息反馈；第三种角色是向员工提供通过导师指导、培训与开发课程或工作实践等途径无法获得的其他资源。

教练在进行职业辅导时应该注意以下内容。

① 帮助员工根据自己的职业兴趣、资质、技能、个人背景，分析考虑个人发展方向，大致明确职业发展方向。

② 在每个工作年度结束，协助人力资源管理部门，对被辅导员工进行测评，并执行反馈，与被辅导员工就个人工作表现与未来发展谈话，确定下一步目标与方向。

③ 在下一年度职业发展目标与方向制定之后，起到跟进、辅导、评估、协助、协调、修正作用。

五、员工职业生涯开发与管理流程

为什么有的组织实施的员工职业生涯管理是成功的？为什么有的组织所实施的员工职业生涯管理却是“虎头蛇尾”？究其原因不仅与观念、心态和技能有关，而且也与管理流程是否正确密切相连。

一个规范的员工职业生涯流程主要包括确定职业生涯开发与管理者目的和计划，构建员工职业生涯开发与管理的组织机构，开展职业生涯管理学习和宣讲，组织员工沟通和员工自我认知，绘制员工职业生涯发展路线图，构建职业生涯发展通道，实施人才培养和晋升，及时监控、反馈和评估这八个阶段，而且每个阶段都是环环相扣，缺一不可。

1．确定职业生涯开发与管理的目的和计划

确定目的是员工职业生涯管理的第一步，因为只有明确了该项工作的目的，整个后续工作的开展才能有据可依。而具体到如何确定目的上，组织需要做好两方面工作。①分析了解组织的发展战略，从战略中提取组织未来的人力资源管理需求；②评估组织现有的人力资源管理状况，明了组织现有的实际情况。在做好了这两方面工作之后，组织就可以以此为依据为员工职业生涯管理确定一个合理的目的。

在确定了员工职业生涯管理的目的之后，我们还需要制订员工职业生涯开发与管理的计划。一般来讲，制订计划主要是对员工职业生涯管理的整个流程从任务上、时间上、方法上、

宏观层面和微观层面上进行总体规划，如在哪一具体时间段开展什么工作及谁来做，做的具体效果要达到什么水平和层次等细节性问题。

2. 构建员工职业生涯开发与管理的组织机构

员工职业生涯开发与管理工作是一项跨部门、跨领域的工作，因此，在执行的过程中，我们就需要组建一个跨部门、跨领域的团队来负责员工职业生涯管理工作的有序推进，从而使其在人员和组织上得到根本保障。首先，明确组织人力资源负责人的职责。其次，各部门负责人在履行各自的职责的同时，还应该发挥积极协调作用。再次，员工代表要充当及时反馈信息的角色。组织的职业生涯管理制度、组织所运用的技术和方法是否符合员工的需求、员工的心理状况是怎样的、他们对职业生涯管理的认知达到了哪个层次等。

3. 开展职业生涯开发与管理学习和宣讲

开展职业生涯开发与管理学习和宣讲主要是指向组织成员灌输员工职业生涯管理的理念、管理技术和方法，使他们对员工职业生涯管理有一个正确的认知。对于开展职业生涯管理学习和宣讲，我们需要分两层次来进行。第一层次是对员工职业生涯管理小组成员展开培训，因为他们是组织整个员工职业生涯管理的主导者和执行者，他们对职业生涯管理的认知程度、对相关技术和方法的掌握程度直接决定了整项工作的最终效果。第二层次就是广大员工群体。员工职业生涯管理工作能否得到有效推进，这在很大程度上取决于员工对职业生涯管理的认识以及他们的配合程度，在宣讲的过程中，我们需要集中重点地向他们说明开展职业生涯管理的目的、告知可以获取的益处、他们应当怎样配合此项工作，以便于获取他们的有效配合。

4. 组织员工沟通和员工自我认知

成立了员工职业生涯管理小组和进行了相关的宣讲和学习后，我们就需要组织员工当面沟通和员工自我认知。员工当面沟通主要是由员工的上司根据过去一个阶段的绩效与员工展开沟通，明确该员工在过去所取得成就、其所具备的能力，同时也要指出他的不足和改善的方法，而员工自我认知则是对员工面谈的重要补充，因为有些潜藏的能力和信息，只有员工自身才知道，于是这时候就需要员工开展自我认知，全面评估自身的过去、现在和未来，自身具备什么样的兴趣和爱好，自己对未来的职业有哪些规划等。

5. 绘制员工职业生涯发展路线图

一旦获取了员工的相关信息，组织就要开展绘制员工职业生涯发展路线图工作。具体说来，绘制职业生涯发展路线图主要分为以下三步。①研究和整合面谈评估信息与员工自我认知的信息，找准员工的职业倾向。②组织根据员工的职业倾向设计一条职业发展的路线，如为有技术倾向的员工设计一条技术发展的路线，明确他什么时候轮岗，达到怎样的能力后实现晋升，将来的目标职位是什么等。③组织与员工进行协商，确定职业生涯规划路线图。路线图所服务的根本之一就是员工，所以在制定职业生涯规划路线图时，组织务必要与员工进行协商确定。

6. 构建员工职业生涯发展通道

员工职业发展目标的实现还有赖于具有顺畅的职业生涯发展通道，所以组织一定要对构建员工职业生涯发展通道的工作引起重视，确保员工职业生涯管理目标的实现。而就当前业界的普遍情况来讲，员工职业生涯发展通道主要分为三大类型。①纵向职业发展通道，亦即职位上的晋升，这一类通道多用于管理人员职业的发展上，如从主管到经理再上升到总监就是一条典型地纵向型职业发展通道。②横向职业发展通道。这就是传统意义上的轮岗和非行政级别的职业发展，这一类职业发展通道多用于技术性人员职业发展上。③双阶梯职业发展通道。其是指设计多条平等的晋升通道，满足各种类型员工的职业发展需求。双阶梯职业发展通道的一个重要标志就是职级上升，但行政级别并不变更。

7．实施人才培养和晋升

完成了职业生涯规划路线和职业发展通道的构建工作后，组织就需要实施人才培养和晋升。按照通常情况来讲，组织实施人才培养和晋升主要是基于以下两个目的。①组织为员工设定的职业发展路线对员工的能力提出了新的要求，这就促使组织必须开展相关的培训项目来满足这种需求。②在员工职业生涯管理的过程中，组织需要对相关人员展开倾斜和维护，从而在整个流程的执行中导入激励因素，实现职业生涯规划路线图由“静”向“动”的转变。

8．及时监控、反馈和评估

一个完整的员工职业生涯开发与管理流程无疑离不开及时的监督、反馈和评估。因此，在完成了上述几步之后，组织就需要对其管理效果展开评估，一方面审视中间存在的问题并及时予以更正，从而确保职业生涯管理目标的实现，另一方面则是总结和积累经验，为下一轮的职业生涯管理工作的开展提供科学的依据。而至于如何开展监督、反馈和评估，我们认为应该锁定在两个关键点上，一个是员工群体，通过实施了职业生涯管理工作之后，员工在哪些行为上发生了改变？员工的满意度是否增加？员工流失率是否发生变化？员工对职业生涯管理工作的切实感受是怎样的？这些都是管理效果评估的重要指标；另一个关键点就是组织的人才竞争力是否增强？组织原有的人力资源管理现状是否发生改变？组织在此项工作中的成本支出和收益的关系是怎样的？只有及时地监督、反馈和评估，我们的职业生涯管理工作才能在不断推进的过程中朝着原定的目标前进。

本章小结

1. 员工培训与开发是组织通过各种教导或经验的方式，为改变本组织员工的价值观、工作态度、知识、技能和工作行为等诸方面所做的努力。其意义在于：提高培养员工的职业能力，提高员工的职业能力与转换职业能力；培养高素质人才，获得竞争优势；满足员工自我成长与实现自我价值的需要，获得较高收入的机会，增强员工的职业稳定性。

2. 员工培训与开发的对象主体是组织的所有员工。员工培训与开发的内容是培训与开发活动的实质，必须与组织的事业发展、战略目标相联系及符合员工的职位特点，主要包括知识、技能和态度等。员工培训与开发具有鲜明的特征：广泛性、层次性、协调性、实用性、长期性、速成性、实践性。

3. 现代组织员工的培训与开发体系，呈现多形式、多层次的特征。从培训与开发职能部门的组建看，培训与开发有学院模式、客户模式、矩阵模式、组织办学模式和虚拟培训与开发组织模式五种模式；从对象的不同可分为管理人员培训与开发、专业技术人员培训与开发、基层员工培训与开发及新员工培训与开发；从员工受识破的时间可分为全脱产培训与开发、半脱产培训与开发与业余培训与开发等。

4. 员工培训与开发方法很多，可分为演示法、专家传授法和团队建设法三大类，具体包括讲座法、远程学习法、视听法、在职培训与开发、情景模拟法、商业游戏法、个案研究法、角色扮演法、行为学习法、交互式视频、互联网上培训与开发及探险学习、团队培训与开发法和行为塑造等。

5. 员工培训与开发是组织的一项系统工程，包括培训与开发需求的确定、培训与开发目标的设置、培训与开发方案设计、培训与开发的实施，以及培训与开发评价与培训与开发反馈等几个环节。其中培训与开发需求的确定包括培训与开发需求的分析、组织需求分析、工作需求的分析、个人需求的分析。

6. 员工的职业开发与管理。员工职业生涯开发与管理对组织发展、对员工个人都具有重大的意义。员工职业生涯开发与管理活动包括个人与组织两个方面，即员工职业计划和职业管理。为保证员工发展的有效性，员工与组织都需要承担责任。

7. 员工的职业发展类型不同、职业发展方向不同以及职业发展阶段也有不同。员工职业发展方式一般有三种：培训教育、工作实践以及开发性人际关系等。

8. 员工职业生涯开发与管理流程，本章主要分为八个阶段。

练习题

一、单项选择题

1. 人员培训活动的起点是（　　）。

A. 培训目标的确定　　B. 培训计划的确定
C. 培训师资的选定　　D. 培训需求的确定

2. （　　）是指教师按照准备好的讲稿系统地向受训者传授知识的方法。

A. 讲授法　　B. 专题讲座法
C. 研讨法　　D. 案例研讨法

3. （　　）是指企业通过为某些员工分派具体任务对其进行培训的方法。

A. 工作指导法　　B. 个别指导法
C. 工作轮换法　　D. 特别任务法

4. （　　）不属于案例研究法。

A. 案例分析法　　B. 个案分析法
C. 工作指导法　　D. 事件处理法

5. 培训课程实施的前期准备工作不包括（　　）。

A. 培训后勤准备　　B. 准备相关资料
C. 确认培训时间　　D. 学员自我介绍

6. （　　）是以工作说明书、工作规范等作为员工任职要求的依据，将其和员工平时工作中的表现进行对比寻找差距的方法。

A. 面谈法　　B. 工作任务分析法
C. 观察法　　D. 重点团队分析法

二、多项选择题

1. 培训需求分析就是采用科学的方法，弄清（　　）。

A. 培训什么　　B. 培训方法

C. 为什么要培训　　D. 培训方式

E. 谁最需要培训

2. 根据培训对象的不同，培训需求分析可分为（　　）。

A. 业务部门培训需求分析　　B. 新员工的培训需求分析

C. 管理部门培训需求分析　　D. 在职员工培训需求分析

E. 设计部门培训需求分析

3. 观察法比较适合于收集（　　）的培训需求信息。

A. 技术工作人员　　B. 生产作业人员

C. 管理工作人员　　D. 销售工作人员

E. 服务工作人员

4. 培训需求分析是（　　）前提。

A. 确定培训目标　　B. 进行培训评估

C. 设计培训计划　　D. 培训经费预算

E. 有效实施培训

5. 根据培训阶段的不同，培训需求分析可以分为（　　）。

A. 长期培训需求分析　　B. 目前培训需求分折

C. 中期培训需求分析　　D. 未来培训需求分析

E. 短期培训需求分析

6. 面谈法有（　　）具体操作方法。

A. 个人面谈法　　B. 现场面谈法

C. 集体会谈法　　D. 团队分析法

E. 任务分析法

三、简述题

1. 培训与开发的流程？
2. 员工职业生涯发展的通道有哪些？
3. 员工培训与开发的方法有哪些，各有哪些优缺点？

推荐阅读

《人力资源培训与开发》、《员工培训与开发》。

专业词汇

员工培训，开发，培训流程，职业生涯管理。

综合案例 1

IBM 公司对员工的培训

国际商用机器公司（International Business Machines Corporation，IBM）是一家拥有 40 万中层干部、520 亿美元资产的大型企业，其年销售额达到 500 亿美元，利润为 70 多亿美元。它是世界上经营最好、管理最成功的公司之一。在计算机这个发展最迅速、经营最活跃的行业里，其销量居世界之首，多年来，在《幸福》杂志评选出的美国前500家公司中一直名列榜首。

IBM公司追求卓越，特别是在人才培训、造就销售人才方面取得了成功的经验。具体地说，IBM公司决不让一名未经培训或者未经全面培训的人到销售第一线去。销售人员们说些什么、做些什么以及怎样说和怎样做，都对公司的形象和信用影响极大。如果准备不足就仓促上阵，会使一个很有潜力的销售人员夭折。因此该公司用于培训的资金充足，计划严密，结构合理，一到培训结束，学员就可以有足够的技能，满怀信心地同用户打交道，不合格的培训几乎总是导致频繁地更换销售人员，其费用远远超过了高质量培训过程所需要的费用。这种人员的频繁更换将会使公司的信誉蒙受损失，同时，也会使依靠这些销售人员提供服务和咨询的用户受到损害。近年来，该公司更换的第一线销售人员低于3%。所以从公司的角度看，招工和培训工作是成功的。IBM公司的销售人员和系统工程师要接受为期12个月的初步培训，主要采用现场实习和课堂讲授相结合的教学方法。其中75%的时间是在各地分公司中度过的；20%的时间在公司的教育中心学习。分公司负责培训工作的中层干部将检查该公司学员的教学大纲。这个大纲包括从公司中学员的素养、价值观念、信念原则到整个生产过程的基本知识等方面的内容。

学员们利用一定时间与市场营销人员一起访问用户，从实际工作中得到体会。此外，还经常让新学员在分公司的会议上，在经验丰富的市场营销代表面前，进行他们的第一次成果演习，有时，有些批评可能十分尖锐，但学员们却因此增强了信心，并赢得同事们的尊敬。该公司从来不会派一名不合格的代表会见用户，也不会送一名不合格的代表去接受培训，因为这不符合优秀企业的概念。销售培训的第一期课程包括IBM公司经营方针的很多内容，如销售政策、市场营销实践以及计算机概念和IBM公司的产品介绍，第二期课程主要是学习如何销售。在课堂上，该公司的学员了解了公司有关后勤系统以及怎样应用这个系统。他们研究竞争和发展一般业务的技能。学员们在逐渐成为一个合格的销售代表或系统工程师的过程中，始终坚持理论联系实际的学习方法。学员们到分公司可以看到他们在课堂上学到的知识的实际部分。现场实习之后，再进行一段长时间的理论学习，这是一段令人“心力交瘁”的课程：紧张的学习每天从早上8点到晚上6点，而附加的课外作业常常要使学员们熬到半夜。在商业界中，人们必须学会合理安排自己的时间，他们必须明白：“充分努力意味着什么？整个通宵是否比只学习到晚上10点好？”课程开始之前，像在学校那样，要对学员分班，分班时的考试是根据他们的知识水平决定的。经过一段时间的学习之后，考试便增加了主观因素，学员们还要进行销售演习，这是一项具有很高的价值和收益的活动。一个用户判断一个销售人员的能力时，只能从他如何表达自己的知识来鉴别其能力的高低，商业界就是一个自我表现的世界，销售人员必须做好准备去适应这个世界。

有时，学员们的所作所为还保留着某些学生气，他们对培训课程的某些方面感到不满，遇到这类情况，公司就会告诉他们：“去学校上学，你们每年大约要付15000美元的学费。所以应当让我们决定什么是最好的。这就是经济规律，同时，也是你们学习经营的第一件事。”一般情况下，学员们在艰苦的培训过程中，在长时间的激烈竞争中迅速成长。每天长达14～15个小时的紧张学习压得人喘不过气来，然而，却很少有人抱怨，几乎每个人都能完成学业。

IBM公司市场营销培训的一个基本组成部分是模拟销售角色。在公司第一年的全部培训课程中，没有一天不涉及这个问题，并始终强调要保证演习或介绍的客观性，包括为什么要到某处推销和希望达到的目的。同时，对产品的特点、性能以及可能带来的效益要进行清楚的说明和演习。学员们要学习问和听的技巧，以及如何达到目标和寻求订货等。假若用户认为产品的价钱太高的话，就必须先看看是否是一个有意义的项目，如果其他因素并不适合这个项目的话，单靠合理价格的建议并不能使你得到订货。

该公司采取的模拟销售角色的方法是，学员们在课堂上经常扮演销售角色，教员扮演用户，向学员提出各种问题，以检查他们接受问题的能力。这种上课接近于一种测验，可以对每个学员的优点和缺点两方面进行评判。另外，还在一些关键的领域内对学员进行评价和衡量，如联络技巧，介绍与演习技能，与用户的交流能力以及一般企业经营知识等。对于学员们扮演的每一个销售角色和介绍产品的演习，教员们都给出评判。特别应提出的是 IBM 公司为销售培训所发展的具有代表性、最复杂的技巧之一就是阿姆斯特朗案例练习，它集中考虑一种假设的、由饭店网络、海水洋运输、零售批发、制造业和体育用品等部门组成的、具有复杂的国际间业务联系。通过这种练习可以对工程师、财务经理、市场营销人员、主要的经营管理人员、总部执行人员等的形象进行详尽的分析。这种分析使个人的特点、工作态度，甚至决策能力等都清楚地表现出来。

由教员扮演阿姆斯特朗案例人员，从而创造出了一个非常逼真的环境。在这个组织中，学员们需要对各种人员完成一系列错综复杂的拜访，面对众多的问题，他们必须接触这个组织中几乎所有的人员，从普通接待人员到董事会成员。由于这种学习方法非常逼真，每个"演员"的"表演"都十分令人信服。所以，每一个参加者都能像 IBM 公司所期望的那样认真地对待这次学习机会。这种练习的机会就是组织一次向用户介绍发现的问题，提出该公司的解决方案和争取定货的模拟用户会议。

案例问题：

1. 根据本案例中 IBM 公司对员工进行的培训，论述培训对企业的发展的重要性？
2. 简述 IBM 公司对员工进行的培训的特色。
3. 联系大学教学实际，你觉得 IBM 公司对员工进行的培训哪些可以借鉴？哪些不可能实施？为什么？
4. 为了更好地改善大学教学工作，哪些人应该从哪些途径采取哪些方法进行？

综合案例 2

培训为什么会失败？

张某是某知名软件公司开发部的高级工程师，自 1995 年进入公司以来，表现十分出色，每次接到任务时总能在规定时间内按要求完成，并时常受到客户的表扬。在项目进行时还常常主动提出建议，调整计划，缩短开发周期，节约开发成本。但在最近的几个月里情况发生了变化，他不再精神饱满地接受任务了，同时几个他负责的开发项目均未能按客户要求完成，工作绩效明显下降。

开发部新任经理方某根据经验判断，导致张某业绩下降的原因是知识结构老化，不再能胜任现在的工作岗位了。他立即向人力资源部提交了《关于部门人员培训需求的申请》，希望人力资源部能尽快安排张某参加相关的业务知识培训，让张某开阔一下思路。人力资源部接到申请后，在当月即安排张某参加了一个为期一周的关于编程方面的培训、研讨会。一周培训结束回到公司后，张某的状况没有出现任何改变。人力资源部主动与张某进行了面对面的沟通，发现了问题的关键。张某工作绩效下降的关键是对新上任的方经理的领导方法不满意，同时认为自己是公司的老员工，不论是工作能力还是技术能力都可以胜任部门经理的工作，但公司却没有给他晋升的机会。其实导致张某工作绩效下降的真正原因，一是与新任经理的关系不太融洽；二是因为自己没有得到晋升的机会，而不是因为知识结构的老化。

（资料来源：http：//wenku.baidu.com/）

案例问题：

1. 这次培训失败的主要原因是什么？
2. 你从这个培训无效案例中得到了什么启示？

第6章 绩效管理

能力目标

- 掌握绩效管理的概念和特征
- 掌握绩效管理的内容和标准
- 掌握绩效管理流程
- 掌握绩效管理技术
- 了解绩效管理的新趋势

本章重点：绩效管理特征，绩效管理概念，绩效管理流程

本章难点：绩效管理流程,绩效管理技术

引入

摩托罗拉的绩效管理体系

在摩托罗拉，绩效管理已经上升到了公司的战略管理层面，被给予了高度的重视。摩托罗拉认为企业是产品与服务之和，企业管理就等同于人力资源管理，而人力资源管理就是绩效管理。摩托罗拉的绩效管理包括以下五个环节。

一、绩效计划

在这个环节里，主管与员工要就下列问题充分沟通、达成一致，并最终形成以下签字的记录。员工应该做什么？工作应该做多好？为什么要做该项工作？什么时候要做该项工作？其他相关的问题还包括工作环境、能力、职业前途、培训等。制定绩效计划也是确定员工绩效目标的过程，它是整个绩效管理循环的依据和绩效考评的依据。

二、持续不断的绩效沟通

沟通贯穿于绩效管理的整个过程，而不是仅仅体现在年终的考核沟通。因此，摩托罗拉强调全年的沟通和全通道的沟通。首先，沟通是一个双向的过程，目的是追踪绩效的进展，确定实现绩效目标的障碍，为双方提供所需要的信息。其次，沟通能够防止问题的出现，这里强调绩效管理要有一定的前瞻性。第三，沟通是一个持续的过程，公司要定期或不定期、正式或非正式，就某一问题专门对话，及时解决问题。

三、事实的收集、观察和记录

主管在平时就要注意收集事实，观察和记录必要的信息。这包括收集与绩效有关的信息、记录好的行为和不好的行为。信息的收集要全面准确，而且要形成书面文件，必要时要经主管与员工签字认可。

四、绩效评估会议

摩托罗拉的绩效评估会议一般集中在一个时间进行，所有的主管都参与绩效评估，包括：做好准备工作（员工自我评估）；根据事实（而不是印象）对员工的绩效达成共识；评出绩效的级别；绩效评估不仅是评估员工，而且被视为解决问题的机会。评估结果最终会形成书面文字，并以面谈沟通的形式将结果告知员工。在绩效考核方法上采用等级法，实行强制分布，这样既能区分出员工绩效的差别，又避免了在几分之差上的无休止的争论。

五、绩效诊断和提高

这个过程主要是诊断绩效管理系统的有效性，以便改进和提高员工绩效。关于这一点摩托罗拉开发了一个实际有效的评估工具加以衡量，评估项目包括：绩效目标是否明确、具体；员工认为绩效目标是否有意义；员工是否明白绩效目标如何评估的；员工认为绩效标准是否恰当合理等。每项都有5个等级的评分标准，通过打分可以得知一年以来的绩效管理水平如何，差距在哪里，从而为公司改进和提高绩效管理水平提供依据。

探究：以上案例我们可以看出，摩托罗拉特别强调绩效管理过程中沟通全渠道的持续性，其中沟通在绩效管理过程中发挥着重要作用。绩效管理将员工和摩托罗拉公司的发展紧密联系在一起，其地位已上升到了战略层面。绩效管理是人力资源管理活动中一个非常重要和基础的工具。现代绩效管理正朝着管理人、激励人、不断共同创造优秀业绩的方向发展，越来越多的企业正在引入和改进绩效管理系统，使绩效管理这一工具发挥着越来越重要的作用。本章将对绩效管理的概念、作用、流程、方法等知识点进行系统的阐述。

第一节　绩效管理概述

一、绩效的概念和特征

随着经济全球化和信息井喷，世界各国各类组织都面临着越来越激烈的国内和国际市场竞争。为了提高自己的竞争能力和适应能力，许多企业都在探索提高生产力和改善组织绩效的有效途径，组织结构调整、组织裁员、组织扁平化、组织分散化成为当代组织变革的主流趋势。但是，实践证明：尽管上述的组织结构调整措施能够减少成本（并借此提高收益和回报率），但并不一定带来绩效的改善，不论是组织中的哪一层级（组织、团队或个人），如何界定、评价绩效，组织结构调整只能提供一个改善绩效的模式尝试，真正能促使组织绩效提高的关键点还是组织成员行为的改变，以及形成有利于调动员工积极性、自主创新、进行团队合作的组织文化和工作气氛。在这一背景下，“绩效”方向（先前更多的还更多的用“业绩”指代）的研究者拓展了绩效的内涵，于 20 世纪 70 年代后期提出了“绩效管理”的概念。20 世纪 80 年代后半期和 90 年代早期，随着人们对人力资源管理理论和实践研究的重视，绩效管理逐渐成为一个被广泛认可的人力资源管理核心过程。

1. 绩效的概念

绩效就是人们在工作过程中所表现出来的与组织相关的并且可以被评价的工作业绩、工作能力和工作态度。工作业绩是指工作的结果；工作能力是指转化知识，实施能解决工作问题的素质；工作态度则是通过工作的行为展现的，这些行为对个人或组织效率具有积极或消极的作用。

根据《牛津现代高级英汉词典》的解释，绩效指的是“执行、履行、表现、成绩”。人力资源管理是门集合了管理学、经济学、社会学、心理学等多门学科的学科。从不同的学科领域出发，对绩效的认识也有所不同。从管理学的角度来看，绩效是组织期望的结果，是组织为实现其目标而展现在不同层面上的有效输出，包括个人绩效、部门绩效（团队绩效）和组织绩效三个方面。组织绩效建立在个人、部门绩效实现的基础上，但个人绩效实现并不意味着组织是有绩效的，有时绩效高的个人可能是影响团队或组织绩效的最大因素。从经济学的角度看，绩效与薪酬是组织和员工之间的对等承诺关系，绩效是员工对组织的承诺，而薪酬是组织对员工所做出的承诺。一个人进入组织，必须对组织所要求的绩效做出承诺，这是进入组织的前提条件。当员工完成了对组织的承诺时，组织就以相应的薪酬实现其对员工的承诺。这种对等承诺关系的本质，体现了等价交换的原则，而这一原则正是市场经济运行的基本规则，这也是绩效薪酬的由来。从社会学的角度看，绩效意味着每一个社会成员应按照社会分工所确定的角色承担他的那一份职责。人们间的相互协作构成整个社会，完成本人绩效是个人作为社会一员的义务。

随着管理实践的深度和广度不断增加，人们对绩效概念和内涵的认识也在不断变化。目前对绩效的定义主要有三种观点：一种观点认为绩效是结果；另一种观点则认为绩效是行为；第三种观点不再认为绩效是对历史的反映，而是强调员工潜力与绩效的关系，关注员工素质、关注未来发展。在实际应用中，对于绩效概念的认识，可划分为五种：①绩效就是完成工作任务；②绩效就是工作结果；③绩效就是行为；④绩效就是结果与过程（行为）的统一体；⑤绩效=做了什么（实际收益）+能做什么（预期收益）。

上述五种绩效定义的适用情况如表 6-1 所示。

表 6-1　绩效定义适用情况对照表

绩 效 含 义	适应的对象	适应的企业或阶段
完成工作任务	体力劳动者；事务性工作者	
结果或产出	高层管理者；销售、售后服务或可量化工作性质的员工	高速发展的成长型企业、强调快速反应，注重创新的企业
行为	基层员工	发展相对缓慢的成熟型企业，强调流程、规范，注重规则的企业
结果+过程（行为/素质）	普遍适用各类人员	普遍适用
做了什么（实际收益）+ 能做什么（预期收益）	知识工作者	脑力劳动者居多

（资料来源：百度文库整理）

在先前的理论研究中，通常研究者从组织、团体、个体三个层面上在给绩效下定义，层面不同，绩效所包含的内容、影响因素及其测量方法也不同。就个体层面来讲，人们给绩效所下的定义，尚未达成共识。目前最主要有两种观点：一种观点认为绩效是结果，另一种观点认为绩效是行为。不难看出，“绩效是结果”的观点认为，绩效是工作所达到的结果，是一个人的工作成绩的记录。表示绩效结果的相关概念有：职责（accountabilities），关键结果领域（key result areas），结果（results），责任、任务及事务（duties， tasks and activities），目的（objectives），目标（goals or targets），生产量（outputs），关键成功因素（critical success factors），等等。值得注意的是不同的绩效结果界定，可用来表示不同类型或水平的工作的要求，在设计绩效目标时应区分对待。

但随着人权观念的深入，人们对绩效是工作成绩、目标实现、结果、生产量的观点提出了挑战，越来越多的人接受绩效也是行为的观点。这并不是说绩效的行为定义中不能包容目标。就定义而言，它只包括与组织目标有关的行动或行为，能够用个人的熟练程度（贡献水平）来定等级（测量）。绩效是组织雇人来做并需做好的事情。绩效不是行为后果或结果，而是行为本身……绩效由个体控制下的与目标相关的行为组成，不论这些行为是认知的、生理的、心智活动的或人际的[5]。Borman & Motowidlo（1993）则提出了绩效的二维模型，认为行为绩效包括任务绩效和关系绩效两方面，其中，任务绩效指所规定的行为或与特定的工作熟练有关的行为；关系绩效指自发的行为或与非特定的工作熟练有关的行为[6]。上述认为绩效不是工作成绩或目标的观点的依据是：第一，许多工作结果并不一定是个体行为所致，可能会受与工作无关的其他影响因素影响（Cardy and Dobbins，1994；Murphy and Clebeland，1995）[7]；第二，员工没有平等的完成工作的机会，而且，员工在工作中的表现不一定都与工作任务有关（Murphy，1989）[8]；第三，过分关注结果会导致忽视重要的过程和人际因素，不适当地强调结果可能会在工作要求上误导员工。

我们认为，在绩效管理的具体实践中，应采用较为宽泛的绩效概念，即包括行为和结果两个方面，行为是达到绩效结果的条件之一。这一观点在 Brumbrach（1988）给绩效下的定义中得到很好的体现，即“绩效指行为和结果。行为由从事工作的人表现出来，将工作任务付诸实施。（行为）不仅仅是结果的工具，行为本身也是结果，是为完成工作任务所付出的脑力和体力的结果，并且能与结果分开进行判断”。这一定义告诉我们，当对个体的绩效进行管理时，既要考虑投入（行为），也要考虑产出（结果）。绩效包括应该做什么和如何做两个方面。

综合从不同角度解读绩效管理的含义，同时兼顾工作行为和结果，绩效可以定义为：绩效就是人们在工作过程中所表现出来的与组织相关的并且可以被评价的工作业绩、工作能力和工作态度。工作业绩是指工作的结果，工作能力和工作态度则是通过工作的行为展现的，这些行为对个人或组织效率具有积极或消极的作用。

2. 绩效的特点

绩效具有动态性、多因性和多维性的特点，可以在组织的不同层次上表现出来，分为组织绩效、部门绩效和个人绩效等。动态性指绩效是变化的，原因主要有以下几个方面，个人绩效不单受知识、技能和能力的影响，也受素质的影响，而素质意味着可挖掘的潜力，一旦被开发，或许一个人的绩效会在短时间发生巨大的变化。多因性指绩效由多重因素共同决定，甚至某些因素是不可控的，例如外部环境因素（政治、经济、科学、文化和法律）。多维性指绩效可以从多个角度进行剖析，主要包括工作内容结果、工作行为和可开发的影响组织绩效的个人特质。Bates 和 Holton（1995）指出，“绩效是一多维建构，测量的因素不同，其结果也会不同”。因此，我们要想测量和管理绩效，必须先对其进行界定，弄清楚其确切内涵。

二、绩效管理的概念和特征

绩效管理的概念是由绩效考核发展而来，对员工绩效考核的研究伴随着资本主义工业生产的发展、工厂制度的出现、大规模的协作劳动成为基本劳动形态而产生，并且随着企业管理实践的发展而发展。

从学术领域的研究来看，员工绩效考核的研究应以 1980 年兰迪和法尔（Landy & Farr）发表的《绩效评定》一文作为分界点，将绩效考核的研究分为前后两个阶段：在 1980 年之前，绩效考核的研究关注由员工带来的产出和结果，研究主要集中于开发信度高、效度高的评定量表，通过评价者提高其在绩效考核中的观察技能，如何减少评定误差；在 1980 年之后，对绩效考核的研究重心转向对评价过程、评价所处的内外环境的研究，注重评价者的认知加工过程、评价精度以及对绩效本身结构的探讨。绩效的多因性被越来越多的研究者所重视。

绩效考核是指考评主体对照工作目标或绩效标准，采用科学的考评方法，评定员工的工作任务完成情况、工作职责履行程度和员工的发展情况，并且将评定结果反馈给员工的过程。它包括以下三个层面的含义。

① 绩效考核是从企业经营目标出发对员工进行考评，并使考核结果与其职位要求相结合，推动企业经营目标的实现。跟组织目标不太相关的员工行为和态度不用刻意去考评。

② 绩效考核作为人力资源管理的重要环节之一，是企业通过系统的方法对员工在岗位上的工作行为和工作成果进行定性及定量的评价的过程。

③绩效考核是对组织成员在工作中所表现的能力和业绩进行以实事为依据的评价。能够有量化记录的最好进行量化记录。

美国组织行为学家约翰·伊凡斯维奇认为，绩效考核可以达到以下八个方面的目的。

① 为员工晋升、降职、调换、离职等调岗行为提供依据。

② 组织对员工的绩效考评（主要是结果和行为）的反馈。

③ 对员工和团队对组织的贡献进行评估（这里的贡献特指跟经营活动相关的）。

④ 为员工的薪酬决策提供依据（也是薪酬管理能够实现公平很重要的保证）。

⑤ 对招聘选拔和工作分配的决策进行评估。

⑥ 了解员工和团队的培训和教育的需要。

⑦ 对培训和员工职业生涯规划效果的评估。

⑧ 对工作计划、预算评估和人力资源规划提供信息。

绩效考核是以下组织行为的参考依据：为员工的任免、升贬决定提供依据；对员工的奖励提供依据；对组织决策正确与否进行检验；了解组织现存的人力资源情况；了解组织未来人力资源发展的需要；了解个别员工的发展潜能。绩效考核也可为员工提供有关信息：了解自己过去的工作表现；了解自己的长处与短处；了解自己需要改善的地方。

总之，绩效考核应该具有以下两方面的核心意义。①作为人事决策的重要参考，如升迁、任免、加薪等。因而，任何与人事决策相关的管理人员，都必须知道如何合理而有效地运用绩效考核的结果，使员工能够人尽其才，人尽其事，各得其所。绩效考评结果也能鼓励员工，激发他们更好的表现。②促进员工改进绩效，绩效管理最积极的目的，应该是使员工了解绩效目标与组织期望间的关系，员工也随之了解了自身的差距与不足。因而绩效考核可以直接促使员工不断改进自己的工作绩效，使之向组织目标贴近。

为什么随着时代的进步，绩效考核逐渐丰富为绩效管理呢？这是因为越来越多实践和理论派达成共识：决定一个人绩效的不单单是那个当下管理者表面所看到的员工行为和结果，更重要的是这位工作人员产生这个绩效的背后原因和内在因素。绩效管理相对绩效考核而言，更加全面立体长远的看待绩效。另外，组织结构的改变趋势是减少管理层次（de-layering）、减小规模（downsizing）、适应性（flexibility）、团队工作（team-working）、高绩效工作系统（high performance work systems）、战略性业务组织（strategic business units）、授权（empowering），等等。相应的，管理思想和风格也要相应地改变，如给员工更多的自主权，以便更快更好地满足客户的需求（一种风格的员工代表一种风格的客户类型）。绩效管理的作用更为丰富，要遵守的原则也更具有可行性。

（1）客观公正的原则

绩管指标设计应该坚持定量与定性相结合的方法。建立科学实用的考核指标体系和考核标准，避免个人主观意愿、感情因素对评价结果的影响。

（2）公开与透明的原则

绩效管理不是某一个部门、更不是某个人的独立参与，而是组织内每个成员的共同责任，每一个人都承担着相应的考核职责，这就要求绩效考核必须遵循公开与开放的原则。对最终的绩效考评的结果也应该公开，只是公开的对象需要更人性化的处理。

（3）责权利相对等的原则

绩效管理的主要目的之一就是帮助员工个人及组织改进业绩，要将考核结果与员工的奖惩、晋升等紧密结合起来。

（4）可靠性原则

可靠性又称信度，是指某项测量的一致性和稳定性。绩效考核的信度是指绩效考核方法应保证收集到的员工能力、工作态度、工作结果等信息的稳定性和一致性，它强调不同评价者之间对同一个人或一个部门评估的一致性。

（5）绩效管理经常化、制度化的原则

绩效管理是一种连续性的管理过程，因而必须定期化、制度化。考核的经常化、制度化不但指定期定量地做好考核工作，并且应该在考核过程中定期反馈与修改，即把考核结果及时反馈，还应根据反馈的结果不断修改、完善考核系统。另外经常化还体现在管理层对绩效干预的长期性和日常化，某种程度上来说，这是更为经常看到的一个现象。一个绩效管理体系不完整的组织，日常无意识的绩效管理行为也是随处可见的，每一次的对下属工作结果的反馈都是一种日常绩效管理。

（6）可行性与实用性相结合的原则

所谓可行性是指任何一次考核方案所需时间、物力、财力要为使用者的客观条件所允许。所谓实用性，是指设计的考核方案应满足不同行业、不同部门、不同测评目的的要求。

三、绩效管理的常见困惑

1. 绩效管理过程中的员工参与

员工在绩效管理中参与的内容主要包括执行与反馈两部分。

所谓执行，是对于组织层面已经确定的、相对不可变动的部分进行实施。反馈，是将管理者需要的、或者员工认为有必要的信息提供给管理者，是绩效管理中的一种沟通。这部分的沟通主要产生于绩效共识的达成和绩效结果的运用。

这当中包括员工与管理者沟通交流后相互达成的共识，例如书面的表现方式之一即是绩效契约。它具有相对的不可变动性。而执行就是对这部分内容的实施。执行是决定绩效管理最终成果的重要部分，直接影响到绩效管理的效果。最明显体现的就是，团队运动中的参与队伍能不能很好执行教练的意图，这直接影响着球队成绩。

小提醒：管理者是经营者的替身，管理者持有经营者的持续意识。

员工参与在绩效管理整个过程能够很好实现的先决条件是明确工作描述。在必要时（如工作内容发生变化时）对工作职责进行修改，以保证与公司目标相一致。员工参与工作内容的确定过程有助于员工清晰地理解其绩效对于其所在部门，乃至整个组织的影响。只是绩效管理沟通的工作内容是相关职责、预期标准、要达到的目标和为改善绩效将采取的行动信息。

在“绩效规划”时，员工可以提供行为评估的数据、以及与岗位相关的信息参考，只是提供自身岗位还是别的岗位要视其所处的职位和组织采用的考评办法。深入了解、确切实施绩效规划，对于发展计划是否符合实际进行反馈。

在绩效评估环节，若组织采用的是360度绩效考评方法，员工需要填写自身评估表。组织通过员工填写的自身评估表，了解员工自己对自己绩效的结果分析。字里行间也可以对满意度略窥一二。组织需要注意的是表格里面所有的项目务必是跟组织目标相关的，而不是设计者自己想了解的。

员工参与能一定程度上减弱员工在绩效评估中的防御与对立心态，提高他们对绩效管理体系的满意度。因为每个环节的参与一方面能让员工有一种被尊重和对自身绩效有把握的感觉，过程中有偏离，主观意愿和客观现实上他们都更可能主动进行调整。另外这种公开透明、强调双向沟通的操作方式本身也会让员工更乐于接受绩效体系。

另外员工可以参与的环节有评分表的开发，参与绩效评估。员工是自身岗位的专家，是最了解工作内容和可能遇到哪些挑战和问题的人（这决定任职资格的设定），当然不是每个员工都有能力对自己的工作内容进行抽象化的总结，也正是如此，设计者仍然是专业的人力资源工作者。

绩效回顾是绩效评估过程中很重要的环节，作为绩效的创造者，员工自己参与讨论很有必要。一是对别人对其的不妥或他们不认可的评价进行解释说明，另一个是他们可以和评估团队一起对于需要改进的地方进行探讨，以便做得更好。毕竟绩效考核、评估也罢，最主要的作用在于改善绩效而不是单单的分出优劣。这也有助于评估者和被评估者的相互了解，而了解是理解和制定出针对性方案的前提。

另一个需要注意的点是绩效契约的更新和重建。绩效契约有两个面向，一个是正式的书面契约，另一个是双方的心理契约。书面契约指的是在较为正式的绩效目标达成阶段双方认可的书面凭证。这凭证除了包含目标实现与否达成奖惩协议，同时明确实现目标责任所需的前提或条件，并赋予下级相应的资源配置权利，以实现责权利的统一。心理契约是在员工心中对于所签的书面契约或达成的共识所产生的个人认知和心理预期。当实践情况与他们的心理期望不符时，就可能出现工作效率低、忠诚度下降等问题。每当书面契约里面的主要内容发生变化时或是员工、雇佣方任一对对方的评价发生了变化，就涉及到契约更新和重建的问题。需要注意的是，心理契约的更新和重建难于书面契约，毕竟相信本身建立是非常困难的，破坏往往只是那一瞬的事情。

2. 正式与非正式（日常）的绩效管理

从内容的角度出发，可以把绩效管理的工作分为正式（严格依照流程进行、书面进行了确认的）和非正式的（无意识的、临时、平常的）绩效管理。

在绩效管理中组织辅导算是一种非正式的提升方式。组织辅导主要有以下几个阶段构成。

（1）非正式辅导——个人推动

由高层、人力或是外部教练来实现，他们参与到管理活动中，通常是针对某个特定的问题或突发的需求做出的被动反应，有些甚至只是推动人基于负责人的角度自发的一种行为。

（2）受控的辅导——由拥护者和支持者驱动

通常是对第一阶段的效果有质疑时或者是组织需要更有力的辅导时，发动的一种行为。首先需要任命某人作为辅导的管理者，他的任务是组织所有的外部教练，进行流程再设计和工作效果评价。这是一种更有针对性、有计划的辅导，但是很少有组织为谁应该获得辅导而建立正式的标准，有一定的局限。

（3）主动辅导——由业务驱动

对整个组织来说，利益最大化是促进该阶段的一个关键因素。在此阶段，组织通常对谁提供辅导、谁获得利益制定了相应的规范和标准。

（4）战略辅导——由组织人才战略驱动

在这一阶段，组织将辅导视为实现组织目的的最适合和最具成本效益的工具，会采用多种手段确保投入辅导的资源与组织的经营战略和需求一致，从而实现最大价值。

另外，初创组织大多没有制度化的绩效管理设计和标准化的流程规划，基本上都是零星的非主动的绩效考评。

3. 高层支持的意义

高层是一个组织的决策团队，在组织中拥有对资源的配置权和组织成员中绝对的威信。高层支持（包括老板）是绩效管理实施的必要条件和坚强后盾，没有高层支持的绩效管理，绩效管理中的激励机制无法进行有效的资源配置；适应原有习惯的被实施绩效组织成员会对绩效管理的有效性、公正性缺乏信任，所以缺少高层支持（包括老板）的绩效管理只能是昙花一现。

对资源的配置权可以让绩效管理实施中的各种支持手段得以顺利实施，比如绩效管理中的激励需要资源的有效调度，绩效管理过程中与相关部门的协调等。

资源的配置权是资源持有者对资源的使用和分配资源的权利。这是由于资源的稀缺性所决定的。

绩效实现的一个重要手段就是奖惩机制。无论是物质还是精神上的奖惩，都不能离开对资源的分配。绩效优秀者给予稀有的资源予以奖赏；反之剥夺绩效差者的稀有资源使用权，予以惩罚。资源配置权还表现在绩效管理实施中对各部门的协调。提高了组织的资源利用率。

高层通过公司章程、公司文化等手段对各部门资源的不同配置，组织像有一只无形的手一样促进各部门对绩效管理的积极配合。对有帮助绩效管理有效实施的部门资源配置时给予适当倾斜。

得到高层的支持的绩效管理，首先取得了绩效管理实施办法在组织中合法性的肯定。这有利绩效管理在具体实施中容易获得相关部门的支持。在实施过程中，组织成员对绩效管理的抵制和不满也会相对降低。

高层支持分为对绩效管理实施者的支持，对实施者实施的绩效管理的支持。

对绩效管理实施者的支持。得到高层支持的绩效管理实施者，实施者中会有较多的主动权和支持，解决了实施者的后顾之忧。从而可以在实施过程中对遇到的问题，即使采取行之有效，强有力的措施。

对实施者实施的绩效管理的支持。可以保证这种实施办法一定时间段内的长期有效性。消除组织成员对绩效管理实施的长效性的怀疑。另一方面，高层可以使用随时更换绩效管理的负责人，降低影响绩效管理有效的人为因素。

综上，获得高层支持的是绩效管理有效实施的前提条件和关键。所以获得高层支持是绩效管理实施者首要解决的问题。绩效管理实施者可以尝试通过以下方法增加获取高层支持的概率。

① 阐述绩效管理对组织的发展的有利条件，让高层觉得绩效管理的实施对组织的发展有利可行而且会帮助自己有效的管理组织。

② 阐述绩效管理的具体实施办法及遇突发状况的对应机制。让高层觉得绩效管理是行之有效的可行性办法。

绩效管理的实施者一定要是有能力、值得高层信任的人。这样可以大大增加高层对绩效管理实施的放心度，另一方面也增强了绩效管理的实施的有效性。

第二节　绩效管理的内容和标准

一、绩效管理的内容

绩效管理是一系列以员工为中心的干预活动。绩效管理的最终目标是充分开发和利用每个员工的资源（知识、能力、技能、素质等有机结合）来提高组织绩效，即通过提高员工的绩效达到改善组织绩效的目的。研究表明，有效的绩效管理是一系列活动的持续循环双向过程，一个绩效管理过程的结束，是另一个绩效管理过程的开始，具体而言有以下内容。

① 绩效管理强调全体员工参与的过程。

② 绩效管理是一个强调沟通的过程，包括：沟通组织的价值、使命和战略目标；沟通组织对每个员工的期望结果和评价标准以及如何达到该结果；沟通组织的信息和资源，员工之间相互支持，相互鼓励。

③ 绩效管理是一个强调发展的过程，通过为每个员工提供支持、指导和培训，提高员工的胜任特征；每个员工都应该主动地学习，相互学习，绩效管理的目标之一是建立学习型组织。

④ 绩效管理是一种绩效导向的管理思想，其最终目标是建立企业的绩效文化，形成具有激励作用的工作气氛。

在应用层面，绩效管理包括任务绩效、周边绩效、组织公民行为、适应性绩效（适应复杂、异常、混乱或不可预测的工作环境）和处理一些不良工作行为（如反社会行为、不文明行为、破坏设备等），以及绩效随时间的变化情况（绩效的发展趋势）。任务绩效是指与工作产出直接相关的绩效，是绩效考评中最主要最基本的组成部分，通常能够量化，可以用质量、数量、时效、成本等指标考量。周边绩效也称作关系绩效，是指不与特定目标和任务相关，但是能够让个人、团队和组织更有效、更成功地活动。周边绩效包括合作互助，主动履行角色外活动坚持用热情和决心去完成任务，维护组织目标，即使在不方便的情况下也同样遵守组织制度等行为。组织公民行为（Organizational Citizenship Behavior，OCB）是由美国印第安纳大学的 Demnis Organ 教授及其同事首先提出，包括五个要素：利他行为、尽职行为、运动家精神（主要指员工在不理想的环境下，也能保持证明态度去解读困境，积极主动地解决问题）、谦恭有礼和公民道德。其后，也有别的研究者将其扩展为 7 个维度：助人行为（helping behavior）、运动员精神（sportsmanship）、组织忠诚（organizational loyalty）、组织遵守（organizational compliance）、个人主动性（individual initiative）、公民道德（civic virtue）及自我发展（self development）。

从层级的角度出发，可以把绩效分为组织绩效、部门（团队）绩效和个人绩效三个方向，后者由前者分解而成。

组织绩效不仅由组织可控的元素，如组织战略规划、资金状况等决定，也受制于不可控的外部因素，特别是政治经济方向的。而要使组织绩效良好，简单的分解目标、布置任务是没办法实现的，过程中的激励管理必不可少。在实践过程中，效果得到普遍认同的激励理论有：马斯洛需求理论、赫兹伯格的双因素理论、ERG、弗勒姆的期望理论、亚当·斯密的公平理论、麦格雷戈的 X、Y 理论等。

绩效管理与辅导的不同

管理的侧重点：	辅导的侧重点：
告知	探询
指导	帮助
权威	合作
迫切需要	长期改进
特定结果	多种潜在结果

绩效回顾的两次评估：第一次是主管会见团队的所有成员，主要讨论整体绩效；第二次是主管分别会见团队的各个成员。注：这只是一般情况。

在运用绩效考核结果时要注意两方面：（1）是在制定能否胜任的标准时，必须要有合法合规的逻辑递进关系；（2）是绩效考核制度本身就是一项规章制度，必须经过讨论协商、民主程序和公示。如果，要变换考核方法，这样的合法性流程必须要重来一次，否则，对被考核人来说，不能胜任的评价就缺乏法律效力。

三种类型的绩效需要重点评估：

（1）执行特定任务的个人绩效；

（2）特定情境下的个人绩效；

（3）团队的整体绩效

（资料来源：裴宏森.绩效考核实务（第二版）. 北京：机械工业出版社，2011）

二、绩效考核的标准

绩效考核的标准并不是固定的，各组织可以根据的实际情况自行决定，但业内比较公认的是从指标定义、评价标准、考核结果和考核导向等方面综合考量而得到的 SMART 原则。

1. 明确的（Specific）

明确的指标是具体的，不管具体考核的是工作结果还是工作行为。明确的不仅包含考核内容，也包括具体的标准、权重、信息来源、考核者、被考核者等要素。

2. 可衡量的（Measurable）

这里的可衡量不单指指标的量化，也指可行为化，是可以用数字或文字描述出来的。可衡量即可是指标本身是方便衡量的，例如生产量，也可以是通过相关规定变得可衡量的，例如员工满意度等指标。

3. 可获得的（Attainable）

绩效指标的可获得指可以通过组织渠道有效获得，前提是相关文档做好了保存工作。另外值得注意的是指标收集的渠道多元化和完整度对指标是否是客观全面地反映被考核者的业绩和行为非常重要。

4. 相关的（Relevant）

前面的章节也有提到绩效考核指标必须是与组织经营目标相关的，无关则是不合理、没必要的。例如，“德”的考核，对于公务员这类公共文职岗位是非常有必要的，而对于大部分的商业组织的工作人员则不一定有多大的价值。

5. 有时限的（Time-bound）

这里的时限既指考核的一段时间内的指标，也指为保证考核的可操作性，对频率、时间段或其同类概念的限制一定要明确。

第三节　绩效管理流程概述

体系是若干有关事物或某些意识互相联系而构成的一个整体。绩效体系的设计过程包括现状诊断、绩效管理可行性分析与风险评估、绩效管理准备、方案设计和具体管理推进五个阶段。现状诊断前提是掌握组织的企业文化、发展战略、管控体系（组织架构及对应的各层级的决策权限）及其他管理体系（岗位管理、薪酬管理、预算核算和目标管理）。可行性分析主要是指企业现有的基础管理工作能否支持系统的绩效管理要求和主导系统设计的是内部还是外聘专家。风险评估是指预备设计的系统成功率有多少，可能出现的挑战有哪些。

另一种说法是借用了 PDCA 的概念，将流程具体分为包括绩效计划、绩效管理、绩效考评和绩效结果运用（主要是奖惩）四个环节。

一、绩效计划

绩效计划是一个确定组织对员工的绩效期望并得到员工的认可的过程。由于绩效包括结果绩效和行为绩效两个部分，因此，绩效计划必须清楚地说明期望员工达到的结果以及为达到该结果所期望员工表现出来的行为和技能，即确定工作目标（work objectives）和发展目标（development objectives）。

工作目标的设计是一个将个人目标、部门或团队目标与组织目标有机结合的过程。目标设计也是一个员工全面参与管理、明确自己的职责和任务的过程，是绩效管理的一个至关重要的一个环节，员工通过这一过程知道组织或部门对自己的期望是什么，他们有可能获得资源后通过自己的努力达到期望。

在目标设计过程中，应注意以下几个方面内容。①个人目标应与部门或团队目标保持一致。个人目标的设计应体现为一个从组织目标到部门或团队目标再到个人目标的目标逐步分解过程，个人目标是部门、组织目标的细化，个人目标的实现应能促进部门或组织目标的实现。个人目标的确定应考虑组织的战略目标、自己所在岗位的主要职责以及内部和外部客户的需求。但是这并不意味着组织不管个人需求，自顾自的设计目标，最具有激励型的目标应该是考虑到员工个人发展需求的目标。个人发展计划的设计应该注意：领导与员工应就员工个人发展目标达成一致；员工有权利和有责任决定自己的发展目标。培训和开发活动应支持所确定的工作目标的实现；培训和发展活动应尽量符合员工学习的风格和保证。②工作目标的设计是员工与部门主管共同的任务，员工应自主设计自己的目标并与部门主管达成一致。或是主管先行设计一个目标的草稿，然后与员工协商，最后形成一致意见。在过去传统的绩效评价中，员工的目标设计往往是一个自上而下的过程，没有任何中间过程，员工只需接受和执行。这种“强加性”由于效果有限，受到越来越多的质疑。③应确定主要目标，一般为

5～7个目标，而且，每个目标都应赋予权重，并按重要程度进行排列，最重要的排在最前面。④每个目标都应有可衡量的标准，所定标准应尽可能量化，可根据可量化的程度选择数量、质量、时间、成本等作为衡量指标。⑤遵循SMART原则（具体见上一节），当然个体所设计的工作目标应该是可达到但有挑战性的，工作目标应略高于自己的实际能力。

二、绩效管理

绩效管理（managing performance）主要指绩效的过程管理，整个过程的关键在于改善绩效。主要有以下三种方式。①辅导（coaching）；②咨询（counselling）。咨询过程包括三个主要阶段。第一阶段，确定和理解：确定和理解所存在的问题；第二阶段，授权：帮助员工确定自己的问题、鼓励他们表达这些问题、思考解决问题的方法并采取行动；第三阶段提供资源。③进展回顾（progress review），这一过程既可以是定期的，也可以是随机的。另外自我监控也贯穿始终。

三、绩效考评

绩效考评（performance appraisal），在每一个绩效管理周期结束的时候，依据绩效计划，由管理者和员工共同对员工的绩效目标完成情况进行考评。绩效评估的依据是绩效计划中的关键绩效指标，还包括在绩效实施与管理过程中，收集记录下的员工日常工作表现和记录等。考核周期可以根据具体情况确定为年度、半年、季度或月。考核期开始时签订的绩效合同或协议（performance contract or agreement），一般都规定了绩效目标和绩效测量标准。绩效合同一般包括：工作目的描述、员工认可的工作目标、发展目标及其衡量标准等。绩效合同是进行绩效考核的依据。绩效考核包括工作结果考核和工作行为评价两个方面，其中，工作结果考核是对考核期内员工工作目标实现程度的测量和评价，一般由员工的直接上级按照绩效合同中的绩效标准，对员工的每个工作目标实际完成情况进行等级评定；工作行为的评价工具是工作行为评价问卷，该问卷一般以工作岗位要求的胜任特征模型中所包含的胜任特征为结构维度编制而成。

四、绩效结果

绩效结果运用最重要的环节是绩效评估反馈和奖惩的实施，这常常是组织矛盾的助燃点。绩效反馈面谈重在员工知道组织对自己的期望、了解自己的需要以及组织如何协助其改进不佳的部分。在这过程中的尊重和保守秘密对提高满意度和忠诚度大有裨益。奖罚分明是执行结果的第一原则。另外，需要注意奖励只有符合下列两个条件时才具有激励作用：①为被奖励者重视；②与被奖励者付出的努力和取得的绩效相一致。由于人的需要是千差万别的，对一个人具有较大激励作用的事情，对另一个人来说也许会毫无激励作用，因此，有效的奖励系统应能反映不同员工的需要。在保证公平的前提下，奖惩设计尽量多样化。

综上所述，当一个绩效考核周期完成后，开始制定新的绩效管理计划，然后进入下一轮的实施与管理、在调整评估、如此周而复始，形成每完成一个绩效管理周期无限循环、持续发展，使企业整体处于一个良性循环中。

绩效面谈是组织软实力的体现，是很有价值的环节。绩效面谈通常是定期与不定期混合使用，定期的一般发生在考评周期结束后。绩效面谈的主要参与者主要是具有直线考评关系的考评者和被考评者。人力资源部的工作人员可以只充当影子角色，在沟通前提供参考意见。亦可全程参与并最好记录。若是员工的绩效面谈，建议主导者仍由部门主管担当。另外，平时人力资源工作人员应该在情绪管理方面多给同事一些建议，善于情绪管理的双方进行的绩效面谈质量要高出许多。另外也要针对不同的员工类型，采用不同的沟通方法和内容，例如对于冲锋型员工（好的工作业绩+差的工作态度），切记用强硬的沟通方式，而对于安分型员工（差的工作业绩+好的工作态度），交流沟通的重点在于具体工作方法的指导。整个过程中可以尝试用 SMART 理念引导绩效面谈，这里的 SMART 指 Specific（明确的）、Motivate（激励）、Action（行动）、Reason（原因）、Trust（信任）。

小贴士：面对困惑的解决方法（Best）：Behavior Description（行为描述）；Express Consequence（结果表达）；Solicit Input（征求意见）；Talk about positive outcomes（多沟通积极结果）。

例如，根据 PDCA 循环的绩效管理周期理论，结合项目的实际情况，考虑到信息系统具有及时性、快捷性和准确性等特点，建立教师绩效考核流程图。

① 由全体教师与院、系领导共同确定绩效考核目标。

② 人事处在考核前两周下发考核通知与考核表。

③ 考核开始后，所有参与考核人员应予一周内完成考核表，并上交院、系领导。

④ 各院、系领导收齐考核表后，应予两周内统计出考核结果，并尽快通知本人。

⑤ 被考核人是否同意考核结果。

⑥ 由本人与主管领导根据考核结果共同提出改进方案，并备案。

⑦ 由考核领导小组会同有关部门就本人意见进行评审，并做出最终考核结果。

⑧ 根据考核结果进行奖惩，同时本次考核结束，有关材料由人事部门存档，并定期对改进方案进行。

绩效反馈注意事项：着眼于改善绩效；着眼于将来；提供及时反馈；着眼于行为、而非性格、态度和人品。

第四节　绩效管理执行者

依照在整个绩效管理过程中，承担责任和扮演角色的不同，可以分为高层管理团队、人力资源部门、各部门主管和员工这四个群体。

一、高层管理团队

高层管理团队在绩效管理工作中的角色可以简单归纳如下。

① 高层管理团队是绩效管理目标的定夺者。他们是最熟悉组织目标和现实财务状况的群体，而具体部门和个人绩效来自于组织绩效的分解。人力资源任一板块的战略都来自于组织战略。

② 高层管理团队是绩效管理目标实现的保障。理论上，高层管理者拥有更多的组织资源和解决问题的能力。他们除了需要完成好自己的业绩指标，还需充当好公司绩效管理的拉拉

队长，为其他成员摇旗呐喊。为员工主动实现业绩目标提供推动力。若他们所主管的部门没有完成绩效目标，被追责的第一负责人也是他们。

③ 高层管理团队是公司其他层级职员的绩效辅导和评价者。他们拥有最大的权限知晓最全面的绩效数据。不仅明了某个团队、个人的绩效，也知道对比其他团队、个人他们的位置。

二、人力资源部门

因为绩效管理是人力资源部门核心工作内容，许多人都误认为它只是人力资源部门的工作，实质上它主要承担的任务只是专业绩效管理技术和工具提供者。另外，绩效管理工作的推进者也可以不是人力资源部，有的公司是部门管理者去进行设计和实施的，例如比较小的没有专门人力资源工作承担者的组织。

人力资源部在绩效管理工作中的角色包括以下方面。

1. 人力资源部是绩效管理体系的建设者之一

人力资源工作人员是绩效管理体系，包括制度、流程、考评办法的草拟者，虽然他们是在高层的指导监督下，依随组织战略，但是具体的条款应该是由他们来进行设计和撰写的。

2. 人力资源部是绩效管理咨询顾问

人力资源部作为企业中绩效管理专家，在企业实施绩效管理的过程中更多的是扮演了一种顾问或咨询师的角色，是专业工具和技能的提供者，是别的主体遇到没办法解决问题时，提供多角度可行性方案的人。

3. 人力资源部是绩效管理体系运行的推行者和督导者

他们最知绩效管理的意义和重要性，知道用怎样的方式能让更多的人支持组织绩效方案。同时在绩效管理过程中，他们还有一个很重要的任务是纠偏和让整个绩管更加的科学化。HR必须运用较强的专业技术不断制定并监督执行完整的、科学的人力资源政策与制度，以确保员工的工作行为朝着有利于组织目标的方向前进。

4. 人力资源部是绩效反馈和激励的合作者

基于人力资源部在绩效管理工作中的主要工作内容，角色定位如下。

（1）服务者

在一个组织中需要不断培植互相服务的意识和理念，才可能形成团队协作精神。人力资源部门只有立足于这一点，切实为其他部门和所有员工做好必要的服务工作才可能言及所谓被“重视”。HR应该做好如下具体事务性工作。

① 为员工提供良好的行政与后勤服务，如食宿安排、证件办理、医疗卫生、文体娱乐、通讯转达、员工互助等。

② 认真履行各项人力资源管理的基本职能，如员工档案管理、出勤记录、人力资源调动手续、保险业务办理、薪资计算（有些组织是由财务部门处理）等。

③ 人力资源管理与开发施行的事务性工作，如联系人才中介、筹办招聘事宜、安排面试、办理入职手续、登记人员分配、提供培训设备设施等。

HR 如果不能好好地为自己定位，认为自身可以对其他部门发号施令的，而不去踏实地履行这些职责或不屑从事这些工作，更宏观的工作无从下手。

（2）沟通协调者

HR 部门是职能服务型部门，为其他部门和员工提供了良好的服务，令其可以专心于他的具体业务，是人力资源管理存在的起码价值。但人力资源管理的价值远不止于此，而应进入另一个较高的层面——协调。关于沟通协调，HR 可以做的事情如下。

① 建立并良好的组织沟通渠道，疏通沟通障碍，协调组织与成员之间、劳资双方之间的关系。如员工职业规划、自我申告（诉）制度、全员参与合理化建议活动等。正式与非正式渠道建设都不能忽视。

② 尽可能多地参与其他部门的会议与活动，了解公司业务，并借此加强自身对其他部门的正面影响。但过程中要注意把握自身参与的内容和方式，毕竟现实互动中没有多少主管希望别的人员插手参与，建议参与的有降低成本活动、小团队改善活动、营销活动等。

（3）政策、规章的制定者和执行者

人力资源部在企业组织中是一个"职能服务机构"，鲜明的特征是服务职能与管理职能同存一体。在服务方向，HR 应该遵循"诚心服务"的原则，通常传统管理是以权力作为后盾的，在管理过程中必采用"控制"这一手段。人力资源管理的角色三是扮演企业员工管理的政策、规章、制度的制定者和执行者角色。这就要求 HR 必须具备客观、公正的心态，同时也要求他具有较强的专业素养。难以想象，一个专业知识和能力不强的 HR 能够很好地控制企业中偏离组织目标的行为。

（4）咨询顾问

HR 在组织中的如何能同时赢得老板和员工尊重的莫过于能够扮演培训师或咨询师的角色。当 HR 能够成为管理层的"左膀右臂"和员工信赖的支柱时，原来所抱怨的"权力"、"地位"和"重要程度"或许不会再刻意地追求。

为完成这个角色，HR 需要做的事情包括：从各种渠道吸收新的经营理念、科学的管理方法，在合适的时间主动将之与决策层进行交流，并为其他管理人员提供培训；当决策层需要调整业务的时候，积极向他提交现有人力资源分析报告，并制定人员增加或削减的人力成本预算与实施计划；当某位主管面对难缠的上司或麻烦的下属时，能够给他以处理人际关系方面或督导下属技巧方面的辅导，从而缔造一个融洽的人际环境。

至此，将人力资源管理的专业知识与个人的人格、智慧相结合，完美地进入公司高层次高质量的管理，既将工作演绎得更富有意义，同时也能体现人力资源管理者在组织中的价值和地位。

四种角色和定位，也是四种由低到高的阶层和境界。如果每位 HR 能够首先检讨一下自己的专业素养是否足以达到赢得别人的认同，然后调整心态，去除一点浮躁，运用人格和智慧，将专业素养发挥出来，从适应组织环境开始，逐个阶层地向上攀登，就不用担心工作得不到应有的重视了。

绩效管理是人力资源管理的核心。成功实施绩效管理，不但能帮助企业提高管理效率，帮助管理者提升管理水平，更能提升 HR 管理部门的地位，提升 HR 经理的价值，实现 HR 的角色转换，从高级办事员到战略伙伴。

没有完美的绩效管理体系，任何企业的绩效管理都会存在这样那样的问题，都需要不断地完善和提高。因此，绩效管理没有结束，只有不断地超越和发展，只有持续地改进和提高。唯有如此，绩效管理才能真正发挥其作用，才能持续不断地推动企业的管理向高水平、高效率方向发展。

三、部门管理者

各级部门管理者处在公司高管和普通员工之间，起到承上启下的作用。是企业经营和管理活动的核心力量，企业是否拥有强有力的中层干部，决定了企业是否拥有强有力的执行力。

在绩效管理中，部门管理者担任着极其重要的角色，关乎成败。

① 作为公司层面的绩效管理，各层经理是公司绩效计划的参与制定者。

② 各层经理是公司绩效计划的执行者，要将公司绩效计划层层分解，落实到具体责任人。

③ 作为部门的绩效管理，各层经理要在日常工作中担任了绩效管理工作的所有核心工作。这些工作包括：员工绩效计划制定、考核标准及考评价方法设计、与下属进行绩效沟通、对下属进行绩效辅导、对下属进行绩效评价、对下属进行绩效反馈和激励等。

所以说，部门管理者是公司绩效管理的主角，离开了部门管理者的积极参与和胜任，公司的绩效管理工作一定会失败。

绩效面谈应注意的细节：

1. 注重提前通知
2. 注意整理好绩效档案
3. 注意时间的选择
4. 注意场所的布置
5. 注意面谈开场的寒暄
6. 注意目光的交流
7. 注意面部表情的控制
8、注意肢体语言的运用
9. 注意结束时间的把握
10. 注意谈话内容的保密

第五节　绩效管理技术

一、360度绩效评估方法

360 度绩效评估方法是指由员工自己、上司、直接下属、同事和顾客全方位五角度的了解个人绩效的一种考评方法，由 Intel 公司首先提出并实施。它的优点是能比较全面、客观地了解个人绩效，而这种强制性的沟通有助于组织成员彼此之间的沟通和互动。这个评估方法广泛应用于高层领导自我觉察与发展，它提醒组织应该重视前期工作。

二、目标管理（MBO）

“目标管理”的概念是管理专家彼得·德鲁克（Peter Drucker）1954 年在其名著《管理实践》中最先提出的，其后他又提出“目标管理和自我控制”的主张。德鲁克认为，并不是有了工作才有目标，而是相反，有了目标才能确定每个人的工作。因此管理者应该通过目标对下级进行管理，当组织最高层管理者确定了组织目标后，必须对其进行有效分解，转变成各个部门以及各个人的分目标，管理者根据分目标的完成情况对下级进行考核、评价和奖惩。

目标管理的具体形式各种各样，但其基本内容是一样的。所谓目标管理乃是一种程序或过程，它使组织中的上级和下级一起协商，根据组织的使命确定一定时期内组织的总目标，由此决定上、下级的责任和分目标，并把这些目标作为组织经营、评估和奖励每个单位和个人贡献的标准。

目标管理指导思想上是以Y 理论为基础的，即认为在目标明确的条件下，人们能够对自己负责。目标管理与传统管理的共同要素：明确目标、参与决策、规定期限、反馈绩效。与传统不同之处有以下方面。①重视人的因素。在这一制度下，上级与下级的关系是平等、尊重、依赖、支持，下级在承诺目标和被授权之后是自觉、自主和自治的，因为目标得达成是双方协商的过程，不管中间哪方妥协得更多。②目标设置配套的责权利对等。在目标分解过程中，权、责、利三者已经明确，而且相互对称。③重视成果，但监督的成分很少，而控制目标实现的能力却很强。另外，在采用别的考核办法时，组织也会在目标设定阶段与员工积极互动，但是 MBO 特别强调这一过程的民主，也希望整个管理中员工有强烈的自觉性，主动地自我控制和调整，最终实现自我和组织的双赢。也因为如此只有一个组织有明确的战略、团队精神、开放式的组织结构（如何在东方企业中实现散而不乱）、有效管理才能实现真正意义上的目标管理。

目标管理中的“目标”除了要依照“SMART”设定，还要注意它比较特殊的地方在于目标得层次性（通常先行设定比较容易实现的目标、再设定比较困难的）和网络性（组织中个人目标得实现还受到别的因素的影响）。

将目标付诸实施的四个步骤：

1. 将每个目标分解为多个具体的任务——要有明确的期望结果。
2. 为任务的执行制定计划——要有时间表。
3. 集合各种所需资源，以便顺利完成每项任务。
4. 实施计划。

三、关键绩效指标（KPI）

关键业绩指标（KPI）是在现实管理过程运用特别广泛的一种考核办法。KPI 是 Key Performance Indicators 的缩写。它是对流程中的输入、输出端的关键参数进行设置、取样、计算、分析、衡量流程绩效的一种目标式量化管理，战略目标分解是核心环节。KPI 体现的是绩效中对组织战略目标起增值作用的绩效指标，目标的达成也需要不同层级直接的连续沟通。KPI 在笔者看来亮点在于关键二字，它考评的是决定一岗位产生绩效的关键因素（跟组织战略目标紧密相连的），而不是所有，这使得这个方法比较具有操作性。

关键绩效指标包括权重指标和非权重指标。权重指标包括两类：结果指标和过程指标（行为方向），结果指标可以量化的尽量量化，不能量化的也尽量用文字清晰的表达。量化有三种主要的制定方法：加减分法、公式法和规定范围法。非权重指标包括否决指标、奖励指标和奖惩指标。否决指标用于对一些重要前提事项（必须完成的事项或不能发生的事项）进行考核，特别是涉及重大财产生命安全的，一旦有失，则会有重大损失的指标，如质量事故、安全生产事故等。奖励指标用于对某些需要奖励事项的考核，这些事项可能不在被考核者岗位职责范围内，是在总得分基础上直接进行加分。奖惩指标用于对某些既需要奖励又需要惩罚的事项的考核，做得好给予加分奖励、不好的进行减分惩罚。

四、平衡记分卡（BSC）

平衡记分卡（Balanced Score Card，BSC）是由美国哈佛商学院卡普兰和诺顿提出的。

BSC 的突出特点是将企业愿景、使命和发展战略与企业的业绩评估系统联系起来，把企业的使命和战略转变为具体的目标和考核指标。该系统既包括传统的财务指标（仍然是核心指标），又通过客户、内部运营及学习成长指标来弥补财务指标的不足。

那是不是上平衡记分卡必须是“财务”、“内部”、“客户”和“学习与成长”呢？实质不然，更为重要的是将企业战略目标逐层分解转化为各种具体的相互平衡的绩效考核指标体系。

回到常用的平衡记分卡的四个方面，如图 6-1 所示。财务面属于结果类指标，是传统绩效考评中最为看重的指标，有时甚至是唯一指标。财务主要衡量的内容是收入的增长和结构、如何降低成本、提高生产率、如何更好地利用公司所有的资金进行投资。但因为不是所有的长期策略都能很快的产生短期财务盈利现象，所以 BSC 增加了客户、内部营运和学习成长这三方面的过程指标。衡量客户面的指标主要有市场份额、客户满意度、老客户挽留率、新客户获得率以及由此产生的利润率。通常状况下内部营运面的设计迟于财务和客户方面，主要是现有业务的改善以及涉及未来的长远的产品和服务的革新。指标主要包括产品开发、生产制造和售后服务三个方面。学习与成长面关注的对象是员工，是驱使其他三个方面获得卓越成果的动力。它主要涉及“员工能力”、“信息系统能力”和“激励、授权与相互配合”等几个方面。这四者之间有明确的因果关系。简要改制，过程指标完成的漂亮的话，财务面这一结果指标自然不错。而“学习与成长”的状况又直接影响到“客户面”和“内部营运面”。在分解具体指标，BSC 与 KPI 还经常混合使用，在分解时通常是自上而下的进行。

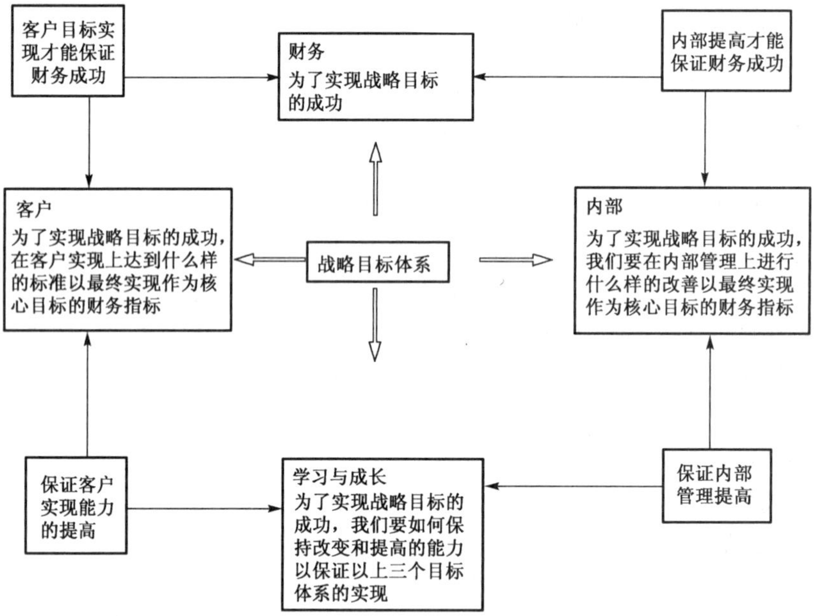

图 6-1　平衡记分卡范例

（资料来源：张小兵. 人力资源管理. 北京：机械工业出版社，2010.）

五、以素质为基础

在前面的章节里有提到，素质包括技能、知识、社会角色、自我形象、品质和动机。依照对组织岗位绩效的影响，可以分类为核心素质（一个人的核心竞争力）、通用素质（多数人所共有的基本要求）和角色素质（个人所承担的一个特殊角色或是一项特殊任务所要求的素质）。建立素质模型（类似于胜任力模型）很重要的一点就是通过关键事件访谈确定绩优标准。考核性的素质测评的主要目的是为雇主提供依据，侧重于现有素质的价值和功用。

六、标杆管理

标杆管理（Benchmarking）过程中最重要的环节是寻求实现卓越绩效的行业最佳实践，通过持续改善来强化自身的竞争优势。核心是通过学习最优秀最适合的模仿对象，创造自己的最佳实践。关键目的是创造优势，方式是通过在流程方向持续改造。它重视实际，模仿对象不一定是本行业的，也不见得一次只有一个模仿对象，被模仿也不见得一定是财务方面表现最好的，更为关键的是组织依照自己的目标，选择最适合的模仿对象。按标的的不同，标杆管理可以分类为内部标杆管理（Internal Benchmarking）、竞争标杆管理（Competitive Benchmarking）、职能标杆管理（Functional Benchmarking）和流程标杆管理（Generic Benchmarking）。具体模仿要素可以是产品、过程、管理、战略，也可以是最佳实践。最后一种常见的分类方式是依照信息搜集方法的不同，一种是单向的（Unilateral Benchmarking），一种是在双方协商同意的状况下实现信息共享的合作式。标杆管理最需投入精力的是找到合适的标杆对象和在自己需要改善的地方充分地挖掘。

那么如何才能设计出合理的标杆呢？一是要注意自身选择的标杆的强项一定是跟自己组织要实现的战略目标紧密相连的。二是采用多指标体系去考察目标标杆，这有助于学习型组织深度挖掘标杆对象。最好要注意到动态因素，特别那些影响最终模仿效果的变化着的环境因素，动态的吸收在这个瞬息万变的经济社会尤为珍贵。

采用这个方法，局限性在于很难找到没有缺陷的标杆主体，只能比照标准找到那个当下最合适的，可是模仿一定是有时间差的，所以环境一定有一些变化，那时看来很适合很美好的在真正模仿的时候很难保证它的适用性。另外很多组织在挖掘过程中有可能只是表面的挖掘，真实标杆对象取得成就的原因确根本没有获得，另外获得信息的真实和全面也影响着挖掘的效果。即使对象找对了，路径也找到了，执行对象的错误也会影响标杆管理的效果。另外，一个东西的改善效果显现是需要时间的，在浮躁的社会里，很多人都觉得需要赶快，可能一段时间没有效果就会迅速地放弃，转向寻求新的渠道和新的对象，这样周而复始，有可能一点都没有吸收到。另外在这个需要强调差异化战略的竞争市场环境下，简单一味的模仿可能并不会真正在财务上取得亮眼的成绩。更别提事实上持续不断的创新是不可能的，人总是需要静下来的沉淀，然后才有可能创新。

这十年来，创新是个绝对热门词汇，貌似这是个万能钥匙，一切问题都可以通过它迎刃而解。但实施创新是什么，很多实践者却进入了误区，是不是颠覆以前的一切就是创新，我们要求一个人、一个组织的创新一直持续的创新是不是现实的想法呢。一个组织在设计自己的核心竞争力到底是应该在过程中不断摸索，以自己为主呢，还是不断的追随在市场表现很突出的人，慢慢的成为自己呢？这没有绝对正确的答案，只有摸索着决定。

七、以财务指标为主（EVA）

EVA（Economic Value Added）指代经济增加值考核，是指企业净经营利润减去所投入资本的机会成本后的差额。它是一种比较少用，专注于利润、希望员工能像股东一样思考，一般采用此类方法的组织大多为业绩导向。各类绩效管理技术比较如表 6-2 所示。

表 6-2　各类绩效管理技术比较

项　目	特　点	局　限	适用状况
360 度	最齐整考核团队：上级、下级、平级、同事和客户	成本支出大； 对考评者的要求高	中高层； 沟通协调要求特别高的岗位
KPI	最实用的指标	前期工作烦琐； 对配套基本管理要求高	有完善绩效管理体系的组织
BSC	关注财务指标的同时在意影响财务结果的其他三大指标	过于突出财务指标的重要性	推崇业绩的组织
MBO	最民主，最体现员工参与	对企业管理人员的要求高	扁平化、强调分权、员工参与的组织
标杆管理	学习与创新	适宜的标杆对象不宜选择	处于瓶颈期的组织
以素质为基础	关注员工素质潜能	对工作人员的要求高；成本大	脑力劳动为主的创新型企业
EVA	在乎投资回报率，希望每个员工都像股东一样思考	过于看重财务指标，比 BSC 更甚	推崇业绩的组织
共同点：它们都是系统的一种战略分解的绩效考评方法。			

（资料来源：付亚和，许玉林. 绩效管理（第二版）. 上海：复旦大学出版社，2008）

绩效管理重要性以及对绩效增长的支持作用现在看来是不言而喻的，那是不是所有的组织不管处于什么阶段都需要采用严格标准化的绩效管理呢？在笔者看来这是不一定的。一套完整的绩效管理体系需要花费大量的人工时间成本，这还没加上如果需要将其信息化的成本，更别提没有专业支持下的绩效管理可能带来杀伤性的后座力。这也是目前在互联网行业做得有声有色的小米并没有采用严格的绩效管理制度的原因。另外处于初创期的组织，或是比较小型的、走创意的公司，也不需要这样严格、层级分明、有若干绩效考核点的考核体系，有了，或许反而是一种束缚，只是发到到那种阶段就开始，则需要依照公司的发展状况、领导风格以及所处的行业来决定。例如生产型企业大多劳动力密集、生产标准化，运用对应的标准化的绩效管理效果则比较好。对于那些知识型员工占更大比例或是更多强调信息共享、技术开发的组织，则不见得需要用完全规范化的操作。更具有实际价值的及时、具有建设性的（主要是一起探讨如何改善绩效，而不是注意力都在评价和责任推定上）日常绩效管理将更加有意义，此类绩效管理更倾向于在某方面更专业的人辅导、被咨询，这跟自上而下，严肃权威占主导绩效沟通有很大的差别。

本章小结

1. 绩效管理是对组织、部门（团队）、个人三个层级的绩效产出及过程行为运用科学的技术进行计划、实施、评价及运用的管理过程。在组织缩小运营规模、架构扁平化是主流的今日，绩效管理的重心应该逐渐从“管理”的“管”转移到“理”的方向，也就是说在管理中的“控制”环节应该减少，规划后的执行，过程中的沟通反而是需要付诸更多注意力的。具体到绩效管理，就是从单一程序的“绩效考核”发展到更长远、注重战略、不仅关注结果，也关注过程的“绩效管理”。

2. 应该如何利用绩效管理才能更顺应时代潮流、让组织绩效表现的更出色呢？就个人绩效而言，除了继续关注决定一个人在某个岗位的专业表现的知识、技能和能力外，更应该在意的是跟绩效有关的素质和潜能。如何发掘、进一步持续的开发，则需要专业人士（内外部均可）根据组织的具体状况进行设计。另外，过程中目标达成阶段的民主协商、实现绩效时的资源提供、反馈期间的建设性沟通以及最终结果运用的公平公正透明，一条龙的员工参与才能真正的让绩效管理的人性化落到实处。至于部门（团队）绩效，组织一定要围绕如何让团队成员实现合力（1+1>2）设计，另外具体的考核指标也应该是关注团队结果和表现，而不是个人突出优绩。例如，团队业绩的权重大于个人业绩，团队领导可以部分决定个人绩效结果运用等。当个人绩效和团队绩效做好后，组织绩效的优异表现则是水到渠成的事。

3. 世界公认的信度效度比较高的绩效考核方法有目标管理(MBO)、关键绩效指标(KPI)、平衡记分卡（BSC）、360 度绩效考评、标杆管理、以素质为基础的绩效考评和经济增加值考核（EVA）。目标管理强调是目标设定过程中的员工自觉有意识的参与。KPI 的重点在于设置的指标是跟业绩最紧密相关的，在乎的不是指标的全。平衡记分卡的核心关键仍然是反应结果的财务指标，但同时兼顾，希望组织相对平衡的重视其他三个过程指标：客户面、组织运营管理面和员工学习成长面。四者之间有很紧密的逻辑支撑关系。360 度强调的是考核者的全面性：上级、下级、同级、客户和自己都应该对某一考评结果进行评价。标杆管理是一种战略式通过学习标杆对象实现持续创新改善的方法。以素质为基础的更偏向于强调个人内在的可挖掘的素质对绩效的推动作用，不过在实施过程中要注意的是组织只要集中精力关注跟组织绩效有关的素质。EVA 强调收益，一般只有以业绩为导向的组织尝试适用。需要强调的是 EVA 关注的还有人力资源成本的投资回报，不单单是一个结果的好坏。

4. 总之不管采用何种考核评价方法、不管是只有日常的绩效关注，还是规范化专门化的绩效管理，都需要切合组织发展的实际情况进行，并且注意持续的改进。

练习题

一、选择题

1. 绩效考核对于员工个人则是（　　）。
   A. 上级和同事　　B. 上级和下级
   C. 下级和同事　　D. 上级和平级
2. （　　）是绩效考评中比较简单易行的一种综合比较的方法。
   A. 序列比较法　　B. 成本对比法
   C. 比例控制法　　D. 关键事件法
3. 管理人员、专业技术人员以及销售人员等比较适合采用（　　）。
   A. 直接指标法　　B. 成绩记录法
   C. 目标管理法　　D. 分定考评法
4. 提取关键绩效指标的方法不包括（　　）。
   A. 问卷调查法　　B. 目标分析法
   C. 关键分析法　　D. 标杆基准法
5. 一般情况下，应以（　　）能达到的水平作为绩效考评指标的评定标准。
   A. 全体员工　　B. 多数员工
   C. 少数员工　　D. 个别员工
6. （　　）是绩效考评要素选择的前提和基础。

A. 工作岗位分析 B. 工作岗位评价

C. 企业绩效考核 D. 员工薪酬设计

7. 绩效考评是对员工（ ）进行全面系统的考察和评估过程。

A. 工作行为 B. 工作效果

C. 工作效率 D. A 项和 B 项

8. 目标管理法能使员工的（ ）。

A. 个人目标和组织目标 B. 努力目标和组织目标

C. 努力目标和集体目标 D. 个人目标和集体目标

9.（ ）是考评结果最重要的应用。

A. 绩效计划 B. 绩效改进

C. 绩效考评 D. 绩效面谈

10. 由于绩效反馈面谈是主管人员与员工双方的职责，因此双反都要做好各自，员工应该准备的面谈资料有（ ）。

A. 自我评价表 B. 面谈程序表

C. 自己的相关绩效记录 D. 职务说明书

二、多选题

1. 绩效的多因性是指绩效的优劣不是取决于单一的因素，而要受到主、客观多种因素的影响，即（ ）。

A. 激励 B. 技能

C. 环境 D. 机会

E. 过程

2. 绩效标准是绩效考评的基础，必须（ ）。

A. 精确化 B. 简易化

C. 定量化 D. 客观化

E. 主观化

3. 从对企业的贡献来看，绩效管理的功能包括（ ）。

A. 诊断功能 B. 监测功能

C. 激励功能 D. 导向功能

E. 竞争功能

4. 对员工进行态度考评时，可以选取的考评要素包括（ ）。

A. 纪律性 B. 理解力

C. 积极性 D. 判断力

E. 出勤状况

5. 以下关于考评文档安全的说法正确的是（ ）。

A. 资料借用要签收 B. 考评资料不应留在桌子上

C. 传递时放入文件夹中携带 D. 不用的资料用碎纸机粉碎

E. 离开办公室时，应注意锁好抽屉

6. 以下关于考评数据分析方法的说法正确的是（ ）。

A. 能级分析法只将分数排队 B. 顺序法只能依据总分排序

C. 对比分析法可以采取要素得分来比较

D. 综合分析法要求不与别人的考评结果进行对比

E. 常模分析法将考评结果与某个固定岗位模式进行对比

7. 绩效管理的准备阶段需要解决的基本问题有（　　）。

A. 选择考评方法　　B. 收集考评资料

C. 明确绩效管理对象　　D. 提出考评要素和标准体系

E. 对运行程序、实施步骤提出具体要求

8. 按照绩效面谈的具体过程及其特点，绩效面谈可以分为（　　）。

A. 单向劝导式面谈　　B. 双向倾听式面谈

C. 解决问题式面谈　　D. 综合式面谈

E. 分析问题式面谈

9. 为保证绩效面谈的质量，有效的信息反馈应具有（　　）。

A. 真实性　　B. 针对性

C. 及时性　　D. 主动性

E. 适应性

10. 为了保障激励策略的有效性，应当体现（　　）。

A. 明确性原则　　B. 及时性原则

C. 同一性原则　　D. 预告性原则

E. 开发性原则

三、讨论题

G公司是一家由日本三家世界500强企业和国内两家大型国有企业合作创办的中日合资企业，成立于20世纪90年代中期，生产销售勘探和开采石油用的石油钻杆。企业依靠自身的技术优势和创业者们的不懈努力，经过短短8年就获得了快速发展，目前在国内石油钻杆市场上与另外三家国内企业基本形成了四分天下的局面。

在企业创立之初，公司导入日本先进的生产管理系统建立健全了质量管理体系，从2003年开始公司又着手建立一系列的人力资源管理制度，依靠自身的力量制定了一套员工绩效考核制度，对员工进行半年一度的绩效考核，考核结果被作为分配奖金的依据。

但是，在实际绩效考核过程中，管理者们发现由于公司给员工制定的考核指标和评分标准模糊，给下属打分时十分困难；而员工则认为管理者打分不公正，纷纷质问上级和人力资源部为何给自己较低的分数，加之考核需要填写大量的表格，员工满腹牢骚。几个考核期下来，管理者和下属都十分苦恼。管理者们为了不给自己制造太多的麻烦，就倾向于给下属相同的分数，这样一来，绩效考核便成为一种形式，失去了应有的作用。

1. 公司的绩效考核制度到底出了什么问题，如何才能改变这种状况？

2. G公司领导层陷入了深深的困惑之中。通过调查，我们发现了其问题所在，并为G公司提供了系统的解决方案。

专业词汇

SMART: 判断关键绩效指标的可操作性（specific 明确的；measurable 可衡量的；attainable 可获得的；relevant 相关的；Time—bound 有时限的）。

KPI：关键绩效指标。

PDCA：组织绩效模型（plan 计划、do 执行、check、检查、action 行动）。

SWOT：优势、劣势、机会、威胁。

STAR：situation 情境、task 任务、action 动作、result 结果。

SOME：skill 技能、opportunity 机会、motivation 动机、environment 环境。

MBO：目标管理。

BEST：困惑解决办法（behavior description express consequence solicit input talk about positive outanes）。

EPM：员工生产能力管理 Energy Efficiency & Productive Maintenance。

BSC：平衡记分卡（balanced score card）。

IDP：个人发展计划（Individual Development Plan）。

综合案例 1

成长公司的绩效考核

成长公司，成立于 20 世纪 50 年代初。经过近五十年的努力，在业内已具有较高的知名度并获得了较大的发展，目前公司有员工一千人左右。由于国家政策的变化，该公司面临激烈的市场挑战。为此公司从前几年开始，一方面参加全国百家现代化企业制度试点，另一方面着手从管理上进行突破。绩效考核工作是公司重点投入的一项工作。公司的高层领导非常重视，人事部具体负责绩效考核制度的制定和实施。

人力资源管理部在原有的考核制度基础上制定出了《中层干部考核办法》。在每年年底正式进行考核之前，人事部又出台当年的具体考核方案，以使考核达到可操作化程度。通常由公司的高层领导与相关的职能部门人员组成考核小组。考核的方式和程序包括被考核者填写个人述职报告、各单位召开大会进行个人述职、民意测评（范围涵盖全体职工）、向科级干部甚至全体职工征求意见（访谈）等，考核完毕后由考核小组写出评价意见，征求主管副总的同意后上报总经理。

考核内容包含三个方面：①被考核单位的经营管理情况，包括该单位的财务情况、经营情况、管理目标的实现等方面；②被考核者的德、能、勤、绩及管理工作情况；③下一步工作打算，重点努力的方向。具体的考核细目侧重于经营指标的完成、政治思想品德，对于能力的定义则比较抽象。各业务部门（子公司）在年初与总公司对于自己部门的任务指标都进行了讨价还价的过程。对中层干部的考核完成后，公司领导将在年终总结会上进行说明，并将具体情况反馈给个人。尽管考核的方案中明确说明考核与人事的升迁、工资的升降等方面挂钩，但最后的结果总是不了了之，没有任何下文。

对于一般员工的考核则由各部门的领导掌握。子公司的领导对于下属业务人员的考核通常是从经营指标的完成情况（该公司中所有子公司的业务员均有经营指标的任务）来进行的；对于非业务人员的考核，无论是总公司还是子公司均由各部门的领导自主进行。通常是到年底要分奖金了，部门领导才会对自己的下属做一个笼统的排序。

这种考核方法使得员工的卷入程度较高，声势浩大，轰轰烈烈。公司在第一年进行操作时，获得了比较大的成功。由于征求了员工们的意见，一般员工觉得受到了重视，感到非常满意。领导则觉得该方案得到了大多数人的支持，也觉得满意。但是，被考核者觉得自己的部门与其他部门相比，由于历史条件和现实条件不同，年初所定的指标不同，相互之间无法平衡，心里还是不服。考核者到了考核时要访谈近300人，忙得团团转。但由于大权在握，体会到考核者的权威，还是乐此不疲。进行到第二年时，大家已经丧失了第一次时的热情。第三年、第四年进行考核时，大家认为年年都是那个考核方式，没有新意。况且前两年考核的结果出来后，业绩好或业绩差的员工待遇上没有什么差别，大家早就失去了积极性。领导来找员工谈话，员工也只是敷衍了事，应付一下。

案例问题：

1. 请分析该公司的绩效考核方案存在哪些问题？
2. 联系问题1，你认为应该从哪些方面进行改进？

综合案例2

公司绩效管理

A是K公司的员工，大学毕业后加入K公司，从普通员工到高级销售经理。K公司在年初制定销售计划，较上年初提高将近100%。同时改变绩效考核办法，由原来的按季度改为月考核，并且实行了负激励，尽管员工的反对声音很大，但新办法还是开始实验。然而，季度后，公司业绩渐离目标甚远，员工的绩效奖金大幅度减少。A认为是K公司制定计划不切实际，考核目标太高，无法完成。而公司认为员工干劲不足，在数次沟通无效后。A愤然离职，并带走部分同事和资料。

案例问题：

1. K公司的绩效管理出现了哪些问题？为什么？
2. 提总改革建议给K公司。

拓展链接1：胜任力与绩效的关系

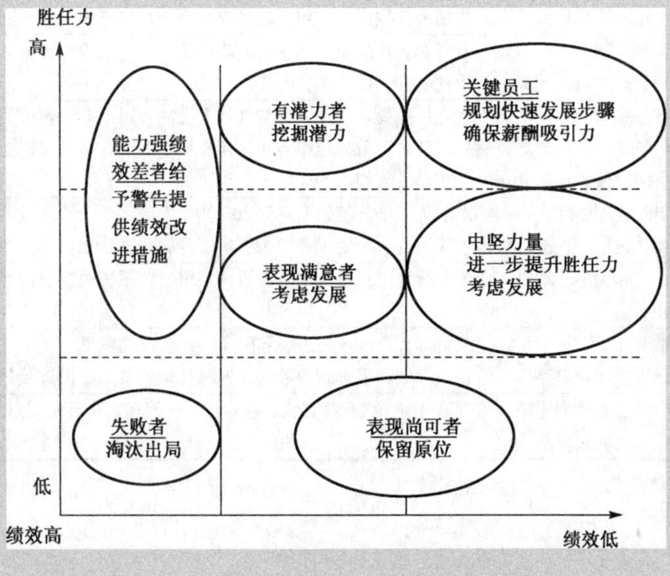

拓展链接 2：绩效的可行性分析

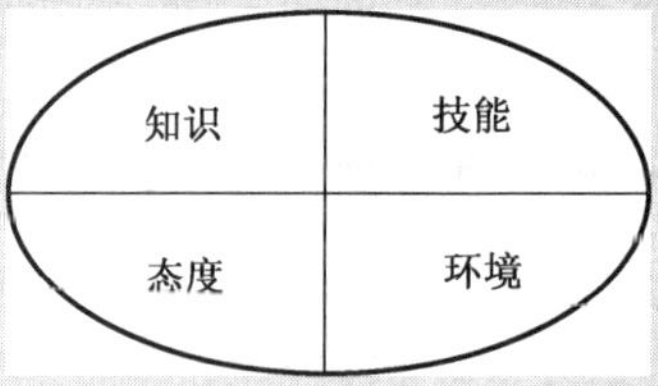

绩效诊断与分析四因素法

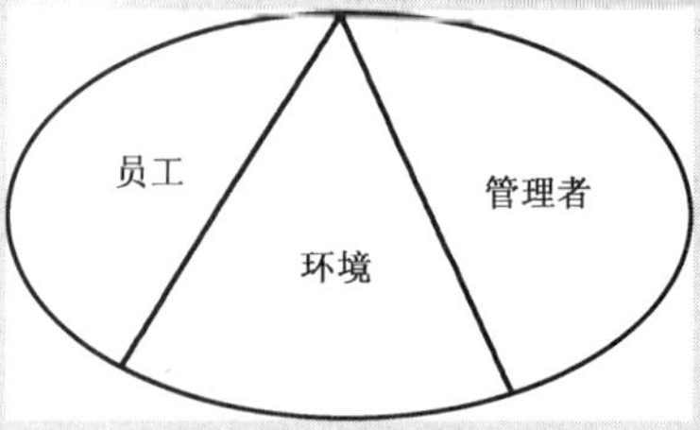

绩效诊断与三因素法

员工和管理者都是都存在于组织这个大环境里面，环境生态会影响他们的业绩以及他们之间的关系，他们之间相辅相成。管理者对员工在组织中，同时员工和管理者构成一个共生环境，他们之间的利益和效应互相影响。

拓展链接 3：绩效管理最佳实践

定义	绩效包括任务绩效、周边绩效、组织公民行为、适应性绩效和绩效时间变化，绩效管理包括监测和改进这些要素的制度和流程
目标设置	平衡记分卡提高了要权衡不同目标的意识，提供了一个驱动并保证组织、部门、团队和个人在目标设定上保持一致的总体框架。对个人、团队和组织而言，明确、有难度的目标比“尽力而为”的目标具有更高的绩效
反馈	让反馈对象去关注任务，比让反馈对象关注自身而偏离任务更有效
培训和发展	组织培训一般有正的投资回报。自我管理培训能提高绩效并减少旷工，教会人们识别有助发展的行为，确立目标，记录工作进展，自我奖励和自我惩罚，辨识高风险局面，与自己订立书面契约
辅导	应当将辅导纳入组织整体人力资源管理战略并与企业战略保持一致。组织应将辅导定位于特定需要，如加快高潜力管理人员的成长，扶植新领袖，推动文化变革
绩效评估	绩效评估完善绩效评估的方法之一是要求管理人员与其他人交流、讨论和解释他们对雇员的评估。当评定等级差的员工不会招致严重后果，评估对象人数相当大，存在绩效差别，员工可以经常得到反馈，具有成果导向文化的时候，强制分布发更容易为人们所接受
绩效薪酬	各种组织薪酬制度在不同层次上将报酬与绩效联系起来，如个人层面（个人绩效工资）、团队层面（团队奖励、团队表彰）、部门层次（收益分享计划）和组织层次（利润分享计划）
团队绩效	认知、人际关系、动机、情感和行为过程决定团队有效性。组织要系统地发展四种重要的团队能力：适应能力、领导能力、管理能力和技术能力
技术	技术能够让所有员工了解组织目标，跟踪项目进展和障碍，征求反馈意见，共享绩效规划，传递和发布发展机会，提供职业道路选择信息，存储和审查绩效数据，追踪高绩效员工，促进绩效评估完成
文化因素	文化在很多方面影响绩效管理。当组织文化很强大，它的核心价值观、准则和行为规范被普遍接受的时候，组织文化可以胜过国家文化

第 7 章
薪 酬 管 理

能力目标

- 掌握薪酬的概念
- 掌握薪酬的基本表现形式
- 了解薪酬管理的含义
- 了解薪酬制度的基本理论
- 了解企业薪酬策略
- 掌握薪酬体系设计流程
- 掌握福利及其类型

本章重点：薪酬的基本表现形式；薪酬体系设计流程；福利类型

本章难点：薪酬体系设计和弹性福利计划

引入

人才价格到底谁说了算

某组织引进洋设备花了2000万元，而能够维修此设备的唯一一名技术人才的全年月平均工资才436元，比当地的最低工资标准仅仅高出26元。当地媒体将此事引发的现象称为“周国灿现象”。事情的经过到底怎样，人才的价值该如何判断？

该组织是上虞市的一家大组织，为了加快组织技术改造，该组织从美国进口了一条折合人民币价值2000余万元的生产流水线，又特地从美国组织驻上海办事处请来了3位专家调试。该组织仅调试和培训费就花去了70多万元。

但是负责这么高价值流水线技术人员周国灿工资仅与普通工人工资相当。周国灿对此深表不满，他认为作为一个既有理论知识又有实践经验的技术人才，这样的薪酬不能体现自身的价值。故而，周国灿与单位就此进行协商，希望能够提高工资水平，但未果，在此情况下，周国灿向上虞市劳动争议仲裁部门提请劳动仲裁，要求解除与单位的劳动合同。

据上虞市劳动争议部门负责人朱文龙介绍，周国灿的工资水平，确实没有能够体现出人才的价值。而周国灿所在的组织则认为，只要不低于当地的最低工资标准，维修岗位上的职工能拿到这样的工资已经算是不错了。

（资料来源：中国教育在线）

1. 该组织实行的什么样的薪酬管理制度？
2. 该组织应该怎样设计合理的薪酬管理制度才能留住员工？
3. 该组织的薪酬制度体现了那些特征？应该如何改进？

探究：对于周国灿的岗位工资，中国人民大学人力资源开发与管理研究中心副主任刘昕老师说，目前中国其实都没有很严格意义上的岗位工资，从人力资源管理角度而言，岗位工资需要对这个岗位进行很详细的界定，比如说需要的知识技能水平的高低、需要员工努力的程度、该岗位需要承担责任的大小以及工作条件的不同等。岗位的界定应当综合考虑这些因素，才能够做出综合的评定，然后才能据此来确定某个岗位的岗位工资。像周国灿那样，组织如果把他的维修岗位等同于其他的一些维修岗位，就他目前岗位工作内容的综合评定来看，显然是不太合适的。如果以这种方式来确定岗位工资，就不免有些削足适履的味道了。那么，我们就应该思考以下几个问题了。

第一节　薪 酬 概 述

一、薪酬的含义

薪酬，从本质上来讲，主要是指组织与员工的平等交换关系。这种交换关系主要表现为两个方面：一方面，组织向员工支付货币、实物、工作环境和其他服务；另一方面，员工向组织提供劳动时间、脑力、体力劳动，创造价值等。

它不仅包括了各项货币性和实物性回报，还包括外在的非财务性回报，这部分回报仍然是基于员工对组织的贡献，主要满足的是员工的精神需求层次，即他人对自己认可和自己对自己认可的需要，如名誉、地位、尊严等。其涵义一般从以下两个层面进行理解。

1. 广义的薪酬含义

广义的薪酬又称为全面薪酬，它是组织给予员工的内在和外在回报的总和。其中内在回报包括挑战性的工作、参与决策的权利、较大的工作自主权、较大的责任、较有兴趣的工作、个人成长机会、活动的多元化等；内在回报主要是与工作本身相关的，是对员工个人成长的激励，主要满足的是员工自我现实的需要，发挥员工的潜能，实现自我价值。尽管内在回报和外在回报有所区别，但两者是紧密相关的。一般来说，提供外在回报的同时也向员工提供了内在回报。例如，员工薪水增加了，这不仅仅是货币收入的增加，同时也意味着组织对员工工作的一种肯定和鼓励，从而使员工在内心里产生成就感，促进其个人成长。

2. 狭义的薪酬含义

薪酬指的是组织对员工为组织所做的贡献（包括他们实现的绩效、付出的努力、时间、学识、技能、经验与创造）付给的相应的回报，包括直接薪酬（含基本工资、加班及假日津贴、绩效奖金、利润分享、股票期权等）和间接薪酬与福利（含保健计划、非工作时间的薪酬、服务及额外津贴等）。

二、薪酬的表现形式

薪酬表现为：

全面薪酬 = 直接报酬 + 间接报酬 + 非货币性报酬

① 直接报酬，主要为基本薪资（固定薪资）：基本工资、绩效工资、津贴等；奖金（变动薪资），如股票期权、奖金等。

② 间接报酬，主要指福利，由两部分组成：国家法定福利和组织补充福利。以间接的方式提供外在的薪酬，与劳动者的能力和绩效没有什么关系的收入，如社会基本保险、各类休假、组织补充保险、其他福利、培训发展等。

③ 非货币报酬，主要指来自工作本身、工作环境、身份标志、组织特征几个方面带来的心理效应。工作本身带来的心理效应包括：工作的乐趣、工作的挑战性、工作的成就感、工作的责任等。工作环境带来的心理效应包括：友好和睦的同事关系、领导者的品格与工作风格、舒适的工作环境条件等。身份标志带来的心理效应包括：组织在业界的声望、担任令人尊敬的职位等。组织特征带来的心理效应包括：组织在业界的品牌与名气、组织在行业的领先地位、组织高速成长带来的机会与前景等。

这些非货币性报酬的心理效应同样是影响着人们进行工作选择和职业选择的重要因素，成为组织吸引人才、留住人才的重要手段。

虽然非货币性的报酬也是全面薪酬的重要组成部分，但是我们在研究全面薪酬时，将货币性薪酬作为研究的重点。在货币性报酬中，有如下几种表现形式。

1. 基本工资

基本工资是指组织为已完成工作任务的员工支付的基本现金薪酬，它反映的是工作或技能价值。通常情况下，组织会根据员工所承担的工作本身的重要性、难易程度或对组织的价值确定员工的基本工资，即所谓的职位工资制。另外，组织也会根据员工所拥有的完成工作的技能或能力的高低作为确定基本工资的依据，即所谓的能力工资制。此外，员工的资历也会影响其基本工资的高低。一般来说，基本工资的变动性较小，是组织主要的固定成本之一。对员工而言，基本工资的主要功能体现在稳定性和保障性。在我国绝大多数的组织内,提供给员工的基本工资都是以月薪为主的,每月按照时间向员工发放固定工资。

2. 绩效工资

绩效工资是对员工过去工作行为和已取得成就的认可。作为基本薪资之外的增加，绩效工资往往随员工业绩的变化而调整，绩效工资是根据一定时间内，通常以每年或员工服务周年，对员工的绩效评估的结果而对基本工资的增加部分，也就是绩效加薪，绩效工资是对员工的优秀工作绩效的一种奖励，使员工对组织的贡献能够获得累积性的回报。它与奖金的区别在于：奖金是一次性的奖励，而绩效工资是永久性的增加。

3. 津贴

津贴往往是对员工工作中的不利因素的一种补偿。例如：组织对从事夜班工作的员工，往往会给予额外的夜班津贴；对于出差的员工，会给予一定的出差津贴；对于从事高温低温、高空井下等特殊工作岗位，也会给予一定的津贴。津贴不构成薪酬的核心部分，它在整个薪酬中所占的比例往往很小。

4. 股票期权

股票期权，主要包括员工持股计划和股票期权计划。员工持股计划主要是针对组织中的中基层人员，而股票期权计划主要是针对组织的中高层管理人员、核心的专业技术人员与业务人员。员工持股计划和股票期权计划不仅是针对员工的一种长期激励方式，更是将员工的个人利益与组织的整体利益紧密地关联在一起，是优化组织治理结构的重要方式，是现代组织激励机制的重要组成部分。

5. 奖金

奖金也称激励工资或可变工资，是薪酬中根据员工的工作绩效进行浮动的部分。奖金是根据员工是否达到或超过某种事先设定的标准、个人或团队目标或组织绩效标准而浮动的货币性报酬，是在基本工资的基础上支付的可变的、具有激励性的报酬。分配奖金时，不仅要考虑员工个人的绩效，同时也要考虑员工在组织中的位置和价值。其变动性较大，最主要的功能体现在激励性和持续性。

6. 福利

与基本工资和奖金相比，福利通常具有两大特征：一是支付方式的不同，福利往往采取实物或延期支付；二是福利与劳动能力、绩效和员工的服务年限没有直接的关系，所以福利具有固定成本的特征。本书中的福利包括：休假（假期）、服务（医药咨询、财务计划、员工餐厅）、社会保障（五险一金）和组织补充福利。国家法定福利是根据国家政策而支付的福利，这种福利具有强制性和保障性的特点，具体有：社会养老保险、医疗保险、失业保险、工伤保险、生育保险、住房公积金和各种法定节假日。而组织补充福利是根据组织自身情况而支付的福利，也称为非法定福利，这种福利具有个性化和激励性的特点。现代组织的薪酬设计中，福利已占有越来越重要的位置。自改革开放以来，为了改变组织办社会的局面，很多的中国组织曾大幅度削减提供给员工的各种福利，将福利转变为直接货币报酬。现代薪酬设计中的福利更注重对人才的保留作用。很多组织的福利越来越呈现出个性化和灵活性，而自助餐式的福利计划正被越来越多的组织和员工得到认可。

三、全面薪酬的主要构成

全面薪酬不仅包括组织向员工提供的货币性报酬，还包括为员工创造良好的工作环境及工作本身的内在特征、身份标志、赞扬与地位、雇佣安全、挑战性的工作和学习的机会所带来的非货币性的心理效应。构成全面薪酬的除了以上四种形式之外，非货币的收益也影响人们的行为，它们是“总薪酬体系”的一部分。组织向员工提供的全面薪酬，包括货币性报酬和非货币报酬两个部分。外在的货币性报酬又包括直接报酬与间接报酬，如表 7-1 所示。

表 7-1　全面薪酬的构成

<table>
<tr><td rowspan="20">全面薪酬</td><td rowspan="10">外在报酬（货币性报酬）</td><td rowspan="6">直接报酬（薪资）</td><td rowspan="3">基本薪酬</td><td>基本工资</td></tr>
<tr><td>绩效工资</td></tr>
<tr><td>津补贴</td></tr>
<tr><td rowspan="3">可变薪酬</td><td>股票期权</td></tr>
<tr><td>奖金</td></tr>
<tr><td>红利</td></tr>
<tr><td rowspan="6">间接报酬（福利）</td><td colspan="2">五险一金（养老保险、医疗保险、失业保险、工伤保险、生育保险、住房公积金）</td></tr>
<tr><td colspan="2">带薪休假（各种节日休假、生育假、探亲假、病假、事假等）</td></tr>
<tr><td colspan="2">组织补充保险（补充商业养老保险、补充医疗保险、补充意外保险）</td></tr>
<tr><td colspan="2">其他福利（各类费用保销、奖励旅游、健康疗养、车房补贴等）</td></tr>
<tr><td rowspan="2"></td><td colspan="2">员工个人及家庭服务（幼儿园、托儿所、养老院等）</td></tr>
<tr><td colspan="2">培训发展（在职脱产进修、年度培训费、内部培训机会、职业生涯发展等）</td></tr>
<tr><td rowspan="8">来者工作本身的报酬（非货币性报酬）</td><td colspan="3">工作本身</td></tr>
<tr><td colspan="3">工作环境</td></tr>
<tr><td colspan="3">身份标志</td></tr>
<tr><td colspan="3">满足感</td></tr>
<tr><td colspan="3">赞扬与地位</td></tr>
<tr><td colspan="3">挑战性的工作机会</td></tr>
<tr><td colspan="3">学习机会</td></tr>
<tr><td colspan="3">雇佣安全</td></tr>
</table>

（资料来源：中国劳动与社会保障部网站）

第二节　薪酬管理概述

一、薪酬管理的含义及特殊性

所谓薪酬管理，是指一个组织针对所有员工所提供的服务来确定他们应当得到的报酬总额以及报酬结构和报酬形式的一个过程。在这个过程中，组织就薪酬水平、薪酬体系、薪酬结构、薪酬构成以及特殊员工群体的薪酬做出决策。同时，作为一种持续的组织过程，组织还要持续不断地制定薪酬计划，拟定薪酬预算，就薪酬管理问题与员工进行沟通，同时对薪酬系统的有效性做出评价而后不断予以完善。

薪酬管理对几乎任何一个组织来说都是一个比较棘手的问题，主要是因为组织的薪酬管理系统一般要同时达到公平性、有效性和合法性三大目标，组织经营对薪酬管理的要求越来越高，但就薪酬管理来讲，受到的限制因素却也越来越多，除了基本的组织经济承受能力、政府法律法规外，还涉及组织不同时期的战略、内部人才定位、外部人才市场、以及行业竞争者的薪酬策略等因素。

薪酬管理比起人力资源管理中的其他工作而言，有一定的特殊性，具体表现在以下三个方面。

1. 关注性

薪酬管理是人力资源管理中最令员工关注的部分，因为它牵扯到组织每位员工的切身利益。特别是在人们的生存质量还不是很高的情况下，薪酬直接影响他们的生活水平；另外，薪酬是员工在组织工作能力和水平的直接体现，员工往往通过薪酬水平来衡量自己在组织中的地位。所以薪酬问题对每一位员工都会很关注。

2. 特权性

薪酬管理是员工参与最少的人力资源管理项目，它几乎是组织高层的一个特权。组织高层包括组织基层管理者认为员工参与薪酬管理会使组织管理增加矛盾,并影响投资者的利益。所以，员工对于组织薪酬管理的过程几乎一无所知。

3. 差别性

由于关注性和特权性，所以每个组织的薪酬管理差别会很大。另外，由于薪酬管理本身就有很多不同的管理类型，如岗位工资型，技能工资型，资历工资型，绩效工资型等等，所以，不同组织之间的薪酬管理几乎没有参考性。

二、薪酬管理的原则及内容

1. 薪酬管理的原则

（1）公平性原则

公平性原则要求薪酬分配全面考虑员工的绩效、能力及劳动强度、责任等因素，考虑外部竞争性、内部一致性要求，达到薪酬的内部公平、外部公平、员工公平和小组公平。组织应该制定严密的薪资区分标准，并形成规范制度，避免人为因素主导薪资区分。

① 外部公平——同一行业或同一地区或同等规模的组织类似职务的薪酬应大致相应。

② 内部公平——同一个组织中不同职务所获薪酬正比于各自的贡献,比值一致才会被认为是公平的。

③ 员工公平——组织应根据员工的个人因素诸如业绩和学历等,对完成类似工作的员工支付大致相同的薪酬。

④ 小组公平——组织中不同任务小组所获薪酬应正比于各自的绩效水平。

（2）竞争性原则

在人力资源市场中，组织的薪酬标准要有吸引力，才能战胜竞争对手，引进所需人才。组织究竟应将薪酬水平定在市场价格的哪一段，要视本组织财力、所需人才的具体条件而定，但组织核心人才的薪酬水平至少不应低于市场平均水平。一般情况下，组织员工的工资水平应该比行业平均水平高 15%，这样既不会使组织负担过重，又可以达到吸引、激励和留住员工的目的。

（3）补偿性原则

补偿性原则，要求补偿员工恢复工作精力所必要的衣、食、住、行费用，和补偿员工为获得工作能力以及身体发育所先行付出的费用。

（4）透明性原则

透明性原则，指薪酬方案公开。

（5）激励性原则

组织要在内部各类、各级薪酬水平上，适当拉开差距，真正体现按贡献分配的原则，以发挥薪酬的激励作用。要避免"大锅饭"式的平均主义分配制度。激励性就是差别性，这要求组织在不同的部门，不同的市场，不同的发展阶段采取不同的薪酬结构和发放方式。

（6）经济性原则

提高组织的薪酬水平，固然可以增强组织在薪酬方面的竞争性和激励性，但同时不可避免地导致组织人力成本的上升。所以薪酬制度不能不受经济性的制约，员工的薪酬水平还应联系员工的绩效。

（7）合法性原则

组织薪酬制度必须符合国家的政策法律。我国有关员工薪酬待遇方面的政策法律正在处于不断完善的过程当中，对于已经出台了的政策法律一定要在实践中严格执行。

（8）方便性原则

要求内容结构简明、计算方法简单和管理手续简便。

2. 薪酬管理的内容

薪酬管理是在组织发展战略指导下，对员工薪酬支付原则、薪酬策略、薪酬水平、薪酬结构、薪酬构成进行确定、分配和调整的动态管理过程。

（1）工资制度

工资和福利是满足职工生存、安全等物质需要的主要渠道，是激励的基础。合理的工资制度是调动职工积极性的前提。

工资是根据劳动者所提供的劳动数量和质量，按照事先规定的标准付给劳动者的劳动报酬，也就是劳动的价格。总体的工资包括基本工资、激励工资和成就工资。总体看来，主要有以下几种工资制度。

① 技能等级工资制。技能等级工资制根据员工所具备的技能而向员工支付工资，技能等级不同，薪酬支付标准不同。技能通常包括三类，深度技能、广度技能和垂直技能。

优点：技能工资制向员工传递的是关注自身发展和不断提高技能的信息，它激励员工不断开发新的知识和技能，提高员工在完成同一水平层次以及垂直层次的工作任务方面具有更大的灵活性和多功能性，从而有利于员工和组织适应市场上快速的技术变革，同时，技能工资制有助于高度参与型管理风格的形成。

适用范围：这种工资制度适用于技术比较复杂的工种，比如机械行业的车、钳、铆、锻、焊等，以及模型、机修、保全等工种。

② 职务工资制。职务工资制是政府机关、企事业单位的行政人员和技术人员所实行的按职务等级规定工资的制度。该制度根据职务的重要性、责任大小、技术复杂程度等因素，按照职务高低规定统一的工资标准。优点：根据职务级别定酬，鼓励员工通过职位晋升来获得更多的报酬。

③ 绩效工资制。绩效工资制是以个人业绩为付酬依据的薪酬制度，绩效工资制的核心在于建立公平合理的绩效评估系统。优点：绩效工资制有利于个人和组织绩效的提升；实现薪酬内部公平和效率目标；缺点：绩效工资制很可能导致员工的短视行为；同时，员工之间或者使员工群体之间的恶性竞争可能不利于组织的总体利益。适用范围：绩效工资制可以应用在任何领域，适用范围很广，在销售、生产等领域更是得到大家认可，计件工资制、提成工资制也都是绩效工资制。

④ 结构工资制。结构工资制是根据决定工资的不同因素和工资的不同作用，将工资划分为几个部分，通过各部分工资数额的合理确定，构成劳动者的全部报酬。一般结构工资由四部分组成：基础工资、职务（岗位、技能）工资、年功工资、浮动工资（奖励工资或业绩工资）。优点：较好的体现了工资的几种不同功能；有利于实行工资的分级管理；能够适应各行各业的特点。

⑤ 岗位技能工资制。岗位技能工资是以按劳分配为原则，以劳动技能、劳动责任、劳动强度、劳动条件等基本劳动要素为基础，以岗位工资和技能工资为主要内容的组织基本工资制度。优点：该工资制度更好的贯彻了多劳多得、同工同酬的原则，特别有利于调动青年工人的积极性。适用范围：适用于专业化程度较高、分工较细、工种技术比较单一、工作对象和工作物等级比较固定的产业或组织。

（2）工资给付形式

工资给付形式主要有计时工资和计件工资两种形式，还有一种是作为补充形式的奖金和津贴。

① 计时工资制：是根据工作时间计算工资的形式。特点：直接以劳动时间计量劳动报酬，适应性强；考核和计量容易实行，具有适应性和及时性；不能反映劳动强度和劳动效果。

② 计件工资制：根据工人生产合格产品的数量或完成的工作量，以劳动定额为标准，预先规定计件单价来计算劳动报酬的一种形式。

特点：工人的劳动成果与报酬直接挂钩，有利于提高劳动生产率，同时增加工人的收入；容易忽视产品质量，以及产品设备的短期行为。

③ 奖金和津贴：奖金和津贴是一种辅助的工资形式。

奖金是对劳动者提供的超额劳动的报酬，必须从组织的超额利润中提取，具有非常规性、浮动性和非普遍性等特点。奖金的分配以积分法最好，上不封顶，但应征收奖金税。津贴是对劳动者提供特殊劳动所作的额外劳动消耗的一种补偿。其效用是保护职工的身体健康，稳定特殊岗位、艰苦岗位、户外工作岗位的职工队伍。常见的津贴补贴有：夜班津贴、车船补贴、降温费、特种作业补贴、出差补助、住房补贴、伙食补贴等。

3. 福利

福利是指组织为员工提供的除工资和奖金之外的一切物质待遇，分为法定福利和组织福利两大部分。

职业能力培养：相关链接

微软薪酬管理

微软一直沿用的薪酬体制证实是非常成功的。微软的薪酬构成中，薪金部分只处在同行业的中等水平，很多中、高级人员加入微软时的工资都低于原来所在公司的水平。但是，“持有微软股权”的分量足够吸引大部分所需要的人才。它的设计是这样的：相当级别以上的员工被雇用即得到一部分认股权，按当时市场最低价为授权价，所授认股份分期在几年内实现股权归属，员工可以按授权价认购已归属自己的股权，实际支付的认购价与认购当时市场价的差价就是股权收益。被雇用后每年都可能得到新的持股权奖励——取决于个人的绩效和对于公司的长期价值。这实际上是公司在为员工投资而公司又不冒任何风险。对于员工也没有风险：股权归属时如果市价不高不必着急，尽可能等到升值再认购。惟一可能的风险是股票一路下跌再不升值，员工在较低工资方面的“损失”就补不回来了，可是，这在微软的历史上还没有过。这种方法在已经或快要上市的处于上升的公司效果会很好，但很快就可能遇到新的问题：人员过于稳定，不称职的员工宁可降职也要留在公司里，这个问题十几年前就在微软遇到了。因此，要激励鞭策富翁们自觉地努力工作，必须有一套强有力的绩效管理体制。

微软的绩效管理体制的核心是：形成内部竞争，保持员工对绩效评定的焦虑，驱使员工自觉地寻求超越自己和超越他人。其主要成分有三个：个人任务目标计划、绩效评分曲线和与绩效评分直接挂钩的加薪、授股和奖金。个人任务目标计划由员工起草，由经理审议，再修改制定。制订计划有几个原则：具体，可衡量，明确时限（不能用“努力提高”，”大幅度改进”之类的模棱词语），现实而必须具有较高难度。绩效评分曲线的形状和角度是硬性的，不许改变（各级分数的百分比是规定的，最佳和最差的比例都很小）。评分等级有：最佳、较好、及格、不及格。做到任务目标计划并不一定意味着高分，你必须争取做英雄中的英雄，才有可能不落到最后。

微软的绩效体制能不断地驱使本来优秀的人群更努力地进取竞争，置优秀的一群于危机感的压力之下，使其自觉保持颠峰竞技状态。年度加薪、授权、奖金与绩效评分直接挂钩，不及格就什么都得不到，还要进入“绩效观察期”。一个进入观察期的人通常就会主动辞职了，也就自然失去了所有未到期归属的股票认购权——这是最沉重的损失。

（资料来源：管理者论坛）

三、薪酬管理的影响因素

1. 组织外部因素

（1）人力资源市场的供需关系

薪酬高低，无疑是吸引和争夺人才的一个关键因素。因此，本地区、本行业、本国乃至全世界的其他组织，尤其是竞争对手的薪酬政策与水准，对组织确定员工的薪酬影响很大。

（2）地区及行业的特点与惯例

这主要包括行业性质、特点及地区的道德观与价值观等（例如传统的“平均”“稳定至上”的观点若仍主宰着该地区，那么拉开收入差距的措施就不易被接受）。因此，沿海与内地之间的差异，基础行业与高科技行业、国有大中型组织密集地区与三资组织集中地区之间的差异，必然会反映到组织薪酬政策上来。

（3）当地的生活水平

这个因素从两个层次意义上来影响组织的薪酬体系。一方面，员工对生活水平的期望，无形中给组织形成提高薪酬标准的压力；另一方面由于物价指数的上涨，为保证员工生活购买力不下降，组织往往也不得不考虑适当地调整工资。

（4）国家的相关法律和法规

随着我国法制的日臻完善，有关员工薪酬待遇方面的法律必然日益增多，组织薪酬体系的确定应当遵守国家制定的各类相关法律和法令。

2. 组织内部因素

（1）本单位的业务性质与内容

对于传统的、劳动力密集型组织，员工们主要从事简单的体力劳动，劳动力成本在总成本中占较大比重；对于高新技术等资本密集型组织，相对于先进的技术设备，劳动力成本在总成本中的比重不大。

（2）组织的经营状况与实际支付能力

一般来说，资本雄厚的大公司及赢利丰厚且正处于上升阶段的组织，对员工的付酬也较慷慨；反之，规模不大或不景气的组织，在付酬上也不得不量入为出。

（3）组织的管理哲学和组织文化

这里主要指组织领导对员工本性的认识及态度。把员工当作“经济人”的领导，认为员工所要的就是钱，只有经济刺激才能让员工好好干活；把员工当作“社会人”的领导，认为员工从本性上有多方面的追求，金钱绝非唯一的动力，员工喜爱有趣的且具有挑战性的工作。这两类领导在薪酬政策上显然是会大相径庭的。

四、现代薪酬管理发展趋势

随着社会生产力的高度发展，随着世界进入经济全球化和知识经济时代，管理也正由科学管理进入人文管理时代。相应的，薪酬管理理念也发生了深刻的变化，薪酬管理呈现出了一些新的发展趋势，主要体现为以下几点。

1. 全面薪酬

薪酬不再是纯粹的货币形式的报酬，它还包括精神方面的激励等一些内在的报酬。物质和精神并重，这就是目前提倡的全面薪酬制度。

2. 薪酬与绩效挂钩

成功的组织薪酬制度既要具有稳定性，还要体现激励性。只有与绩效紧密结合的薪酬才能够充分调动员工的积极性。

3. 宽带型薪酬结构

随着组织组织扁平化、流程再造、团队导向、能力导向等新的管理战略的施行，宽带薪酬结构应运而生。

4. 雇员激励长期化

为了留住关键的人才和技术，稳定员工队伍，组织开始建立、实行员工持股计划、股票期权、业绩股票等一系列长期激励机制。

5. 自助式薪酬管理模式

这是建立一种以员工的个人需求为中心，由员工根据个人需求选择自己薪酬组合的薪酬管理方式。组织设计出一个薪酬菜单，员工可以在规定的薪酬形式范围内挑选出自己喜欢的薪酬组合。

6. 弹性福利计划

弹性福利计划，即让员工在规定的范围内根据自身的需求选择自己喜欢和需要的福利组合，从而更大的发挥福利的激励作用。

职业能力培养：相关链接

IBM 的薪酬管理

如何让员工相信组织的激励机制是合理的，并完全遵从这种机制的裁决，是组织激励机制成功的标志。IBM的薪金管理非常独特和有效，能够通过薪金管理达到奖励进步、督促平庸的效果，IBM将这种管理已经发展成为了高绩效文化。

每年年初 IBM 的员工特别关心自己的工资卡，自己去年干得如何，通过工资涨幅可以体现得有零有整。IBM 的薪金构成很复杂，但里面不会有学历工资和工龄工资，IBM 员工的薪金跟员工的岗位、职务、工作表现和工作业绩有直接关系，工作时间长短和学历高低与薪金没有必然关系。在 IBM，你的学历是一块很好的敲门砖，但绝不会是你获得更好待遇的凭证。

IBM 确定薪酬策略主要是从三个方面考虑。

第一，组织处在组织生命周期的哪个阶段，在幼年阶段，组织没有明确的职位说明，这时候外部公平往往比内部公平更重要，制度设计时必须考虑吸引特殊人才的灵活性，以及薪酬结构应比较灵活，短期激励往往更加重要。另外，在成长阶段、成熟阶段、衰退阶段采取的策略各不相同。

第二，组织经营业务根据客户价值可以分为产品导向、运作成本导向、顾客亲密导向三个价值原则，每个价值原则采取的薪酬策略也不相同。

第三，不同的文化定位所采取的薪酬策略也有所不同。在考虑文化角度时可以从组织是以过程与结果、组织文化开放与封闭、关注团队与个人等方面考虑。

（资料来源：中国人力资源开发网）

第三节　薪酬制度的基本理论

薪酬激励是不同历史时期经济学和管理学研究的重点问题，通常分为基本薪酬理论和绩效薪酬激励理论两个部分。

一、基本薪酬理论

在早期的经济学家的著作中，都或多或少地谈到有关薪酬的一些问题。

亚当·斯密是第一个对薪酬进行分析的学者。他认为，薪酬是在财产所有者与劳动相分离的情况下，作为非财产所有者的劳动者的报酬。因此，薪酬水平的高低取决于财产所有者即雇主与劳动者的力量对比。但他发现，一般而言，雇主的力量大于劳动者的力量，原因有以下两点。①雇主人少，团结较为容易，而且当时的法律保护雇主们的利益。②雇主拥有较强的经济实力，能在对抗中持久。因此在薪酬契约中，雇主经常处于有利的地位。

在亚当·斯密之后，李嘉图和穆勒等人对薪酬理论提出了自己的见解。李嘉图认为薪酬具有自然价格和市场价格。自然价格是劳动者大体上能够生活下去并不增不减地延续其后裔所需生活资料的价格；市场价格是由劳动市场上供求关系确定的实际支付的价格。他进而分析了影响这两种价格的因素。穆勒提出了一种薪酬基金论，他认为薪酬是雇主拥有的、确定短期内无法改变的基金，他的数量取决于劳动供求关系。劳动的供给由雇用劳动者的人数决定，需求取决于直接用于购买劳动的那部分“流动资本”。在穆勒看来，薪酬由供求关系决定，实际上等于说由劳动人口数与资本数量决定。

1. 马克思的工资决定理论

马克思认为工资是劳动力价值或价格的转化形态，是在劳动力市场中根据劳动力生产费用和劳动供求关系而形成的。每个劳动者所提供的劳动具有直接的社会性，在社会作了必要的扣除之后，以全社会为分配单位，按照等量劳动领取等量报酬的原则，由社会制定统一的按劳分配制度，根据每个劳动者所提供的劳动质量与数量进行分配，多劳多得，少劳少得。

2. 边际生产率薪酬理论

劳动的边际生产率这一概念由克拉克提出，他是指最后追加的单位劳动所带来的产量的增加。由于存在边际生产率递减的规律，对劳动的雇用数量并非越多越好，在劳动雇用量达到某一足够大的量后，劳动的边际生产率为零。

按照边际生产率概念，薪酬取决于劳动边际生产率。这就是说，雇主雇用的最后那个工人所增加的产量的价值等于该工人的薪酬。如果工人所增加的产量小于付给他的薪酬，雇主就不会雇用他；相反，如果工人所增加的产量大于付给他的薪酬，雇主就会增雇工人。只有在工人所增加的产量等于付给他的薪酬时，雇主才既不增雇也不减少工人。自然，工人的薪酬水平由最后雇用的工人的产量决定。边际劳动生产率薪酬理论开创了薪酬问题研穿的新时代，因为它致力于企业和厂商层次的微观分析，建立起薪酬和生产率之间的本质联系。

3. 供求均衡薪酬论

供求均衡薪酬论的创始人是马歇尔，他在其名著《经济学原理》中以均衡价格论为基础，从生产要素的需求与供给两方面采说明薪酬水平的决定。他认为，各种生产要素（劳动、土地、资本等）都可视为商品，而要素收入（薪酬、地租和利息等）都表现为这些商品的价格。作为价格，他们也都取决于市场供求这两方面的均衡力量，即取决于要素的边际产出与要素供给者的边际负效用之间的某种均等关系。从需求方面看，薪酬取决于劳动的边际生产率或劳动的边际收益率。厂商愿意支付的薪酬水平，是由劳动的边际生产率决定的。从供给方面看，薪酬取决于两个因素：一是劳动力的生产成本，即劳动者养活自己和家庭的费用，以及劳动者所需的教育、培训费用；二是劳动的负效用，或闲暇的效用。

供求均衡薪酬论对薪酬的分析不仅从需求，而且从供给这两左面相结合起来，较边际生产率薪酬论大大前进了一步，他奠定了现代薪酬理论的基础。

二、绩效薪酬激励理论

激励就是激发人的动机，调动人们工作的积极性。激励理论是西方行为学理论的核心。大量的管理实践证明，激励理论的确立对提高组织效率发挥着重大的作用。

1. 需要层次理论

马斯洛（Maslow）的需要层次理论是最著名、是经典的激励基础理论。该理论提出了人的需要分五个层次，它们依次为：生理需要、安全需要、归属与爱的需要、自尊需要和自我实现需要。只有低一层次的需要得到满足时，才能产生高一层次的需要。

阿德弗（Alderfer）重组了马斯洛的需要层次理论，并进行了实证研究提出 ERG 理论。他认为，人有三种核心需要，即生存需要（E）、关联需要（R）和 成长需要（G）。多种需要可以同时存在。如果高层次需要不能得到满足，那么满足低层次需要的愿望会更强烈。因此，多种需要可以同时作为激励因素。但由于个人偏好不同，具体的需要层次结构也会呈现多样性的特征。需求层次结构也会随所处的社会环境和人生状态变化而变化。此外，麦克里兰（McClelland） 在批判吸收马斯洛理论的基础上，于 1961 年提出成就激励理论，将人的社会性需要归纳为三个层次，即成就需要、权力需要与合群需要。员工由薪酬而产生的心理感受均会影响这三种需要的满足。

需要层次理论告诉我们，薪酬在满足员工低层次需要的同时，有助于员工追求高层次需要，具有良好激励效果。基本工资必须设定在足够高的水平，为满足员工的基本生活需要提供经济支持。过高的风险工资会阻碍员工满足自己低层次需要，因此激励作用有限。同时，也应注意薪酬对于员工高层次需要满足的意义。

2. 双因素理论

双因素理论是赫茨伯格（Herzberg）于 1959 年在对企业调研的基础上首先提出的。双因素是指激励因素和保健因素，当这些因素恶化到可以接受水平以下时，就会产生“不满意”。双因素理论对于薪酬激励同样具有指导意义。员工基本工资和福利属于保健因素，应当相对稳定，保障员工基本生活，原则上只升不降。否则会导致员工不满，影响其工作积极性。员工绩效工资属于激励因素，必须在考核的基础上保持其在总薪酬中占据一定比例，才能激发员工工作动力，提高工作绩效。

3. 期望理论

期望理论（Expectancy Theory）是行为科学家弗隆（Vroom）于 1964 年在其名著《工作与激励》中首先提出来的。其理论可以用公式表示为：激发力量= 期望×效价。基于期望理论，企业向员工提供的奖励必须是对员工有吸引力的、可达到的。应该注意，不同员工的效价范围和权重取值不同，企业应尽可能采用大多数员工认为效价最大的奖励。适当调整期望概率与实际概率的差距以及达成目标的难易程度。拉开企业期望与非期望行为之间的差异，也有助于增强激励效果。

4. 激励过程综合理论

波特（Porter L. W.）和劳勒（Lawler E. F.）于1968年在期望理论的基础上，导出一种更加完备的激励过程，被称为激励过程综合理论。该理论认为，工作绩效是一个多维变量，受以下5个因素的影响：①个人能力和素质；②外在的工作条件与环境；③个人对组织期望意图的感悟和理解；④对奖酬公平性的感知；⑤个人努力程度。个人工作努力程度的大小取决于对内在外在薪酬价值（特别是内在奖酬价值）的主观评价，以及对努力-绩效关系（即期望值）和绩效-奖酬关系（即工具值）的感知情况。

激励过程理论表明，激励是一个环环相扣的复杂管理过程。企业制定薪酬激励策略时要注意：绩效评价必须与期望的绩效目标紧密衔接，基于绩效的回报一定要紧随已产生的绩效。绩效目标要富有挑战性并且详细具体，奖励金额要与完成目标的难易程度相匹配。同时，企业要重视薪酬体系的公平性。员工对内在外在薪酬价值的主观评价和对产生分配结果的过程的主观评价对激励效果起着非常重要的影响。

5. 公平理论

斯塔亚·亚当斯（J. S. Adamas）是美国心理学家，他在《社会交换中的不公平》一书中提出了公平理论。

亚当斯的公平理论重要揭示了人们由于将报偿与他人比较而得到心理平衡感与他的行为积极性之间的关系：人们总是习惯将自己所得的报偿（包括物质的和非物质的报偿，如上级认可、晋升等）进行比较。有三种比较情况：①将报偿与其所付出的投入进行比较；②将现在的报偿与投入之比与其他自己过去的情况相比；③将自己酌报偿与投入之比与他可比较对象的情况相比。

亚当斯的公平理论的基本公式可以写为：

$$\frac{O_P}{I_p}=\frac{O_r}{I_r}$$

式中，O——结果，即分配中所获报酬；

I——投入，即人们在工作中所作贡献；

P——标注符号，代表感受公平或不公平的当事者；

r——标注符号，表示比较中的参照对象。

亚当斯公式中的各主要变量表示的含义如下：当亚当斯公式等号两侧相等时，人们感觉公平当；公式两侧不等时，人们会产生分配不平感。一般认为，这里的报偿项目通常包括：薪酬、晋升机会、工作地位、工作兴趣、上级赏识、同事的尊重、表扬、工作安全、额外的福利等。而贡献（投入）项目包括：资历、年龄、努力、绩效、对该组织的贡献、时间耗费、教育及日常训练、聪明才智、提供工具等。

当等式成立时，员工会感到公平，工作处于稳定状态；当左式大于右式时，员工会感到满足，并对自己的工作进行调整（减少报酬或增加投入）；反之，当左式小于右式时，员工会产生不满，并进行自我调整三增大报酬或减少投入）。由此可见，组织内部不公平感的存在会引起士气的波动，于是有的企业采取各种措施来避免员工的不公平感，如实施年功序列制、秘密发奖金、薪金背靠背等。

第四节　薪酬体系的设计

作为人力资源管理体系的重要组成部分，薪酬管理是组织高层管理者及所有员工最为关注的内容，它直接关系到组织人力资源管理的成效，对组织的整体绩效产生影响。

一、企业薪酬管理策略

企业薪酬管理策略是企业站在一个战略高度来认识和发挥薪酬管理的作用，这里的战略高度是指薪酬管理并不是雇主和雇员之间一种单纯的劳动力买卖关系，也不是简单的劳动与货币之间的交换关系，而是将企业薪酬管理整合到企业总体战略目标之中，与人力资源开发管理战略紧密结合在一起，把薪酬管理作为实现企业战略目标的重要途径。

1. 企业发展阶段与薪酬战略

企业发展阶段可以分为成长期、稳定期和收缩期。在不同的发展阶段，企业采取的经营战略不同，与之相匹配的薪酬战略也必然存在差异。

（1）成长期薪酬战略

处于成长期的企业关注市场开发和产品开发，强调创新和风险承担，通过整合和利用企业所拥有的资源达到自身力量的增强和自我扩张，以兼并、联合、收购等方式来扩展企业的资源或强化其市场地位。这个时期企业的资金比较紧张，与之匹配的薪酬战略是：在短期内提供水平相对较低的固定工资，但同时实行股票期权计划，从而使得雇员们能长期得到慷慨的回报；突出绩效薪酬和可变薪酬；与雇员共同分享收益，共同承担风险，使他们能够通过分享企业的成功而有机会在未来获得较高的收入。

（2）稳定期薪酬战略

稳定期的企业致力于维持现有的市场份额，追求均匀、稳定的增长速度，其重点在于控制运营成本，保持劳动力队伍的稳定性，强调员工技能的稳定性和管理的规范性。与之匹配的薪酬战略是：薪酬决策的集中度较高，薪酬确定的基础主要是员工工作本身；在薪酬构成上，形成较稳定的基本薪酬和福利制度；薪酬策略上追求与市场相当的薪酬水平，薪酬的增长速度不快。

（3）收缩期薪酬战略

收缩期薪酬战略是指企业面临衰退的市场或失去竞争优势时，企业必须放弃一些经营业务，或从某些市场领域退出。这时的企业往往面临财务困境，需要通过裁员、清算等方式扭转不利局面。因此，这一时期企业薪酬战略的重点在于：降低固定薪酬水平的比重，提高绩效薪酬比例，实行员工持股计划，鼓励员工与企业共担风险。企业不同发展阶段的薪酬策略如表 7-2 所示。

表 7-2　企业不同发展阶段的薪酬策略

薪酬战略范畴	企业不同时期的战略		
	成长期战略	稳定期战略	收缩期战略
承担的风险（可变工资）	高	低	高
时间	长期	短期	长期

续表

薪酬战略范畴	企业不同时期的战略		
	成长期战略	稳定期战略	收缩期战略
基本工资	低于市场水平	高于市场水平	高于市场水平
绩效奖金	高于市场水平	低于市场水平	低于市场水平
福利水平	低于市场水平	高于市场水平	高于市场水平
工资决策的集中度	分散化	集中化	集中化
工资的分析单位	技能	工作	绩效

（资料来源：夏光《人力资源管理教程》北京：机械工业出版社 2006）

2. 经营战略与薪酬战略

企业经营战略表现为低成本战略、差异化战略和专一化战略，不同的战略类型需要设计不同的薪酬战略与之相匹配。

（1）低成本薪酬战略

低成本战略是企业采用大规模生产方式，通过降低产品的平均生产成本获得来自经验曲线的利润。推行这一战略必须实现管理费用最低化，并严格控制研发、试验、服务和广告等活动。在低成本战略背景下，企业的薪酬战略应突出表现为以下特点。

① 较低的薪酬-雇员规模替代。在总体薪酬支出水平一定的条件下，企业可雇用较少的高效率雇员或雇用较多的、效率较低的雇员来完成既定的生产经营任务。由于企业的雇工成本不仅包括薪酬水平，而且包括雇员福利和社会保险等多个方面，追求成本最低化的企业采用较低的薪酬-雇员替代模式，即以效率工资雇用较少的高效率雇员，从而达到总雇工成本的降低。

② 建立基于成本的薪酬决定制度。这一制度既可以是在确保产品数量和质量前提下的总成本包干制，也可以是在核定基本成本水平基础上的成本降低奖励制。

③ 有限的奖金。除了成本降低奖励外，其他以雇员技能、顾客满意度等因素为基础的奖励制度较少。

2）差异化薪酬战略

差异化战略是企业通过采用特定的技术和方法，使本企业的产品或服务在质量、设计、服务及其他方面都与众不同。通过提高独特产品的价格，企业可获得较高的单位利润。差异化战略取得成功的关键因素是企业的新产品开发能力和技术创新能力，培育成熟的项目开发团队、产品设计团队和服务团队是实施差异化战略的重要途径。在此背景下，采用团队薪酬制度就成了企业薪酬制度设计的重点。

3）专一化薪酬战略

专一化战略是指企业生产经营单一产品或服务，或者将产品或服务指向特定的地理区域或特定的顾客群。专一化战略的实施是以专业化技术为前提，它要求企业在特定的技术领域内保持持久的领先地位。为了突出技术力量的重要性，吸引技术人才，企业通常给技术人员支付超过市场平均水平的薪酬，以提高技术人员对企业的忠诚度，减少由于人员流失而带来的招聘费用、培训费用的损失。该类企业通常采用基于技术等级的薪酬决定制度，并广泛采用股权激励和期权激励等长期薪酬激励计划。

二、薪酬体系设计的流程

1. 以职位为基础的薪酬体系设计

以职位为基础的薪酬体系，是指首先对职位本身的价值做出客观评价，然后根据每个员工所在职位的价值高低来确定其基本薪资的一种薪酬制度，如图 7-1 所示。

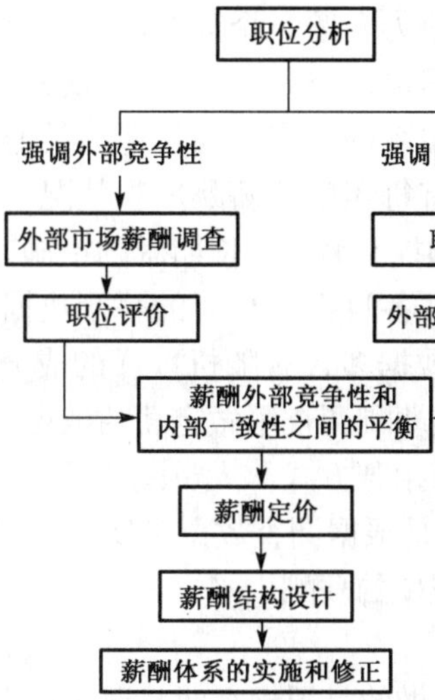

图 7-1　以职位为基础的薪酬体系设计流程

（资料来源：刘昕．薪酬管理（第二版）[M]．北京：中国人民大学出版社，2007.）

薪酬体系设计的要点，在于对内具有公平性和一致性，对外具有竞争力。建立一套这样的薪酬体系，是目前我国很多组织人力资源管理的当务之急。设计一套合理科学的薪酬体系和薪酬制度，一般要经历以下几个步骤。

（1）职位分析

职位分析是确定薪酬的基础，结合公司经营目标，公司治理层要在业务分析和人员分析的基础上，明确部门职能和职位关系，人力资源部和各部门主管合作编写职位说明书。

（2）职位评价

职位评价（或称职位评估）重在解决薪酬的对内公平性问题，即达到企业内部均衡。企业内部均衡失调有以下两种情况。①差距过大。差距过大是指优秀员工与普通员工之间的薪酬差异大于工作本身的差异，也有可能是干同等工作的员工之间存在着较大的差异。前者有助于稳定优秀员工，后者会造成员工的不满。②差距过小。差异过小是指优秀员工与普通员工之间的薪酬差异小于工作本身的差异。它会引起优秀员工的不满，当内部均衡适当时，员工可以达到正常的工作效率，当内部均衡不适当时，则会大大降低员工的工作效率，而薪酬体系中的职位评价正是为了解决企业内部均衡失调这个问题。

职位评价一是比较企业内部各个职位的相对重要性，得出职位等级序列；二是为进行薪酬调查建立统一的职位评估标准，消除不同公司间由于职位名称不同，或即使职位名称相同但实际工作要求和工作内容不同所导致的职位难度差异，使不同职位之间具有可比性，为工资的公平性奠定基础。职位评价是职位分析的自然结果，同时又以职位说明书为依据。职位评价的基本程序是对每个职位所包含的内容进行相互比较。另外，笔者认为需要指出的是，科学的职位评价体系是通过综合评价各方面因素得出工资级别，而不是简单地与职务挂钩。比如，高级研发工程师并不一定比技术研发部经理的等级低。前者注重于技术难度和创新能力，后者注重于治理难度与综合能力，二者各有所长。另外，现在国际上有一种趋势，即企业内的职位等级逐渐减少，而工资级差变得更大。

（3）薪酬调查

薪酬调查重在解决薪酬的对外竞争力问题，企业在确定一个或更多职位的薪酬水平时，需要参考劳动力市场的薪酬水平。公司可以委托专业的咨询公司进行这方面的调查。薪酬调查的对象，最好是选择与自己有竞争关系的公司或同行业的类似公司，重点考虑员工的流失去向和招聘来源。薪酬调查的数据要有每年度的薪酬增长状况，不同薪酬结构对比，不同职位和不同级别的职位薪酬数据，奖金和福利状况，长期激励措施及未来薪酬发展趋势分析等。只有采用相同的标准进行职位评估，并各自提供真实的薪酬数据，才能保证薪酬调查的准确性。在报纸和网站上公布的数据，其数据多含有随机取样的成分，准确性值得怀疑。即使是国家劳动部门的统计数据，也不能取代薪酬调查用做定薪的依据。另外，应该注意的是，由于一些行业人员流动比较频繁，可以利用招聘方式，人员跳槽的机会，了解竞争者的薪酬水平，但要防止以偏概全。薪酬调查的结果，是根据调查数据来反映某家公司的薪酬水平与同行业相比处于什么位置，从而确定本公司某职位的薪酬水平。

（4）薪酬定位

在分析同行业的薪酬数据后，需要做的是根据企业状况选用不同的薪酬水平。影响公司薪酬水平的因素有多种。从公司外部看，国家的宏观经济，通货膨胀、行业特点和行业竞争、人才供给状况甚至外币汇率的变化，都对薪酬定位和工资增长水平有不同程度的影响。在公司内部，决定薪酬水平的要害因素是工作的价值、公司的盈利能力和支付能力、人员的素质要求。而企业发展阶段、人才稀缺度、招聘难度，公司的市场品牌和综合实力，也是重要影响因素。

同产品定位相似的是，在薪酬定位上，企业可以选择跟随策略或领先策略，在现实生活中，薪酬上的领头羊未必是品牌最响的公司，因为品牌响的公司可以依靠其综合优势，不必花费最高的工资也可能找到最好的人才，往往是那些财大气粗的后起之秀经常采用高薪策略。它们多处在创业初期或快速上升期，投资者愿意用金钱买时间，希望通过挖到一流人才来快速拉近与巨头公司的差距。

（5）薪酬结构设计

在进行完薪酬定位之后，企业就可以根据自身的实际情况，确定出一个合理的薪酬结构。薪酬结构，又称薪酬构成，是关于薪酬的构成要素以及各要素在总量中所占的比重。薪酬的构成要素主要有基本工资、奖励工资、津贴、福利和服务、可变薪酬等。薪酬结构，在不同国家，不同企业由于劳动特点、工作性质、工作任务以及薪酬支付传统习惯的不同而不尽相同。在不同时期随着生产力的发展、经济治理体制的变动以及生产或工作需要的变化，薪酬结构也会不同。例如，许多跨国公司在确定人员薪酬时，往往要综合考虑三个方面的因素：一是其职位等级；二是个人的技能和资历；三是个人绩效。在薪酬结构上与其相对应的，分别是职位工资、技能工资、绩效工资。也有的将前两者合并考虑，作为确定一个人基本工资的基础。职位工资是通过对职位的分析和职位的评价得出评定的结果，它是一个人工资高低的主要决定因素。职位工资一个区间，而不是一个点。企业可以从薪酬调查中选择一些数据作为这个区间的中点，然后根据这个中点确定每一职位等级的上限和下限。相同职位上不同的任职者由于在技能、经验、资源占有、工作效率、历史贡献等方面存在差异，导致他们对公司的贡献并不相同（由于绩效考核存在局限性，这种贡献不可能被完全量化体现出来），因此技能工资有差异。所以，同一等级内的任职者，基本工资未必相同。如上所述，在同一职位等级内，根据职位工资的中点设计一个上下的工资变化区间，就是用来体现技能工资的差异。这就增加了工资变动的灵活性，使员工在不变动职位的情况下，随着技能的提升、经验的增加而在同一职位等级内逐步提升工资等级。绩效工资是对员工完成业务目标而进行的奖励，即它较为关注员工的工作表现，与员工为企业所创造的经济价值相联系。绩效工资可以是短期性的，如销售奖金、项目浮动奖金、年度奖励，也可以是长期性的，如股份期权等。此部分薪酬的确定与公司的绩效评估制度密切相关。

结合起来说，确定职位工资，需要对职位做评估；确定技能工资，需要根据员工把握的不同技能和他们所拥有的新增知识做评估；确定绩效工资，需要对工作表现做评估；确定公司的整体薪酬水平，需要对公司盈利能力、支付能力做评估。每种评估都需要一套程序和办法。所以说，薪酬体系设计是一个系统工程。不论薪酬结构设计得怎样完美，一般总会有少数人的薪酬低于最低限或高于最高限。对此可以在年度薪酬中进行纠偏。比如，对前者加大提薪比例，而对后者则少调甚至不调，等等。

（6）薪酬体系的实施和修正

在确定薪酬调整比例时，要对总体薪酬水平做出准确的预算。目前，大多数企业是财务部门在做此测算。但大多数企业的财务部门并不清楚具体工资数据和人员变动情况。所以，为准确起见，最好同时由人力资源部做此测算。人力资源部为此应建好工资台账，并设计一套比较好的测算方法。

在制定和实施薪酬体系过程中，及时的沟通、必要的宣传和培训是保证薪酬改革成功的因素之一。从本质意义上讲，劳动报酬是对人力资源成本与员工需求之间进行权衡的结果，世界上不存在绝对公平的薪酬方式，只存在员工是否满足的薪酬制度。人力资源部可以利用薪酬制度问答、员工座谈会、满足率调查、内部刊物等形式，充分介绍公司的薪酬制定依据。另外，为保证薪酬制度的适用性，企业应该对薪酬的定期调整做规定。

2. 以技能为基础的薪酬体系设计

以技能为基础的薪酬体系是指组织根据一个人所掌握的与工作有关的技能、能力以及知识的深度和广度支付基本薪酬的一种报酬制度。知识工资是根据员工所掌握与工作相关的知识而决定员工报酬，技能工资则是根据员工所掌握的与工作相关的技能而决定员工的报酬，这里我们用“技能薪酬”来代表这两种工资方案。技能工资和知识工资的区别在于，技能工资主要针对操作性的技术工人，后者主要针对白领的专业人员。

技能薪酬可以根据员工的技能宽度和技能深度来进设计，因而技能薪酬体系通常又可以分为深度技能薪酬和广度技能薪酬。宽度技能是指在一定的专业技术领域，员工掌握了与工作相关的多种技能、知识和经验。在这种情况下，员工所掌握的技能种类越多，所获得的报酬也越多。深度技能是指员工掌握的与工作相关的一种或几种专业技能等级难度。等级越高，技术难度越大，员工所获得的报酬就越高。

以技能为基础的薪酬体系的设计流程分为如下几个步骤。

（1）成立工作小组

技能薪酬计划的制定通常需要建立起两个层次的委员会，一个是指导委员会，另一个是设计小组。指导委员会由高层管理者组成，确保薪酬计划能与组织总体的薪酬管理哲学和企业战略目标保持一致。设计小组由人力资源部门代表、财务部门代表以及所涉及的部门代表组成，负责具体的薪酬体系的设计。

（2）进行工作分析

与职位薪酬不同，技能薪酬工作分析的目的是为了确定完成特定任务所需要的技能，因此，与职位薪酬关注员工的工作任务不同的是，技能薪酬的工作分析重点将放在员工的技能水平上。但是在分析员工需掌握的技能之前，仍然要对员工所要完成的工作任务进行准确的描述和深入分析，否则无法对技能进行区分。

（3）技能等级模块的界定

所谓技能等级模块，是指员工为了按照既定的标准完成工作任务而必须执行的一个工作任务单位或者一种工作职能。根据技能模块中所包含的工作任务以及要达到的标准和要求可以对技能模块进行等级评定。

（4）技能模块的定价

技能模块定价包括两个方面。第一，确定技能模块的相对价值。相对价值可以从两方面来评判，首先是技能的获得难度。难度越大，所需要的培训时间、费用、经验、专业知识要求越高，技能的价值越大；其次是技能对组织的重要性。技能的价值贡献越高、教育责任越大，失误后损失越大，技能的相对价值越高。第二，根据外部市场调查。与职位薪酬类似，技能薪酬的外部调查也是选择与同类企业相对应的典型的技能模块，来确定技能模块与市场薪酬水平的关系。但是由于采用技能薪酬的企业不多，因而直接获得技能薪酬的数据较困难，需要通过转化的方式，根据相关的职位薪酬来间接估计技能薪酬的市场水平。

（5）员工技能分析、培训和认证

员工技能分析的目的是确定员工当前处于哪一种技能水平上。技能评估者可以是员工的上级、同事、也可以来自企业外部，如政府机构、学校、培训机构、业内专家等。由于技能分析和评价能确定员工所处的技能水平，因此技能分析的结果对培训计划提供了依据。企业可以通过技能评价确定培训计划和培训方法。最后，要设计一个能够确定员工技能水平的认证计划。

（6）建立技能薪酬结构

根据以上步骤，制定相应的技能薪酬方案。从本质上来讲，技能薪酬设计的目的就是把职位薪酬所强调的工作任务转化为能够被认证、培训以及为之付酬的各种技能；或者说，技能薪酬的设计流程重点在于，开发出一种能够使技能和基本薪酬联系在一起的薪酬计划。

3. 以胜任力为基础的薪酬体系设计

胜任力是指实现某种特定绩效或是表现出某种有利于绩效实现的行为的能力，而不是一般意义上的能力。在第四章已经介绍过，这种能力（competency）就是胜任的特征，即个体所具备的、能够导致高绩效的潜在特征。因此，能力薪酬体系必须建立在胜任特征模型的基础上，根据员工所具备的胜任特征或胜任能力来确定其应获得的报酬，其设计基础就在于确定胜任特征的价值，而胜任特征的价值又是以组织目标以及为实现组织目标所必须完成的各项工作任务为依据的。因此，胜任特征价值的确定乃至能力薪酬体系的设计必须从工作分析开始。其设计步骤如下。

（1）工作分析

设计能力薪酬的第一步是工作分析。工作分析的目的是确定完成特定任务所需要的胜任特征。能力薪酬的工作分析过程就是组织工作流程的再设计。企业必须确定哪些胜任特征是支持公司战略，为组织创造了价值，从而应当获得报酬的。研究表明，最为常用的20种核心胜任特征包括：成就导向、质量意识、主动性、人际理解力、客户服务导向、影响力、组织知觉性、网络建立、指导性、团队与合作、开发他人、团队领导力、技术专家、信息搜索、分析性思考等。

（2）确定胜任特征与品质、特性和行为的关系

当企业把员工应具备的绩效行为能力界定下来以后，还必须明确如何来衡量这些胜任特征。这是因为胜任特征本身是一种抽象的概念，如果没有明确的衡量手段对员工的胜任特征进行界定，那么能力薪酬就无从谈起。由于胜任特征本身直接衡量比较困难，因此，用员工工作过程中行为表现及其他特性来代替对胜任特征的直接衡量是十分必要的。在这一步骤中，企业需要通过观察和直接询问绩效优异者是如何完成工作或解决问题的，来确定达成优秀绩效的行为特征有哪些，或者说哪些行为表明员工具备某种胜任特征。

（3）胜任特征评估

胜任特征评估即能力评估，是指根据界定好的能力类型及其等级定义，对员工在某领域中所具备的绩效行为能力进行评估。

（4）胜任力薪酬结构设计

这一步是根据员工所具备的胜任特征来决定应获得多少报酬，将评估的结果与他们所应获得的基本薪酬结合在一起。显然，在能力薪酬体系中，员工的基本薪酬水平高低取决于他们对于一种工作、角色或者团队功能的理解和执行能力，他们可以因具备某些既定能力或者是能力水平的提高而得到基本薪酬的提升。此外，企业还要进行薪酬调查，了解各项素质在劳动市场上的定价。由于不同的组织对胜任特征的要求不一样，度量方法也不尽相同，而且实施能力薪酬体系的企业并不普遍，因此这种薪酬调查具有较大的难度。简化方法是：只调查每个任职资格系列中最有代表的职级（如落在该级的人数是该系列最多的）所对应的标杆岗位的市场薪酬水平，然后以此为基准，利用内部比较的办法确定其他职级的薪酬。

4. 技能/能力薪酬体系的特点

技能/能力薪酬体系是一种以任职者为基础的基本薪酬体系。以职位为基础的薪酬体系是根据职位或工作的相对价值来决定某种职位的薪酬水平。而以任职者为基础的薪酬体系，则是以沉淀于个人，能够为组织做出贡献的能力、知识或技能作为付酬因素。近年来，随着企业对人力资源的重视，以及外部不断变化的环境给企业带来的压力，要求企业能够快速地对外界的变化做出反映，因此，技能/能力薪酬体系也越来越被企业所重视。

这种以任职者为基础的薪酬体系的优点在于：①这种薪酬体系关注员工个人，激励员工不断地提高自己知识、技能和能力水平，有利于企业快速适应市场上的快速变革；②督促员工关注自己的绩效行为和工作结果，提高业绩；③提供了双重职业晋升通道，使企业的优秀技术人才能安心本职工作，避免了职位薪酬中的“官本位”倾向；④在员工配置上提供了更大的灵活性。缺点在于：①企业在培训方面需要大量投入，培训成本和管理成本增加；②技能/能力薪酬体系设计比较复杂，在企业中的应用范围目前尚不广泛。

5. 宽带薪酬体系设计

除了以上三种典型的薪酬体系以外，现代薪酬管理制度也出现了一些新的变化，宽带薪酬制度就是其中之一。

宽带薪酬是将传统的薪酬等级中的几个相邻等级合并为一个等级，从而使得每个等级的薪酬范围变得更大的一种薪酬结构设计方法。“宽带薪酬”是一种新型的薪酬结构设计方式，它是对传统上带有大量等级层次的垂直型薪酬结构的一种改进或替代。根据美国薪酬管理学会的定义，宽带型薪酬结构就是指对多个薪酬等级以及薪酬变动范围进行重新组合，从而变成只有相对较少的薪酬等级以及相应较宽的薪酬变动范围。一种典型的宽带型薪酬结构可能只有不超过4个等级的薪酬级别，每个薪酬等级的最高值与最低值之间的区间变动比率则可能达到200%~300%。而在传统薪酬结构中，这种薪酬区间的变动比率通常只有40%~50%，如图7-2所示。

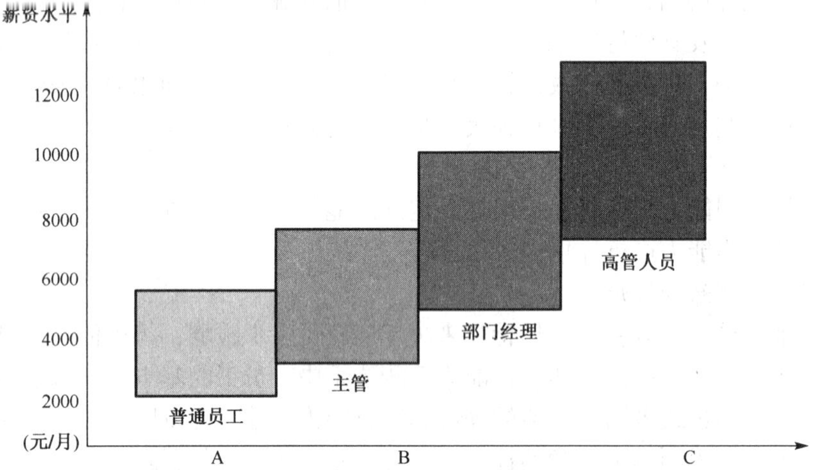

图7-2　职位薪资体系下的宽带薪资结构

（资料来源：刘军胜，薪酬管理实务手册（第二版）[M]. 北京：机械工业出版社，2005）

宽带薪酬的指导思想是期望员工不再是沿着企业唯一的薪酬等级层次得到晋升，而是在同一薪酬等级中横向流动，鼓励员工掌握多种技能和能力。宽带薪酬引导员工将注意力从职位晋升或薪酬等级的晋升转移到个人发展和能力的提高上来，给予绩效优秀者比较大的薪酬上升空间。此外，宽带薪酬通过弱化头衔、等级、过于具体的职位描述以及单一的向上流动模式向员工传递一种个人绩效文化，通过弱化员工之间的晋升竞争而更多地强调员工之间的合作、知识共享和共同进步，以此来帮助企业培育积极的团队绩效文化，这对于企业整体业绩的提升无疑是非常重要的一种力量。与企业传统的薪酬结构相比，宽带薪酬具有以下几个方面的特征。

（1）支持扁平型组织结构

20世纪90年代以后企业界兴起了一场以扁平型组织取代官僚层级型组织的运动，扁平型组织的管理层级由原来的多个层级变为少数几个层次，目的是为了提高企业对外部环境的反应速度，缩短企业的决策链，降低决策重心。但是这样的组织结构能够为员工提供的晋升机会相对较少，职业生涯通道也变短了。为了适应这样的变化，企业的薪酬结构也必须由原来的多个薪级转变为少数几个薪级，宽带薪酬结构应运而生。它最大的特点就是打破了传统薪酬结构所维护和强化的那种严格的等级制，有利于企业提高效率，创建学习型的企业文化，对于企业保持自身结构的灵活性以及迎接外部竞争都有着积极的意义。

（2）引导员工重视个人技能和能力

在宽带型薪酬结构设计下，即使是在同一个薪酬宽带内，企业为员工所提供的薪酬变动范围比员工在原来的一个甚至更多的薪酬等级中可能获得的薪酬范围还要大。这样，员工就不需要为薪酬的增长而斤斤计较职位晋升等方面的问题，从而将关注的重心放在企业需要的技术和能力培养上，做好企业强调的、能带来价值增值的事情，如满足客户需要、以市场为导向、注重效率等。

（3）有利于职位的轮换

宽带型薪酬结构减少了薪酬等级数量，将处于不同薪酬等级之中的大量职位纳入到同一薪酬等级当中，甚至上级监督者和他们的下属也常常会被放到同一个薪酬宽带中。这样，在对员工进行横向甚至向下调动时所遇到的阻力就小多了。此外，企业可因此减少因员工的职位变动而产生的大量的行政工作，如职务称呼变动、相应的薪酬调整、更新系统、调整社会保险投保基数、更新档案等。

（4）能密切配合劳动力市场上的供求变化

宽带型薪酬结构是以市场为导向的，它使员工从注重内部公平转向为更为注重个人发展以及自身在外部劳动力市场上的价值。在宽带型的薪酬结构中，薪酬水平是以市场薪酬调查的数据以及企业的薪酬定位为基础确定的。因此，薪酬水平的定期审查与调整使企业更能把握其在市场上的竞争力，同时有利于企业相应地做好薪酬成本控制工作。

（5）有利于直线管理人员有效激励下属

传统的薪酬体系是一种垂直式的薪酬等级划分形式，对员工进行薪酬激励只能通过职位晋升实现，弹性较小，激励作用有限。宽带薪酬在同一薪酬等级内薪酬变动范围较大，给员工的薪酬调整留有较大的空间，部门主管在薪酬决策上拥有更大的权力责任。直线主管可以根据员工的业绩表现和能力对表现突出的员工实施幅度较大的加薪，也可以对下属的薪酬定位提出更多的意见和建议，这有利于直线人员切实地承担自己的人力资源管理职责，更好地利用薪酬制度来激励员工。

（6）宽带薪酬需注意的问题

尽管宽带薪酬制度有以上种种优点，但它并不适用于所有的组织，它主要适合于新型的“无边界”组织，以及强调低专业化程度、多职能工作、跨部门流程和技能工种的团队型组织。这类组织要适应变革，通过变革来保持高度的竞争力，因此它们希望通过一种更加综合性的方法，将薪酬与新技能的掌握、能力的提高、更为宽泛的角色承担以及绩效提升联系在一起，同时还要有利于员工的成长和多种职业轨道的开发，而薪酬宽带的设计思路恰恰与这类组织的上述需求相吻合。

鉴于我国许多企业在薪酬管理及整体人力资源管理体系方面的基础非常薄弱，有些企业连规范的职位说明书都没有，有的企业甚至从来没有做过工作分析和职位评价。此外，中国企业管理文化大多强调等级顺序，管理者的职业化程度也不到位，因此实行宽带薪酬有一定困难，建议企业在做好基础工作的前提下，待条件成熟时再引进和运用宽带薪酬。

第五节　员工福利计划

一、员工福利计划的内涵及重要性

员工福利是企业基于雇佣关系，依据国家的强制性法令及相关规定，以企业自身的支付能力为依托，向员工所提供的、用以改善其本人和家庭生活质量的各种以非货币工资和延期支付形式为主的补充性报酬与服务，是企业薪酬体系的重要组成部分。建立一个良好的福利待遇体制能够增加员工对企业的归属感，从而增加企业的凝聚力。

员工福利计划是一个比较笼统的概念，一般是指企业为员工提供的非工资收入福利的综合计划。而从现代人力资源管理的角度看，员工福利计划是指企业为员工提供的非工资收入福利的一揽子计划。所包含的项目内容可由各企业根据其自身实际情况加以选择和实施。目前比较流行一种叫弹性福利计划，弹性福利计划就是员工可以从企业所提供的各种福利项目菜单中选择其所需要的一套福利方案的福利管理模式。它有别于传统固定福利，具有一定的灵活性，使员工更有自主权。最著名的是 HP 方案，因为可执行性变数太多，这种制度在国内实施的比较少。

员工福利计划是现代企业人力资源管理的重要组成部分。它涵盖保险保障、退休计划、带薪假期、教育津贴等各种各样的津贴和福利。人寿保险公司在风险管理、人身保障、养老金计划等方面有着不可替代的专业优势，成为大多数知名企业的员工福利管理服务商。

对于企业来说，一个完善的员工福利计划，不仅可以作为企业吸引并留住人才的重要手段，同时还能获得专业的人力资源风险管理和经济的公司财务安排。对于员工来说，则可以得到周到全面的保障和长远的财务规划、投资和管理，免除后顾之忧，全心投入工作、享受生活。

员工福利的重要性体现在以下方面。

1. 能吸引优秀人才，留住优秀员工

优秀员工是组织发展的顶梁柱。以前一直认为，组织主要靠高工资来吸引优秀员工，现在许多企业家认识到，良好的福利有时比高工资更能吸引优秀员工。

2. 能提升员工的积极性

良好的福利使员工无后顾之忧，使员工有与组织共荣辱之感，积极性必然会高涨，良好的福利会使员工产生由衷的工作满意感，进而激发员工自觉为组织目标而奋斗的动力。

3. 降低员工辞职率

员工过高的辞职率必然会使组织的工作受到一定损失，而良好的福利会使很多可能流动的员工打消辞职的念头。

4. 使组织更具凝聚力

组织的凝聚力由许多的因素组成，但良好的福利无疑是一个重要因素，因为良好的福利体现了组织的高层管理者以人为本的经营思想。

5. 提高企业经济效益

良好的福利一方面可以使员工得到更多的实惠，另一方面用在员工身上的投资会产生更多的回报。

二、员工福利计划的特性

目前，企业的员工福利计划已经成为一项必不可少的、越来越专业化和成本越来越高昂

的工作，企业管理层必须对此进行系统的思考和前瞻性的规划。在设计企业的员工福利计划时，我们必须考虑到员工福利计划的以下特点。

1. 公平性

员工福利计划与薪酬制度设计一样，员工福利制度设计时首先要考虑公平性的问题。公平性包括外部公平性和内部公平性。外部公平性一方面要求企业的福利水平要达到社会平均水平和行业平均水平，这样才能符合“求才”的基本要求；另一方面，外部公平性又要求员工福利水平要与企业在行业内的位置匹配。内部公平性包括无差异性的内部公平和有差异性的内部公平。无差异性内部公平是指在与职位、薪金、服务年资等无直接关系的福利项目（如疾病）安排上，所有员工的福利水平应一致；有差异性内部公平是指在同等职位或同一薪酬级别或同等服务年资上的公平，如企业按年薪倍数设计的人寿保险额度和按服务年资设计的养老金等。值得一提的是，有差异的内部公平已成为全球性趋势。

2. 补偿性

企业员工福利制度经历了一百多年，特别是第二次世界大战后的快速发展，演变至今越具有报酬性的特点。企业员工福利是对劳动者为企业提供劳动的一种物质性补偿，等同于员工工资收入的一种补充形式，是额外的保障。

3. 系统性

福利项目是个大系统，是否企图解决所有的福利问题或是解决某些重要的福利问题，要求企业不仅要从企业本身的人力资源战略去思考，同时也要结合社会经济生活发展水平及行业竞争程度去考虑。

4. 成本性

企业在员工福利计划上投入的成本包括：福利计划本身的成本（如支付的保险费，员工食堂的开支等）和为了管理福利计划而付出的费用（如员工医疗费用报销管理人员的工资等），二者的相加就是企业为员工福利计划付出的总成本。

5. 均等性

凡是企业内履行了劳动义务的员工，都可以平均地享受企业的各种福利，而且只要是在规定的范围内，所有都是平均的，不存在倾斜性。

6. 集体性

企业兴办各种集体福利事业，员工集体消费或共同使用共同物品等是企业员工福利的主体形式，也是企业员工福利的一个重要特征，体现了它是一起进行的，不存在单一进行的特例。

7. 多样性

企业员工福利的给付形式多种多样，包括现金、实物、带薪休假及各种服务，而且可以采用多种组合方式，要比其他形式的报酬更为复杂，更加难以计算和衡量，最常用的方式是实物给付形式，并且具有延期支付的特点，这与基本薪酬差异较大，这样才会把各种公司人性化的色彩带入进来。

三、员工福利的分类

依照是否是由国家立法强制实施的福利计划，可以将企业实行的福利计划分为法定福利和非法定福利。

1. 法定福利

法定福利是国家通过立法强制实施的对员工的福利保护政策，包括社会保险、住房公积金和各类休假制度。

（1）社会保险

法定社会保险包括养老保险、失业保险、医疗保险、工伤保险、生育保险五种。社会保险是国家通过立法手段建立的，旨在保障劳动者在遭遇年老、疾病、伤残、失业、生育及死亡等风险和事故，导致暂时或永久性的失去劳动能力或劳动机会，从而全部或部分丧失生活来源的情况下，能够享受国家或社会给予的物质帮助，维持其基本生活水平的社会保障制度。

社会保险制度最早产生于德国，1883 年德国颁布《疾病社会保险法案》，标志着社会保险制度的诞生。

目前我国强制企业职工参加的社会保险制度包括养老保险、医疗保险、失业保险、工伤保险、生育保险和住房公积金。

① 养老保险。养老保险是国家为劳动者或全体社会成员依法建立的老年收入保障制度。当劳动者或社会成员达到法定退休年龄时，由国家或社会提供养老金，保障退休者的基本生活。目前各国的养老保险制度可分为 3 种模式：普遍保障模式、收入关联模式和强制储蓄模式。根据 1951 年颁布的《中华人民共和国劳动保险条例》，我国建立了养老保险制度。1997 年国务院颁发的《国务院关于建立统一的企业职工基本养老保险制度的决定》，标志着社会统筹与个人账户相结合的新型的社会养老保险制度的建立。

② 医疗保险。医疗保险是由国家立法，按照强制性社会保险原则，由国家、用人单位和个人集资（缴纳保险费）建立医疗保险基金，当个人因病接受了医疗服务时，由社会医疗保险机构提供医疗费用补偿的社会保险制度。我国在 20 世纪 50 年代初建立起企业职工的劳保医疗制度及国家机关和事业单位工作人员的公费医疗制度。国务院于 1998 年颁布《关于建立城镇职工基本医疗保险制度的决定》，形成了新时期职工医疗保险制度的基本构架。

③ 失业保险。失业保险是国家以立法形式，集中建立失业保险基金，对因失业而暂时中断收入的劳动者在一定期间提供基本生活保障的社会保险制度。1999 年国务院颁布《中华人民共和国失业保险条例》，标志着失业保险制度的建立。

④ 工伤保险。工伤保险是国家立法建立的，对在经济活动中因工伤致残，或因从事有损健康的工作患职业病而丧失劳动能力的劳动者，以及对职工因工伤死亡后无生活来源的遗属提供物质帮助的社会保险制度。

我国于 2003 年 4 月 16 日颁布了《中华人民共和国工伤保险条例》，自 2004 年 1 月 1 日起实施，工伤保险正式建立。

⑤ 生育保险。生育保险是国家通过立法，筹集保险基金，对生育子女期间暂时丧失劳动能力的职业妇女给予一定的经济补偿、医疗服务和生育休假的社会保险制度。我国早在 1951 年《中华人民共和国劳动保护条例》中就制定了有关生育保险的实施办法，以后几经调整。新的生育保险制度在全国还处于试点阶段。

（2）住房公积金

它是指国家机关、国有企业、城镇集体企业、外商投资企业、城镇私营企业及其他城镇企业、事业单位及其在职职工缴存的长期住房储存金。

（3）法定假期

法定假期是企业职工依法享有的休息时间。在法定休息时间内，职工仍可获得与工作时间相同的工资报酬。

① 法定节假日，又称为法定休假日，是国家依法统一规定的休息时间。我国的法定节假日包括元旦、春节、劳动节、国庆节以及法律法规规定的其他休假节日。

② 公休假日，是劳动者工作满一个工作周后的休息时间。按《中华人民共和国劳动法》（以下简称《劳动法》）第三十八条的规定，用人单位应当保证劳动者每周至少休息一天。根据国务院 1995 年发布的《国务院关于职工工作时间的规定》，每周休假日为星期六和星期天。

③ 带薪年休假，又叫探亲假，是职工同分居两地、又不能在公休日团聚的配偶或父母团聚的带薪假期。我国《劳动法》第四十五条和《国务院关于职工探亲待遇的规定》第三条对我国带薪年休假做出了明确规定。

2. 非法定福利

非法定福利是指企业自主建立的，为满足职工的生活和工作需要，在工资收入之外，向雇员本人及其家属提供的一系列福利项目，包括货币津贴、实物和服务等形式。

五、员工福利计划的主要类型

1. 按员工福利的功能划分

按功能划分，员工福利主要包括企业安全和健康福利、企业设施性福利、企业文娱性福利、企业培训性福利、企业服务性福利及其他福利计划。

（1）企业安全和健康福利

由企业提供的旨在防范员工安全和健康风险的福利，具有风险分散的保障性功能，包括企业年金、人寿保险、健康保险、住房补助计划等。①企业年金，也叫企业补充养老保险；②人寿保险，由雇主为雇员提供的保险福利项目，通常以团体保险的形式建立；③健康保险计划，即商业健康保险；④住房补助计划，包括住房贷款利息给付计划和住房补贴。在我国，企业实行住房公积金制度。

（2）企业设施性福利

企业为满足员工的日常需要所提供的福利，包括员工餐厅、浴室、阅览室、交通车（班车）、托儿所等。

（3）企业文娱性福利

企业为促进员工的身心健康，丰富员工的精神和文化生活而提供的福利，如为雇员提供健身房和各种健身器械、组织员工出外旅游等。

（4）企业培训性福利

通过一定的教育或培训手段提高员工素质和能力的福利计划，分为内部培训计划和外部培训计划。现在培训福利越来越受到企业的重视和员工的欢迎。

（5）企业服务性福利

企业还为员工或员工家庭提供旨在帮助员工克服生活困难和支持员工事业发展的

直接服务的福利形式，包括雇员援助计划、雇员咨询计划、家庭援助计划、家庭生活安排计划等。

（6）其他福利计划

2. 按企业的价值或目标划分

根据企业的价值或目标，可以将员工福利划分为风险保障型福利和物质激励型福利。

（1）风险保障型福利

风险保障型福利即为了提高员工社会风险补偿能力而建立的福利项目，其目的是提供对员工基本生活水平的保障，包括企业退休金项目、企业健康福利项目和救助计划。

（2）物质激励型福利

物质激励型福利，即为增强人力资源管理激励性而建立的福利项目，主要包括时间奖励、现金奖励、服务奖励。

3. 按员工福利的享受时间划分

根据员工可以享受的时间来看，员工福利可以分为即期性福利和延期性福利。前者指员工目前或近期可以享受的福利，一般是在职期间可以获得的福利；后者指员工未来可以享受的福利，一般是退休后可以获得的福利。

4. 按员工福利的给付形式划分

按照员工福利的给付形式划分，可以将福利分为现金型和非现金型两种。前者指以货币的形式给付的福利，如企业安全和健康福利等；后者指以非货币形式给付的福利，如企业设施性福利、企业培训性福利、企业服务性福利等。

5. 按员工福利的实施范围划分

根据福利的实施范围，福利还可以分为全员性福利、特种福利及特困福利。全员性福利计划，即所有员工都可以平等享受的福利；特种福利是依据贡献度，为企业中的高级人才设计的福利项目；特困福利指针对特别困难的员工及其家庭提供的福利。

6. 按员工福利的选择权划分

根据员工对福利的选择权来看，可以将福利分为固定福利和弹性福利。固定福利即由企业所设定的，无论员工愿意与否都要参与和接受的项目；弹性福利（貌似很重要），即由企业所提供的，允许员工在规定的时间和现金范围内，根据自己的需要自愿进行选择和调整的福利项目。

本章小结

1. 薪酬有狭义薪酬和广义薪酬之分。狭义薪酬是指员工为企业提供劳动而得到的各种货币与实物报酬的总和，包括基本工资、绩效工资、奖金、津贴、福利和股权等。广义薪酬则将员工因工作或劳动而获得的有价值的东西或回报都可以看做是薪酬，广义薪酬更强调内在薪酬，是对传统薪酬概念的一种突破。

2. 薪酬的表现形式有：直接薪酬、间接薪酬和非货币薪酬等。

3. 薪酬管理，是指一个组织针对所有员工所提供的服务来确定他们应当得到的报酬总额以及报酬结构和报酬形式的一个过程。

4. 薪酬制度的基本理论主要分为两类：一类是基本薪酬制度基本理论；二类是绩效激励薪酬制度理论。

5. 企业发展阶段可以分为成长期、稳定期和收缩期。在不同的发展阶段，企业采取的经营战略不同，与之相匹配的薪酬战略也必然存在差异。具体分为：成长期薪酬战略、稳定期薪酬策略和收缩期薪酬策略。

企业经营战略表现为低成本战略、差异化战略和专一化战略，不同的战略类型需要设计不同的薪酬战略与之相匹配

6. 职位薪酬体系是一种以职位为基础来确定员工基本薪酬的方式，这种薪酬体系具有最广泛的使用性。它根据对职位本身的价值评价来确定职位的价值等级，建立职位等级结构，然后再根据外部劳动力市场的薪酬水平来确定每个薪资等级所对应的薪酬水平。技能薪资体系是根据员工个人的工作技能、所掌握的工作知识以及经验等因素而支付薪资的一种基本薪酬体系。能力薪资体系则是建立在比技能范围更为广泛的知识、技能、自我认识、人格特征、动机等综合因素基础上的基本薪酬决定体系。宽带薪酬实际上是薪资结构设计的一种思路。在这种薪资结构中，只有较少数量的薪资等级，各种薪资等级的薪资浮动范围却比较大，宽带薪酬鼓励员工掌握多种技能和能力，以适应企业快速应对多变环境的需求。

7. 福利的形式有多种。按照福利的内容可分为法定福利和非法定福利。员工福利计划的主要类型划分：按功能划分，员工福利主要包括企业安全和健康福利、企业设施性福利、企业文娱性福利、企业培训性福利、企业服务性福利以及其他福利计划；根据企业的价值或目标，可以将员工福利划分为风险保障型福利和物质激励型福利；根据员工可以享受的时间来看，员工福利可以分为即期性福利和延期性福利；按照员工福利的给付形式划分，可以将福利分为现金型和非现金型两种；根据福利的实施范围，福利还可以分为全员性福利、特种福利以及特困福利。全员性福利计划，即所有员工都可以平等享受的福利；特种福利是依据贡献度，为企业中的高级人才设计的福利项目；特困福利是指针对特别困难的员工及其家庭提供的福利；按员工福利的选择权划分，可以将福利分为固定福利和弹性福利。固定福利即由企业所设定的，无论员工愿意与否都要参与和接受的项目；弹性福利（貌似很重要），即由企业所提供的，允许员工在规定的时间和现金范围内，根据自己的需要自愿进行选择和调整的福利项目。

练习题

一、填空题

1. 为确保公司支付给员工的薪酬有外部竞争力，在进行薪酬设计时要进行________。
2. 奖金是对于完成的超额、超标准的绩效进行奖励，对于________进行激励。
3. 薪酬的核心部分包括三个板块：基本薪酬、奖金和________。
4. 基本薪酬的确定的三种基本方式：________、基于能力的薪酬、基于技能的薪酬。
5. ________是对于完成的超额、超标准的绩效进行奖励，对于预定的绩效目标进行激励。
6. ________最为常用的一种加薪方式，它体现了对已发生的工作行为或已取得的绩效成果的认可和奖励，它的一个显著特征是直接加到基本工资中去的。

二、单选题

1. 薪酬的构成包括（　　）。

A. 奖金、福利、股票计划　　B. 工资、奖金、福利

C. 奖金、工资、津贴　　D. 工资、福利、津贴

2. 薪酬水平定位的（　　），是指企业发放的报酬高于市场平均工资水平。

A 领先策略　　B. 跟随策略

C. 匹配策略　　D. 滞后策略

3.（　　）是对于企业而言，价值很高，并非非常稀缺和独特的人才。

A. 核心人才　　B. 通用人才

C. 独特人才　　D. 辅助性人才

4. 在进行工作分析的过程中，当理想与现实产生矛盾的时候，应当（　　）。

A. 坚持理想　　B. 现实为主，理想为辅

C. 理想为主，现实为主　　D. 承认并尊重现实

5. 关于福利的说法不正确的是（　　）。

A. 福利是总报酬的重要组成部分　　B. 福利大都表现为非现金的收入

C. 福利是总报酬中可有可无的部分　　D. 福利通常采取间接的形式发放

6. 薪酬水平定位的________，是指企业发放的报酬等于市场平均工资水平。

A. 领先策略　　B. 匹配策略

C. 随机策略　　D. 滞后策略

三、简答题

1. 什么是基于职位的基本薪酬？
2. 福利的基本功能有哪些？
3. 我国的法定福利包含哪些内容？

推荐网站

企业管理网、人力资源论坛，中国人力资源网。

推荐阅读

《薪酬管理》，《薪酬管理方案与设计》，《福利管理》。

专业词汇

薪酬管理，报酬，奖金，绩效，福利，职位，能力，技能，福利，弹性福利。

综合案例

远行公司企业年终福利计划策略

远行公司杨总经理介绍，公司非常注重员工的激励管理，尤其在年终之时正是总结过去展望明年的时候。公司的激励措施主要有物质和精神两个方面的。

每年年终之时，公司会组织一次大型活动，召集全体员工办一次盛宴。在活动的时候，高层管理人员都要跟员工敬酒，感谢员工一年来的辛勤劳动，以及对公司的支持。这一惯例活动举办了很多年，效果很好。

远行发放年终奖的惯例是年终实行双薪制，但仅仅是发两个月薪水还不能体现激励的作用，所以远行就采用弹性的方法来处理。

远行规定年终奖金以上一年度的实际月薪为标准，然后会加乘一个系数。系数是 0.5～2，这意味着有的员工可能会拿到二个月的薪水作为年终奖金，而有的只能拿到半个月的。我们会在年度末进行一次考核，并强制规定 2 和 0.5 这两个系数要各有 10%的比例。这是为了避免各级主管都做大好人，所以这个比例细分到每个部门里去，每个部门主管都要按这个规定办。优秀的员工一定要奖励，绩效不好的员工也应该受到处罚。另外公司也在年终奖金中另外设立了考勤奖金和年资奖金，虽然数额不是很大，但是能够对考勤良好或者年资久的员工起到鼓励的作用。

发放时间

远行的年终奖金会选择在春节放假前发放。远行公司有部分员工是外地人，考虑到他们回家过年，公司将春节放假延长到两周左右。在放假前一天，杨总会亲自将财务包好的红包送到每个员工的手上，并向他表达感谢之情，祝他春节过得愉快。

福利不吃大锅饭

中国人都很重视春节，在春节前如果对一个员工的考核不好，年终奖金比别人少一半甚至只有四分之一，会不会影响这个员工的稳定性呢?

远行认为，在年度总结的时候正好可以对所有员工做一次全面的审查，但是这并不是说对于表现不好的员工就要赶他们走。公司规定，考核确定系数后直接主管都要找员工谈心，告诉考核结果，当面分析原因帮助员工进步。再者，年终奖金是对员工一年工作的评价，一定要拉开差距，不要因为过年就吃大锅饭。员工表现好了，就要大胆奖励，不要担心其他员工会说什么，这样才能使所有员工努力表现，在公司内部我们是提倡协作性竞争的。

福利不和赢利挂钩

有很多公司会在年终根据当年度的赢利状况来发放年终奖金。远行公司这样的制度和公司当年度的业绩不相关联，如果业绩好坏和奖金没有关系，会不会造成员工对公司业绩的漠视呢? 跟许多公司不同，远行公司的年终奖金跟公司业绩不挂钩。有的公司业绩好时，年终发很大一笔钱的红包，业绩不好时，则基本上没有。远行认为年终奖金是给员工的一种福利，跟年度表现挂钩的浮动福利，不宜浮动太大。至于公司业绩，公司是每个季度来进行考核的。杨总认为日常业绩应与更为频繁地与激励体制挂钩，以刺激员工努力工作创造更佳业绩。比如对开发部门而言，平时有项目奖金，完成项目后核算项目利润，如果业绩很好就会给项目成员发放项目奖金。同时对于业务部门则有业务提成，销售越多则提成越多。所以远行的年终奖金没有跟公司赢利挂钩，是当作一种福利来操作的。

案例问题：

1．远行公司的员工福利计划的类型如何?

2．探讨该公司的员工福利计划的优缺点?

第 8 章 劳动关系管理

能力目标

- 掌握劳动关系的概念
- 了解劳动关系的特点
- 了解影响劳动关系的外部环境因素
- 了解劳动合同管理
- 了解劳动争议处理的原则与程序
- 了解社会保障与社会保险的内涵以及相互之间的关系

本章重点：劳动关系的概念与特点，劳动合同的内容

本章难点：劳动合同管理

引入

毕业生在试用期内可以辞职吗?

王某是某大学2009届的本科毕业生。2009年5月20日，王某、某市软件开发公司和学校三方签订了《全国普通高等学校毕业生就业协议书》。该软件公司为王某办妥了人事方面的相关手续，代王某缴交了人事代理服务费和流动服务费合计2520元。

2009年7月1日，王某到该公司上班，负责软件的程序开发。公司与王某约定，试用期月薪2000元，试用期3个月，试用期间不签劳动合同，试用期满合格再签合同。但王某工作了一个月后，于7月31日提出辞职。该公司认为其辞职给公司造成损失，拒绝发给王某工资。

双方为此申请了劳动仲裁。仲裁委员会裁决该公司支付王某一个月工资，该公司不服，于是向区法院起诉。该公司认为，公司虽未和王某签订正式的劳动合同，但《就业协议书》已就工作条件和劳动保护、劳动报酬、福利待遇及三方的违约责任做了详细的约定，应当认为双方签订了书面的劳动合同，并共同受该协议书有关条款的约束。王某在试用期内解除劳动合同，给其造成的损失理应给予赔偿，并应支付约定的违约金。

王某说，在试用期间他曾与公司负责人提出签订劳动合同，但公司却以试用期内不跟员工签订劳动合同为由拒绝了，使他觉得在该公司工作的合法权益得不到保障。在该公司工作一个月后，他发觉自己与该公司不相适合，这才提出辞职。

探究：该案例涉及大学毕业生就业协议书、劳动合同签订的相关问题。在应届大学生毕业生就业的过程中，户口和档案的安置、三方协议中的细节条款、试用期的纠纷等问题让初出茅庐的大学生应接不暇。大学毕业生在就业过程中遇到的问题和纠纷，总结起来大都与三方协议和试用期有关。就业协议的法律效力是怎样的？可否替代劳动合同？试用期间辞职能否需要赔偿企业的损失？是否无法拿到工资？劳动合同应该如何签订？这一系列的问题都需要我们从本章中寻找答案。

2008年1月1日《中华人民共和国劳动合同法》(以下简称《劳动合同法》)开始实施，引起了社会公众的广泛关注，在一定程度上提高了劳动者的法律意识。随着我国劳动法律法规制度的不断完善，中国的人力资源管理环境越来越趋向法制化，这对人力资源管理的从业人员提出了更高的要求，人力资源管理者务必要清楚与劳动关系相关的法律法规，以帮助企业规避劳动法律风险，建立和谐的劳动关系。

（资料来源：大学生试用期辞职要赔钱吗？http：//www.studentboss.com，大学生创业网. 2007.5，有改编）

第一节　劳动关系概述

一、劳动关系的定义和特点

1. 劳动关系的定义

广义的劳动关系是指在实现劳动过程中,劳动者与劳动力使用者所结成的社会经济关系，是现代社会中最主要的一种社会经济关系。狭义的劳动关系是指在企业生产、经营与分配各个环节中，依据国家劳动法律法规，规定和确认当事人双方的权利和义务的一种劳动法律关系。本章所讲的劳动关系是指狭义的劳动关系。

在不同国家或体制下，现代劳动关系又被称为“劳资关系”、“劳雇关系”、“雇佣关系”、“劳工关系”等。这些称谓带有明显的价值取向，从不同的角度反映了特定劳动关系的性质和特点。如劳资关系是指资本与劳动之间的关系，强调了劳方和资方的界限。劳雇关系又称为“雇佣关系”，它以雇佣法律关系为基础，强调受雇者与用人单位之间的关系；劳工关系则更着重于劳动者，强调以劳动者为中心，也强调劳动者团体，如工会与用人单位之间的关系。在我国，由于长期以来劳动力使用者一方是国家性质，因此人们习惯用“劳动关系”这个更通用的概念，以反映这一社会关系的一般特征。

2. 劳动关系的特点

（1）劳动关系具有个别性与集体性

劳动关系的主体可分为个人和团体。个人与企业用人单位之间的关系是个别劳动关系，它是劳动者个人与企业用人单位之间通过书面或口头的劳动合同，来确定双方权利和义务。劳动者团体如工会，与企业用人单位之间形成的是集体劳动关系，它指的是双方以集体谈判和集体协议的形式实现劳动关系的构成和运作，并通过维持和改善劳动关系，实现劳动者的自我保护，达到协调和平衡劳动关系的目的。

（2）劳动关系有平等性与隶属性

平等性是指劳动关系中双方权利和义务上的对等。劳动关系的建立是以劳动合同为保证的。在签署劳动合同时，双方遵循平等自愿、协商一致、诚实信用的原则，劳动者与用人单位之间是平等关系。而在劳动过程中，劳动者有权以劳动换取报酬，但必须服从企业管理者的调度和支配，双方形成管理与被管理的隶属关系。但要说明的是，对于劳动条件的维持和提高、劳动保护等问题，劳动者拥有与用人单位平等协商的权力。

（3）劳动关系有对等性和非对等性

对等性义务，是指一方没有履行某项义务时，他方可以免除另一相对义务的履行。非对等义务，是指即使一方没有履行某项相对义务，他方仍不能免除履行另一义务。例如，劳动者提供劳动与用人单位支付劳动报酬之间具有对等性，但劳动者忠实义务与用人单位的报酬给付之间则无对等性。对等性义务属于双方利益的相互交换，而非对等性义务则属于伦理道德上的要求。

（4）劳动关系有经济性、法律性与社会性

经济性体现在劳动者通过提供劳动来获得经济报酬，经济关系是以劳动契约的形式表现出来的，这种劳动契约受到法律的保护。除了获得经济利益之外，劳动者还要从工作中得到尊严、归属感、成就感等社会需求的满足。

二、劳动关系中的合作与冲突

劳动关系的实质可以归结为合作和冲突两个方面。对劳动关系深层次的理解，需要对冲突的根源及阻碍这些冲突继续发展的合作的根源有全面的了解，弄清冲突与合作的根源及其相互作用方式。

1. 合作的根源

合作是指在组织中，劳动者与用人单位之间要共同遵守一套既定的规则来完成生产和服务的工作。劳动关系理论一般认为，合作的根源主要是“被迫”和“获得满足”。“被迫”是指劳动者迫于压力而不得不与用人单位合作。劳动者出于谋生的目的，必须与用人单位之间建立雇佣关系。当他们的行为不符合用人单位的利益，会受到各种惩罚或者失去工作；用人单位为了实现企业的价值也不得不选择合适的劳动者，并提供一定的工作条件，满足劳动者的要求。当用人单位不能满足劳动者一定层次的要求时，劳动者会选择消极工作或者终止劳动关系。尽管用人单位与劳动者是相互依赖的，但是劳动者对这种雇佣关系的延续更为依赖。

“获得满足”主要是指劳动者在工作中获得的满足感。通过工作，劳动者可以获得生理、安全、社交、尊重乃至自我实现需要的满足，从而在工作中感到快乐，发现自我价值。同时，企业用人单位也在不断通过改进管理手段来提升员工的满意度。满足感是基于双方信任的基础之上建立起来的。

2. 冲突的根源

劳动关系双方除了合作之外，还存在着各种可能的冲突。这些冲突既与外部环境有关，也与劳动关系双方的本质属性有关。

（1）广泛的社会不平等

世界银行的发展报告显示，20 世纪 80 年代以来，全球收入差距在逐步拉大，各国的基尼系数总体呈上升趋势。许多国家的经济增长很快，但经济增长的成果仅仅被少数人享有，在某个时期或某些国家甚至出现大多数人的实际生活状况并没有改变，甚至变差的情况。国际上通常认为，基尼系数 0.4 是警戒线，一旦基尼系数超过 0.4，表明财富已过度集中于少数人，该国社会处于可能发生动乱的“危险”状态。我国基尼系数已从改革开放初的 0.28 上升到 2007 年的 0.48，近两年仍在不断上升，实际已超过了 0.5，这是十分严重的信号。当用人单位越来越富有，劳动者却越来越看不到生活的改善，不公平感会更加强烈。这种由于财富分配的不平等而造成的劳动者与用人单位之间的矛盾是劳动关系冲突产生的根源之一。

（2）劳动力市场状况

劳动力市场是配置劳动力资源并协调就业决策的市场。它的主要功能是在劳动力管理和就业领域中，按照市场规律，自觉运用市场机制调节劳动力供求关系，对劳动力的流动进行合理引导，从而实现对劳动力的合理配置。本质上说，劳动力市场是一个进行劳动力买卖的市场，也是劳动者竞争职位，用人单位竞争劳动者的市场。尽管近年来，劳动者在劳动力市场中的地位有所上升，就业条件、收入报酬、劳动保障等不断改善，但是仍然存在许多问题，如失业率不断上升，劳动者面临较大的生存压力；职业危害和安全生产问题以及不同地区、不同部门的工作场所之间存在的就业歧视等侵害了劳动者的合法权益，这些都成为劳动关系冲突产生的根源。

（3）劳资双方的利益冲突

市场经济深层次的原则是企业利润最大化目标，对利润的追求意味着用人单位与劳动者之间的利益存在着根本的冲突。在其他条件不变的情况下，用人单位的利益在于给付劳动者报酬的最小化，以及从劳动者那里获得收益的最大化。同样，在其他条件不变的情况下，劳动者的利益在于工资福利最大化，以及在保住工作的前提下尽量地少工作。因此，用人单位与劳动者的利益是直接冲突的，也就是说，企业对利润的追求和员工对福利工资的要求是劳动关系冲突的根本原因之一。

（4）雇佣关系的性质

管理方的权利在组织中是一种等级分层的形式逐级递减的。这种权利的来源是所有者的产权，所有者有权选择组织中的管理者，但是劳动者无权选择管理者或者更高职位的人。管理者事实上是对所有者负责，而不是对下属负责。因此管理者代表着所有者的利益，这种雇佣关系中隐藏着种种的不信任。另一方面，本质上，任何劳动者都是不愿意处于从属地位的，但雇佣关系决定了从属关系的存在。尽管很多法律赋予了职工组建工会、拥有退出、罢工、投诉或其他的权利，但是这些往往是对抗管理权力的冲突的表现形式，而且在很大程度上也是负面的。

三、影响劳动关系的外部环境因素

影响劳动关系的因素除了组织内部的因素之外，还有很多环境因素，包括经济环境、技术环境、政策环境、法律和制度环境及社会文化环境等。

1. 经济环境

经济环境既包括经济增长速度、就业率等宏观环境，也包括企业产品面临的竞争市场、人才竞争市场等微观环境，这些环境都能改变劳动关系双方的力量。经济环境首先会影响员工薪酬、福利水平、就业和工作转换，其次会影响产品的生产、岗位的设计、工作程序等，最后可能会间接影响劳动关系的整体状况。

2. 技术环境

技术环境包括产品生产的工序和加工方式、生产产品或提供服务所必需的资本密集程度或技术密集程度等。如果企业是技术密集型的，那么员工不服从管理会给管理方带来更多的成本，因此劳动者的岗位力量就会增强，反过来，如果企业是劳动密集型的，则劳动者的岗位力量会较弱。同样，技术环境的变化也会改变劳动力市场上技术类人才的供求状况。

3. 政策环境

政策环境指政府的各种政策方针，如货币政策、财政政策、就业政策、教育和培训的政策、对企业劳动关系的直接干预等。其中，就业政策对于劳动力市场及组织中劳动关系的影响最为直接。它往往通过对供求状况的调整来改变双方在劳动力市场上的力量对比，以经济激励和惩罚措施来改变双方在就业组织内部的关系的力量。

4. 法律和制度环境

在规范雇佣关系双方行为方面，国家规定了相关的法律和制度，对双方的权利义务进行了约束。我国的《劳动合同法》规定了企业必须与员工签订劳动合同，并对合同的履行与变更、解除与终止作了详细的规定，也对集体合同、劳务派遣等内容进行了修订，从而进一步规范劳动关系，保护劳动者权益。

5. 社会文化环境

社会文化环境主要有传统习惯、价值观、信仰等组成，其影响是潜在的、不易觉察的，它通过社会舆论和媒介来产生影响。

四、我国劳动关系的转变

自 1978 年年底中国共产党十一届三中全会以后,我国进行了深刻的经济体制改革和劳动管理体制的改革，改革的目的是建立社会主义市场经济体制。改革使我国的劳动关系出现了根本性的转变。

经济体制改革，使我国的劳动关系处于历史的转变时期，从与计划经济体制相适应的劳动关系转换为与市场经济体制匹配的劳动关系，即从利益一体型的劳动关系转换为利益协调型的劳动关系。伴随着政治和经济体制改革，我国劳动关系已经发生了深刻的变化，主要表现为以下方面。

① 劳动关系主体明确化。一方为用人单位或雇主，另一方为劳动者或雇员；法人财产权及劳动力产权的逐渐形成和明确必然使劳动关系主体明确化。

② 劳动关系多元化。多种经济形式的发展，打破了公有制的劳动关系一统天下的局面，与多种经济形式相对应，劳动关系呈现出多元化的特点。

③ 劳动关系利益复杂化。改革本身就是一场深刻的革命，是利益格局全面的调整。社会政治、经济的变化，体制改革所倡导的政企分开，以及此种变化相应带来的行为方式、思维方式的转变，均使劳动关系双方的利益追求趋向复杂化。

④ 劳动关系动态多变化。劳动权、择业权的确认与实施，企业的法人财产权和经营权的确定与实施，市场经济本身的动态多变属性导致劳动关系的动态多变性。

⑤ 劳动关系的利益协调机制趋向法制化。利益协调型劳动关系类型是基于多元化观点对劳动关系运行和利益调整理论的概括。劳动关系双方客观上存在矛盾，矛盾的原因在于双方的利益差异。解决利益差异的根本方法是劳动关系双方依据一定的程序，以共同的规则协调双方的矛盾，从而保证劳动关系的和谐运行。利益协调型劳动关系运行的前提有二：其一是不同群体在力量上维持均衡，雇主与雇员在经济关系上维持均势；其二是各群体应将各自的利益追求限定在双方继续合作的程度之内。

利益协调型劳动关系的运行同时也是现代劳动立法原则的具体体现，是基于在法律面前人人平等、契约自由、财产权不可侵犯的原则构建的。

劳动关系在由利益一体型向利益协调型的转变过程中，发展最突出、变化最大的是劳动关系双方作为利益主体，被独立和区别开来。按照产权制度改革的基本原则推进的企业改革，以及企业财产组织形式的变革，使得劳动关系的构成、运行都发生了深刻的变化，劳动关系双方的权利、地位、相互关系，以及处理方式实现了重新调整。建立社会主义市场经济体制改革的本身以及劳动关系类型的转变，创造了物质利益原则得以发挥作用的条件，而物质利益规律则为建立利益协调型劳动关系奠定了基础。

物质利益原则含有非常丰富的内涵，其主要内容有以下几点。

① 物质利益激励机制。明确各种利益主体有自己独立的物质利益，保障利益主体追求自己应得利益的权利，不允许利益主体之间一方侵犯另一方的权利。从而调动各利益主体的积极性和创造性。

② 物质利益平衡机制。解决各种独立的利益主体之间的利益关系，实行平等协商、等价交换是商品经济或市场经济条件下各种利益主体之间唯一可以接受的利益平衡方式。

③ 物质利益调节机制。国家利用经济、行政、法律手段调节国家和各种利益主体之间的关系。

④ 物质利益约束机制。利用经济的、行政的、法律的强制手段，使每个利益主体都不能为自身的利益而为所欲为，从而使相互联系相互制约的多个利益主体的利益协调发展。

在劳动方面，劳动合同制度、集体合同制度作为国家基本劳动制度已经得到确立，基本劳动条件的决定贯彻政府、企业、工会三方性原则，企业具体劳动条件可以通过集体协商，订立集体合同确定，上述劳动法律制度建设和创新都充分体现了物质利益原则的根本要求。

首先，劳动合同制度、集体合同制度本身就是一种利益激励机制。普遍实行劳动合同、集体合同制度，这就要求决策权在国家、企业和劳动者之间进行合理的分配。一方面，合同制度保证了企业的人力资源的配置权，它是企业生产经营权的重要组成部分。实施劳动合同、集体合同制，企业可以根据生产经营的实际需要和人工成本的承受能力来选择与确定劳动力的规模、结构和劳动条件。这样就在生产要素的配置方面，使企业追求自身物质利益的权利获得了较坚实的基础。另一方面，劳动合同、集体合同制保证了劳动者平等的择业权和劳动条件的决定权，为劳动者追求正当的自身利益提供了条件。

其次，合同制同时也是一种利益平衡、利益调节和利益约束机制。劳动合同是劳动者个人建立劳动关系的表现形式；集体合同是规定一般劳动条件，协调劳动关系双方利益的表现形式。其具体内容可以不同，但是它们都必须体现或包括一些共同性的原则和内容。这些共同性的内容要符合并反映社会主义初级阶段的经济关系，而且必须符合国家的有关法律和法规。而这些条件恰恰是利益调节、利益平衡和利益约束机制的表现。通过签订劳动合同的形式，劳动者与企业建立劳动关系，成为用人单位的一员，承担完成一定职务一定种类劳动的义务，并要遵守用人单位内部的劳动规则和其他各项工作制度；用人单位则有义务根据劳动者的劳动，支付劳动报酬、保证劳动者享有劳动法规和双方规定的劳动条件。通过集体协商、订立集体合同的形式，劳动关系双方共同决定报酬、福利、工时、休息休假、劳动安全卫生等劳动条件。由此可见，劳动合同、集体合同对签订合同各方的权利义务实行双向约束，任何一方违反，都要承担相应的责任。

利益协调型的劳动关系与其他发达的市场经济国家存在的劳动关系，在劳动条件的决定方面有着共同的特点和形式，但也存在若干区别，主要是体现中国特色。

① 国有企业的劳动关系仍然占重要地位，国有企业产权的最终所有者是全体劳动者，因而劳动者的总体利益仍然是一致的，在肯定利益差别的前提下，坚持利益一致的价值取向。

② 劳动关系的转型具有过渡性，体制转换，利益主体的分化和独立需要一个过程，工会职能的转变，工会工作方式、活动形式的转变也需要一个过程。转变过程中必然会出现新鲜的做法和经验，因而不会把别国劳动关系双方利益的调整模式照搬过来，成为某一特定国家劳动关系的翻版。

③ 集体主义的观念、“和谐”的文化传统与西方国家的自由主义、个人主义的价值取向的文化传统有巨大的差别，劳动关系属于社会关系，而任何社会关系无不受到该国文化传统的影响。中西文化传统的区别也必然使我国的劳动关系具有中国特色。

第二节　劳动关系管理

一、劳动关系的法律特征

在现代市场经济制度中，法律制度，特别是劳动法律制度已经不仅仅是劳动关系运行的客观条件，或者说劳动关系运行的制度环境；实际上，国家意志已经明确而具体地介入到劳动关系之中了。在这种条件下，劳动关系的性质已经发生了变化。当劳动关系受到法律确认、调整和保护时，劳动关系也就不完全取决于雇主与雇员双方的意志。任何一方违反法律规范，都将承担法律责任。劳动关系经劳动法律规范、调整和保护后，即转变为劳动法律关系，雇主和雇员双方有明确的权利、义务。这种受到国家法律规范、调整和保护的雇主与雇员之间以权利、义务为内容的劳动关系也被称为劳动法律关系。

我国《劳动法》中所规范的劳动关系，主要包括以下三个法律特征。

1. 劳动法律关系的内容是权利和义务

劳动法律关系是以法律上的权利、义务为纽带而形成的社会关系，运用劳动法的各种调整方式将劳动关系转化为劳动法律关系，是劳动法对劳动关系的第一次调整，雇员与雇主按照法律规范分别享有一定的权利、承担一定的义务，从而使雇主与雇员之间的行为与要求具有法律意义。劳动关系转化为劳动法律关系后，若其运行出现障碍，如违约行为，侵权行为出现，则劳动法将对劳动法律关系继续进行调整，这是劳动法的第二次调整，其目的在于消除劳动法律关系运行的障碍，使其顺利运行。

2. 劳动法律关系是双务关系

劳动法律关系是一种双务关系，雇主、雇员在劳动法律关系之中既是权利主体，又是义务主体，互为对价关系。在通常情况下，任何一方在自己未履行义务的前提下无权要求对方履行义务，不能只要求对方履行义务而自己只享有权利，否则就违背了劳动法律关系主体地位平等的要求。

3. 劳动法律关系具有国家强制性

劳动法律关系是以国家强制力作为保障手段的社会关系。国家强制力是否立即发挥作用，取决于劳动法律关系主体行为的性质；强行性规范而形成的劳动法律关系内容受国家法律强制力的直接保障，如不得使用童工，不得低于最低工资标准雇用员工，雇主提供的劳动安全卫生条件不得低于国家标准等任意性规范形成的劳动法律关系的内容，当其受其危害时，则需经权利主体请求后，国家强制力才会显现。

二、劳动合同管理

1. 劳动合同概述

（1）劳动合同的概念

劳动合同是用人单位和劳动者确定劳动关系、明确双方权利和义务的协议。

劳动合同是确立劳动关系的法律凭证，通过劳动合同的签订、履行、终止及变更、解除等，调节劳动力的供求关系，既能使劳动者保持一定的择业权利和流动自由，又能制约劳动者在合同期内履行劳动义务和完成应尽职责，同时对用人单位的用工和管理产生一定的约束力。因此劳动合同既是双方合法权益的法律保障，也是处理劳动争议的直接证据和法律依据。订立劳动合同应采取书面形式，劳动合同的条款包括必备条款和可备（或协商）条款。

（2）劳动合同的特征

劳动合同作为合同的一种，除了具备合同的一般特征外，还具有其自身的基本特征。

① 合同主体的特定性。劳动合同的主体是特定的，用人单位与劳动者单独签订的劳动合同，其主体一方是用人单位，一方是具有劳动权利能力和劳动行为能力的劳动者。用人单位签订的集体合同，其主体一方是用人单位，另一方是工会或多个劳动者。

② 主体意志的限制性。劳动合同主体的意志有一定的限制性。尽管劳动合同由双方当事人协商一致、合意约定，但合同条款必须受到国家法律和集体协议的约束。例如，有的用人单位与劳动者在劳动合同中约定“在合同期内员工不得结婚”，尽管是双方协商同意，但条款内容严重侵犯劳动者的婚姻自主权，因此不具有法律效力。

③ 合同履行时的隶属性。劳动合同在履行时存在隶属性。劳动者签署劳动合同后，即成为用人单位的一员，用人单位根据相关劳动法律法规和劳动合同，有权利组织和管理本单位的员工；而劳动者在用人单位担任一定职位的工作，要服从用人单位的管理，遵守用人单位的规章制度。这种隶属关系，是社会化生产过程中的分工要求所形成的。

④ 劳动合同目的过程性。劳动过程是复杂的，并不是所有的劳动都能直接创造出劳动成果。有的劳动直接创造或实现价值，有些劳动间接创造或实现价值。订立劳动合同，意味着劳动关系的确立，其目的是为了实现劳动过程。劳动者按照用人单位的要求劳动，即被认为实现了劳动合同的目的，应依法享有相应的权利。

2. 劳动合同的内容

劳动合同的内容是劳动者和用人单位依据法律规定，双方协商约定的关于劳动权利和义务的条款，包括必备条款和可备条款。

（1）必备条款

必备条款是指按照法律法规的规定在劳动合同中必须具备的条款。根据《劳动合同法》第十七条规定，劳动合同的必备条款有以下 9 项。

① 用人单位的名称、住所和法定代表人或者主要负责人。

② 劳动者的姓名、住址和居民身份证或者其他有效证件号码。

③ 劳动合同期限。劳动合同法规定劳动合同期限分为三种：固定期限劳动合同、无固定期限劳动合同和以完成一定工作任务为期限的劳动合同。固定期限劳动合同是指用人单位与劳动者约定合同终止时间的劳动合同。用人单位与劳动者协商一致，可以订立固定期限劳动合同；无固定期限劳动合同是指用人单位与劳动者约定无确定终止时间的劳动合同，《劳动合同法》第十四条规定了可以订立无固定期限劳动合同的情形；以完成一定任务为期限的劳动合同是指用人单位与劳动者约定以某项工作的完成为合同期限的劳动合同。

④ 工作内容和工作地点。此款是劳动合同的核心条款。工作内容是用人单位使用劳动者的目的，包括劳动者在劳动合同有效期内所从事的工作岗位（工种）、工作时间、工作地点或

场所，劳动者在生产或工作岗位上应达到的劳动数量和劳动质量等。工作地点关系到劳动者的工作生活环境以及劳动者的就业选择。

⑤ 工作时间和休息时间。工作时间包括工作的时间长短、工作时间方式的确定，例如，是全日制还是非全日制、是 8 小时制还是 6 小时制、是日班还是夜班等。根据《劳动合同法》第三十六条规定，国家实行劳动者工作时间不超过 8 小时，平均每周工作时间不超过 44 小时的工时制度。用人应保证劳动者每周至少休息 1 日。若用人单位安排劳动者延长劳动时间，或在休息日、法定休假日加班时，应按照一定的标准支付高于劳动者正常工作时间工资的报酬。同时，在此条款中还可约定带薪休假制度。

⑥ 劳动报酬。劳动报酬是劳动者付出劳动后应该得到的回报，用人单位应依据劳动法律、行政法规和劳动合同的约定按时足额支付给劳动者工资，并不得违背国家有关最低工资的法律规定和集体协议规定的最低工资标准。劳动合同中应注明工资标准、奖金、津贴补贴标准、加班工资、病假工资、特殊情况下的工资和工资支付办法。

⑦ 社会保险。社会保险是国家立法建立的社会保障制度，目的是使劳动者在市场经济条件下因年老、患病、工伤、失业、生育等原因，丧失劳动能力或中断就业时，从社会获得物质帮助。基本养老保险、基本医疗保险、失业保险、工伤保险、生育保险等社会保险属于国家强制性规定的保险范畴，凡是法律法规规定范围内的劳动者和用人单位都应依法参加，并办理社会保险登记，履行缴纳社会保险的义务，享有相应的权利。

⑧ 劳动保护、劳动条件和职业危害防护。《劳动合同法》第五十四条规定，用人单位必须为劳动者提供国家规定的劳动安全条件和必要的劳动防护用品。提供必要的劳动安全条件，既是用人单位的义务，也是保障劳动者身体健康的必要条件，而且还可以提高劳动生产率。强调职业危害防护条款，则要求用人单位必须将工作过程中可能产生的职业病危害、防护措施等在劳动合同中写明，不得隐瞒或欺骗。这更倾向于保护劳动者的合法利益。

⑨ 法律、法规规定应当纳入劳动合同的其他事项。

（2）可备条款

用人单位与劳动者订立的劳动合同除了上述 9 项必备条款外，还可以协商其他约定的内容，称为可备条款或协商条款，它是指根据各种岗位的不同特点，以及合同双方当事人各自的具体情况，由双方选择约定的具体条款。可备条款也应该在法律、法规、政策的指导下商定。

① 试用期条款。试用期是指对新录用的劳动者进行试用的期限，是劳动关系双方为了相互了解而在劳动合同中约定的特定期限，是企业与新员工双向考察的缓冲阶段。企业和新员工可以就试用期期限、试用期工资等事项做出约定，但不得违反本法有关试用期的规定。根据《劳动合同法》的规定，试用期最多不超过 6 个月，约定试用期的长短应根据合同期限的长短而定。同一用人单位与同一劳动者只能约定一次试用期。以完成一定工作任务为期限的劳动合同或者劳动合同期限不满 3 个月的，不得约定试用期。劳动者在试用期的工资不得低于本单位相同岗位最低档工资或者劳动合同约定工资的 80%，并不得低于用人单位所在地的最低工资标准。

② 保守商业秘密条款。商业秘密，是指不为公众所知悉，能为权利人带来经济利益，具有实用性并经权利人采取保密措施的技术信息和经营信息。在激烈的市场竞争中，任何一个企业生产经营方面的商业秘密都十分重要。保守用人单位的商业秘密是劳动者的职业道德要求。用人单位可以在合同中就保守商业秘密的具体内容、方式、时间等，与劳动者约定，防止自己的商业秘密被侵占或泄露。对于负有保密事项的劳动者，用人单位可以在劳动合同或

保密协议中与劳动者约定竞业限制条款，并约定在解除或者终止劳动合同后，在竞业限制期限内按月给予劳动者经济补偿。劳动者违反竞业限制约定的，应当按照约定向用人单位支付违约金。

③ 培训条款。针对劳动者在用人单位出资培训后违约现象，用人单位可以在劳动合同中约定培训条款或签订培训协议。劳动合同中约定的培训是指有专项培训经费的专业技术培训，培训形式不限是否脱产。双方可以就支付的培训费用、培训后的服务期以及劳动者违约解除劳动合同赔偿培训费的计算方法等事项进行约定。

④ 补充保险和福利待遇条款。补充保险是指除了国家基本保险以外，用人单位根据自己的实际情况为劳动者建立的一种保险，它用来满足劳动者高于基本保险需求的愿望，包括补充医疗保险、补充养老保险等。补充保险的建立以用人单位的经济承受能力而定，由用人单位自愿实行，国家不作强制的统一规定，只要求用人单位内部统一，由用人单位与劳动者自行约定。目前，用人单位给予劳动者的福利待遇也成为劳动者收入的重要指标之一。福利待遇包括住房补贴、通讯补贴、交通补贴、子女教育等。不同的用人单位福利待遇也有所不同，福利待遇已成为劳动者就业选择的一个重要因素。

劳动合同示范文本 8-1　职业习惯

四川省劳动合同范本（2014）

甲乙双方根据《中华人民共和国劳动合同法》等法律、法规、规章的规定，在平等自愿、协商一致的基础上，同意订立本劳动合同，共同遵守本合同所列条款。

一、合同类型和期限

第一条　甲、乙双方选择以下第　种形式确定本合同期限。

1. 固定期限：自　年　月　日起至　年　月　日止。

2. 无固定期限：自　年　月　日起至法定的终止条件出现时止。

3. 以完成一定的工作（任务）为期限。自　年　月　日至 工作（任务）完成时即行终止。

双方约定的试用期至　年　月　日止，期限为　月。

二、工作内容和工作地点

第二条　双人协商一致，乙方同意从事 （岗位或工种）工作，工作地点在 市 县（区）。经甲、乙双方协商同意，可以变更工作地点和工作岗位（工种）。

第三条　乙方应按照甲方的要求，按时完成规定的工作数量，达到规定的质量标准。

三、工作时间和休息休假

第四条　甲方安排乙方执行以下第　种工时制度。

1. 实行标准工时工作制。乙方每日工作时间不超过 8 小时，每周不超过 40 小时。甲方由于工作需要，经与工会和乙方协商后可以延长工作时间，一般每日不得超过 1 小时，因特殊原因需要延长工作时间的，在保障乙方身体健康的条件下延长工作时间每日不得超过 3 小时，每月不得超过 36 小时。

2. 实行综合计算工时工作制。乙方在合同期内实行集中工作、集中休息，以劳动行政部门批准的周期（周、月、季或年）综合计算工作时间，综合计算后超出法定标准工作时间的，甲方应按延长工作时间的规定支付乙方延长工作时间工资。

3. 实行不定时工作制。

实行综合计算工时工作制和不定时工作制的，应当事先报经劳动行政部门批准，甲方对乙方可实行相对集中工作、集中休息、轮休调休、弹性工作等方式。

第五条　乙方在合同期内享有国家规定以及本企业安排的各项休息、休假的权利。

四、劳动报酬

第六条　双方确定乙方实行以下第 种工资形式。

1. 实行月（周、日、小时）工资制。乙方月（周、日、小时）工资为 元，其中试用期间工资为 元。

2. 实行计件工资制。计件单价为 元。

3. 按甲方依法制定的工资支付制度执行。

第七条　甲方应以法定货币形式于每月 日前支付乙方工资，并不得克扣或拖欠。同时，甲方应书面记录支付乙方工资的时间、数额、工作天数、签字等情况，并向乙方提供工资清单备查。

甲方应在经济效益增长的同时，适当调整乙方工资标准。甲方支付乙方的工资不得违反国家有关最低工资的规定。

第八条　甲方安排乙方延长日工作时间，应支付不低于乙方工资 150%的工资报酬；安排乙方在休息日工作又不能安排补休的，应支付不低于乙方工资 200%的工资报酬；安排乙方在法定休假日工作的，应支付不低于乙方工资 300%的工资报酬。

第九条　因甲方原因或其他不可抗力造成甲方停工、停产、歇业，未超过一个工资支付周期的，甲方应按本合同约定的工资标准支付乙方工资；超过一个工资支付周期的，若乙方提供了正常劳动，则支付给乙方的劳动报酬不得低于当地政府公布的最低工资标准。

第十条　乙方依法享受带薪年休假、探亲假、婚假、丧假、计划生育（产）假等假期期间，甲方应按国家和四川省有关规定的标准，支付乙方工资。

五、社会保险

第十一条　甲方应按国家和四川省有关社会保险的法律、法规和政策规定为乙方足额缴纳基本养老、基本医疗、失业、工伤、生育保险费用；社会保险费个人缴纳部分，甲方可从乙方工资中代扣代缴。

六、劳动保护、劳动条件和职业危害防护

第十二条　甲方应严格执行国家和四川省有关劳动保护的法律、法规和规章，为乙方提供必要的劳动条件，建立健全工作规范和劳动安全卫生制度。

第十三条　对乙方从事接触职业病危害作业的，甲方应按国家有关规定组织上岗前和离岗时的职业健康检查，在合同期内应定期对乙方进行职业健康检查。

第十四条　甲方有义务负责对乙方进行业务技术、劳动安全卫生及有关规章制度的教育和培训。

第十五条　乙方有权拒绝甲方的违章指挥和强令冒险作业，对甲方及其管理人员漠视乙方生命安全和身体健康的行为，有权提出批评并向有关部门检举控告。

七、劳动合同的变更、解除、终止和经济补偿

第十六条　经双方协商一致，可以变更本合同相关内容或解除本合同。符合解除劳动合同的情形出现，甲方和乙方均可依照《劳动合同法》的规定解除劳动合同。

第十七条　《劳动合同法》等法律法规规定的劳动合同终止情形出现，本合同即行终止。

第十八条　甲方应当在解除和终止劳动合同时，为乙方出具解除或者终止劳动合同的证明，并在十五日内为乙方办理档案和社会保险转移手续。

第十九条　符合《劳动合同法》第四十六条规定情形的，甲方应当向乙方支付经济补偿。逾期不支付的，甲方应按照应付金额的50%～100%的标准向乙方加付赔偿金。

第二十条　甲方违法解除和终止本合同，乙方要求继续履行合同的，甲方应当继续履行，乙方不要求继续履行劳动合同或者劳动合同已经不能继续履行的，甲方应按《劳动合同法》规定的经济补偿金标准的两倍向乙方支付赔偿金。

八、其他

第二十一条　乙方违反甲方规章制度，对甲方造成损失的，应承担相应责任。

第二十一条　双方协商签订的以下协议作为本合同的附件。

1. 培训协议。
2. 保密协议。
3. 岗位协议。
4. 其他协议。

第二十三条　双方协商一致约定的其他内容。

第二十四条　本合同未尽事宜，双方可协商解决；与今后国家法律、行政法规等有关规定相悖的，按有关规定执行。

第二十五条　双方因履行本合同发生争议，当事人可以向甲方劳动争议调解委员会申请调解；调解不成的，可以向劳动争议仲裁委员会申请仲裁。当事人一方也可以直接向劳动争议仲裁委员会申请仲裁。

第二十六条　本合同一式两份，甲乙双方各执一份。

甲方：（盖章）　　　　　　　　　　乙方：（签名）

法定代表人或（委托代理人）：　　　　年　月　日

（签名）

年　月　日

使用说明

一、本合同书可作为用人单位与职工签订劳动合同时使用，在签订劳动合同前，用人单位和劳动者双方应充分了解《劳动合同法》的规定，并应保证向对方提供的与劳动合同有关的各项信息真实、有效。

二、甲方不得采取欺诈、胁迫等手段与职工签订违背职工意愿的劳动合同。使用本合同书签订劳动合同时，凡需要双方协商约定的内容，协商一致后填写在相应的空格内。双方确定签订劳动合同后，甲方应加盖公章；法定代表人或主要负责人应本人签字或盖章。

三、符合签订无固定期限劳动合同条件的，用人单位应与劳动者签订无固定期限劳动合同。

试用期长短按照劳动合同期限的长短确定。其中不满3个月的劳动合同和以完成一定工

作任务为期限的劳动合同不得约定试用期。

四、根据工作岗位和工作要求的不同，按规定程序报经劳动行政部门批准后，双方可以选择执行不定时工作制或综合计算工时工作制。

五、经当事人双方协商需要增加的条款，以及当事人约定的其他内容，可在合同中约定，也可在本合同书后附页说明，并双方签章认可。除约定服务期和竞业限制条款两种情形外，用人单位不得约定由劳动者承担的违约金。

六、建筑、餐饮、旅游等行业根据行业特点，可就报酬支付方式、工作时间等方面内容对本文本依法进行修改补充后使用。

七、本合同一经签订，任何一方不得随意涂改。

八、本合同一式两份，甲乙双方各持一份，应由乙方持有的合同文本不得由甲方代为保管。

3. 劳动合同的订立、履行与变更

（1）劳动合同的订立

劳动合同的订立，是指劳动者与用人单位为建立劳动关系，经过平等协商，依法就双方的权利义务条款达成一致协议，确立劳动合同关系的法律行为。劳动合同的订立必须遵循以下原则。

① 合法原则。我国《劳动法》第十七条规定：“订立和变更劳动合同，应遵守平等自愿的原则，不得违反法律、行政法规的规定。”

② 平等自愿原则。即签订和变更劳动合同的双方在法律地位上是平等的，劳动合同条款完全出自双方当事人的真实意愿。《劳动合同法》第二十六条第一款规定，如有以欺诈、胁迫的手段或乘人之危，使双方在违背真实意思的情况下订立或者变更劳动合同的，属于无效合同，不受法律保护。

③ 协商一致的原则。指合同双方的所有条款应经过充分协商，达成双方意思一致。

④ 诚实信用原则。劳动合同双方在订立劳动合同时要诚实、讲信用，不得有欺诈行为。根据《劳动合同法》第八条规定，用人单位招用劳动者时，应当如实告知劳动者工作内容、工作条件、工作地点、职业危害、安全生产状况、劳动报酬及劳动者要求了解的其他情况；用人单位有权了解劳动者与劳动合同直接有关的基本情况，劳动者应当如实说明。

订立劳动合同还应注意，签署劳动合同的双方当事人必须具有合同主体资格，用人单位必须是依法建立的、具有合法经营资格或能独立承担民事责任的经济组织和个人；劳动者必须是年满 16 周岁，具有劳动权利能力和劳动行为能力的公民（文艺、体育事业招收 16 岁以下人员须经劳动行政部门特批）。涉及劳务派遣时，劳务派遣单位即用人单位，应当履行用人单位对劳动者的义务，与被派遣劳动者签订劳动合同，并在合同中注明被派遣劳动者的用工单位以及派遣期限、工作岗位等情况。

劳动合同法 8-2　职业道德

劳动合同的订立

第四条　《劳动合同法》规定的用人单位设立的分支机构，依法取得营业执照或登记证书的，可以作为用人单位与劳动者订立劳动合同；未依法取得营业执照或登记证书的，受用人单位委托可以与劳动者订立劳动合同。

第五条　自用工之日起1个月内，经用人单位书面通知后，劳动者不与用人单位订立书面劳动合同的，用人单位应当书面通知劳动者终止劳动关系，无须向劳动者支付经济补偿，但是应当依法向劳动者支付其实际工作时间的劳动报酬。

第六条　用人单位自用工之日起超过1个月不满1年未与劳动者订立书面劳动合同的，应当依照《劳动合同法》第八十二条的规定向劳动者每月支付2倍的工资，并与劳动者补订书面劳动合同；劳动者不与用人单位订立书面劳动合同的，用人单位应当书面通知劳动者终止劳动关系，并依照《劳动合同法》第四十七条的规定支付经济补偿。

前款规定的用人单位向劳动者每月支付2倍工资的起算时间为用工之日起满1个月的次日，截止时间为补订书面劳动合同的前一日。

第七条　用人单位自用工之日起满1年未与劳动者订立书面劳动合同的，自用工之日起满1个月的次日至满1年的前一日应当依照《劳动合同法》第八十二条的规定向劳动者每月支付2倍的工资，并视为自用工之日起满1年的当日已经与劳动者订立无固定期限劳动合同，应当立即与劳动者补订书面劳动合同。

（2）劳动合同的履行

用人单位和劳动者应当按照劳动合同的约定全面履行各自的义务。用人单位应当按照劳动合同约定和国家规定，向劳动者及时足额支付劳动报酬。用人单位拖欠或未足额支付劳动报酬的，劳动者可以依法向当地人民法院申请支付令；人民法院应当依法发出支付令。

用人单位应该严格执行劳动定额标准，不得强迫或变相强迫劳动者加班。用人单位安排加班的，应当按国家有关规定向劳动者支付加班费。劳动者拒绝用人单位管理人员违章指挥、强令冒险作业的，不失为违反劳动合同。

劳动者对危害生命安全和身体健康的劳动条件，有权对用人单位提出批评、检举和控告。

用人单位变更名称、法定代表人、主要负责人或者投资人等事项，不影响劳动合同的履行。用人单位发生合并或分立等情况，原劳动合同继续有效，劳动合同由承继其权利和义务的用人单位继续履行。

案例 8-3　职业道德

被克扣的工资

李强打开公司发给他的《劳动合同续订意向书》，见上面写道："公司与你之间的劳动合同将于下月底期限届满。公司希望与你再续订为期3年的劳动合同，不知你意下如何？请慎重考虑后，告知人事部。"

李强作为某中外合资企业的华东区销售经理，年轻有为，工作能力极强，其个人的销售额占华东区销售收入的50%，因此，公司领导对他十分赏识，很希望与李强续订劳动合同。可是，李强由于另一公司已经向他发出正式邀请，因此不想继续续约。于是李强拨通了公司人事经理的电话："非常感谢公司对我的好意，但我已决定不与公司再续劳动合同了，请在我合同到期之前，为我办理离职手续。"人事经理一听，李强的口气很坚决，也就没说挽留的话，立即安排有关人员，开始为李强办理工作交接。

总经理要求李强在走之前的最后一个月，将他的销售客户中对公司尚有欠款的厂家列出清单，并尽可能再去催要，争取收回这些欠款。根据总经理这一要求，李强经过30多天的努力，收回了大部分欠款，只有一笔2.5万元的欠款没有收回，原因是：这笔欠款来自是山东省济宁市的一个企业，该企业的营业场所已经搬迁，李强在济宁反复寻找，也没找到这个企业的新地址。无奈之下李强只好回来，将该企业的欠款情况及相关证据交给了公司总经理，同时建议，以后可以派人再去寻找并催要欠款。总经理听完李强的汇报，说道："因为是你向这家企业销售了产品，但最终却没把货款收回来，公司准备扣发你最后一个月的工资"。

李强解释说："可我是因为劳动合同到期终止，不在公司继续工作了，才无法继续做这个收款工作，而且，我已经将详细的资料提供给公司，公司完全可以让其他人接替我的工作。""但是从现在的情况看，将来找到这家企业并收回2.5万元欠款是将来的事情。收不回这笔欠款，就是公司的损失，而这个损失，就应该由你来赔偿。所以公司决定扣发你这月的工资。你不要觉得委屈，其实，只扣你一个月工资，没让你赔款，已经是便宜你了。"李强离开公司那天，公司果然扣发了他的当月工资。

问题：你认为该公司扣发李强公司的作为做法妥当吗？为什么？

案例分析：

1. 公司的做法不妥当。

2. 原因如下。

（1）工资是劳动者通过劳动而依法获得的劳动报酬，企业不得克扣或者无故拖欠劳动者的工资。

（2）为了促销，许多企业采取了先发货，后收款的办法。本案中的公司，就是采取了这种办法，因此，才出现了李强在离开公司之前，尚有他销出的产品未收回货款的现象。显然，这主要是公司经营策略造成的后果，不应由李强一人单独来承担责任。

（3）李强与公司的劳动合同到期自然终止，李强在离职前尽职尽责地完成了追款的工作。

（资料来源：百度文库 http：//wenku.baidu.com/view/2b51460af78a6529647d53ae.html）

（3）劳动合同的变更

劳动合同的变更是指劳动合同双方就已订立的劳动合同条款达成修改、补充协议的法律行为。劳动合同的变更，其实质是双方权利、义务发生改变。变更的主要原因是客观情况发生了变化，变更合同的目的是为了继续履行合同。

劳动合同变更的条件包括以下几点。

① 订立劳动合同时所依据的法律、法规、规章发生变化时，应当依法变更劳动合同的相关内容。

② 订立劳动合同时所依据的客观情况发生重大变化，致使劳动合同无法履行，当事人一方要求变更其相关内容的，如企业转产、调整生产任务或生产经营项目、发生严重亏损；劳动者身体健康状况发生变化、劳动能力部分丧失、所在岗位与其职业技能不相适应而引起的合同变更等。

③ 用人单位与劳动者协商一致，可以变更劳动合同约定的内容。变更劳动合同，应当采用书面形式。

4. 劳动合同的解除与终止

（1）劳动合同的解除

劳动合同的解除是指劳动合同订立后，尚未完全履行以前，由于某种原因导致劳动合同一方或双方当事人提前解除劳动关系的法律行为。它既可以是当事人单方的行为，也可以是当事人双方的行为。劳动合同的解除分为法定解除和协商解除。法定解除是指法律、法规或劳动合同规定可以提前终止劳动合同的情况。协商解除指双方经协商一致而提前终止劳动合同的法律效力。

① 双方协商解除劳动合同。劳动合同订立之后，用人单位和劳动者协商，可以解除劳动合同。双方一旦就劳动合同的解除协商达成一致，并签订书面解除合同协议，就产生了双方劳动合同关系完结的法律效力。

② 劳动者单方解除劳动合同。劳动者单方面解除劳动合同，分为两种以下情形。

一是劳动者自身的主观原因，想要提前解除劳动合同。在此种情况下，劳动者提前 30 日以书面形式通知用人单位，即可以解除劳动合同；试用期内需提前 3 天通知用人单位，可以解除劳动合同。

二是由于单位的过错，劳动者不得不与之解除劳动合同时，无须向用人单位预告就可解除劳动合同或立即解除劳动合同。

根据《劳动合同法》第三十八条规定，用人单位有下列情形之一的，劳动者可以解除劳动合同：

a. 未按照劳动合同约定提供劳动保护或者劳动条件的；

b. 未及时足额支付劳动报酬的；

c. 未依法为劳动者缴纳社会保险费的；

d. 用人单位的规章制度违反法律、法规的规定，损害劳动者权益的；

e. 因本法第二十六条第一款规定的情形致使劳动合同无效的；

f. 法律、行政法规规定劳动者可以解除劳动合同的其他情形。

用人单位以暴力、威胁或者非法限制人身自由的手段强迫劳动者劳动的，或者用人单位违章指挥、强令冒险作业危及劳动者人身安全的，劳动者可以立即解除劳动合同，不需事先告知用人单位。

③ 用人单位单方解除劳动合同。用人单位单方解除劳动合同可分成三种情况。

第一种情况：过失性解除。

根据《劳动合同法》第三十九条规定，劳动者存在以下情形之一的，用人单位可以解除劳动合同：

a. 在试用期间被证明不符合录用条件的；

b. 严重违反用人单位的规章制度的；

c. 严重失职，营私舞弊，给用人单位造成重大损害的；

d. 劳动者同时与其他用人单位建立劳动关系，对完成本单位的工作任务造成严重影响，或者经用人单位提出，拒不改正的；

e. 以欺诈、胁迫的手段或者乘人之危，使对方在违背真实意思的情况下订立或者变更劳动合同，致使劳动合同无效的；

f. 被依法追究刑事责任的。

第二种情况：非过失性解除。

《劳动合同法》第四十条规定，有下列情形之一的，用人单位提前 30 日以书面形式通知劳动者本人或额外支付劳动者一个月工资后，可以解除劳动合同：

a. 劳动者患病或者非因工负伤，在规定的医疗期满后不能从事原工作，也不能从事由用人单位另行安排的工作的；

b. 劳动者不能胜任工作，经过培训或者调整工作岗位，仍不能胜任工作的；

c. 劳动合同订立时所依据的客观情况发生重大变化，致使劳动合同无法履行，经用人单位与劳动者协商，未能就变更劳动合同内容达成协议的。

第三种情况：经济性裁员。

在面临破产重整、经济严重困难等情况时，企业通过征求工会意见、告知员工情况，向劳动行政部门报告裁减人员方案后，可以裁减人员。

在上述三种情况中，劳动者主观上并没有重大过错，但是由于客观情况发生变化，致使劳动合同无法履行。

④ 用人单位不得解除劳动合同的情形。当一些特殊情况发生或存在时，用人单位不得解除劳动合同。由于这些特殊情况的存在，即使劳动合同终止条件已经出现，只要劳动者提出延缓终止劳动合同的，劳动合同就不能立即终止，应当延续至相应的情形消失时才能终止。

（2）劳动合同的终止

劳动合同的终止，是指劳动合同法律效力的终止，也就是双方当事人之间劳动关系的终结，彼此之间原有的权利和义务不复存在。对于有固定期限和以完成一定的工作为期限的劳动合同来说，劳动合同期满或者当事人约定的劳动合同终止条件出现，劳动合同即行终止。续订劳动合同，必须在双方完全同意的前提下，不得违反法律规定及时续订；不续订合同的，应及时按法律规定办理劳动合同终止手续。

根据《劳动合同法》第五十条规定，用人单位应当在解除或者终止劳动合同时出具解除或者终止劳动合同的证明，并在 15 日内为劳动者办理档案和社会保险关系转移手续。劳动者应当按照双方约定，办理工作交接。用人单位依照本法有关规定应当向劳动者支付经济补偿的，在办结工作交接时支付。

5. 特别规定

（1）经济补偿金

① 支付经济补偿金的条件。

《劳动合同法》第四十六条规定，有下列情形之一的，用人单位应当向劳动者支付经济补偿：

a. 劳动者依照本法第三十八条规定解除劳动合同；

b. 用人单位依照本法第三十六条规定向劳动者提出解除劳动合同并与劳动者协商一致解除劳动合同的；

c. 用人单位依照本法第四十条规定解除劳动合同；

d. 用人单位依照本法第四十一条第一款规定解除劳动合同；

e. 除用人单位维持或提高劳动合同约定条件续订劳动合同，劳动者不同意续订的情形外，依照本法第四十四条第一项规定终止固定期限劳动合同的；

f. 依照本法第四十四条第四项、第五项规定终止劳动合同的；

g. 法律、行政法规规定的其他情形。

归纳起来，用人单位需要支付经济补偿金的情况主要是有三种：

a. 劳动者解除劳动合同是因为用人单位存在过错；

b. 用人单位解除劳动合同的情况。或者用人单位与劳动者协商一致解除劳动合同，或者是企业破产重整、破产以及被吊销营业执照时、或者劳动者不存在过错时；

c. 劳动合同终止的情况。劳动合同期满，用人单位不愿维持或提高劳动合同约定条件续订劳动合同，劳动者不同意续订，终止固定期限劳动合同。

② 支付经济补偿金的标准。

《劳动合同法》第四十七条规定，经济补偿按劳动者在本单位工作的年限，每满1年支付1个月工资的标准向劳动者支付。6个月以上不满1年的，按1年计算；不满6个月的，向劳动者支付半个月工资的经济补偿。劳动者月工资高于用人单位所在直辖市、设区的市级人民政府公布的本地区上年度职工月平均工资3倍的，向其支付经济补偿的标准按职工月平均工资3倍的数额支付，支付经济补偿的年限最高不超过12年。这里月工资是指劳动者在劳动合同解除或者终止前12个月的平均工资。

（2）其他

《劳动合同法》特别规定中还针对集体合同、劳务派遣、非全日制用工等各事项进行规定，在此不作详述。只对工会及劳务派遣做简单介绍。

① 工会。我国有专门的《中华人民共和国工会法》对工会的建立、权利与义务进行了约定。在《劳动合同法》中，再次明确了企业职工一方与用人单位通过平等协商，可以就劳动报酬、工作时间、休息休假、劳动安全卫生、保险福利等事项订立集体合同。集体合同由工会代表企业职工一方与用人单位订立；尚未建立工会的用人单位，由上级工会指导劳动者推举的代表与用人单位订立。

工会在劳动合同解除中起着监督作用。用人单位单方解除劳动合同，应当事先将理由通知工会。用人单位违反法律、行政法规规定或者劳动合同约定的，工会有权要求用人单位纠正。用人单位应当研究工会的意见，并将处理结果书面通知工会。

用人单位违反集体合同，侵犯职工劳动权益的，工会可以依法要求用人单位承担责任；因履行集体合同发生争议，经协商解决不成的，工会可以依法申请仲裁、提起诉讼。

被派遣劳动者有权在劳务派遣单位或者用工单位依法参加或者组织工会，维护自身的合法权益。

② 劳务派遣。劳务派遣，又称人才派遣、人才租赁、劳动派遣、劳动力租赁等，是指由劳务派遣机构与派遣劳工订立劳动合同，由派遣劳工向用工单位给付劳务，劳动合同关系存在于劳务派遣机构与派遣劳工之间，但劳动力给付的事实则发生于派遣劳工与用工单位之间。

劳务派遣的最大特点是劳动者雇佣与劳动力使用相分离，派遣劳动者不与用工单位签订劳动合同，发生劳动关系，而与派遣机构存在劳动关系。虽然不存在劳动关系，但是用工单位除了不得将被派遣劳动者再派遣到其他用人单位，还要履行下列义务：

a. 执行国家劳动标准，提供相应的劳动条件和劳动保护；

b. 告知被派遣劳动者的工作要求和劳动报酬；

c. 支付加班费、绩效奖金，提供与工作岗位相关的福利待遇；

d. 对在岗被派遣劳动者进行工作岗位所必需的培训；

e. 连续用工的，实行正常的工资调整机制。

用工单位不得歧视被派遣劳动者，被派遣劳动者享有与用工单位的劳动者同工同酬的权利；有权在劳务派遣单位或者用工单位依法参加或者组织工会，维护自身的合法权益。被派遣劳动者可以依照《劳动合同法》中关于解除劳动合同的规定，与劳务派遣单位解除劳动合同。用工单位在也可以依法将劳动者退回劳务派遣单位，劳务派遣单位依照本法有关规定，可以与劳动者解除劳动合同。

劳动合同法 8-4　职业道德

劳 务 派 遣

第二十八条　用人单位或者其所属单位出资或者合伙设立的劳务派遣单位，向本单位或者所属单位派遣劳动者的，属于《劳动合同法》第六十七条规定的不得设立的劳务派遣单位。

第二十九条　用工单位应当履行《劳动合同法》第六十二条规定的义务，维护被派遣劳动者的合法权益。

第三十条　劳务派遣单位不得以非全日制用工形式招用被派遣劳动者。

第三十一条　劳务派遣单位或者被派遣劳动者依法解除、终止劳动合同的经济补偿，依照《劳动合同法》第四十六条、第四十七条的规定执行。

第三十二条　劳务派遣单位违法解除或者终止被派遣劳动者的劳动合同的，依照《劳动合同法》第四十八条的规定执行。

三、集体合同管理

1．集体合同概述

（1）集体合同的概念

集体合同是指用人单位与本单位职工根据法律、法规、规章的规定，就劳动报酬、工作时间、休息休假、劳动安全卫生、职业培训、保险福利等事项，通过集体协商签订的书面协议。

根据《劳动法》的规定，集体合同由工会代表职工与企业签订，没有成立工会组织的，由职工代表与企业签订。集体合同可分为基层集体合同、行业集体合同、地区集体合同等。我国集体合同体制以基层集体合同为主导体制，即集体合同由基层工会组织与企业签订。集体合同除具有一般协议的主体平等性、意思表示一致性、合法性和法律约束性以外，还具有以下特点。

① 集体合同是规定劳动关系的协议。集体合同反映的是以劳动条件为实质内容的关系，整体性地规定劳动者与企业之间的劳动权利与义务，现实劳动关系的存在是集体合同存在的基础。

② 由工会或劳动者代表职工一方与企业签订。集体合同的当事人一方是企业，另一方当事人不能是劳动者个人或劳动者中的其他团体或组织，而只能是工会组织代表劳动者，没有建立工会组织的，则由劳动者按照一定的程序推举职工代表。

③ 集体合同是定期的书面合同，其生效需经特定程序。根据劳动法的有关规定，集体合同文本须提交政府劳动行政部门审核，经审核通过的集体合同才具有法律效力。

（2）集体合同与劳动合同的区别

① 主体不同。协商、谈判、签订集体合同的当事人一方是企业，另一方是工会组织或劳动者按照合法程序推举的代表；劳动合同的当事人则是企业和劳动者个人。

② 内容不同。集体合同的内容是关于企业的一般劳动条件标准的约定，以全体劳动者共同权利和义务为内容。它可以涉及集体劳动关系的各方面，也可以只涉及劳动关系的某一方面；劳动合同的内容只涉及单个劳动者的权利义务。

③ 功能不同。协商、订立集体合同的目的是规定企业的一般劳动条件，为劳动关系的各

个方面设定具体标准，并作为单个劳动合同的基础和指导原则；劳动合同的目的是确立劳动者和企业的劳动关系。

④ 法律效力不同。集体合同规定企业的最低劳动标准，凡劳动合同约定的标准低于集体合同标准的一律无效，故集体合同的法律效力高于劳动合同。

（3）集体合同的作用和意义

集体合同制度在协调劳动关系中处于重要地位，其意义表现在以下四个方面。

① 有利于协调劳动关系。通过集体合同的协商、签订，可以将经营者与劳动者在劳动关系中的不同利益追求以集体合同的形式统一起来，在劳动主体与用工主体之间建立相互依存、相互合作的关系，为建立利益协调型的劳动关系提供法律保障。

② 有益于加强企业的民主管理。集体合同约定的各项条款是经过民主协商制定的，签订和履行集体合同，体现了劳动者参加民主管理的原则，因此集体合同是企业管理民主化的重要形式。

③ 有利于维护职工合法权益。由工会代表劳动者与企业订立集体合同，可以改善单个劳动者在劳动关系中的地位，有效地防止企业侵犯劳动者的合法劳动权益。此外，劳动关系各方面的内容都由劳动合同具体规定，必然增加协商、确定劳动合同的成本。集体合同对劳动关系的主要方面和一般条件做出规定后，劳动合同只需就单个劳动者的特殊情况做出约定即可，从而可以提高建立劳动关系的效率。

④ 有益于弥补劳动法律法规的不足。劳动法律规范对劳动关系调整的规定与实际运行的劳动关系总是存在一定的差距，无论劳动立法规定的劳动标准多么具体，都难以覆盖现实生活中的劳动关系的各个方面，集体合同可以具体规范劳动关系，对劳动立法起补充作用，并且可以强化劳动法的操作性。同时，劳动立法关于劳动条件标准的规定属于最低标准，对劳动者权益的保障只是法律所要求的最低水平，而这并不是经济社会发展和劳动立法所要达到的根本目的。通过集体合同约定，密切结合企业经营的实际状况，可以提高劳动者利益的保障水平。

（4）订立集体合同应遵循的原则

① 遵守法律、法规、规章及国家有关规定。此项原则即为内容合法原则。集体合同的内容不得违反国家法律法规的规定；集体合同所确定的劳动条件标准不得低于国家规定的标准。

② 相互尊重，平等协商。集体合同签约人法律地位一律平等，具有平等的意思表示和主张各自权益的权利。因订立集体合同是劳动者团体和企业的两个平等主体的自主行为，只能坚持相互尊重，平等协商的原则。国家不能采用强制命令或司法强制的手段。

③ 诚实守信，公平合作。因为多么详尽具体的规定也不可能覆盖劳动关系的所有方面，因此协商订立集体合同必须坚持诚实不欺，维护团体劳动关系当事人双方的利益平衡，当事人的利益与社会利益的平衡，当事人应以诚实善意的态度行使权利；集体协商应当坚持程序公平。

④ 兼顾双方合法权益。集体协商、订立集体合同应当兼顾所有者、经营者和劳动者各方利益，不能为追求自己的利益而损害他人的利益，即要均衡所有者、经营者和劳动者各自的利益。

⑤ 不得采取过激行为。集体协商、订立集体合同必须维护正常的生产工作秩序，协商双方应遵循和平原则。为订立集体合同产生争议，任何一方都不应采取激化事态的行为。双方都应顾全大局，维持正常的生产工作秩序。

2. 集体合同的形式与内容

（1）集体合同的形式

根据现行法规，集体合同为法定要式合同，应当以书面形式订立，口头形式的集体合同不具有法律效力。集体合同的形式可以分为主件和附件。主件是综合性集体合同，其内容涵盖劳动关系的各个方面。附件是专项集体合同，是就劳动关系的某一特定方面的事项签订的专项协议。现阶段，我国法定集体合同的附件主要是工资协议（专门就工资事项签订的集体合同）。《工资集体协商试行办法》规定，企业依法开展工资集体协商，签订工资协议，已订立集体合同的，工资协议作为集体合同的附件，并与集体合同具有同等效力。

（2）集体合同的期限

集体合同均为定期合同，我国劳动立法规定集体合同的期限为 1～3 年。期限过短，不利于劳动关系的稳定，而且加大集体协商的成本；期限过长，不利于适应实际情况的变化和劳动权益的保障。在集体合同的期限内双方可以根据集体合同的履行情况，对集体合同进行修订。

（3）集体合同的内容

我国《劳动法》对集体合同的内容作了不完全的列举性规定，原劳动和社会保障部在 2004 年颁布的《集体合同规定》对集体合同可以具备的事项列举规定了 15 项。由于企业的具体情况千差万别，加之我国《劳动法》对集体合同的内容没有具体要求，因此劳动行政管理部门没有推荐集体合同的标准文本。通常情况下，集体合同一般包括以下内容。

① 劳动条件标准部分。该部分包括劳动报酬、工作时间和休息休假、保险福利、劳动安全卫生、女职工和未成年工特殊保护、职业技能培训、劳动合同管理、奖惩、裁员等项条款。上述条款应当作为劳动合同内容的基础，指导劳动合同的协商与订立，也可以直接作为劳动合同的内容。劳动条件标准条款在集体合同内容的构成中处于核心地位，在集体合同的有效期内具有法律效力。上述标准不得低于法律法规规定的最低标准。

② 一般性规定。规定劳动合同和集体合同履行的有关规则。包括集体合同的有效期限，集体合同条款的解释、变更、解除和终止等。

③ 过渡性规定。集体合同的监督、检查、争议处理、违约责任等。

④ 其他规定。此项条款通常作为劳动条件标准部的补充条款，规定在集体合同的有效期间应当达到的具体目标和实现目标的主要措施。此类规定一般不能作为劳动合同的内容，只是作为签约方的义务而存在。在集体合同的有效期内，随着设定目标的实现而终止。例如，规定建成某项劳动安全卫生保护工程或设施，建设、改善或完成某些福利设施等。

至于集体合同可否规定企业生产经营目标，如成本、盈利、产量等目标，目前在我国集体合同的实践中存在着不同的意见。一种意见认为在集体合同的内容中，企业生产经营目标应作为组成部分；规定生产经营目标，有利于促进工会和劳动者与企业共保生产经营目标的实现，有利于强化劳动者的责任心，服从管理、遵守劳动纪律，有利于劳动关系当事人协调利益关系，建立利益共同体等等。另一种则持反对意见，理由包括以下两点。第一，规定生产经营目标，超越了劳动者的义务范围。劳动者的义务是履行劳动合同，遵守劳动纪律、完成岗位职责、提高技能等。生产经营目标虽然与劳动直接相关，但主要取决于生产经营决策、管理指挥、市场条件等因素。生产经营决策及管理权由所有者和经营者行使，利益和风险也由其享有和承担。实现生产经营目标的责任应由所有者和经营者承担，而不应是劳动者和工会的义务，否则与权利义务对等的原则相悖。第二，生产经营目标的实现程度具有不确定性，而集体合同规定的劳动条件标准则是确定的。若生产经营目标作为劳动者和工会的义务而存在，生产经营目标未实现或未能完全实现，也就意味着劳动者的利益目标可以不实现或不完全实现，这显然不利于劳动者权益的保障。

3. 签订集体合同的程序

（1）确定集体合同的主体

劳动者一方的签约人，法定为基层工会委员会；没有建立工会组织的企业，由企业职工民主推荐，并须得到半数职工同意的代表为集体合同的签约人。用人单位一方的签约人，法定为用人单位行政机关，即法定代表人。具备法人资格，跨省市的大型企业或集团公司的法定代表人可以委托下一级企业或子公司的负责人与工会签订集体合同。

（2）协商集体合同

集体协商任何一方均可就签订集体合同或专项集体合同以及相关事宜，以书面形式向对方提出进行集体协商的要求。一方提出进行集体协商要求的，另一方应当在收到集体协商要求之日起 20 日内以书面形式给以回应，无正当理由不得拒绝进行集体协商。集体协商主要采取协商会议的形式，集体合同的协商是签约代表为签订集体合同进行商谈的法律行为，其主要步骤包括以下方面。

① 协商准备。双方签约人为集体协商进行各项准备工作，包括确定协商代表，拟订协商方案，预约协商内容、日期、地点。我国法律规定，集体合同协商代表双方人数对等，各方至少 3 名，并确定一名首席代表。企业首席代表由法定代表人担任或由其书面委托的其他管理人员担任；工会首席代表由工会主席担任或书面委托其他工会代表担任。用人单位协商代表与职工协商代表不得相互兼任。代表一经确认，必须履行义务，因故不能履行职责的，应另行指派或推举；集体协商双方首席代表可以书面委托本单位以外的专业人员作为本方协商代表。委托人数不得超过本方代表的 1/3。首席代表不得由非本单位人员代理。集体协商的地点、时间由双方共同商定，记录员在协商代表之外指派。

② 协商会议。集体协商会议由双方首席代表轮流主持，并按下列程序进行。

a. 宣布议程和会议纪律。

b. 一方首席代表提出协商的具体内容和要求，另一方首席代表就对方的要求做出回应。

c. 协商双方就商谈事项发表各自意见，开展充分讨论。

d. 双方首席代表归纳意见。达成一致的，应当形成集体合同草案或专项集体合同草案，由双方首席代表签字。经双方代表协商一致的集体合同草案或专项集体合同草案应当提交职工代表大会或者全体职工讨论。职工代表大会或者全体职工讨论集体合同草案或专项集体合同草案，应当有 2/3 以上职工代表或者职工出席，且须经全体职工代表半数以上或者全体职工半数以上同意，集体合同草案或专项集体合同草案方获通过。

③ 集体合同草案或专项集体合同草案经职工代表大会或者职工大会通过后，由集体协商双方首席代表签字。

（3）政府劳动行政部门审核

由企业一方将签字的集体合同文本及说明材料一式三份，在集体合同签订后的 10 天内报送县级以上政府劳动行政部门审查。说明材料应包括企业的营业执照、工会的社团法人证明材料、双方代表的身份证（均为复印件）、委托授权书、职工代表的劳动合同书、相关审议会议通过的集体合同的决议、集体合同条款的必要说明等。

（4）审核期限和生效

劳动行政部门在收到集体合同后的 15 天内将审核意见书送达，集体合同的生效日期以《审查意见书》确认的日期为生效日期。若劳动行政部门在收到集体合同的 15 日内未提出异议的，集体合同即行生效。若集体合同经劳动行政部门审核认定存在无效条款或部分无效条款的，签约双方应对其进行修改，并在 15 日内重新报送审核。

（5）集体合同的公布

经审核确认生效的集体合同或自行生效的集体合同，签约双方应及时以适当的方式向各自代表的成员公布。

4. 集体合同的履行、监督检查和责任

（1）集体合同的履行

已经生效的集体合同具有法律效力，集体合同当事人和关系人应该履行集体合同所规定的义务。这里所谓的集体合同的关系人是指由集体合同的订立而获得利益，并且受集体合同约束的主体，包括工会组织所代表的全体劳动者（不论其是否是工会会员，也包括在集体合同的存续期间新被录用的职工）、用人单位所代表的所有者和经营者等。

集体合同的履行遵循实际履行和协作履行的原则。其中，劳动标准性条款的履行，应在合同的有效期间按照集体合同规定的各项标准签订和履行合同，确保劳动者利益的实现；目标性条款的履行，应将所约定的项目列入并落实在企业计划和工会工作计划之中，并采取有效措施实施计划。在履行集体合同的过程中，企业行政必须与工会密切协作。工会会员和非会员劳动者虽不是集体合同的当事人，但却是集体合同的关系人，因集体合同的存在而应承担履行集体合同的义务。

（2）履行的监督检查

集体合同在履行过程中，企业工会应承担更多的监督检查的责任，也可以与企业协商，建立集体合同履行的联合监督检查制度。发现问题，及时与企业协商解决。企业内工会的各级组织应当及时向企业工会报告本组织所在团体的集体合同的履行情况；工会应定期向职工代表大会或全体职工通报集体合同的履行情况；职工代表大会有权对集体合同的履行实行民主监督。

（3）违反集体合同的责任

企业违反集体合同的规定，应承担法律责任；个别劳动者不履行集体合同规定的义务，则按照劳动合同的规定承担相应责任。

以下两个案例从不同角度说明；“集体合同的法律效力高于劳动合同”。

案例 8-5　集体合同

刘某和 HR 公司的劳动纠纷案

2012 年 3 月 10 日 HR 公司与公司工会推选出的协商代表经过集体协商，签订了一份集体合同草案。双方首席代表签字后，该草案经 4/5 的职工代表通过。其中，关于工资和劳动时间条款规定：公司所有员工每月工资不得低于 1300 元，每天工作 8 小时。同年 3 月 17 日，HR 公司将集体合同文本及说明材料报送当地劳动和社会保障局登记、审查、备案，劳动和

社会保障局在15日内未提出异议。所以，2012年4月2日，该集体合同自行生效。同时，HR公司和公司工会以适当的方式向各自代表的成员公布。

2012年5月，刘某应聘于HR公司，因符合公司条件，故被录用。公司于当年5月18日与刘某签订了为期2年的劳动合同，合同规定其每月工资1000元，每天只需工作6小时。1个多月后，刘某在与同事聊天时偶然得知公司与工会签订了集体合同，约定员工每月工资不得低于1300元。刘某认为自己的工资标准低于集体合同的约定，于是与公司交涉，要求提高工资，但公司始终不同意。刘某不服，于2012年7月中旬，向当地劳动争议仲裁委员会提起申诉，要求HR公司按照集体合同规定的月工资标准1300元履行劳动合同，并补足2012年5月至7月低于集体合同约定的月工资标准部分的劳动报酬。

劳动争议仲裁委员会受理了此案，HR公司在答辩时声称，集体合同是公司与公司工会2012年3月签订，4月2日正式生效的，只适用于当时公司在职的正式员工，而刘某是5月与公司签订的劳动合同，故不属于此集体合同适用的员工范围内；并且，集体合同规定劳动时间每天满8小时，才能得到不低于1300元的月工资，而刘某每天工作不满8小时，仅为6小时，所以不能给予同样待遇。刘某称集体合同为工会与公司签订，自己与公司有劳动合同，属于集体合同适用的范围。劳动争议仲裁委员会经审理，裁决如下：被申诉人一次性补发申诉人工资600元[（1300－1000）×2]；申诉人剩余合同期限内的工资按每月1300元履行。

案例分析：

这是一起因集体合同与劳动合同有出入而引发的劳动争议。主要涉及以下三个方面问题。

问题一：集体合同应当如何订立？

《劳动法》第三十三条规定：企业职工一方与企业可以就劳动报酬、工作时间、休息休假、劳动安全卫生、保险福利等事项，签订集体合同。集体合同草案应当提交职工代表大会或者全体职工讨论通过。集体合同由工会代表职工与企业签订；没有建立工会的企业，由职工推举的代表与企业签订。

《集体合同规定》第三十二条规定：集体协商任何一方均可就签订集体合同或专项集体合同以及相关事宜，以书面形式向对方提出进行集体协商的要求。一方提出进行集体协商要求的，另一方应当在收到集体协商要求之日起20日内以书面形式给以回应，无正当理由不得拒绝进行集体协商。

《集体合同规定》第三十六条规定：经双方协商代表协商一致的集体合同草案或专项集体合同草案应当提交职工代表大会或者全体职工讨论。职工代表大会或者全体职工讨论集体合同草案或专项集体合同草案，应当有2/3以上职工代表或者职工出席，且须经全体职工代表半数以上或者全体职工半数以上同意，集体合同草案或专项集体合同草案方获通过。

在订立集体合同的过程中，HR公司的工会推选了协商代表，就员工最低工资、劳动时间等达成了一致，并经2/3以上职工代表审议通过，因此，HR公司集体合同的订立程序是符合法律、法规相关规定的。

问题二：集体合同如何生效？

《集体合同规定》第四十二条规定：集体合同或专项集体合同签订或变更后，应当自双方首席代表签字之日起10日内，由用人单位一方将文本一式三份报送劳动保障行政部门审查。劳动保障行政部门对报送的集体合同或专项集体合同应当办理登记手续。

《劳动法》第三十四条规定：集体合同签订后应当报送劳动行政部门；劳动行政部门自收到集体合同文本之日起15日内未提出异议的，集体合同即行生效。

本案例中，HR公司将双方签订后的集体合同报送到劳动行政部门，劳动行政部门自收到集体合同文本之日起15日内未提出异议，该集体合同因此即行生效。

问题三：企业集体合同和劳动合同的效力如何？

《劳动法》第三十五条规定：依法签订的集体合同对企业和企业全体职工具有约束力。职工个人与企业订立的劳动合同中劳动条件和劳动报酬等标准不得低于集体合同的规定。

《集体合同规定》第六条规定：符合本规定的集体合同或专项集体合同，对用人单位和本单位的全体职工具有法律约束力。用人单位与职工个人签订的劳动合同约定的劳动条件和劳动报酬等标准，不得低于集体合同或专项集体合同的规定。

集体合同的效力包括效力范围和效力形式两部分。其中效力范围又包括对人的效力和对时间效力两部分。人的效力是指集体合同对什么人有效。一般来讲，受集体合同约束的人包括合同当事人和合同关系人。合同当事人是指在集体合同上签字盖章的工会代表、职工代表和用人单位；合同关系人是指因合同订立而获得利益并受集体合同约束的主体，即工会所代表的全体劳动者和用人单位所代表的经营者。时间效力是指集体合同在多长时间内有约束力。一般来说，集体合同的时效，开始于该合同经审查合格之日或依法推定审查合格之日，终止于合同期限界满或依法解除之日，集体合同的效力形式，是指集体合同的条款对于用人单位和劳动者来说是标准性条款，具有支配劳动合同关系人的效力。劳动合同关于劳动者权益的规定，可以高于但不得低于集体合同标准，高于集体合同标准的部分有效，低于集体合同标准的部分无效，要试用集体合同的规定。如果某项内容在劳动合同中没有规定但在集体合同中有规定，或者劳动合同的规定不明确或无效，集体合同的有关规定就成为劳动合同的内容。

本案中，HR公司与刘某签订劳动合同时，该公司与工会签订的集体合同已经生效，所以，集体合同对刘某同样具有效力。同时刘某与公司签订的劳动合同中约定的工资报酬低于集体合同中约定的标准，因此其劳动合同的规定无效，但其有关工作时间的规定高于集体合同的标准，此条款有效，应由劳动合同中的工作时间条款取代集体合同的相关规定。

综上所述，劳动争议仲裁委员会裁决HR公司给刘某补发2个月的工资，同时HR公司与刘某关于工作时间条款的约定不变，剩余合同期限内的工资按每月1300元履行，是符合法律、法规规定的。

（资料来源：劳动合同法解读-集体劳动合同. 上海劳动法律网
http：//www.huylaw.com/html/YongRenDanWei/30/，有修改）

第三节　劳动争议处理

一、劳动争议处理概述

所谓劳动争议，是指劳动关系双方在执行劳动法律法规或履行劳动合同的过程中，因劳动权利义务发生分歧而引起的争议。

根据《中华人民共和国劳动争议调解仲裁法》（以下简称《劳动争议调解仲裁法》）规定，按照劳动争议所涉及的权利义务的具体内容，劳动争议可以划分为以下几种。

1. 因确认劳动关系发生的争议

确认劳动关系，指的是用人单位聘用劳动者为其职员，劳动者在用人单位管理下提供劳动获取报酬而形成劳动关系。现实中，有些用人单位不与劳动者签订劳动合同，以不存在劳动关系的凭证为由否认存在劳动关系，借此侵犯劳动者合法权益。《劳动争议调解仲裁法》将因确认劳动关系发生的争议纳入劳动争议处理范围，以帮助劳动者确认是否存在劳动关系。

2. 因订立、履行、变更、解除和终止劳动合同发生的争议

劳动合同中明确规定了劳动关系双方的权利和义务，涉及订立、履行、变更、解除和终止劳动合同全过程。上述任何一个环节发生的争议，如未及时签订劳动合同、劳动合同的单方解除或双方解除等，都适用于《劳动争议调解仲裁法》。

3. 因除名、辞退和辞职、离职发生的争议

市场经济中的人才流动，必须在遵守法律的前提下进行，企业拥有开除、除名、辞退违纪员工的权利，员工也拥有自主择业、辞职的权利。现实中，由于用人单位和职工在利益方面的矛盾产生一系列的争议，如员工随意跳槽、企业随意辞退员工、开出苛刻条件限制员工离职等，都适用于《劳动争议调解仲裁法》。

4. 因工作时间、休息休假、社会保险、福利、培训以及劳动保护发生的争议

工作时间、休息休假涉及企业规定的工作时间是否合法，劳动者是否能享受到国家的法定节假日和带薪休假等；社会保险，涉及企业是否按照国家法律规定为员工缴纳生育、养老、医疗、工伤、失业等保险和住房公积金；福利、培训，则涉及企业与员工签订的劳动合同中关于福利、培训等约定事项的履行问题；劳动保护，主要涉及企业是否提供安全卫生及劳动条件，如对女性职工和未成年工的特殊保护。以上各项均适用于《劳动争议调解仲裁法》。

5. 因劳动报酬、工伤医疗费、经济补偿或赔偿金等发生的争议

因劳动报酬发生的争议，现实中主要是企业不符合法定条件或超过法定限度克扣职工的劳动报酬引起的；因工伤医疗费发生的争议，主要是企业没有依法缴纳工伤保险，且员工发生工伤后拒绝承担医疗费的争议；经济补偿，主要涉及企业在解除和终止劳动合同时应给予劳动者的经济补偿，劳动合同法中约定了支付经济补偿的情况，但也约定了支付标准，现实中会出现企业不支付补偿金或支付金额低于法定金额而产生争议；赔偿金是指用人单位和劳动者都有可能支付给对方的赔偿金。

6. 法律、法规规定的其他劳动争议

除了上述劳动争议事项外，法律、法规或地方性法规规定的其他劳动争议，也纳入《劳动争议调解仲裁法》的调整范围。

二、劳动争议处理机构

根据《劳动法》和《中华人民共和国劳动争议处理条例》（以下简称《企业劳动争议处理条例》）的规定，我国目前处理劳动争议的机构有以下三类。

1. 企业劳动争议调解委员会

劳动争议调解委员会是用人单位根据《劳动法》和《企业劳动争议处理条例》的规定在本单位内部设立的机构，是专门处理与本单位劳动之间的劳动争议的群众性组织。劳动争议调解委员会由下列人员组成：①职工代表，具体人员由职工代表大会或职工大会推举产生；②用人单位代表，具体人员由厂长或经理指定；③用人单位工会代表组成，具体人员由用人单位工会委员会指定。其中，用人单位的代表不能超过调解委员会成员总数的 1/3，调解委员会主任由工会代表担任。调解委员会的办事机构设在企业工会委员会。没有成立工会组织的企业，调解委员会的设立及其组成由企业代表与职工代表协商决定。

2. 劳动争议仲裁委员会

劳动争议仲裁委员会是处理劳动争议的专门机构。县、市、市辖区人民政府设立仲裁委员会，负责处理本辖区内发生的劳动争议。设区的市、市辖区仲裁委员会受理劳动争议案件的范围由省、自治人民政府规定。各级仲裁委员会由劳动行政主管部门的代表、工会的代表、政府指定的经济综合管理部门的代表组成，主任由劳动行政主管部门的负责人担任，其办事机构设在同级的劳动行政主管部门。

3. 人民法院

地方人民法院是国家审判机关，也担负着处理劳动争议的任务。劳动争议当事人对仲裁委员会的裁决不符、进行起诉的案件，人民法院民事审判庭负责受理。

三、劳动争议的处理原则与程序

1. 劳动争议的处理原则

劳动争议处理的原则是劳动争议处理机构在处理劳动争议时必须遵循的基本规则，主要包括以下几个方面。

（1）着重调解原则

劳动争议的调解原则贯穿于劳动争议处理的各个程序。当劳动争议发生时，当事人应首先协商解决，不愿协商或协商不成的，可以向用人单位的劳动争议调解委员会申请调解，其他处理程序也必须坚持先行调解，调解不成的才进行裁决或判决。

（2）及时处理原则

及时处理原则，是指劳动争议机构在受理劳动争议案件后，应当在法律、法规规定的时限内及时处理，以保护当事人的合法权益，防止久拖不决。例如，根据《劳动争议调解仲裁法》规定，劳动争议调解组织收到调解申请之日起 15 日内未达成调解协议的，当事人可以依法申请仲裁；仲裁裁决一般应在劳动争议仲裁委员会受理仲裁申请之日起 45 日内做出，要求延长的，延长期限不得超过 15 日。

（3）合法性原则

合法性原则，是指劳动争议处理机构应当依法处理劳动争议。达成的调解协议、做出的裁决或判决不得违反国家现行法律、法规和政策规定，不得损害国家利益、社会公共利益和他人合法权益。

（4）公平性原则

公正性原则包含两层含义：一是劳动争议双方当事人在处理劳动争议过程中法律地位平等，平等享有权利和履行义务，任何一方不得将自己的意志强加于另一方；二是劳动争议处理机构应当公正执法，保障双方当事人合法行使权利，对当事人在适用法律上一律平等，不得偏袒或歧视任何一方。

2. 劳动争议的处理程序

（1）协商

发生劳动争议后，争议双方应该协商解决。劳动者可以与用人单位协商，也可以请工会或者第三方共同与用人单位协商，达成和解协议。发生劳动争议，当事人不愿协商、协商不成或者达成和解协议后不履行的，可以向调解组织申请调解。

（2）调解

发生劳动争议，当事人可以到下列调解组织申请调解：企业劳动争议调解委员会；依法设立的基层人民调解组织；在乡镇、街道设立的具有劳动争议调解职能的组织。不愿调解、调解不成或者达成调解协议后不履行的，可以向劳动争议仲裁委员会申请仲裁。

（3）仲裁

劳动争议仲裁委员会由劳动行政部门代表、工会代表和企业方面代表组成。劳动争议仲裁委员会组成人员应当是单数。劳动争议仲裁委员会下设办事机构，设在地方劳动和社会保障局内，负责办理劳动争议仲裁委员会的日常工作。双方当事人分别向劳动合同履行地和用人单位所在地的劳动争议仲裁委员会申请仲裁的，由劳动合同履行地的劳动争议仲裁委员会管辖。劳动争议仲裁公开进行，但当事人协议不公开进行或者涉及国家秘密、商业秘密和个人隐私的除外。仲裁具有约束力，并具有强制执行的效力。对仲裁裁决不服的，除本法另有规定的外，可以向人民法院提起诉讼。

（4）诉讼

人民法院是处理劳动争议的最终程序，由人民法院的民事审判庭负责处理，主要负责处理对仲裁委员会裁决不服的劳动争议案件。

以上各种劳动争议处理途径的比较如表 8-1 所示。

表 8-1　劳动争议处理途径的比较

处理途径	处理机构	提出申请的时效性	处理的时效性	处理原则
协商	单位内部			自主协商或第三方介入协商，遵循自愿灵活，平等选择原则
调解	劳动争议调解委员会（企业劳动争议调解委员会；依法设立的基层人民调解组织；在乡镇、街道设立的具有劳动争议调解职能的组织）	自劳动争议调解组织收到调解申请之日起 15 日内未达成调解协议的，当事人可以依法申请仲裁	调解协议书对双方当事人具有约束力，当事人应当履行。在协议约定期限内不履行调解协议的，另一方当事人可以依法申请仲裁	

续表

处理途径	处理机构	提出申请的时效性	处理的时效性	处理原则
仲裁	设在地方劳动和社会保障局的劳动争议仲裁委员会	劳动争议申请仲裁的时效期间为1年。仲裁时效期间从当事人知道或者应当知道其权利被侵害之日起计算	劳动争议仲裁委员会收到仲裁申请之日起5日内决定是否受理；仲裁庭裁决劳动争议案件，应当自劳动争议仲裁委员会受理仲裁申请之日起45日内结束	着重调解、及时迅速、遵循一次裁决原则
诉讼	人民法院的民事审判庭	收到仲裁书之日起15日内可向辖区人民法院起诉		只受理对仲裁裁决书不服的劳动争议案件

3. 劳动争议处理的特殊情况

（1）协商未果

用人单位违反国家规定，拖欠或者未足额支付劳动报酬，或者拖欠工伤医疗费、经济补偿或者赔偿金的，劳动者可以向劳动行政部门投诉，劳动行政部门应当依法处理。

（2）调解未执行

因支付拖欠劳动报酬、工伤医疗费、经济补偿或者赔偿金事项达成调解协议，用人单位在协议约定期限内不履行的，劳动者可以持调解协议书依法向人民法院申请支付令。人民法院应当依法发出支付令。

（3）终局裁决

下列劳动争议，除《劳动争议调解仲裁法》另有规定的外，仲裁裁决为终局裁决，裁决书自做出之日起发生法律效力。

① 追索劳动报酬、工伤医疗费、经济补偿或者赔偿金，不超过当地月最低工资标准12个月金额的争议。

② 因执行国家的劳动标准在工作时间、休息休假、社会保险等方面发生的争议。

4. 对当前劳动争议处理程序及仲裁机构予以完善的设想

现行法律对劳动争议设置了仲裁前置程序，不服仲裁可以申请复议，不服复议还可以提起诉讼，导致劳动争议解决周期长，既花费了当事人的时间、精力，也影响了劳动仲裁委员会和审判机关的资源整合。在现行法律框架内，对劳动争议处理程序及仲裁机构应逐步加以改革和完善。

（1）取消现行劳动仲裁前置程序，实行裁审分离、各自终局体制

取消现有劳动争议必须仲裁的前置程序，当事人发生了劳动争议后，调解机构调解不成或者当事人不愿调解的，可以由当事人在申请仲裁和提起诉讼之间自由选择其一，若要申请仲裁，就不得再提起诉讼，仲裁裁决为终局裁决；若提起诉讼，就不得再申请仲裁，诉讼实行两审终审。对于当事人一方申请撤销劳动争议裁决，法院则按照《劳动争议调解仲裁法》第五章第五十八至六十一条的规定办理。

（2）改革现行劳动仲裁机构的设置及管理模式，提高劳动仲裁的权威性

针对现有由劳动行政主管部门、工会、用人单位组成的劳动仲裁委员会成了事实上的劳动主管部门下属办事机构的问题，在现行体制下形成的仲裁员素质总体水平不容乐观、法律政策水平不高、与仲裁结果有利害关系、裁决结果不具有终结效力等问题，影响了其公正性与独立性，建议对此进行改革，设置为具有中介性质的劳动仲裁机构，提高劳动仲裁的权威

性。建议取消原有的由劳动仲裁机构，修改《劳动争议调解仲裁法》，规定仲裁委员会可以受理劳动争议或建立仲裁委员会所属的专职劳动争议仲裁委员会专门受理劳动争议纠纷，设置专职的劳动争议仲裁员，仲裁员按照《劳动争议调解仲裁法》的规定进行选任及管理，建立劳动仲裁的权威性。为适应劳动争议面多量大的特点，仲裁委员会可以根据需要在所辖的区、市、县设立派出机构，以方便当事人进行劳动仲裁。

第四节　社会保障与社会保险

一、社会保障

1. 社会保障的含义

社会保障是指由国家依法强制建立的、具有经济福利性的国民生活保障和社会稳定系统。

社会保障系统通过广泛动员社会各方面资源，保证无收入、低收入以及遭受各种意外灾害的公民能够维持生存，保障劳动者在年老、失业、患病、工伤、生育时的基本生活不受影响，同时根据经济和社会发展状况，逐步增进公共福利水平，提高国民生活质量。

2. 社会保障制度

社会保障作为一种国民收入再分配形式，是通过一定的制度实现的。由法律规定的、按照某种确定规则经常实施的社会保障政策和措施体系也被称为社会保障制度。具体而言，社会保障制度是在政府的管理之下，以国家为主体，依据一定的法律和规定，通过国民收入的再分配，以社会保障基金为依托，对公民在暂时或者永久性失去劳动能力以及由于各种原因生活发生困难时给予物质帮助，用以保障居民的最基本的生活需要。

当前世界上的社会保障制度，大致分为以下六种。

① 社会保险制度，指由国家依法建立的，使劳动者在年老、患病、伤残、生育和失业时，能够从社会获得物质帮助的制度。

② 社会福利制度，指由国家或社会在法律和政策范围内向全体公民普遍地提供资金帮助和优化服务的社会性制度。

③ 社会救济制度，指国家通过国民收入的再分配对因自然灾害或其他经济、社会原因而无法维持最低生活水平的社会成员给予救助，以保障其最低生活水平的制度。

④ 社会优抚制度，指国家依法定的形式和政府行为，对有特殊贡献的军人及其眷属实行的具有褒扬和有待赈恤性质的社会保障制度。

⑤ 社会互助制度，指民间组织对部分劳动者的帮助，主要是解决政府政策规定之外、没有很好解决但仍需获得外界帮助的实际困难。

⑥ 个人储蓄积累保障，是个人或家庭将部分资金存入银行的一种保障形式，是社会保障的一种有效而必要的补充。

目前我国在建的社会保障体系，采取的是社会共济模式，即由国家、单位（企业）、个人三方共同为社会保障计划融资，这将是我国社会保障体系在未来相当长一段时期里的改革趋势。欧美发达国家的社会保障制度虽然在保持经济和社会稳定等方面发挥了巨大作用，但也饱受失业、通货膨胀、人口老化等因素的长期困扰。为改变这一被动局面，西方各国普遍对社会保障制度进行了调整和改革，措施包括以下几点。①提高社会保障费率，广辟资金来源渠道，增加社会保障收入。②降低过高的社会保障标准，减少社会保障支出。③减少国家干预，强化市场机制对社会保障的调节作用，使社会保障制度从“国有化”向“私有化”转变，让私有企业在社会保障体系中发挥更重要的作用。④鼓励发展商业性保险。⑤将社会保障基金的现收现付制改为现收现付和个人资本积累相结合的混合制，以增强个人的自我保障意识和责任。

二、社会保险

1. 社会保险的概念辨析

（1）社会保险的内涵

社会保险是指国家为保证劳动者的基本生活，针对劳动群体不可规避风险而实施的强制性收入损失补偿制度。

这一概念包含了以下基本内容。①社会保险的保险对象为劳动者。②社会保险的目的是保证被保险人的基本生活，消除他们的后顾之忧。③社会保险的主要内容包括养老、医疗、失业、工伤等。④社会保险的责任主体是国家。⑤社会保险强调立法先行，具有强制性特征。⑥社会保险补偿的收入损失，属于国民收入再分配的范畴。

（2）社会保险与社会保障

社会保险在现代社会保障体系中占有最重要的地位，是各国社会保障体系的主体组成部分，是社会保障制度的核心。这是因为社会保险以劳动者群体为保障对象，劳动者群体不仅是人口中数量最多的部分，而且也是当期社会财富的创造者，是家庭的主要收入获得者，是人口中最重要的部分；社会保险承担的风险最多，为劳动者群体可能遇到的众多风险，如为年老、疾病、伤残、失业、死亡等提供保障，是社会保障中最主要的内容；社会保险所用资金在社会保障基金中占的比例也是最大的。

社会保险与社会保障也有许多不同之处，主要表现在以下几点。①社会保险的保障对象主要是工资收入的劳动者，而不是全体社会成员，覆盖面比社会保障小。②社会保险有严格的权利义务对等关系，缴费在先，享受待遇在后，其他社会保障项目更体现社会扶助或救助的性质，有一些项目是免费受益的。③社会保险资金主要来源于雇主、雇员、国家三方或其中的两方，而其他社会保障项目的资金多来源于各级财政。④社会保险一般由国家或政府管理机构统一管理，而社会救助及社会福利除了国家以外，民间慈善组织也是提供者。

（3）社会保险与商业保险

商业保险是按商业原则经营，以赢利为目的的保险形式，由专门的保险机构经营。商业保险与社会保险联系紧密，特别是商业保险中的人身保险。人身保险以人的生命、劳动能力或身体健康为保险对象，其中人身意外伤害保险、健康保险（医疗保险）和人寿保险，与社会保险都是对人身伤害风险、生育风险、疾病风险、年老风险、死亡风险实行保护，在保障社会成员生活、保证社会再生产、促进社会经济繁荣这个终极目标上，具有非常相近的功能。它们都依据风险转移和风险汇聚原理，对特定风险损失进行社会化分担，可以说商业人身保险是社会保险的先驱，社会保险是商业人身保险发展的产物。在现代社会，商业人身保险和社会保险同为社会保障的支柱，商业人身保险可以让参加社会保险的人有机会获得更多的保险待遇，是社会保险的重要补充。

社会保险和商业人身保险又是社会保障体系中性质不同的两大种类，二者在保险对象、经营目的、经办机构、保险责任、权利与义务关系、受益人的资格界定和立法范畴等方面存在差别，如表 8-2 所示。商业保险由企业经营，一般情况下外国企业也可以经营，属于私人经济范畴，在精算及运营中注重利润，以追求经济效益为主，以追求社会效益为辅；社会保险通常由政府或国家社会机构举办，社会效益处于主要地位，在资金方面主要考虑收支平衡。各方面的承受能力及对国民经济的影响，属于公共政策与公共产品范畴。社会保险一般以国家立法的方式，运用强制手段要求劳动者及雇主参加并按时足额缴纳保险费，很少有选择的自由；商业保险以投资分析为前提，贯彻交易自由的原则，投保人可自主参保，在撤保、再投保及对经办机构和保险项目的选择上有很大空间。商业人身保险比社会保险的覆盖面更广泛，它的保险对象是无限的，所有居民均可参加，执行的是等价交换原则；而社会保险通常只将劳动者、被雇用人员作为保险对象，补偿的是劳动报酬损失部分，只负责保障其基本生活。

表 8-2　社会保险与商业保险主要差异

	社 会 保 险	商 业 保 险
保险对象	劳动者强制性参保	居民自愿参保
被保险人权利	最低收入保障	等价交换，多保多得
经营目的	强调社会互助性	强调个人权益性
保险责任	由法律确定给付	由合同约定给付
经办机构	政府垄断经营	企业竞争经营
资金与成本	收支平衡，成本预测困难	营利性，成本相对容易预测

2. 社会保险的种类

依据社会保险的性质，社会保险体系主要包括以下四类。

（1）养老保险

养老保险是劳动者在达到国家法定解除劳动义务年龄或丧失劳动能力时，依法获得经济收入、物资帮助和生活服务的社会保险制度。养老保险的目的是增强劳动者抵御老年风险的能力，同时弥补其退休后收入的不足。养老保险在老年人完全或基本退出社会劳动生活后才发生作用，以劳动者与生产资料相脱离为特征。养老保险的领取条件及待遇水平，依据劳动者退休前为社会所做劳动贡献的时间和大小而确定，还要根据经济社会的发展水平而有所调整，让他们能够真正享受到社会进步的成果。

（2）医疗保险

医疗保险是人们因患病、受伤或生育而失去劳动收入时，由国家或社会为其提供必需的医疗服务或治疗费用及相关生活费用补偿的制度安排。医疗保险以居民平等的健康权利为目的，其核心是基本医疗保险，有的国家将医疗保险覆盖全体国民。医疗保险采用医疗给付的补偿形式，待遇支付一般为非定额的费用补偿或服务给付。

（3）失业保险

失业保险是失业保险机构依法对参加保险的失业者提供物资帮助和再就业服务，以保障失业者及其家属一段时间内的基本生活，提高劳动者抵御失业风险的能力。

（4）工伤保险

工伤保险也称为职业伤害保险，是指劳动者在工作中或在规定的情况下因遭受事故或患职业病，在暂时或永久丧失劳动能力以及死亡时，由国家和社会给予劳动者或其遗属补偿或服务的社会保险制度。无过失补偿原则及补偿与预防、康复相结合是工伤保险最主要的特点。

本章小结

1. 广义的劳动关系是指在实现劳动过程中，劳动者与劳动力使用者所结成的社会经济关系。狭义的劳动关系是指在企业生产、经营与分配各个环节中，依据国家劳动法律法规，规定和确认当事人双方的权利和义务的一种劳动法律关系。

2. 劳动关系具有个别性与集体性、平等性与隶属性、对等性和非对等性、经济性、法律性与社会性等特点。劳动关系的矛盾和问题是劳动关系永恒的主题，合作的根源主要是"被迫"和"获得满足"。冲突的根源主要是广泛的社会不平等、劳动力市场状况、劳资双方的客观利益冲突以及雇佣关系的性质等。

3. 我国的劳动关系经历了计划经济体制下的劳动关系、经济转型时期的劳动关系，目前我国企业的劳动关系主要根据企业性质分为国有企业的劳动关系、外资企业的劳动关系、民营企业的劳动关系。我国的劳动法律法规也经历了较长时间的发展，逐渐形成了一系列劳动法律法规，分别涉及劳动合同制、招工管理、劳动报酬、考核与奖惩、职工工作时间与劳动保护、待业和富余员工安置、养老保险、职工代表大会、工会、劳动争议处理诸多方面。

4. 劳动合同是用人单位和劳动者确定劳动关系、明确双方权利和义务的协议。劳动合同的特征包括劳动合同主体的特定性、主体意志的限制性、合同履行的隶属性及劳动合同的目的性等特征。劳动合同的内容是劳动者和用人单位依据法律规定，双方协商约定的关于劳动权利和义务的条款，包括必备条款和可备条款。必备条款是指法律法规规定必须的条款，可备条款是指除了9项必备条款外，可以协商约定的其他内容。劳动合同法对劳动合同的订立、履行、变更、解除和终止做了规定，只有遵守这些规定，劳动合同才具有法律效力。

5. 劳动争议是指劳动关系双方在执行劳动法律法规或履行劳动合同的过程中，因劳动权利义务发生分歧而引起的争议。按照劳动争议所涉及的权利义务的具体内容，劳动争议包括：（1）因确认劳动关系发生的争议；（2）因订立、履行、变更、解除和终止劳动合同发生的争议；（3）因除名、辞退和辞职、离职发生的争议；（4）因工作时间、休息休假、社会保险、福利、培训及劳动保护发生的争议；（5）因劳动报酬、工伤医疗费、经济补偿或赔偿金等发生的争议；（6）法律、法规规定的其他劳动争议。劳动争议处理应遵循着重调解、及时处理、合法性和公平性原则进行。劳动争议的处理途径包括协商、调解、仲裁和诉讼。

6. 社会保障是指由国家依法强制建立的、具有经济福利性的国民生活保障和社会稳定系统。社会保障作为一种国民收入再分配形式，是通过一定的制度实现的。由法律规定的、按照某种确定规则经常实施的社会保障政策和措施体系也被称为社会保障制度。当前世界上的社会保障制度包括社会保险制度、社会福利制度、社会救济制度、社会优抚制度、社会互助制度以及个人储蓄积累保障等六类。社会保险是指国家为保证劳动者的基本生活，针对劳动群体不可规避风险而实施的强制性收入损失补偿制度。社会保险与社会保障、社会保险与商业保险都是既有联系又有区别的两个概念。依据社会保险的性质，社会保险体系主要包括养老保险、医疗保险、失业保险和工伤保险四类。

练习题

问答题

1. 请简述在处理团体劳动争议时，因签订或变更集体合同发生争议应当执照怎样的程序予以处理？
2. 《劳动合同法》对劳动者的哪些权利做了新规定？
3. 社会保障的功能有哪些？
4. 请简述社会保险与商业人身保险的区别。
5. 如何理解社会保险的国家性？

推荐网站

劳动合同法网，劳动仲裁网，中国劳动人事网。

推荐阅读

《中华人民共和国劳动法》《中华人民共和国劳动合同法》。

专业词汇

劳动关系，劳动合同，集体劳动合同，试用期，劳务派遣，劳动争议处理，社会保障，社会保险。

综合案例1

李某2000年被甲公司雇佣，并与公司签订了劳动合同，其工作岗位是在产生大量粉尘的生产车间。李某上班后，要求发给劳动保护用品，被公司以资金短缺为由拒绝。李某于2006年初生病住院。2006年3月，经承担职业病鉴定的医疗卫生机构诊断，李某被确诊患有尘肺病。出院时，职业病鉴定机构提出李某不应再从事原岗位工作。李某返回公司后要求调到无粉尘环境的岗位工作，并对其尘肺病进行疗养和治疗。但公司3个月后仍没有为其更换工作岗位，也未对其病进行治疗。当李某再次催促公司领导调动工作岗位时，公司以各岗位满员，不好安排别的工作为由，让其继续从事原工作。李某无奈，向当地劳动争议仲裁委员会提出申诉，要求用人单位为其更换工作岗位，对其尘肺病进行疗养和治疗，并承担治疗和疗养的费用。

（资料来源：百度文库 http：//wenku.baidu.com/view/2b51460af78a6529647d53ae.html）

案例问题：

请分析本案例中指出甲公司的做法违背了哪些劳动法律法规？应该如何正确解决？

综合案例2

2004年12月××公司将李坤从国外作为中高层管理人员引进。加入公司后，李坤担任了大量的管理工作，为公司做出不可替代的贡献。

2004年12月12日，李坤与公司签订了为期三年的劳动合同至2007年12月11日，合同约定：“乙方同意根据甲方工作需要，担任总裁办公室部门管理工作。甲方向乙方发出聘书。

合同有效期内变换职务和岗位，甲方向乙方重新发出聘书。聘书是本合同的有效组成部分"，"公司实行年薪制……工资标准根据乙方受聘职务和甲方薪资政策确定"。同日，公司下发聘书，聘任李坤为总裁办公室负责人。2006年8月5日，公司又下发聘书，聘任李坤为某分公司总经理，聘期为2年，自2006年8月2日至2008年8月1日。

自从担任分公司总经理工作以来，李坤制定了一系列制度、方针和政策，加强经营管理，由于组织得力，公司产生良好效益，销售收入节节攀升，得到公司上下一致的好评，公司原总裁和新任总裁都曾多次发来贺信。

正值李坤在分公司总经理岗位上踌躇满志、准备继续大展身手之际，公司高层发生了人事变更，原总裁由于和股东之间的矛盾，被迫下台。随之，新总裁办公室受董事会指示，立即又炮制了一次所谓的"考核"，解聘了早年跟随原总裁参加公司创业工作、对公司成立和发展做出巨大贡献的6名中高层员工，李坤成为这次人事变迁的牺牲品。根据公司的职务调整，李坤的工资自2007年9月23日起由27285元降至13000元。公司在2007年9月又开始实行新的工资分配办法，即工资当月发放80%，其余20%预留到年底考核后发放。

2007年11月1日，公司向李坤发出了"公司劳动合同续签/终止申请审批表"，同年12月9日，公司通知李坤，劳动合同期满后不再续签。

任职期间成绩斐然的创业功臣，无任何正当理由却遭公司解聘，李坤实在是想不通，于是决定依法讨回公道。以公司克扣工资、无故终止劳动合同为由，向当地劳动争议仲裁委员会提起劳动仲裁：请求公司支付克扣的2007年9月至12月的工资及经济补偿金；裁定2007年12月9日发出的"关于李坤合同到期终止的通知"无效。

仲裁委员会的裁决认定，因申诉人在被诉人单位工作期间所从事的工作均由被诉人历次发出的《聘任通知》所确定的，该聘任方式属任免性质，不属双方协商确定的内容，且被诉人所安排申诉人从事的工作均未超出双方劳动合同中关于申诉人从事"管理工作"的内容，故被诉人免除申诉人分公司总经理职务的做法并无不妥。被诉人自2007年9月起实行工资当月发80%，其余20%预留到年底发放，且根据对申诉人劳动内容的调整相应降低申诉人工资标准的做法并无不妥。最后仲裁委象征性地裁决被诉人支付申诉人2007年12月七天工资和对应的经济补偿金外，驳回了其他全部申诉请求。

李坤及其代理律师对仲裁委的裁决不服，提起了民事诉讼，最终法院支持了李坤的请求。

（资料来源：李冬冬律师随笔. 华律网 http：//www.66law.cn/channel/post/2010-07-07/20443.aspx，有删减）

案例问题：

1. 本案中劳动争议的产生的原因是什么？本案的劳动争议焦点是什么？
2. 劳动争议处理程序是什么？请结合案例进行分析。
3. 请根据劳动合同法的规定，分析最终李坤胜诉的原因。

角色模拟练习

劳动争议的协商解决

通过本章的学习，学生对劳动关系、劳动合同以及劳动争议等理论知识有了一定的了解，参与者要根据对相关知识的掌握，通过角色模拟练习，掌握员工、工会及人力资源部门在发生劳动争议的时候，如何就解决劳动争议问题进行协商。

角色模拟训练设计如下。

各小组成员分为三组模拟，一个是直线部门员工，一个是工会、一个是人力资源部门，并选择好要讨论的劳动争议事项。可在以下争议中任选一项：（1）因确认劳动关系发生的争议；（2）因订立、履行、变更、解除和终止劳动合同发生的争议；（3）因除名、辞退和辞职、离职发生的争议；（4）因工作时间、休息休假、社会保险、福利、培训以及劳动保护发生的争议；（5）因劳动报酬、工伤医疗费、经济补偿或赔偿金等发生的争议。

小组成员根据自己所扮演的角色，就各自立场进行讨论，依据相关法律条文来支撑论点，提出解决方案，最后委派代表进行三方谈判，努力使得协商成功。

指导教师可自行设计讨论的案例背景、提问、谈判等环节。本练习主要目的是通过角色模拟训练使参与者能深刻理解劳动合同法及相关法律条文，能用其解决实际劳动争议问题。此外还可以锻炼参与者的分析问题、解决问题的能力及表达沟通的能力等。

第 9 章 国际人力资源管理

能力目标

- 了解美国人力资源管理的模式及特征
- 了解日本人力资源管理的模式及特征
- 了解欧洲人力资源管理的模式及特征

本章重点：美国人力资源管理的模式及特征

本章难点：欧洲人力资源管理的模式及特征

虽然人力资源管理在各国的发展历程各不相同，但各国都能达成的共识就是“人才是国家的宝贵资源，没有高素质、高水平的人才，一个国家的发展就会停滞不前。”在国际人力资源管理中，美国、日本、欧洲人力资源管理模式属于人力资源管理的典型模式，有许多值得借鉴的地方。

第一节　美国人力资源管理模式及发展

一、美国人力资源管理的历史演变

1. 美国人力资源管理的历史演变过程

美国能在近半个世纪以来发展成为经济实力和科学技术方面的强国，和人力资源管理在美国的发展有密不可分的关系。虽然“人力资源”这一概念早在 1954 年就由现代管理学之父彼得·德鲁克在其著作《管理实践》提出并加以明确界定。但是人力资源管理在美国的产生还是经历了漫长的六个时期，分别是人事管理的萌芽、人事部门的出现、福利资本主义时代、大萧条及新政、第二次世界大战及工会主义、人力资源管理的产生。随着工业革命的兴起，人在生产生活中的作用日益凸显，因此，如何把人的作用发挥到最大，如何调动人的积极性开始引起社会关注，其中以泰勒为代表的管理思想在美国兴起，泰勒在他的著作《科学管理原理》中精辟地阐述了为了提高劳动生产率必须科学地挑选适合的人从事适合的事等思想和“差别计件工资制”等的激励方法都代表了美国人力资源管理的进步。

2. 美国人力资源管理的发展

美国人力资源管理专家加里·德斯勒（Gary Dessler）根据政府职能在美国企业人力资源管理中发挥的作用，将人力资源管理在美国的发展历程划分为档案管理阶段，政府职责阶段及组织职责阶段。

（1）档案管理阶段

档案管理阶段是指 20 世纪 60 年代中期以前的人力资源管理发展阶段。该档案管理阶段属于传统的人事行政管理，档案记载着员工的出生日期、参加工作时间、教育背景和工作经历等信息，企业对员工的录用、安排、管理也都是通过档案进行。大量的档案管理占用企业较多的时间和精力，档案管理依靠历史的数据对工人进行管理和考核，缺乏前瞻性和预见性。

（2）政府职责阶段

政府职责阶段是指从 1964 年美国颁布《民权法》开始到 20 世纪 70 年代。该阶段由于美国国内经济迅速发展和民众的反抗发生冲突，美国政府为维持经济的发展和社会的稳定，促使社会进步与经济发展相匹配，先后颁布了《就业法》（1967 年）、《反优先雇用法》（1965 年）、《康复法》（1973 年）、《怀孕歧视法》（1978 年）等法规，美国政府和议会在人力资源管理方面制订了大量的法律与政策，各种组织迅速跟上法律法规的要求，自觉执行。在这一阶段内，美国政府认真履行了人力资源管理所需的法律的制定及修正，对企业的人力资源管理有了一个很好的支持作用，所以称政府职责阶段。

(3) 组织职责阶段

组织职责阶段是指20世纪80年代初以来的人力资源管理阶段。在该阶段内各种组织都认真执行法律政策，内部分工明确，人事管理工作普遍受到重视，人事经理的地位上升，全面承担档案管理和政府职责。各个层次的管理者共同利用各种资源对其组织负责，提高组织的经济效益和工作效率。

20世纪90年代后，人力资源管理正逐步朝着战略性人力资源管理方向发展，标志着人力资源管理进入了现代人力资源管理的新阶段。将人力资源与企业战略目标有机结合，让人力资源服务于企业发展战略，人力资源的优势得到广泛的认可和接受，人力资源管理与企业战略管理成了企业管理的两大核心。

二、美国人力资源管理模式及特点

美国人力资源管理模式是目前世界上几种管理模式中产生最早、发展最完善的一种模式，对世界各国的人力资源管理都有很大影响，美国人力资源模式是现代企业制度、资本主义大规模生产和精细严密分工的产物。美国人力资源管理模式因其文化的多元性、开放性，各国人力资源在美国汇聚，成了一个各国人力资源的“大熔炉”。但正所谓“没有规矩，不成方圆”，为了使来自不同地域，有不同文化背景，不同习俗的人力资源能够在统一的规章制度下工作，美国企业、组织的制度化、规范化的程度都很高，强调“制度管人”的思想，这种思想缺乏以人为中心的劳动价值观，其管理模式属于管理技术型。这里主要讲第二次世界大战以后至今美国人力资源管理的特征。

1. 人力资源的配置依靠劳动力市场

美国企业的人力资源管理，对市场的依赖性很强。20世纪90年代后，美国人力资源管理日趋成熟，劳动力市场、金融市场、产品市场构成了比较成熟的市场经济体系，其中劳动力市场的繁荣对美国经济发展有举足轻重的作用。美国企业具有组织上的开放性，企业和劳动者之间是简单的短期供求关系，没有过多的权利和义务约束，这和日本的“终身雇用制”形成了鲜明的对比。在美国，人力资源的配置依靠劳动力市场进行，企业在任何时间需要的任何人才，都可在劳动力市场上，通过规范的程序招聘，或通过有目标的市场竞争，从其他企业“挖墙脚” 取得；而对于企业多余的员工或者说是企业不满意的员工都会被流放回劳动力市场；企业中的员工如果找到更适合的工作，也可以不带任何负担的离开。这种双向选择的人力资源的配置方式，可以实现全社会范围内的个人或者岗位最优化匹配，充分发挥员工特长，实现个人价值的最大化；但是由于企业员工的流动率高，稳定性差，会打乱企业的长期培训计划，影响了企业发展战略的实施，不利于特殊人力资本在企业的形成和积累。

职业能力培养：相关链接

美国企业的缺勤管理

企业员工利用各种名目的休假权条款让非常注重细节的人力资源经理抓狂，这些条款应用起来很有挑战性，并且非常复杂和棘手。为缺勤而填补空缺，已成为人力资源专家最吃力不讨好的工作之一。

《家庭医疗休假法（FMLA）》有条款规定允许员工间歇性休假。“经理们为与他们信任的员工‘玩游戏’而深感沮丧，员工只需简单地给经理打电话说‘我不去单位了’，只要医生提供相关资料证明该员工每月四到五天的休假，无需再提供其他的医疗证明便可生效。”拥有62 000名员工的美国银行人力资源副总裁桑迪·博勒如是说。

根据《家庭医疗休假法》规定，请假的时间还可采用小的增量。“可以一次只请3～5分钟的假”，圣安东尼奥美军成员金融产品和保险供应商——美国装甲兵协会的高级人力资源专家、执行理事谢丽尔·帕莎说。“一旦他们符合《家庭医疗休假法》中规定的条件，他们就可以随时离开工作岗位。而且你别无选择，你不能惩罚他们，也不能在调岗、升职决定中将他们的缺勤问题考虑进去。”

公司的高层领导，甚至是首席人力资源官都将缺勤管理设置为低优先级，将其视为不可控制的事务性活动，是做生意的必要成本。

（资料来源：《青年参考》，2010-05）

2. 人力资源的管理实现高度专业化和制度化，确保组织工作正常运行

在美国，企业部门的设置以专业化原则为设置基础，以便组织中各部门相互协调，共同为完成组织目标而努力，组织中的每个人只能接受一位上级的指令，拒绝多重管理和多重指挥，如图9-1所示；组织中有各种明确的制度，便于上级部门对下级部门和员工的有效控制；各员工之间分工明确，责任清晰，大多数企业都有一份有关工作任务、职责与责任信息的工作说明书和从事每个工作要求员工具备哪些知识，技能，能力等信息的资格文件。

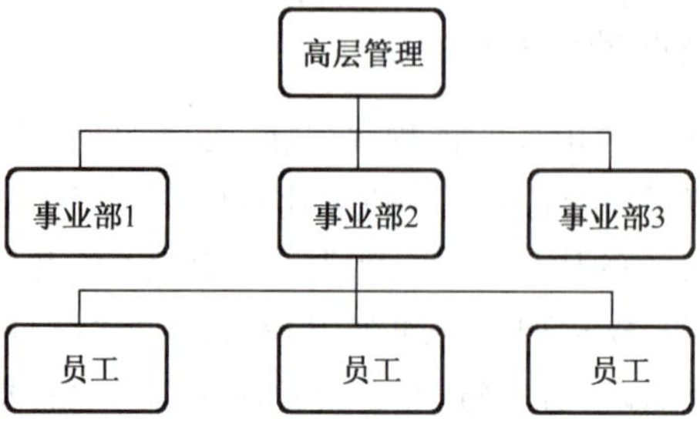

图9-1 组织结构图

案例9-1 职业能力

团队在这里行不通

Levi Strauss公司重新设计他在美国工厂的成衣生产线，试图减少由于工作重复的压力而造成的成本。此外，还希望能够在美国继续生产而不必转移到国外生产。但是，Levi Strauss公司的竞争对手早已将主要生产线转移到国外去了。

Levi Strauss公司放弃了原来的按部件工作的体系，改为建立团队工作。原来的按部件工作体系中，工人重复着单一、简单的任务（像缝制拉链等），并按照所完成的工件数量领取工资。在团队工作体系下，由10～35名工人组成一个团队，根据整个团队所生产裤子的数量获得工资。工人们轮流做不同的任务，以减少由于工作单调和重复的压力给他们造成的损害。

然而，新的工作系统并没有导致更高的生产力，而是降低了生产力、产生混战和新的压力，员工之间的威胁和侮辱变得更为普遍。工作快的工人想摆脱慢的人，所以，友情消失了。生产裤子的质量在第二年下降到了每个团队合格率只有77%的水平，后来尽管生产力慢慢提高，但是仍然只有原来的93%。此外，每件裤子的劳动成本上升了25%。重要的是，最高工资下降了。例如，一个熟练缝纫女工每小时工资由原来的8.75美元下降到了7.00美元，原因在于合作伙伴动作慢。但是，较慢的工人的工资反而增加了——这就减少了Levi Strauss公司在节约上的努力。缝制一件“Dockers”裤子的单位劳动成本由原来的5.00美元上升到了7.50美元。

根本问题在于工作的特性上。生产的速度与工人的熟练程度有关，缝制裤子需不断重复的毅力。高绩效者当看到报酬减少，就会决定不那么刻苦工作了。一个工人说：“你会感到受骗，你的收入在减少，还为什么给予他们120%努力呢？”当一个团队成员旷工或减慢，团队中其余的人就得弥补缺下来的生产，业绩好的人就会生气，他们不得不干得差些。团队成员的缺乏友情也引起了旷工队员的愤恨和跳槽。管理部门注意到，团队工作体系产生了要求平等的压力，而这些平等压力并不总是健康的。

最终，Levi Strauss公司裁减6000名工人——国内员工的1/3。一般来说，这种方法在很大程度上是做样子给人看的，经理人员希望以此提高生产力。尽管如此，一个长期雇员说：“我讨厌团队，Levi不是团队使用的地方。”

案例分析：（1）根本问题在于工作的特性上，本案例中工人生产的速度与工人的熟练程度有关。改革前，Levi Strauss公司采用按部件工作的体系，也就是专业化体系，每个工人负责固定工作，熟练程度高，工人工资也高；改革后，Levi Strauss公司采用团队工作，轮流做不同的任务，降低了工人对工作的熟练程度，导致工人工资降低。（2）改革前，以各人的劳动成果计算工资，请假、效率降低等只会影响到自己的工资，员工工作积极；改革后，以团体生产裤子的数量计算工资，团队中任意一个人请假、效率低下都会影响到团队中其他人的工资，使团队成员之间发生矛盾。

（资料来源：369人力资源论坛）

思考问题：

为什么Levi Strauss公司采用团队工作系统并没有取得更好的结果？

3. 人力资源一视同仁

美国企业注重员工的能力，注重员工为企业带来的经济效益，员工进入企业后，拥有管理学硕士学位的人可以直接进入管理阶层，员工如果有能力，有良好的工作绩效，不管是来自于公司内部，还是来自于别的企业，都可能很快得到提升和重用。企业实行“功绩晋升制”，员工之间公平竞争，凭绩效晋升。这种对员工一视同仁的方法可以发挥员工的积极性，使优秀的人才脱颖而出，得到重用，为企业创造更大的价值，但是这会减少内部员工晋升的机会，员工的归属感也不强，员工也比较容易跳槽。

4. 激励方式以物质激励为主

在人力资源管理中激励一般是指管理者用各种有效的方法去调动员工的积极性和创造性，使员工努力去完成组织的任务，实现组织的目标。激励是人力资源管理的重要内容，有效的激励可以挖掘员工的潜力，更好地为组织的目标服务。美国人力资源管理中极为强调物质（工资、福利）刺激的作用，偏重于以个人为中心，强调个人的价值，激励对象主要以高层领导为主，总裁的年收入（包括奖金）甚至可以达到上千万，是普通员工工资的几百倍。

思考：我国企业对员工的激励方式有哪些？

5. 员工工资水平由市场化决定

美国大多数企业都实行“岗位等级工资制”即依靠岗位和技术等级来确定员工工资。企业员工工资的确定通常由以下几个步骤确定。企业首先根据员工对企业带来的贡献、劳动力市场的供求关系及平衡状况拟定企业各个职位，各类技术人员的工资，其次根据劳动力市场上相同职位，相同技术人员的工资状况自主拟定企业员工的工资水平。最后，和工资低于市场平均工资的员工进行谈判，以合同方式确定双方都能接受的工资。

职业能力培养：相关链接

美国企业总裁平均工资是工人的531倍

美国“联合争取公平经济研究所”日前公布的一项报告表明，从 1990 年到 2000 年 11 年间，美国企业总裁的工资增长幅度高达 571%，而普通工人工资的增长水平只有 37%，扣除 10 年来的通胀幅度 32%，工人实际平均工资增长无几。据美国《时代周刊》报道，目前美国老板的平均薪水是一般工人平均薪水的 531 倍！

据计算，如果工人的工资从 1990 年开始也像企业领导工资那样增长，今天工人的平均年薪就应该是 120491 美元，而不是目前可怜的 24668 美元。该研究所认为，美国的经济制度应该对那些低收入者更公平些。

该研究所和其他相关机构正在积极努力，要求美国国会尽快以立法形式提高最低工资水平。据统计，1990 年，美国法定最低工资为每小时 3.80 美元，目前才提升到 5.15 美元，如果最低工资界限也以老板工资增长的速度那样上涨，今天工人的最低工资界限就应该是每小时 25.50 美元。

实际上，民主党国会议员近年来不断推出议案，试图缩小工人和老板工资之间的差距，如肯尼迪参议员 1999 年曾提出议案，要求把每小时的最低工资提高到 6.65 美元，但由于国会一直由代表企业主利益的共和党把持，这类议案全被搁浅。有经济专家指出，尽管民主党和民间学者正在积极推动提高工人工资，但在目前美国经济疲软、企业裁员日益加剧的情况下，工人将处于更为不利的地步，能不被裁减就算万幸了，哪里还敢奢望再增加薪水。在可预计的将来，工人和老板间的工资差距，继续拉开的可能性更大。

（资料来源：369 人力资源论坛）

6. 人力资源的全球化引进

自从 1965 年美国政府对《移民法》进行了修改，把重点转移到了所需技术人员的获取后，大批各国移民前往美国居住，促进了各类优秀人才在美国的积累。一方面由于美国比较成熟的市场体系，人力资源配置完全由市场决定，竞争环境相对公平，另一方面，由于美国经济发展水平高，各种设施设备比较完善，优秀人才在美国的各个领域都能得到很好的发展，加剧了世界各个国家优秀人才在美国聚集。

7. 注重对人力资源的培训

和德国的“双轨制”培训体制不同，美国各类用人机构更注重对工作后的人力资源进行培训，以培养出符合本企业需求的人力资源。企业员工从被录用起首先要接受系统的职前培训，以便让新员工能更快适应企业的工作环境，了解公司的基本状况，和工作的基本情况等；企业的老员工会经常接受在职培训，其中主要包括技术再培训和职业意识再培训。美国企业把对各级各类人力资源的培训和再培训与组织竞争战略目标相结合，通过研讨会、案例研究、角色扮演（Role Playing）、文件筛选、管理游戏（Management Games）、工作转换（Job Rotation）等各种途径和方式，对人力资源进行培训。但总的来说，美国企业更为重视对高层经理人员的培训，并且每年花费在这种培训上的费用比例也相当高。

案例 9-2 职业能力

别具一格的杜邦培训，为员工量体裁衣

作为化工界老大的杜邦公司在很多方面都独具特色。其中，公司为每位员工提供独特的培训尤为突出。因而杜邦的“人员流动率”一直保持在很低的水平，在杜邦总部连续工作30年以上的员工随处可见，这在“人才流动成灾”的美国是十分难得的。

杜邦公司拥有一套系统的培训体系。虽然公司的培训协调员只有几个人，但他们却把培训工作开展得有声有色。每年，他们会根据杜邦公司员工的素质、各部门的业务发展需求等拟出一份培训大纲。上面清楚地列出该年度培训课程的题目、培训内容、培训教员、授课时间及地点等。并在年底前将大纲分发给杜邦各业务主管。根据员工的工作范围，结合员工的需求，参照培训大纲为每个员工制定一份培训计划，员工会按此计划参加培训。

杜邦公司还给员工提供平等的、多元化的培训机会。每位员工都有机会接受像公司概况、商务英语写作、有效的办公室工作等内容的基本培训。公司还一直很重视对员工的潜能开发，会根据员工不同的教育背景、工作经验、职位需求提供不同的培训。培训范围从前台接待员的“电话英语”到高级管理人员的“危机处理”。此外，如果员工认为社会上的某些课程会对自己的工作有所帮助，就可以向主管提出，公司就会合理地安排人员进行培训。

为了保证员工的整体素质，提高员工参加培训的积极性，杜邦公司实行了特殊教员制。公司的培训教员一部分是公司从社会上聘请的专业培训公司的教师或大学的教授、技术专家等，而更多的则是杜邦公司内部的资深员工。在杜邦公司，任何一位有业务或技专长的员工，小到普通职员，大到资深经理都可作为知识教师给员工们讲授相关的业和知识。

（资料来源：新华网）

8. 注重企业文化建设

美国人力资源能够快速发展得益于诸多管理理论的指导。这其中包括麦肯锡的“7S”管理分子理论、“企业文化”理论、“组织具有生命周期”理论、“A 战略：人与效益的关系七步骤”理论等，其中以管理学者彼得斯的“企业文化”理论和舒适特的“A 战略”为代表。企

业文化是一个全新的企业管理理论，发源于日本，形成于美国。企业文化理论由美国学者彼得斯和沃特曼合著的《寻求优势：美国最成功公司的经验》一书中提出，“企业文化”是指一个组织或企业所具有的共同的价值观、文化观和历史传统、道德规范和生活信念等。“A 战略”理论则主张：“关心员工的需求是获得较高生产效率的关键；在任何企业内，对人的管理都应重于对其他生产要素的管理，应当得到首要的关注。”在美国，企业文化理论使组织成员有了一个共同认同的标准，使组织成员更加团结，“A 战略”理论则让组织领导者更加关心员工，了解员工，拉近了上下级的关系，形成了独特的企业文化，这种由企业领导和员工共同参与形成的企业文化更值得大家去拥护，去认同。

三、美国人力资源管理趋势

第二次世界大战以后的经济繁荣使美国成为世界上的超级大国，奠定了美国在科技、军事、经济等方面的霸主地位，在人力资源管理方面，美国也担当着领路人的角色。把人看做是一种优势资源并注重对人力资源开发的思想，使得美国更加注重对人才的培养。

金融危机爆发以后，全球一体化经济的发展对美国人力资源管理提出了严峻的挑战，美国人力资源管理环境发生巨大的变化。①经济全球化意味着更加激烈竞争，科技的发展要求企业将新技术应用到改善自身运营状况的任务中去。②美国是金融危机发源地，失业率持续上升，其中有很大部分属于经济学家所说的“长期失业者”，必须解决这部分人的就业问题。③组织结构趋向于扁平化发展，劳动人口结构发生变化，女性就业人员上升，劳动人口也变得越来越老龄。④高压力的竞争和企业追求更高效率使企业把很多非核心工作外包。

为了适应人力资源管理环境发生的巨大变化，美国人力资源管理不断调整和改变，进而衍生出很多发展趋势。

1. 加大教育投入力度，更加注重对员工培训和培养员工创新精神

虽然美国一直非常重视对人力资源的培养，舍得对人力资本进行投资，自金融危机后，随着失业率的上升，美国企业加大了对员工的教育投资，很多企业都有为员工培训的独立机构。美国企业对人才的培训主要包括四个方面的内容。①由企业出资对优秀员工进行再教育。②通过培训帮助员工好到更好的职业。③对特殊岗位的员工进行特殊培训。④培训与咨询相结合，为培训员工解决问题，提高培训效率。

2. 薪酬方式呈多样化发展

美国企业员工工资多是依据“岗位等级工资制”制定的，在美国，不同级别，不同专业的工种；不同性质的岗位；不同经历的经理有着不同的工资水平。美国企业偏重于以个人为中心，强调个人的价值，员工报酬主要是以个人能力大小来确定，有别于国内以学历、资历来确定员工工资，金融危机爆发后，为了刺激员工工作的积极性，美国企业出台了多样化的激励形式。如：在原来工资的基础上增加了股东回报率、为员工家属提供保险等。

3. 将更多人力资源管理职能外包

为了得到专业的人力资源服务，节约成本，降低风险，企业将很多对企业价值影响不大的职能外包，如员工档案保存、工作咨询等。

4. 更加注重“以能力为本”的管理方式

能本管理是人本管理发展的新阶段，基本思想最大限度地发挥人的能力，从而实现员工能力价值的最大化。

5. 人力资源管理系统被更广泛的应用

人力资源管理系统是指利用专门的计算机软件对企业人力资源进行管理。人力资源管理系统的核心是利用网络技术实现人力资源管理的部分职能，如电子化招聘、电子化培训、电子化学习等，通过人力资源管理系统的应用，可以为企业节约资金，节省时间。

6. 企业对社会的责任更加严格

随着全球化进程的加快，美国将一些有污染，利润低的企业转移到其他发展中国家，如中国。但是随着人们生活水平的提高，人们的环保意识更加强烈，为了寻求长期的合作，美国企业必须对自己的社会责任更加明确。

7. 人力资源管理更多地为企业战略服务

随着全球化的全面推进，人力资源管理也发生了巨大的变化，人力资源管理正在寻求新的职能，拓展新的工作，人力资源管理工作正朝着如何为企业战略目标服务提供增值性的服务。

职业习惯培养：相关链接

什么是战略性人力资源管理

现代管理学认为战略性人力资源管理是组织为达到组织战略目标，系统地对人力资源进行部署和管理，为组织目标服务的管理模式，战略性人力资源管理是组织战略重要组成部分。战略人力资源管理产生于20世纪80年代中后期，战略人力资源管理的理念，首先由美国人提出，但是扮演实践者的却是日本，所谓的战略性人力资源管理就是以组织战略核心，根据组织战略制定相应的人力资源配置，培训与管理，为组织战略目标服务。战略性人力资源管理要求组织建立专业的人力资源管理体系，达到有效“招人、育人、用人和留人”目标。

（资料来源：[美]雷蒙德. A. 诺伊等著，刘昕译. 人力资源管理：赢得竞争优势. 北京：中国人民大学出版社，2001. ）

第二节　日本人力资源管理模式及发展

一、日本人力资源管理的产生

日本是位于亚洲东部的岛国，地少人多物资相对比较缺乏，在这样的生存环境下，日本人更懂得广泛地吸收消化外来文化，从而促进日本政治、经济、生活的发展。在日本，几乎世界上先进的、有用的文化、知识理论都能在他们的社会中体现，在人力资源管理方面也不例外。

在19世纪末至20世纪初，美国诞生了科学管理理论，经过了半个多世纪的发展，到20

世纪 80 年代，美国才开始普遍的使用“人力资源管理”这一名称，并且在发展中形成了自己的人力资源管理模式。相较于美国，日本则是在美国之后结合自身经济的发展才开始逐渐有了人力资源管理的意识。

在第二次世界大战期间，由于日本经济完全成为国家统治经济、自由主义经济制度崩溃，进而出现了终身就业与月薪制。这种终身就业和月薪制的产生为日后的人力资源管理的发展奠定了一些基础。20 世纪后半叶，在日本经济恢复和高速发展期间，日本逐渐意识到自身自然资源缺乏、人口众多，其经济的发展很大程度上取决于人力资源的利用，因而日本开始研究先进的西方人力资源理论，重视人力资源的开发。开始学习吸收欧美先进的人力资源管理理论，并且结合自身的情况，逐渐形成了代表东方的人力资源管理模式。

职业能力培养：相关链接

在日本发展人力资源期间，日本认为不仅要有科学的管理模式，同时还应该提高人力资源的自身素质，因此采取了从教育入手，在大力发展正规教育来开发人力资源的同时还不断加大对人力资源的教育投资和科研经费的力度。

人力资源开发与教育水平的国际比较

国家	公共教育支出占国民生产总值的比重（%）		中学净入学率占相关年龄组的比重（%）		高等教育程度占 25 岁以上人口的比率（%）	从事研究与开发的科学家与工程师（每百万人）	科学研究与开发经费支出占国民生产总值比重（%）
	1980	1997	1980	1997	1999	1987-97（排名）	1997
日本	5.8	3.6	93	100	20.7	4909（1）	2.90
中国	2.5	2.3	63	70	46.5	454（49）	0.64
美国	6.7	5.4	94	96	3.6	3676（3）	2.45
德国	—	4.8	82	95	17.3	2831（9）	2.27
法国	5.0	6.0	94	99	—	2659（13）	2.38
英国	5.6	5.3	88	92	11.0	2448（15）	2.19
韩国	3.7	3.7	76	100	21.1	2193（20）	2.61
印度	3.0	3.2	41	60	7.3	149—	0.80

注：（ ）内为世界排名。

（人力资源与教育水平的统计资料）

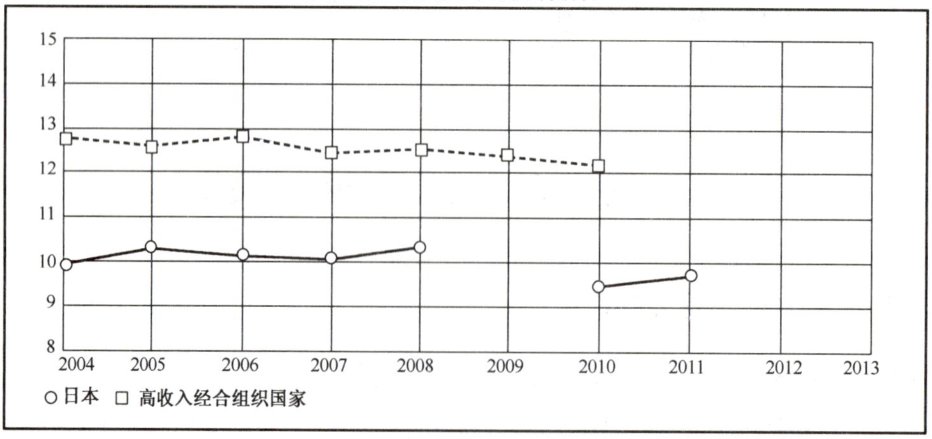

（教育支出占财政支出的比例）

（资料来源：世界银行数据库 http：//data.worldbank.org.cn/）

二、日本人力资源管理模式

1. 日本人力资源的传统管理模式

由于历史、文化、价值观的东西方差异，日本经过不断地发展和完善而形成的传统人力资源管理模式和美国的人力资源管理模式便也就存在着许多的不同。早在 20 世纪 90 年代，日裔美国学者威廉·大内（William Ouchi）鉴于美国企业面临着日本企业的严重挑战，从而选择了美、日两国的一些典型的企业进行研究。然后发现并且总结出了美、日的人力资源模式差别，并且进一步还提出了一个新的理论——Z 理论。

职业能力培养：相关链接

Z 理论（Theory Z）

Z 理论（Theory Z）是威廉·大内（William Ouchi）在 1981 年提出的代表日式管理的理论，其中把美国和日本的典型管理模式分别成为了 A 型组织和 J 型组织，认为美、日主要有着基本雇佣制度、企业的决策制度等七个方面的差异，并且在最后还提出了另一个新型的 Z 理论。

（资料来源：加里德斯勒. 人力资源管理. 北京：中国人民大学出版社，1999.）

和欧美的人力资源相对比，日本传统的人力资源管理模式具有以下特点，是日本结合自身的文化、经济环境而形成的具有日本特色的人力资源管理。

（1）终身雇佣制度

日本的雇用管理的特征就是终身雇佣制度。所谓终身雇佣制度就是指的一个人从最初参加工作到最后退休为止，一直在同一家公司工作的现象，即获得在同一家企业的长期雇佣保障。这也便是日本“家庭式”管理模式的一个重要内容，同时也是日本人力资源管理的独特之处。

这种特有的终身雇佣制度的产生，还得追溯到第二次世界大战结束不久。在第二次世界大战结束不久日本就爆发了劳资纠纷，与此同时由某些特殊企业的成员组成的企业工会登上了日本的历史舞台，开始代表劳动者维护他们的自身利益。在此后的劳资纠纷中，企业便得同这些企业工会进行和解、调解、裁决等一系列的过程，从而最后解决劳资纠纷。这样一来，企业也开始意识到这样解决劳资纠纷的方式对自身有所不利。于是，终身雇佣制度开始在企业中渐渐有了雏形。此后的企业发现长期雇佣不仅解决了这样消耗自己企业财力人力的劳资纠纷，同时还对企业的发展有所促进。最终在 1955 年作为社会孤帆的终身雇佣制度就在日本形成。

然而，不得不承认的是终身雇佣制度在日本长期维持下来，是因为这样的制度有着自身的合理性。简单介绍如下。

① 增强了员工的归宿感，给予了员工安全感，让员工没有顾虑全心全意地为企业工作，着也是日本“家庭式”管理的奠基。

② 获得了企业在员工培训的投资方面的回收。正是由于终身雇佣，企业对员工进行的岗位培训、技能培训等便可以得到回报，从而促进企业自身的发展。

（2）职务资格制度

日本的人事考评制度在 20 世纪 80 年代这段时间之中采用的是职务资格制度，这种职务资格制度指的是根据企业员工的职务执行能力水平来进行职务资格等级的划分，并且以此为核心进行企业员工的人事考评。在这样的制度下，每个员工的职务执行能力被其公司给予了不同的职务资格等级。显而易见，等级的不同，相应的员工人事考评的标准和待遇水平也就随之不同。因此，这种职务资格制度之下的人事考评也就被分为了以下三个方面的核心内容。

① 绩效考评：目标完成程度。

② 态度考评：员工的自觉性和工作意愿考评。

③ 能力考评：即为职务资格制度的核心内容。

这种职务资格制度也是日本人力资源管理所特有的，与欧美实行的一般以工作本身的难易程度来划分等级的职务等级制度截然不同。这样的制度之下便也就产生了具有特色的“晋级”管理（日语中称之为“升格”），即为晋升的标准是能力标准而非职务的变动来进行。

然而，日本的职务资格制度的产生，也得追溯到第二次世界大战结束。在第二次世界大战结束之后的日本进入了经济发展高速成长的阶段。在此过程之中，日本的“能力主义”意识盛行，这就逐渐地形成了具有“能力主义”特色的职务资格制度。并且许多的日本企业广泛采用这样的制度。也就形成了日本特色的人力资源管理模式，如图 9-2 所示。

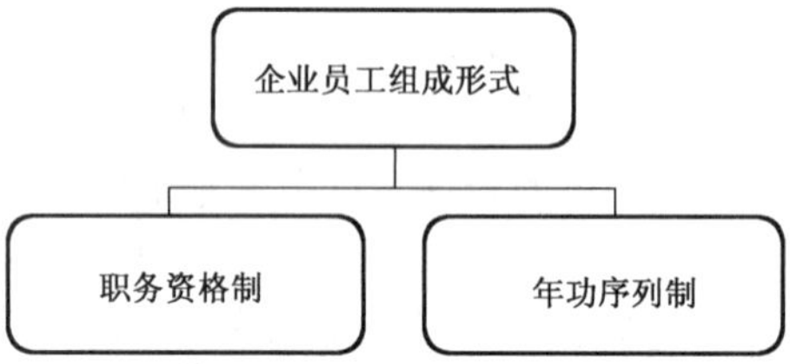

图 9-2　企业员工工资组成形式简化分析图示

（3）年功序列工资制度

年功序列工资制度是日本传统且特有的工资制度，顾名思义是指企业员工的基本工资随着员工本人的年龄和在企业的工龄的增长而每年进行增加，而且增加的工资一定是有着一定的序列，这个序列便是按着各个企业自行规定的年功工资表次序来确定的。而如今，我国的某些企业仍然有着与这种制度相类似的薪金规定，如工龄工资便是这种年功序列制的一种演变。在日本的企业中，他们普遍认为这样的工资制度是合理的，因为他们确信员工对业务的熟练程度以及职务执行能力是随着在企业工作的时间的增加而提升的，因此对公司的贡献也就相应的随着工作时间的累积增多而增多。与此同时，他们还考虑到员工随着年龄的增加相应的生活开支也就增加了，从一种企业福利制度的角度出发考虑，他们认为也应该随着企业员工工龄的时间增长而增加企业员工的工资。

那么我们结合刚刚提到的职能资格制度来进行分析，便可以从另一个方面来解读日本这种传统的工资制度。显然，我们不难看出年功序列工资制度和上面提到的职能资格制度在企业中的综合薪金制度中起着相辅相成的作用。我们可以观察到在这种职能资格制度和年功序列制度下，企业员工的工资首先由职能资格制度决定，职能资格制度通过对职务执行能力进行分类和系统化，进而划分出员工工资的若干工资级别及制定出“晋级”的标准，从而来确定企业员工工资和“晋级”带来的加薪。随后，在同一职能资格内的员工再由年功序列制来决定另一部分的工资，此时根据企业的具体情况制定出相应的序列及其标准，通过所谓的“工作熟练度和对企业贡献度——工龄”来确定企业员工的工资和加薪。

因此，日本这种年功序列工资制度对于企业来说，和终身雇佣制度一样起到了激励员工的作用，即年功序列制度通过对工龄的价值的认可而进行相应的加薪，从而激励员工更加努力的忠诚的为企业工作。这同样也是日本“家庭式”管理方式的一种体现，如图 9-2 所示。

（4）企业内工会

日本的工会是在第二次世界大战结束后开始有一些企业的特殊人员开始组成，而欧美国家也曾在历史上形成过工会。然而，在日本到了后来便形成了有组织、有规模、有影响力的工会形式。并在企业中起到了一定的作用。企业工会通常会与企业就工资、福利、工作条件以及劳资纠纷等问题进行交涉。而在长期的实践中可以看出工会与管理层之间的和谐关系对企业而言是尤为重要的，可以让企业减少很多的纷繁的纠纷，为企业的发展也提供了良好的环境。

而且，通常毕业生进入日本企业后会自然而然地成为工会的会员。而在员工成为高级管理人员之后，必须办理脱离工会的手续，因为此时的身份从雇员开始转变成了雇主。然而，对有必要脱离工会的管理职位的界定，企业也并没有明确的界线。大企业中通常是部门经理以上的职位才可以脱离。而中小型企业可能会是董事级的管理人员才可以脱离工会成为雇主的身份。

以上四个方面便是相较于欧美而言，日本传统人力资源管理模型的独到之处。我们从客观的角度来阐明了各个制度的内容及其特点。由上述内容可以很容易看出日本的传统的人力资源管理的形成，更多的是来自于日本经济发展时期和高速发展时期中，经营者（或者说企业）根据当时特定的环境（如第二次世界大战结束不久之后，日本的劳资纠纷问题的爆发）以确保自身能够继续存活、发展为目标，而采用的管理方式。经过不断的实践，从而逐渐形成的一个具有日本自身特色的人力资源管理模式。

职业习惯培养：相关链接

Z 理论中认为的日、美人力资源管理特点的差异

日本	美国
1. 实行长期或终生雇佣制度，使员工与企业同甘共苦、同命运；	1. 短期雇用；
2. 对员工实行长期考核和逐步提升的制度；	2. 迅速的评价和升级，即效绩考核期短，员工得到回报快；
3. 非专业话的经历道路，培养适应各种工作环境的多专能人才；	3.专业化的经历道路，造成员工过分局限于自己的专业，但对整个企业并不了解很多；
4. 管理过程不仅要运用统计报表、数字信息清晰鲜明的控制手段，又注重对人的经验和潜能进行细致而积极的启发诱导；	4. 明确的控制；
5. 采取集体研究的决策过程；	5. 个人决策过程不利于诱发员工的聪明才智和创造精神；
6. 对一时间工作集体负责；	6. 个人负责，任何事情都有明确的负责人；
7. 树立牢固的整体观念，员工之间平等相待每个人对事物均可做出判断，并能独立工作，以自我指挥代替等级指挥。	7. 局部关系。

（资料来源：余焯和. 美日中人力资源开发战略研究. 北京：中国人事出版社，2012.）

2. 日本人力资源管理面临的问题

在上面内容中，我们谈到了日本传统的人力资源管理模式，我们不得不承认其传统模式的独到之处，并且应肯定其传统的人力资源管理模式为日本的企业管理做出的伟大贡献。但是，总的来说，我们必须清楚地认识到人力资源管理的对象是人，简单来说其目的是做到人力资源的最优化配置，最大化地实现人力资源对企业的促进作用。然而，人是随着环境的改变而改变的。因此在人力资源管理方面，我们绝不能说某个具体的管理制度或者方式是始终在管理中起着不衰减的作用的。那么随着社会、经济的变化发展，人力资源管理的也就会面临许许多多的问题。接下来我们就从以上所介绍的日本传统人力资源管理模式的四个方面来探究在其以后的发展中面临的问题。

（1）终身雇佣制度面临的问题

在日本，随着1973年的石油危机和1989年的泡沫经济危机，以及21世纪高速发展的科技、信息新纪元的相继出现，这种传统的终身雇佣制度的局限性和不合理性也就日益突出。并且随着发展中层出不穷的问题，终身雇佣制度在日本传统人力资源管理模式中的地位也就不断动摇。简单来说，可以从两个不同的角度来剖析终身雇佣制度在发展中面临的问题。

一方面从企业的角度来探究终身雇佣制度面临的问题。随着经济的融通性越来越强，企业面对的经济挑战也越来越多，因此而带来的人力资源管理方面的问题也就自然增多。总之，从企业的角度，该制度面临问题有如下几个。

① 劳务费用成为了企业不可削减的固定费用。对于企业而言，不灵活的雇佣制度使其竞争市场中没有明显优势：由于该制度的执行，支付给员工的工资也是呈一种不衰减且不断上升的趋势，从另一个角度来说可以将其视为必不可少的开支。然而，随着市场开放，竞争压力逐渐增大，企业便认为这样一个庞大却不可削减的开销对于企业来说是一个负担，对自身的竞争能力有负面影响。和欧美企业相比，灵活的雇佣制度显得更加符合剧烈竞争的要求。

② 长期雇佣使得企业中劳动力的供需不均衡。在经济全球化的趋势下，市场竞争激烈，企业生存条件艰难，并且某些企业所涉及的行业规模也随着社会的发展而逐渐缩小，再加上科技的进步，企业在劳动力的需求上和以往相比大大减小。但是由于终身工制度的执行，企业中的劳动力不但没有合理地进行裁减反而随着时间的积累数量有所增加。这样的局面让企业陷入了危险之中。

③ 长期雇佣使得企业人员的流动性差，从而企业中的人员活力不够、创新不足。

另一个方面从企业员工自身的角度出发，在越来越全球化的发展趋势下，世界各国的文化思想交流日益增多，许多的年轻员工对终身雇佣制度的认识也有所改变，因此终身雇佣制度还面临着如下的问题。

① 随着日本教育的普及度提高，大多数从业人员的教育水平提高，人们对工作的认识也就和以往不一样。许多的年轻人在看待工作时，更多地倾向于实现自己的价值，而并非还是第二次世界大战之后人们期望有个安稳的工作以支撑家庭的生活。因此，终身雇佣制度对于员工的吸引力早已比不上以前。

② 随着文化交流的频繁，许多的日本年轻人和他们的长辈相比，对于过度的组织忠诚也持有不同的看法。他们也吸收了欧美的以人为本的思想，也从以往的集体主义中开始慢慢转变。因此，终身雇佣制度在确保员工忠诚方面也面临着巨大的挑战。

（2）职务资格制度面临的问题

相较于上面提到的终身雇佣制度，日本的职务资格制度所面临的问题更是明显。其面临问题的最主要根源也和这个制度本身有关。在日本，和欧美国家相比，他们本身对职务这个概念的理解并不透彻。而且，在企业中由于集体主义精神的推崇，每件事情集体决策、集体负责，因此每个人的职务所涉及的工作范围的界定也就并不明显。因而，这个制度的本身也就是有缺陷的。随着经济发展，制度自身的缺陷就演变成一个待以解决的问题。

同时，在职务资格制度下产生了“晋级”这样一个现象。企业通过“晋级”的方式，一方面激励工作的员工，一方面也间接地促进了自身企业的发展。然而随着员工教育程度的提高，个人能力的增强，“晋级”这样的制度产物并不符合员工的需要。

（3）年功序列制度面临的问题

年功序列制是最具日本特色的人力资源管理模式，但是随着社会的发展，其制度的局限性和不足之处也逐渐显露。

从企业的角度来看，由于实施年功序列制外加上终身雇佣制度，许多弊端也就出现。

① 由于终身雇佣制和年功序列制的执行，企业中的论资排辈显现也就会日益明显。原本想通过该类制度使得企业员工拥有归属感从而努力工作的构想逐渐落空。相反，论资排辈的现象使得企业员工对工作本身的投入度减少，阻碍了企业更好的发展。

② 年功序列制简单来说就是工作年龄决定工资收入，这样的制度不能够更好地激励有能力、干实事的企业员工，其制度并不能达到人力资源的优化配置和最大化利用，在一定程度上也是在浪费企业的优质人力资源、阻碍企业的发展。

从员工角度，年功序列制也存在许多不合理之处。

① 越来越多的年轻人开始成为新一代的劳动主要力量，而年轻人在年功序列制度下几乎没有优势。然而作为主要劳动力的年轻员工也不能通过其他的制度得到满足，因此工作的激情不高，对企业的重视度也不会提高，从而不利于企业的发展。

② 日本教育的普及和世界文化的交流融合，使得年轻人更倾向于自我价值的被肯定，年功序列制恰巧不能满足年轻企业员工的心里需要，没有产生其预想的激励效果。同时，论资排辈的现象也让年轻的企业员工受到一定程度的压迫，更使得有能力的年轻员工没有了积极工作的愿望。因此在很大程度上降低了企业内部运转效率，抑制了企业的发展。

3. 日本人力资源管理的变革

面对人力资源管理发展中存在的问题，日本人进行了研究学习并且做出相应的变革。形成了如今的这样一个在传统基础之上做出相应改变，适应大的环境需要的先进的人力资源管理模式。近些年其主要变革有如下几个方面内容。

（1）雇佣制度方面

① 非正式员工的增加。在长期雇佣关系的压力之下，企业逐渐出现了设立雇佣期限招聘非正式员工的用人方式。这样的雇佣方式，不仅使得企业的用工费用减少，并且企业的人员流动性增加，让企业和以前相比充满了活力，创新思维也有了孕育的土壤。

② 关注可雇佣性管理。可雇用管理的概念是由美国首先提出，日本在学习美国的这种思想后结合自身的条件，对这个概念进行了本土化。在日本，可雇佣性管理大致上讲就是指企业员工的工作能力的培养与开发。使得在企业工作的员工有能力转换岗位，或者在离职之后有能力再次就业。日本越来越多的企业开始关注可雇佣性的管理。因为在一定程

度上，和长期雇佣相比，可雇佣性管理在激励员工的工作积极性及对组织的归属感上更加有力。

（2）人事考评方面

① 目标管理制度。日本在实行了通过职务资格制度作为人事考评的一方面之后，发现了其存在的局限性与挑战，因此引进了目标管理制度。并且根据目标完成度来修订了工资和奖金的制度。

② 引进欧美实行的职务等级制度。引进职务等级制度，一方面解决了职务资格制度中员工个人能力被忽视的问题，另一方面也弱化了和年功序列制一样存在的论资排辈的不良现象。相比于以往，企业的制度更加客观地反映员工的工作能力及投入度，从而也一定程度上达到了激励作用。

（3）工资考核制度方面

① 职能工资强化。企业逐渐地开始削弱或消除工资中年功序列制下的要素，更多地开始强化职能工资的地位。当然一些企业也采用的是职务工资，而这种职务工资有别于传统的职务资格制度，它是以全体员工为对象，但是对管理层的员工和一般员工的运行机制是不同的，也是一种比较合理的制度。

② 年薪制。由于经济的发展，上市公司形式的出现，日本在20世纪90年代开始引进这种年薪制。年薪制的对象是企业的管理者阶层。

职业习惯培养：相关链接

日本企业年薪制的类型和特点

马淑萍

日本社会生产本部2002年的一项调查显示，40%的上市公司实行了年薪制。年薪制就是指根据实力即能力和业绩而非根据年龄、工龄决定工资多少的工资制度。日本企业的年薪制形式可以划为两类："一本型"年薪和"复数项目型"年薪。

"一本型"年薪制

根据决定年薪的方法、原则的不同，一本型年薪制还可以细分为专业棒球运动员式、职务等级式及职务等级加业绩式。

"复数项目型"年薪制

多数日本企业采用复数项目型年薪制。

1. 有定期晋升的基本年薪+个人业绩年薪。索尼公司的管理人员实行的是"基本年薪+业绩年薪"。

2. 无定期晋升工资的基本年薪+个人业绩年薪。东京煤气公司对部长级别实行"月薪×12+年中奖金"的年薪结构。

3. 无定期晋升工资的基本年薪+个人业绩年薪+公司业绩年薪。横河电机管理层的年薪由"基本年薪+个人业绩年薪+公司业绩年薪"三部分构成。基本年薪现在占80%，将来准备减到70%。

资料来源：中国人力资源和社会保障出版集团有限公司网 http：//www.class.com.cn/

③ 退休金提前支付制度。

（4）福利方面

引进自助式福利计划。自助式福利计划起源于美国，其含义就是在向员工提供种种福利政策时，企业方既要照顾员工自身的选择，又要通过事先确定的平均每个员工的预算额，整体控制福利费用的一种思维方式及据此所制定的一个体系。这样一来该政策的灵活性满足了员工多样化的需求，激励了员工努力工作。

总之，日本在传统的人力资源管理上的变革，不仅适应了社会的需要，同时也达到了一种企业和员工双赢的状态。这种变革符合历史的发展，是必要的也是必然的一种改变。

三、日本人力资源管理面临的新形势

尽管日本的传统人力资源在之后的发展中进行了不断的改革，形成了具有日本特色的适应环境的新型人力资源模式。但是，万事万物都是处于变化之中的，没有一个万能永恒的模式存在于变化的世界之中。日本人力资源管理同样在不断发展改进。下面对日本人力资源管理面临的新的形势做简单介绍。

1. 人口老龄化发展

老龄化社会这个名词对于现在的人们来说是一个并不陌生的名词。早在很久以前联合国就对老龄化社会进行了定义。定义中指出老龄化社会即为老年人口占总人口达到或超过一定的比例的人口结构模型。按照联合国的传统标准是一个地区 60 岁以上老人达到总人口的 10%，新标准是 65 岁老人占总人口的 7%，即该地区视为进入老龄化社会。

然而，据统计日本在 1994 年就进入了老龄化社会，而在 2000 年的统计数据显示已经高达 17.2%。并且其速度也是相当的快。因此人口的老龄化已经是日本的新问题了。解决庞大的退休金和衰减的经济活力的冲突、大量老龄劳动者与少量年轻劳动力的冲突已经是日本人力资源管理的一个要求和发展趋势。

2. 年轻一代的价值观的改变

随着社会发展、教育普及、文化交流日益增多，许多新一代的年轻人价值观也开始逐渐的改变，值得一提的是，无稳定职业的年轻人在不断增加，已经在近几年引起了日本社会的广泛关注。因此，除了因为美国次贷危机而引起的几乎全球的经济危机，从而导致了经济低迷、就业压力大之外，年轻人新型的价值观，如不再愿意像父辈一样成为只会埋头工作的人，更向往追求自己的爱好，这种价值观的改变也是让企业在用工方面面临的巨大挑战。如何激励年轻的员工为企业而用也是日本人力资源面临的问题和发展的趋势。

3. 经济及文化的国际化、全球化趋势

随着全球经济一体化的经常加快，日本企业和其他国家一样也迎来了国际化带来的挑战。其挑战主要来自以下两个方面。

① 日本企业在海外拓展业务时不得不面临自己国家的人力资源管理模式在他国本土的实施能力的挑战。换句话说就是在海外市场中的日本企业不可以单纯地将自己国家的人力资源管理模式直接搬到海外市场中去，不得不进行一些本土化，这是在长期的实践中总结出来的经验。就像麦当劳进入中国市场，在一些特别的地区推出具有本土特色的食品。

② 由于经济国际化，外来的企业也可以进驻日本本土，而这样的外企在雇佣人员方面不可能做到全部从本土招聘员工，相反会是和本土的日本企业进行人力资源的竞争。因此，外国的人力资源管理制度的进入，或多或少的会对日本的人力资源管理进行冲击。人们也会将本土企业和外企的制度进行对比。所以由国际化而引起的变化对日本的人力资源管理也是一个挑战。

案例 9-3　职业能力

松下电器的终身雇佣制度的改革

日本松下电器产业公司近日宣布，从 9 月开始实行提前退休制度，并以此为契机，实行裁员计划。此间舆论纷纷认为，日本的终身雇佣制度将不可避免地受到冲击。

据新华社报道，日本松下电器产业公司宣布，将从今年 9 月引进提前退休制度，该制度适用于连续工作 10 年以上，年龄在 58 岁以下的职员，而且这项制度还适用于松下工厂内部的现场就业人员以及松下总部管理部门的职员等。申请提前退休者可以享受高额退休金等优惠。松下公司计划通过这项提前退休制度裁员 5000 人。

日本松下电器产业公司是日本企业界公认的“终身雇佣制鼻祖”。松下公司的创始人松下幸之助曾下令说，决不解雇任何一个“松下人”。数十年来，松下从未因为经营不力而解雇过一个员工。即便在 1929 年松下公司经营极为低迷时，松下公司依然固守着创业者的雇佣理念，没有解雇和削减一名职员。而松下员工在达到预定的退休年龄之前，不用担心失业。这样企业可以确保优秀的员工，员工也可以得到固定的保障。这一终身雇佣制度为第二次世界大战以后的日本经济腾飞做出了巨大贡献。

数十载悠悠岁月匆匆流逝，电器产业界发展到今天也发生了翻天覆地的变化。在这种形势之下，松下公司不得不重新审视原有的结构体制以及人事制度，制定适应发展的新战略。松下公司在宣布实行提前退休制度的同时，还表示松下公司今后将告别终身雇佣制，松下公司的每一个职员的未来将由职员自己来负担。

松下公司宣布实行提前退休制度以后，富士通、NEC、索尼等各家电子公司也相继宣布裁员计划。NEC 公司计划到 2001 年度末，削减国内外工厂职员 3000～4000 人；富士通计划到本年度末削减员工数千人。除此之外，日本其他产业也相继宣布裁员计划。截至 2003 年度末，三菱汽车集团计划裁员 9500 人；五十菱汽车集团计划裁员 9700 人；住友金属工业集团计划裁员 7390 人等。

面对日本终身雇佣制受冲击，日本大企业纷纷裁员这个现象，此间分析家指出，这也许是日本结构改革的序曲，但这个头开得有点晚。

另据日本劳动省的一项调查表明，在接受调查的 591 家企业中，只有 9.5%的企业表示坚持“终身雇佣制”，而 38.3%的企业表示“终身雇佣制”已经不需要。为此，一些经济人士也指出，不管日本企业愿意还是不愿意，打破终身雇佣制度已经是一个无法阻挡的趋势。

（资料来源：天津北方网站. 时代财经. 国际经济）

案例分析：面对现代社会高速发展的科技和经济，传统的日本人力资源制度存在着不适应社会发展的问题。特别是在面对竞争压力日益增加的现代社会，日本的终身雇佣制度面临着很大的问题，如企业人员工作效率低下，企业支出工资费用过多，企业人员流动小、创新少等问题。因此该制度在传统的日本人力资源管理模式中的地位动摇也顺应了历史的发展，适应了社会的发展。

第三节　欧洲人力资源管理模式及发展

一、欧洲人力资源管理的产生

现代人力资源管理理论和实践均起源于美国，这些理论和实践被引入到不同背景的其他国家和地区时，必然会随着当地研究应用者的深入剖析和运用发生一定的变化，文化的差异使得欧洲相当多的人力资源管理者都不能接受源自美国的那一套人力资源管理理论与方法，欧洲学者一马当先地批评了美国的组织管理和人力资源管理理论。从 20 世纪 80 年代的反思开始，随着其实践经验的累积和理论研究的不断深入，到 20 世纪 90 年代，欧洲学者已经明确提出了建立自己的人力资源管理模式（Brewster，1995）。

一方面，欧洲是一个多元文化的汇集地，1016 万平方公里的土地上孕育了 45 个国家的文化，其中包括对整个人类社会影响深远的古罗马文化和古希腊文明，丰厚的历史文化底蕴注定了人力资源管理模式在欧洲必将衍生出新的内涵。其文化的多样性、政治体制的复杂性都对欧洲人力资源管理模式的形成产生了不可忽视的影响。另一方面，20 世纪 50 年代欧洲经济共同体的建立加速了整个欧洲的一体化进程，伴随着 1995 年欧盟的正式启动，欧洲各国间的经济、文化及政治发展趋同化更加明显，因此对欧洲人力资源管理模式共性的形成提供了孕育环境和发展平台。

但同时我们也必须注意到，不同欧洲国家之间的人力资源管理模式又有着迥异的特点。目前，国际上比较通用的分类方法是将欧洲各国划分为三类：拉丁语系民族（包括西班牙、法国和意大利等）、中欧（瑞士、德国等）、北欧日耳曼民族（尤指斯堪的纳维亚半岛的瑞典、芬兰、挪威及丹麦等。这三大类国家各自的人力资源管理模式既相互联系又彼此区别。霍夫斯蒂德曾经说过：在德国，除非获得允许，否则什么事情都不准做；在英国，除非受到禁止，否则什么事都准做；在法国，即使受到禁止，什么事也准做。

总的来说，欧洲人力资源管理模式是欧洲的人力资源管理理论研究者在美国人力资源管理理论与实践的基础上，充分考虑自身经济、政治和文化特点，融合社会基础，意图实现人力资源管理与企业发展战略的结合而提出的一种独具特色的国际人力资源管理模式。作为一个整体具有其独特的内涵，不同于世界其他地区和国家的人力资源管理模式。同时，欧洲各个国家的人力资源管理模式也各具特色。

二、欧洲人力资源管理模式及特点

1. 欧洲人力资源的传统管理模式

与全球其他国家和地区相比，欧洲的人力资源管理是比较复杂的。首先，欧洲大多数国家企业的人力资源管理并不像美国企业那样具有完全的自由度，因为受到较多来自文化和法律方面的影响，我们可以称其为有限度的自由。其次，从组织角度来说，欧洲大多数企业受到所有制结构的影响，在人力资源管理方面，不如美国企业般充分自由，但从人力资源管理本身来说，员工管理在欧洲企业非常重要。

有学者曾经对欧洲 1000 家大型企业做过调查统计，结果表明，一半以上企业的人力资源主管都是由董事兼任的。对欧洲企业近几十年来的人员使用情况分析不难发现，1945—1955 年间，由于第二次世界大战导致商品极度匮乏，欧洲企业大会从生产人员中选拔高层管理人员；而 1955—1965 年 10 年间，由于市场饱和、产品积压，企业则注意从销售人员中选拔管理人员；1965—1975 年 10 年间，由于全球经济化浪潮出现，合资企业及跨国企业数量急剧增加，财务问题日趋复杂，企业开始从财务人员中选拔管理人员。从 1975 年以来，由于企业间的竞争激烈，人才问题越来越成为各种竞争之关键，因此欧洲企业选拔高层管理人员的注意力开始转向人力资源管理开发上来。

欧洲国家众多，文化与法律制度各不相同，学者们对人力资源管理的研究注重将实践与理论相结合，综合考量各种因素，力求实现人力资源管理实践与企业内部文化以及企业外部大环境相协调，如图 9-3 所示。

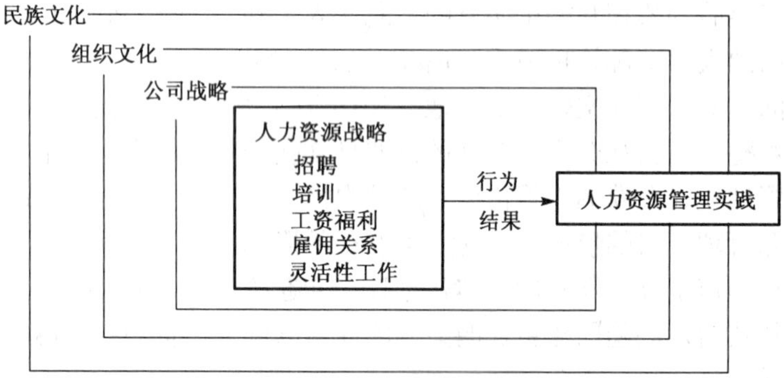

图 9-3　欧洲人力资源管理模式

（资料来源：赵曙明，张璐. 欧洲企业人力资源管理与开发的理论与实践. 企业管理，2005 年第 5 期）

那么究竟欧洲的人力资源模式究竟是怎样的呢？它具有怎样的特点及优势呢？接下来便为大家具体介绍其内容。

（1）参与式管理

参与式管理是指在不同程度上让员工参与组织决策及各级管理工作，通过参与式管理，员工可以与企业的管理者处于平等的地位发表自己的意见，提出自己的建议，从而感受到组织对他们的信任和尊重，进而衍生出强烈的主人翁意识和责任感，努力寻求自我发展与企业发展同步；同时，参与式管理为员工提供了一个取得别人重视的机会，满足员工的成就感。最后，员工也能因为参与企业各项管理活动而受到激励。欧洲许多国家的企业都有较强的员工参与意识，它们甚至还通过法律明文规定，企业的发展方针、经营策略等必须对员工公开，以保证员工与组织间的沟通顺畅高效。这样的管理方式也有利于员工知晓企业未来的发展目标，更好地为组织目标的实现努力。

参与式管理（Management by Participation）

参与式管理是以现代管理学家提出的“人性假设”理论为依据的，20 世纪 30 年代，美国心理学家梅奥（E. Mayo）在霍桑实验的基础上提出了“社会人”假设，驳斥了之前在管理界盛行的“经济人”假设，梅奥认为，人是社会人，人们希望在工作中实现社会需要和自我尊重。

（2）内部招聘为主

内部招聘是指在公司内部员工中进行公开公平的考核，选取表现优异的员工承担新职位的招聘方式，内部招聘具体又分为提拔晋升、工作轮换和人员再聘几种方法。内部招聘是现今众多企业较为青睐的招聘方式，因为一方面，内部招聘的风险较小，可以在较大程度上保证员工表现的稳定性及对组织的忠诚度，另一方面，相比较于外部招聘，内部招聘的成本较小，可以在一定程度上节约组织各项资源，包括招聘费用、入职培训费用等。欧洲企业普遍奉行以内部招聘为主的招聘方式，有调查显示，欧洲将近70%的企业优先考虑内部招聘，尤其以丹麦、德国、西班牙为例，半数以上的企业的专业技术人员都是由内部招聘而来的。

（3）以谈判确定工资

在谈判工资制下，员工的工资额由企业根据操作的技术复杂程度及熟练程度与员工当面谈判协商确定，其工资额的高低主要取决于劳务市场的供求状况和企业的经营状况。欧洲企业的工资政策一般较为灵活，以绩效工资制度为主，其中，德国和荷兰以个人奖励为主，英国和瑞典以外的北欧国家则更偏好使用集体奖励机制，欧洲国家非常重视人才的培养，芬兰、德国和挪威等国更是由顾问和联合决策协议制度来解决工资问题，最大程度上避免了人才的流失。通过谈判工资制度，员工在企业可以通过平等的谈判来维护自己的权益、保证自己的合理收入，极大地增强了员工的归属感。

（4）和谐的劳资关系

欧洲各国普遍承认工会，工会在企业处理与员工间的劳资关系时已经扮演起“企业与员工桥梁”的角色。在欧洲各国，工会不仅在企业中举足轻重，更是承担起更多的社会角色，只要有关劳资双方物质利益分配的所有问题都交由工会确立和商讨。2004年引起广泛关注的戴姆勒-克莱斯勒公司劳资纠纷案最终在工会介入谈判后得到妥善解决，公司当时承诺，一直到2012年都不会削减公司现有岗位，工会也同意减少雇员收入。这一具有标杆意义的解决方案，为德国乃至整个欧洲指出了在一个经济全球化的时代，在市场竞争加剧的情况下，如何既提高企业竞争力，又避免大量失业的示范性模式。由此看出，欧洲人力资源管理蕴含了社会平衡理论和社会伙伴思想。

劳 资 关 系

劳资关系又称劳雇关系，是指劳工和资方之间的权利义务关系，这种关系通过劳资双方所签订的劳动合同而成立。劳资关系一方面是受雇主雇用从事工作获得相应报酬者，另一方面是雇用劳工的事业主、企业负责人或代表事业主处理有关劳工事务的人。

（5）“双轨制”教育模式

整个欧洲国家的职业教育体制都非常完善，其中，“双轨制”职业教育是德国的一项特色人才培训与开发体制，它是指德国企业与职业学校密切配合，实践与理论同时并举的职业教育制度，是德国企业员工培训的主要方式。在德国乃至大部分欧洲国家，这种模式的职业教育已深入人心，受到各国的极大重视。有些欧洲国家甚至用法律的形式规定了受训的专业，强制要求企业拨出保证最低限度培训计划的经费，政府还专门制定了各类工作的培训标准。

2. 欧洲人力资源管理模式的特点

（1）欧洲人力资源管理的共性特点

① 多元文化和法律法规构建了欧洲人力资源管理的平台，欧洲国家对于人力资源管理的

参与意识强烈，政府参与较多，控制力度较大，这是由欧洲国家的文化决定的，同时，相关法律法规对于人力资源管理的管控范围也较广，涉及薪酬、培训、工会等多方面的制度约束与法律保障。

② 所有制结构的优化驱动了欧洲人力资源管理模式的发展，一般来说，公有制下的经济发展极易出现活力不足的弊端，私有制下的利益驱动模式为欧洲人力资源管理模式的发展注入了新的活力。

3）整个欧洲社会蕴藏着社会平衡的思想，强调公平公正，以及通过国家手段包括经济和外交途径来缓解社会矛盾，促进社会各阶层和谐相处。谈判工资制度、员工参与式管理等新型管理方式都体现出欧洲人力资源管理更加注重体现公平公正，维系社会伦理及利益的平衡，但同时，这些具有创新意识的管理手段也对欧洲的人力资源管理提出了更大的挑战。

（2）欧洲各国人力资源管理的个性特点

① 与美国企业人力资源管理不同，欧洲大多企业员工招聘以内部招聘为主，外部招聘只作为一种辅助方式存在，而外部招聘来源主要依靠劳动力市场。欧洲企业管理者相信，通过内部招聘的员工稳定性优于外部招聘，且招聘成本小。

② 德国企业尤其重视对员工的培训，德国已经形成一套较为科学和成熟的教育培训体系，尤其是它的职业教育体系。欧洲其他国家也纷纷借鉴德国的教育模式，有些欧洲国家的政府还会提供专项的补助金和福利津贴鼓励企业加大对员工培训的投入。

③ 员工参与管理在欧洲各国的实施情况不尽相同，如丹麦企业对员工的授权范围最广，几乎囊括了人力资源管理的所有职能。

3. 欧洲人力资源管理面临的问题

尽管欧洲一直在国际的经济、政治舞台上发挥着至关重要的作用，但近年来由于美国经济的高速增长，日本经济持续复苏，以及以中国为首的包括印度、巴西、南非、俄罗斯等的一大批发展中国家先后崛起，导致欧洲各国企业面临的竞争压力空前增加。而欧洲企业一贯奉行的传统高福利的、家长式的人力资源管理模式也面临着各种挑战。

（1）关于员工参与式管理

前面已经提到，参与式管理是现代化管理方式的一种重要制度体系，对于增强员工的主人翁意识，加强企业与员工个体的沟通方面起到了非常重要的作用，同时，它也在管理者与被管理者之间建立起了一种合作互助的工作关系，企业管理者将权力适当下放，员工群策群力，充当管理者的智囊团，为组织的发展注入了新的活力。但是，这种参与式管理却不可避免地产生了员工个体与组织整体之间的利益冲突，大多数时候，员工会首先通过参与式管理来维护自身的利益，甚至当自身利益与组织利益发生冲突时，首先选择保全自身利益，这就会给企业造成损失。

同时，员工参与管理毫无疑问会增加组织的决策和管理成本，由于信息的不对称，企业管理人员不可能预先考察员工提出方案的利益支撑点，而不得不花费更多的成本去验证各种方案的合理性、经济性以及可行性。

（2）内部招聘制度

内部招聘制度在一定程度上可以提高员工工作积极性，并有利于培养员工的组织归属感，保持企业人员的稳定性，但是内部招聘同样具有诸多缺陷。①易导致“近亲繁殖”，“裙带关系”的出现。②当只从内部招聘时，新思想和新思路很容易被保守主义所淹没。

③内部招聘也易引发企业内部员工之间的不团结和非正当竞争现象的出现，对员工的士气产生打击，没有被晋升的员工的工作表现将产生消极的影响，特别是几个工作能力相似的同事共同申请同一职位时更是如此。这种不健康的冲突必然会导致组织内人际关系紧张，不利于企业的和谐发展。当一个空缺职位出现时，许多雇员都会被考虑补充那个职位，而最后被否决的候选人可能会产生怨恨和不满情绪，这些负面情绪毫无疑问会影响员工的工作积极性。

另外，内部招聘还易引发一些后续问题。如果一名员工被晋升到了他并不胜任的岗位，组织就需要为其承担更大的责任和风险；另一个问题就是内部晋升是以资历还是以能力为基础。同时，反复循环的内部招聘可能会使组织变得封闭，观念守旧，而不断从内部提拔人才可能会鼓励员工安于现状。最后的恶果可能是过多的内部招聘导致生产效率和管理效率同时降低的现象。在招聘选拔员工时，企业面临的问题是，几乎所有的人员都需要一段时间去熟悉新工作，甚至当员工在组织中工作了很多年情况下，新职位也要求其调整思路以适应新的职责与工作内容，并重新界定与同事和部门之间的工作关系以及人际关系，这些同事和部门将会在他们面前扮演一个新的角色，管理的问题和困难会不断涌现出来。直到这些员工都具备了与前任员工同等的工作能力，并重新界定了他们的工作关系，这种效率降低的状态才会改变。

（3）谈判工资制

谈判工资制相比传统工资制，具有较强的弹性，能够很好地留住关键人才和稀缺人才，具有较强的灵活性和适应性，也有助于激励员工不断提升自我能力，但是，一个企业如果要实施谈判工资制，要求企业自身必须要有很好的市场竞争能力和赢利水平，否则很难达到谈判工资制的目标。另一方面，谈判工资制也要求企业员工必须要非常熟悉市场同行业同地区薪酬水平，否则无法在谈判时给出一个科学合理的薪酬方案。试想，如果企业给了员工一个市场的标准工资，但是由于员工不了解行业的平均薪资水平，不满意企业给出的标准，就会导致企业与员工之间很难达成一致的协议，谈判也就无法进行下去，那么前面提到的灵活性与弹性也就只能是空谈。最后，谈判工资制会在一定程度上拉大企业内部的薪酬差距，不利于组织内部的公平性，容易造成内部员工之间的不和谐。而且，谈判工资制的工资结构较为复杂，管理难度大，管理成本高，稳定性差，增加了企业管理负担。

（4）和谐的劳资关系

和谐的劳资关系有利于组织内部文化的建设与沟通，可以增强组织的凝聚力，但是欧洲区域面积虽然不大，但集中了众多不同的历史、语言和文化，在这种多元化大文化的背景下，员工的自我意识较为强烈，工会也会出于保护员工的角度出面协调员工与企业之间的纠纷，所以这无形之中加大了企业的管理压力，一旦企业内部出现矛盾的因素，可能会引发极大的动荡，影响组织的稳定性以及企业形象。

（5）“双轨制”职业教育

如前文所述，“双轨制”职业教育是欧洲各国借鉴德国的员工培训机制形成的特色体系，这一培训体系为企业员工提供了培训的机会和平台，有利于员工自身职业技能的提高，有利于为社会储备高素质的劳动力，员工技能的提升也会促进企业生产效率的提高，但是这一制度本身及实施过程中仍然存在一些问题。首先，双轨制职业教育要求政府和企业共同承担教育成本，一旦受训员工流失，企业的教育成本就打了水漂。其次，这种职业教育模式必须建立在科学预测的基础上，即通过职业咨询、合同签约等手段来实施并控制的。每年德国各州教育机构要发布学校毕业生统计数和下年度预测数；联邦劳动总局及各州分局要发布各工厂企业招收徒工的统计数和下年度的预测数；联邦职业教育研究所则负责对学生的毕业和企业招工进行调查研究。而这些信息又会通过大量的媒介形式，如报告会，报纸杂志等，向社会传递。

在德国，需要接受双轨制培训的学生，会在毕业前就向各有关部门及企业咨询。这种咨询活动是双向的，既指导学生选择企业，又帮助企业选择学生，这种双向选择的结果会在学生参加双轨制教育前以合同的形式加以确定。从以上信息来看，这种教育模式的操作流程是极为复杂的，而且也需要大量较为精确的数据作为支撑，然而每个环节数据的获取都需要投入大量的人力、物力和财力，实属不易。而且在“双轨制”的实施过程中，对于课程内容比例的把握也具有相当难度，这更增加了这一制度的实施难度，可能会影响预期效果的实现。

三、欧洲人力资源管理发展趋势

绩效评估指标体系更完善，“360 度评估法”正受到越来越多的人力资源管理者的青睐，从主管领导、部门同事、业务合作部门人员等多角度考察员工的业务技能、人际技能及综合概念技能，更为完善合理的评估体系为创造公平合理的工作环境创造了可能，也有利于更好地激发员工的工作积极性，提高工作投入度。

人力资源管理者的界定更模糊，不再片面地认为人力资源管理是人事部门的职能，人力资源部门作为企业组织结构中的支持系统，其职能实施与企业各个业务流程都息息相关，组织基层的一线管理人员对直接业务最为熟知，能够基于市场变化最快速地做出反应，所以他们开始承担越来越多的人力资源管理工作。

员工与企业之间的关系被赋予新的定义，员工与企业之间不再仅仅是雇员与雇主的关系，随着员工参与式管理的推广和应用，员工与企业之间建立起更为密切的合作关系，双方相互依赖、相互促进，员工个人的成功与企业整体的发展并不相悖，反之，越来越多的欧洲企业家赞同员工的成功是企业成功的必然前提。

新的管理手段的应用，欧洲乃至整个世界一体化趋势的不断推进，对人力资源管理者提出来更高的要求，一个优秀的人力资源管理者不仅要熟稔人事领域所要求的技能，更应该要具备较强综合素质，以超强的应变能力和全面的职业技能应对人事管理领域一切的不确定性。

欧洲企业人力资源管理战略与组织整体战略的结合越来越密切，人力资源管理战略理论研究始于 20 世纪 50 年代，盛于 80 年代以后。组织整体战略与其人力资源管理战略的结合从理论到实践都是极为复杂的，但是这种结合是每个成功企业所必须进行的一项修炼，欧洲许多企业的首席执行官都认为，在竞争中取胜的唯一方法是和员工进行有效的沟通。因为他们越来越认识到与客户接触最多、对客户最了解的正是自己的员工，员工可以代表企业给予客户有竞争力的服务。所以人力资源管理战略必须和企业整体经营战略进行有机的结合，使之成为企业获得成功的催化剂。

本章小结

1. 人力资源管理在美国的产生经历了漫长的六个时期，分别是人事管理的萌芽、人事部门的出现、福利资本主义时代、大萧条及新政、第二次世界大战及工会主义、人力资源管理的产生。后来随着工业革命的兴起，人力资源的重要性也就日益显现出来，美国也开始注重人力资源的开发。然而，人力资源在美国的发展历程可以大致分为三个阶段，即档案管理阶段，政府职责阶段及组织职责阶段。

2. 美国人力资源模式是现代企业制度、资本主义大规模生产和精细严密分工的产物。具体而言它的管理模式大致上说就是：人力资源的配置依靠劳动力市场，其管理实现了高度专业化和制度化；对人力资源一视同仁，以物质作为激励方式来激励员工，员工的工资水平由市场化决定；注重引进全球化的人力资源，注重对人力资源的培训，注重企业文化建设。

3. 日本的人力资源在第二次世界大战之后迅速发展起来。在引进了一些美国的理论之后，结合自己国家的现状及文化背景、社会背景后，形成了自己特有的人力资源管理模式，即为终身雇佣制度、职务资格制度、年功序列工资制度、企业内工会等。

4. 在欧洲的文化背景之下，欧洲各国对于美国的人力资源理论并不是完全认同。到20世纪90年代，欧洲学者明确提出了建立自己的人力资源管理模式。同时欧洲各个国家的人力资源管理模式也各具特色。概括地说，欧洲的管理模式即为以欧洲团队管理为主，采用员工参与管理来调动员工的积极性，并且选用内部招聘制度进行招聘，在工资方面是和美国不一样的谈判工资制，建立了和谐的劳资关系，在企业内部还有“双轨制”职业教育。

5. 欧洲人力资源管理的共性便是文化渗透和法律保障构建了欧洲人力资源管理的平台，所有制结构的优化驱动了其人力资源管理模式的发展，蕴藏着社会平衡的思想，社会平衡强调公平、公正。在这些共性基础之上每个区域的国家也存在着细节上的一些差异。

6. 无论是美国、日本还是欧洲的国家，在人力资源管理的发展道路上都面临着不同的挑战，都存在着不同的危机，都需要结合现代社会的发展，结合实践进一步完善自己的理论。

练习题

一、单选题

1. 日本传统人力资源管理模式不包括（　　）。
   A. 年功序列制度　　B. 职务资格制度
   C. 职务等级制度　　D. 终身雇佣制度
2. 和美国相比，下列不属于日本特有的人力资源管理特色的是（　　）。
   A. 实行长期或终生雇佣制度，使员工与企业同甘共苦、同命运
   B. 对员工实行长期考核和逐步提升的制度
   C. 不是由集体一起进行决策
   D. 通过“晋级”方式激励员工
3. 欧洲传统人力资源管理模式不包括（　　）。
   A. 年功序列制度　　B. “双轨制”职业教育
   C. 职务等级制度　　D. 功绩晋升制
4. 美国企业“功绩晋升制”强调的晋升标准是（　　）。

A. 学历　　B. 资历

C. 素质　　D. 绩效

5. 下列不属于日本人力资源革新后出现的是（　　）。

A. 企业工会　　B. 职务资格制度

C. 年薪制　　D. 福利制度

二、多选题

1. 在世界人力资源管理模式中，具有代表性的有（　　）。

A. 美国人力资源管理

B. 日本人力资源管理

C. 欧洲人力资源管理

D. 德国人力资源管理

2. 下列不属于日本面临的新的发展趋势的是（　　）。

A. 终身雇佣制度地位逐渐被动摇

B. 全球化趋势下在海外市场人力资源本土化

C. 引进欧美职务等级制度

D. 企业工会逐渐不存在

3. 欧洲人力资源管理模式的特点有（　　）。

A. 团队管理为主　　B. 终身雇佣制度

C. 功绩晋升制　　D. 内部招聘制度

三、判断题

1. 日本传统的人力资源管理模式主要是有终身雇佣制度、职务等级制度、年功序列制度等构成的。（　　）

2. 薪酬方式呈现单一化发展是美国人力资源管理模式的新趋势。（　　）

3. 日本的终身雇佣制度不适应社会的发展，因此在现在的日本人力资源彻底的抛弃了此制度。（　　）

4. 美国人力资源能够快速发展得益于诸多管理理论的指导，如企业文化理论，“A 战略”理论等。（　　）

5. 日本和美国的人力资源制度相比，具有集体决策、集体负责的特点。（　　）

6. 美国对人力资源的培训采用“双轨制”。（　　）

推荐网站

人力资本论坛，商业评论网。

推荐阅读

《跨国公司人力资源管理》，《国际人力资源管理》。

专业词汇

多元化，岗位等级工资制，终身雇佣制，双轨制，谈判工资制。

综合案例

"多国部队"，当地官兵

提到 IBM 或是 HP，你会立即说这是美国公司；提起西门子或奔驰，你马上会想到这是德国公司。而如果被问及 ABB 是哪国公司时，你可能会犹豫不决：它到底是哪个国家的呢？不必责备自己的孤陋寡闻，其实这正是 ABB 所追求的结果。ABB 本是瑞典阿西亚公司(ASEA AB，现在是 ABBAB）与瑞士的布朗·勃法瑞公司（BBCBrown Boveri，现在是 ABBAG）于 1987 年底合并而成的一家有限公司，正式创立于 1988 年 1 月。两家母公司分别控制 50%的股份，因此可以说，ABB 是一家国家背景淡化的"真正的"跨国公司。它自诞生之日起就被称为欧洲乃至世界经济版图"变化"的代名词。从 1987 年上述两家百年老厂的合并，到 1998 年 10 月新任总裁林道（Lindahl）收购 ElsayBailey 公司的全部股票，同时出售 Adtranz 的全部股份，ABB 一直致力于建立以下经营模式：没有地域中心，没有国界限制，一个具有全球性的协调中心，同时在经营与服务上，具有深厚地方根基的全球规模的组织。

ABB（Asea Brown Boveri）是一家国际性大型工程集团公司。目前，它已经在全球 140 多个国家和地区深深扎根，雇员总数超过 21 万，业务范围涉及发电、输电、配电、工业自动化、石油自动化和金融服务等领域，1997 年全球销售收入为 312.65 亿美元，居"财富世界 500 强"第 83 位。ABB 能在世界上取得如此巨大的成就，人才本土化是其成功的决定因素之一。

ABB"是一个地域轴心和国家属地的企业王国，是一家'处处无家处处家'的无国界公司。"也可以说，ABB 是一个立足本地市场，融合全球规模和世界一流技术为一体的"多国部队"。所以，人才本土化对于 ABB 来说比任何公司都有意义，ABB 也因此更重视在它的业务发展到的每个地方，不遗余力地推行人才本土化战略。也就是说，这支"多国部队"的军官和士兵都尽可能地由当地人担任。

ABB 在中国的人才本土化战略已经取得了积极进展。ABB 有一个十分重要的战略计划，即 MLP（Manager Localization Plan）——经理人员本地化计划。ABB 的业务发展到哪里，这一计划就会扩展到哪里，中国也不例外。ABB 与中国的关系可以追溯到 20 世纪初，1907 年 ABB 向中国提供了第一台蒸汽锅炉。从此，ABB 公司与中国的贸易关系有了长足的发展。1974 年 ABB 在香港设立了中国业务部，随后又于 1979 年在北京设立了其永久性办事处。1994 年将 ABB 中国总部迁至北京，并在 1995 年成立了 ABB 在华投资总部——ABB（中国）有限公司，负责其在华投资管理业务。截至 1998 年年底，ABB 在中国拥有 6000 名员工，17 家销售代表处，20 家合资、独资企业，累计投资额达到 6 亿美元。2003 年，ABB 中国公司在由华信惠悦、《财富》中文杂志和搜狐网共同举办的"卓越雇主——中国最适宜工作的公司"调查中名列十佳公司之一。2005 年，ABB 在由国内权威行业杂志《电气时代》举办的中国电气工业 100 强的排行榜中，有 8 家本地企业榜上有名，成为入围企业最多的公司。

ABB 人力资源总监说："短短时间，ABB 能在中国取得如此巨大的发展，我们必须承认这样一个事实，即优秀的中国本土人才在其中做出了巨大贡献。"中国本土人才担任 ABB 中国有限公司（包括合资企业）部门经理以上高级职务的人数，已经占这一层次高级管理人员总数的一半以上。1995 年，ABB 的中国员工为 3000 多人时，外籍员工有 90 多人；而如今，本土员工已经翻了好几倍，而外籍员工并未增加太多。"如果没有优秀本土人才的源源不断加入，我们在中国的业务将会一事无成”，ABB 人力资源总监说，“ABB 在中国推行人才本土化的成就和它在中国的业务发展一样，令我们自豪不已。”

ABB 公司称，随着公司在中国业务的扩大，ABB 计划将本土员工的人数继续增加，而外籍员工的人数则会在现有基础上减少。作为在中国实施 MLP 计划的一部分，ABB 公司还专门准备了一份高潜能员工的名单，这个名单包含 100 多人，由人力资源部和各部门经理共同商定。公司给这些高潜能的员工规定了明确的发展方向，以便在公司的协助下使他们的能力和职务得到更快的提升。当然，公司认为这也需要这些员工的配合，需要耐心，因为一个人的晋升不可能是很快的，尤其是在一个比较成熟的大公司中。中国人才本土化在职位晋升上没有极限，需要的只是时间和努力。

ABB 中国公司人力资源总监称，自己来中国的目的就是实施 ABB 的人力资源计划，将他 30 多年来从事人力资源管理的经验传授给中国同事，如果中国同事做得好，便可接替自己的位置。而 ABB 泰国公司的总经理就是一个泰国人，随着这一计划的执行，ABB 中国公司未来将全部由中国人自己来管理。

案例问题：

1. ABB 公司在中国的人才本土化战略有哪些特点？
2. 你认为 ABB 公司国际人力资源管理的成功取决于哪些因素？

参 考 文 献

[1] 加里·德斯勒. 人力资源管理（第12版）. 北京：中国人民大学出版社，2012.
[2] 刘昕. 人力资源管理. 北京：中国人民大学出版社，2012.
[3] （美）雷蒙德. A. 诺伊等著. 人力资源管理：赢得竞争优势（第5版）. 刘昕译. 北京：中国人民大学出版社，2005.
[4] 赵曙明. 人力资源管理（第13版）中国版. 北京：电子工业出版社，2012.
[5] 陈维政等. 人力资源管理（第3版）. 北京：高等教育出版社，2011.
[6] 张德. 人力资源开发与管理（第4版）. 北京：清华大学出版社，2012.
[7] 董克用. 人力资源管理概论（第3版）. 北京：中国人民大学出版社，2011.
[6] 赵曙明等. 人力资源管理. 北京：机械工业出版社，2011.
[7] 张一驰等. 人力资源管理. 北京：北京大学出版社，2010.
[8] 张小兵. 人力资源管理. 北京：机械工业出版社，2010.
[9] 姚裕群. 人力资源开发与管理（第3版）. 北京：中国人民大学出版社，2011.
[10] 葛玉辉. 人力资源管理（第3版）. 北京：清华大学出版社，2012.
[11] 胡君辰. 组织行为学. 北京：中国人民大学出版社，2010.
[12] 关培兰. 组织行为学（第3版）. 北京：中国人民大学出版社，2011.
[13] 罗哲. 人力资源管理. 成都：四川大学出版社，2010.
[14] 张琦，魏秀丽. 家族企业继任者选择的研究述评. 经营管理者，2014.
[15] 孙剑敏. 人力资源管理. 北京：科学出版社，2009.
[16] 金雄. 中日韩人力资源管理研究. 北京：中国社会科学出版社，2012.
[17] 余焯和. 美日中人力资源开发战略研究. 北京：中国人事出版社，2012.
[18] 刘昕. 薪酬管理（第三版）. 北京：中国人民大学出版社，2011.
[19] 顾英伟，杨春晖. 人力资源培训与开发. 北京：电子工业出版社，2009.
[20] 廖泉文. 招聘与录用（第2版）. 北京：中国人民大学出版社，2010.
[21] 张四龙. 招聘效果评估的实施策略. 中国人力资源开发 2012.
[22] 林新奇. 国际人力资源管理（第2版）. 上海；复旦大学出版社，2012.
[23] 赵曙明. 国际人力资源管理（第5版）. 北京：中国人民大学出版社，2012.
[24] 彭光华. 劳动争议处理. 北京：中国人民大学出版社，2012.
[25] 孙光德，董克用. 社会保障概论（第四版）. 北京：中国人民大学出版社，2012.
[26] 仇雨临，陈姗. 员工福利概论. 北京：中国人民大学出版社，2011.
[27] 孙树菡，朱丽敏（第二版）. 员工福利概论. 北京：中国人民大学出版社，2012.
[28] 彭剑峰. 人力资源管理概论（第二版）. 上海：复旦大学出版社，2011.
[29] 王丽娟. 员工招聘与配置（第二版）. 上海：复旦大学出版社，2012.
[30] 钟锐. 培训游戏金典. 北京：机械工业出版社，2010.
[31] 仇雨林. 员工福利管理（第二版）. 上海：复旦大学出版社，2010.

[32] 陈庆. 岗位分析与岗位评价（第二版）. 北京：机械工业出版社，2011.
[33] 杨克华. 浅淡国内企业的招聘流程. 科技视界，2014 年 第 3 期
[34] 裴宏森. 绩效考核实务（第二版）. 北京：机械工业出版社，2011.
[35] 曾湘泉. 薪酬管理（第二版）. 北京：中国人民大学出版社，2010.
[36] 王淑珍，王桐安. 现代人力资源培训与开发. 北京：清华大学出版社，2010.
[37] 萧鸣政. 工作分析的方法与技术（第三版）. 北京：中国人民大学出版社，2010.
[38] 刘明鑫，刘崇明. 人力资源规划（第二版）. 北京：电子工业出版社，2010.
[39] 于桂兰，于楠. 劳动关系管理. 北京：北京交通大学出版社，2011.
[40] 吴冬梅，白玉苓，马建明. 人力资源管理案例分析. 北京：机械工业出版社，2009.
[41] 付亚和，许玉林. 绩效管理（第二版）. 上海：复旦大学出版社，2008.
[41] 中华人民共和国劳动合同法（注释版）. 北京：法律出版社，2006.
[42] 中华人民共和国劳动法（注释版）. 北京：法律出版社，2006.

反侵权盗版声明